認知治療法概論

The New Handbook of Cognitive Therapy Techniques

Rian E. McMullin　著

張景然博士　校閱

黎士鳴等人　譯

Rian E. McMullin

The New Handbook
Of
Cognitive Therapy Techniques

Chinese edition copyright © 2003
By Hurng-Chih Book Co., Ltd..
For sales in Worldwide.

ISBN 957-0453-85-0
Printed in Taiwan, Republic of China

原作者序

　　這本書是寫給在臨床上一同奮鬥的夥伴們，而不是一本學院派的教科書。我先預設你們都有認知治療的基本知識，並且也讀過 Albert Ellis（1995,1996）、Aron Beck（1993,1996）、Michael Mahoney（1991,1993a）、Donald Meichenbaum（1977,1994）以及 Arthur Freeman（Freeman & Dattilio,1992）這些人的相關理論。

　　我希望這本書可以當作一本實務手冊，協助臨床工作者解決臨床上遭遇的問題。在寫每一章的時候，我腦中都會浮現出一個面對業績壓力的臨床心理師。當一個臨床心理師要處理個案之時，他必須要具備什麼背景知識？臨床心理師在臨床工作上會遇到什麼問題？臨床心理師可能會遭遇到的瓶頸是什麼？在治療中，臨床心理師需要給個案哪些閱讀資料呢？臨床心理師怎麼能抓住治療的感覺呢？哪種例子可以幫助臨床心理師更清楚技巧的使用方式以及其中的精髓？

　　這本書就是用來教導臨床心理師（諮商心理師）如何在公私立治療機構、學校、醫院、健康中心等各類場域進行認知治療。希望你們都是想要能夠提昇自己認知治療效能的一群臨床工作者。

　　這本書根據我早期著作：《認知治療技巧手冊》（McMullin, 1986），重新修訂而成。我特別加了三章讓讀者可以更清楚認知治療：基本概念、探索個案的信念、以及組織個案核心的認知。因為這些內容都是在我 1981 年的書籍中有提到過的（McMullin & Giles），所以在 1986 年的書上就不再贅述。過去因為資料不足所以未能詳述相關的問題，而現在隨著資料的增加以及經驗的累積，我將這幾年來的成長與經驗統整於本書之中。

　　我在本書特別將認知改變技巧分成三章，這主要是讓讀者更清楚怎麼從不同的角度來處理個案的認知內涵。而且在知覺轉移的技巧上，我也重寫了一番，你們可以更清楚地運用這些技巧。

　　最近幾年，歷史性重整以及文化相關因素是相當熱門的議題，我在本書也特別加入兩個章節來討論這個議題。我將所有相關的技巧合成一章，幫助大家可以更有組織地閱讀這些技巧，以便未來使用更加熟練。因此，過去有些章節將整合成為一章，而有些章節也將拆成幾章。因為最近相關的研究很多，所以我在本書不再贅述認知治療的相關研究（J.Beck,1995；Dobson, 1989；Elkin et al.,1989；Shea et al., 1991），並且因應治療的應用性，我還特別加上了成癮行為以及重度心理疾患的治療。我最後再加了一章來探討認知再建構治療的基本哲學。

　　這本書主要的改變是增加了一些臨床案例。因為過去幾年來，不少讀者都告訴我說要增加一些臨床案例，他們才會更清楚如何使用這些技巧。因為保密的基本原則，故事基本架構都是真實的，而我在相關私人資料上做了些修正。因為這是一本寫給臨床工作者的書，而不是一般的教科書，所以在舉例時，會簡略地介紹個案的資料，核心的描述還是放在技巧的使用方面，同時為顧及可讀性，在語句文筆上我都加以潤飾。

　　基本上，這本書所使用的技巧都是我跟我同事共同處理各類個案工作的經驗，而不是統整所有認知學派治療師所認定的所有技巧。這本書的基本理念依循著認知再建構治療，而不單只是傳統的理情概念（Ellis,1988b；Guidano,1991；Mahoney,1988,1991,1993b, 1994；Neimeyer,1993），而且要注意的是，這本書所提到的技巧都是我們過去治療中覺得有效的技巧，在使用時要記住背後的理念，以免誤用。在這本書裡我也使用了認知行為治療技巧以及理情治療的歷程；整體而言，我儘量將有效的技巧都引進來與大家分享。

　　如果你發現有些技巧我們沒有寫進來，可能的原因是在臨床經驗中效果不佳，或者是這些技巧與本書的基本理念不合。

　　對於這本書所提的技巧，都是我們數十年的臨床經驗累積，同時也是多

年來與不同治療師與個案互動後的成長經驗。爲了讓臨床工作者可以更有效地進行認知治療，我們投注了相當多的心血在這上面，讓大家看到我們的成果，也可以放心地依循我們的腳步進行治療。在這本書中，有相當多的人需要感謝，如果在文獻上引用有所疏失者，在此說聲抱歉，同時也感謝對這本書有所貢獻的人員。

本書主要內容

本書第一版主要強調認知治療中改變信念的部分——幫助個案改變具有殺傷力的認知，從殺傷力的認知轉向有意義的訊息。

在這一版中，我們將更完整地介紹認知技巧，將所有可能會用到的技巧都進行完整的介紹，幫助臨床工作者更有效率地進行治療。

在求學過程中，心理師經歷了大學、研究所等訓練，其中也閱讀了不少相關治療的書籍了。每一本書籍都在教導你如何幫助個案，但是如果沒有接觸到任何一個個案，一切都只是紙上談兵。

當你開始接觸到個案之後，你會發現理論與實務間的間隔，但是隨著你的熟悉與經驗，這兩者之間將會慢慢地融合在一起。

在過去，老師都會跟我們說：「病人的診斷相當重要，你知道了診斷就可以將病理學的知識連結在一起來運用。」

但是對於心理治療而言，我們診斷的是心理，而不是癌症、感冒之類的疾病。我們常會問的是：「你現在的困擾是什麼？」「你現在的心情如何？」「我該怎麼幫助你？」在這本書的例子中，我會將我們常用的對話方式寫進去，讓你體會一下臨床工作的臨場感受。

在這本書主要是寫給臨床工作者，對於認知治療基本理念不熟者，最好要先讀一到三章；而想要增進臨床技巧者，可以讀四、五、六、七、十一等

章。以下列出各章的重點，讓你以後好選擇將要閱讀哪一章。

第一章，何謂 ABC 理論：這章將告訴你一些認知治療的基本理念和案例，並且教導你如何教育個案了解認知如何引發情緒和行為問題。這相當重要，因為大部分的個案都會把問題向外歸因，而忽略了自己內在認知的重要性，所以本章就是要改變個案過去的概念。

第二章，找出信念：我們將有系統地介紹認知的各個成分，並且初步介紹一些辨識這些認知以及處理這些認知的方法。在這裡，我們著重在十種主要的認知成分上。

第三章，組織信念：這章將教導個案如何整理自己的內在認知（信念），幫助個案追尋深層的認知信念以及發展出認知脈絡圖。

好的開始是成功的一半。如果治療師可以依據前三章的步驟來協助個案，基本上認知治療的基礎已經完成了。如果個案可以接受這三章的處理的話，後面的過程就會比較輕鬆了。切記，要進行後面的步驟時，要先把前三章的地基打穩。

四、五、六章，這三章將介紹三大類對抗認知的技巧，每一章都有其特色。第四章，強制對抗法，利用強制性的手段來改變個案的內在信念；第五章，軟性對抗法，採用放鬆配對的方式對抗內在信念；第六章，客觀對抗法，是採用客觀的資訊來幫助個案對抗內在的信念。

七、八、九章則是介紹一些轉換的技巧，幫助個案改變訊息接收的方式，而不單單只是內在認知。

第十章，歷史性重整：這是第三大類改變策略，主要幫助個案整合過去的經驗，來修正根深蒂固的認知信念。

第十一章，實務技巧：提供各種技巧來幫助個案改變想法，形成更有效的認知。

第十二章，針對不同疾病與問題，來介紹認知技巧在這些族群上的運用，例如嚴重心理疾病患者、藥物和酒精成癮者、阻礙諮商進行的個案和危機中的個案等。

第十三章，跨文化的認知治療。

第十四章，介紹認知再建構治療背後的哲學理念。

這些章節都有固定的架構：基本概念、方法、範例、說明以及建議讀物，希望這些清楚的結構可以方便大家的閱讀。

譯者序

認知治療的概念很簡單，但是使用起來卻是困難重重。這是很多臨床工作者的共同心聲。這次，接起了這個翻譯工作，在閱讀之中，發現了無數的驚喜。過去的治療經驗以及挫折浮現腦中，同時也在這本書中找到答案。讓我體會到，越簡單的理論，其中背後隱藏的精神越複雜。「獨孤九劍」精神簡單，但又有幾人可以使得出來呢？這本書正好協助臨床工作者，可以更有效率地使出認知治療。

對我而言，心理治療是使用基本心理學的理念來處理個體的痛楚。如同作者一般，他引借了認知心理學、神經心理學、社會心理學以及神經心理學等相關知識，來重新思考認知治療的使用策略。基於這樣的理念，這次召集了不同的領域的心理學家來一同翻譯這本書：

臨床心理學：黎士鳴、陳建銘、蘇維凱

社會心理學：林川田、黃欣雨

認知神經心理學：洪士晏

除了我們這些心理學的新兵之外，還有一個專事翻譯工作的文學家：曾雅頌，協助我們的翻譯與潤飾的工作。在整個翻譯的過程中，我不斷地從心理學的角度來思考，我們該如何幫助個案？該如何增進人類之福祉？在整個翻譯過程，似乎與作者有所神交，體會到作者在臨床工作上的熱忱以及將心理學知識的活用。在腦中，浮現出「心理人」這樣的角色──從心理學的專業知識來改善人類生活。

希望，藉由這本書可以幫助每個「心理人」，可以更有效率地改善人類之福祉。最後，我們衷心感謝世新大學社會心理學系張景然教授的全書校閱與畫龍點睛。

黎士鳴

中正大學

目　錄

前言

　　在 1970 年，我剛開始接觸認知治療，當時所面對的個案是一個就讀藝術學院的學生，他有懼曠症的困擾。這個個案是我完成碩士班訓練後所接的第一個個案，同時也是完整地採用認知策略進行治療的個案。

　　「阿得」在來找我進行治療之前，他已經看過五個治療師了，但是問題都沒有改善。他經常恐慌發作，但是都找不到發作的原因。整體看來，他是一個條件相當好的人，聰明、能言善辯並擁有高學歷；但是，這些可怕的恐慌發作就像惡魔一樣纏上他。有時，會因為發作的狀況，讓他無法出門只能躺床。他的恐慌發作持續很多年了，它吞噬著他的生命，毀壞他的前途，切斷他的愛情，甚至想讓他就這樣了斷一生。

　　阿得不斷地思考為何他會遭遇到這個困境。當他還是青少年的時候，他每週都想學某個偶像。有一週，他看了 James Dean 的電影後，發現自己不夠酷，決定讓自己酷一點。而下一週，他卻發現自己太過被動，所以想學 John Wayne。就這樣，不斷地自我剖析與改變自我。有時，他讀了一些生命與性靈之類的書籍之後，會發現自己缺乏靈性。但是，他卻發現每一週的追尋與探索都終究失敗。

　　他的鄰居也有自己的生活觀，並且會述說他們的寵物經。他附近有個婦人對節食有一些心得：「大自然每個食物都有其效用，如果你讀了我這本書後，你會更清楚飲食之道！」也有些人建議他怎麼運動會更強壯，也有鄰居告訴他有可能有一些氣血不順的問題。他就這樣面對不同的意見以及不同的模仿對象。

　　當他長大後，他開始找出恐慌症的解釋原因。第一個治療師告訴他說他太過壓抑自己的性慾望。他建議阿得必須抒解自己的內在慾望，這樣恐慌發

作就會消失。當阿得的恐慌並未因為抒解慾望而有所改善時，治療師又提出另一套說法，認為他可能有壓抑其他的情緒等等。第二位治療師則認為他可能之前受到一些潛意識的暗示。在催眠下，他暫時覺得舒服多了，但是不久恐慌發作的感覺又出現了。第三位治療師則不探討恐慌的原因，而是著重在他的情緒反應上。第四個治療師，給他一卷放鬆訓練的錄音帶，並且教導他用放鬆去對抗恐慌。第五位治療師則開一些藥物讓他好受一些。經過這些不同的治療之後，他的恐慌依舊。

當他來找我時，他相當的低落。我不知道他為何會恐慌，所以開始探討他的生命故事。他開始訴說過去的生命經驗，童年時期的一些重大事件。他覺得他童年相當快樂，雖然家裡有錢，但是父母親卻不會寵他。他讀書相當順利，學業、人際關係等表現皆不錯。整體看來，他是一個幸福順利的人，但為何會有恐慌呢？我小心地檢視他生命中可能的關鍵事件。但是卻沒有發現他有任何的創傷、挫折等生命經驗。

恐慌何處而來呢？

一開始，我覺得他的問題有一點弗洛伊德的味道，但是卻無法清楚的剖析他的問題。因此，我決定更細心地看待他的生命故事。

雖然他的生活相當正向、平順，但是應該會有比較特別的經驗吧！我決定再次走近他的生命中，細細瞭解他的生命故事。他所遭遇到的故事、內在想法以及相關的反應，而不單單只是看他發生什麼事。

他開始找到兩個重要事件：在學校被排斥以及被女朋友拋棄。以下就是我的紀錄：

第一次

阿得：我在讀幼稚園的時候，有些小朋友不喜歡我，我也打不進他們的圈子裡。

過去，聽到這類的話我的反應是：「這讓你很難過！」或者是相關的同理心，但這次不同，我試著採用別的方式：

　　我：他們不喜歡你，這件事對你而言為何很重要？

　　在過去的訓練中，告訴我不能再一開始就挑戰個案。因為他過去的治療經驗並無效益，我決定不按牌理出牌。

　　阿得：你怎麼這樣說呢？不能打入團體中，當然很可怕。

　　當我採用別的策略後，發現有些改變了！

　　我：怎麼說？

　　阿得：你是一個心理醫師耶，怎麼會不知道呢？被排斥很可怕。大家都需要被別人喜愛。

　　我：據你所言，不被喜歡為何會很可怕？他們有傷害你嗎？還是對你丟石頭？

　　阿得：當然沒有！我只是不喜歡被排斥。

　　我：對！這讓你很不舒服！想想看，你已經有一些朋友了，為何還要特別受歡迎呢？

　　阿得：我不想要自己與其他小朋友不一樣。

　　我：你為何會覺得自己與他人不同？

　　阿得：我覺得自己好像是一個特別的人。

　　我：這幾次來，你都談到你跟其他人不同。或許你特別不同。但是特別很可怕嗎？你是覺得自己有些怪所以不同嗎？為什麼特別會讓你這麼痛苦？

　　阿得：如果做的更好，我會比較受歡迎！

　　我：應該不是！小朋友討厭一個人，有時就只是頻率不合！每個人都是獨特的個體，並不會分成優秀或卑劣。不是每個受歡迎的人都是優秀的人。一些優秀的人，基本上小時候都被排擠，因為小朋友羨慕他。

　　阿得：我不是莫札特或愛因斯坦。

　　我：我想不是這樣的。你不是因為自己不同才被排擠。在朋友群中，同儕壓力很大。在兒童時期，不遵守同儕規範會被排擠；但是到了青少年時期，特立獨行反而會受歡迎，被認為有自己的風格。從這裡來看，你可以發現與眾不同不一定會被排擠，而是跟所處的團體有關。

阿得：我要怎麼做會比較好？

我：你比其他小朋友聰明。當他們在讀漫畫書時，你卻在讀你姐姐大學的課本！你會覺得漫畫書很無聊，而喜歡文學作品。小朋友在看電視時，你卻喜歡聽古典樂，看舞台劇。無疑地，你真的與他們不一樣。整體而言，你比他們成熟多了，但你卻把這種不同當成是你的自卑。事實上，你比他們多更多內涵。

阿得：我從來沒這樣想耶。我總是覺得這樣的我很自卑。

我：這是其他小朋友看待你的方式，你可以不用這樣看你自己。

阿得：我瞭解。

第二次

我：在你高中時，你女朋友拋棄了你，這是相當痛苦的經驗。每個人都會有失戀的經驗！為何這次會這麼傷害你？

阿得：初戀失敗讓我覺得再也沒有女生會喜歡我了！

我：喔！你為何會這樣想！她移情別戀可能是因為對方的錢。

阿得：他又窮又醜。

我：對，她甩了你不是因為你不好，只是你不是她要的型。

阿得：我不知道，但我真的很傷心。

我：我想是想法在作祟。

我跟他一起回顧的他的生活故事。可以發現，他的生命經驗並不特別，但他總是有一套特別的方式來解讀。他會用災難化的方式來看待外界。很明顯的，他的問題不是慾望，也不是衝突，而是他的想法。

當我們開始處理他的想法之後，他的問題就改善很多了。他在治療之後，他覺得相當興奮：「真棒，我好多了！」他不再將事情災難化，不再陷入痛苦之中了。他的恐慌發作頻率與強度都明顯地減少很多了。

我現在偶而還會收到他的卡片。他說，他最近半年才發作過一次。他只是靜靜地等到發作過去，不再焦慮不安了。

　　當我處理跟阿得類似的個案時，都可以發現，認知治療相當好用，Ellis，Beck 真的很不錯。我想對於很多治療師都有相似的經驗，都會發現認知治療的可愛之處。

　　改變想法，就可以改變自己！

第 *1* 章

何謂 ABC 理論

　　認知治療的理論中心是個體的「想法」。雖然情緒、行為與環境也是心理學關注的焦點，但認知治療的特色是將焦點放在個人的信念、態度與認知。

　　認知治療的第一步就是教人瞭解信念的重要性。治療師讓個案瞭解他的想法、哲學和基模會影響到他的情緒與行為反應，如果要改善負面情緒的話，就必須改變他的想法。我們必須以系統化的教學方式來讓個案了解這個基本概念。

　　個案首先要接受他的問題與他的想法有關，認知治療才會產生效果。我們很自然地將自己的困擾歸咎於遺傳、父母的不當管教、幼年創傷經驗、他人的敵意、病態的社會或混亂的政府等外在因素。如果一直將問題歸罪於外界的任何事物，我們也就不會發現一切痛苦都來自自己的想法。

　　事實上，我們很少會注意到認知歷程的存在。因為認知的運作是一個相當快速的歷程，所以我們很難覺察到它發生了些什麼變化。我們都可以覺察到外界的觸發因素（經常是具體的事物）與情緒反應，而中間的想法歷程因為產生在瞬息之間自然也就會被忽略。

　　如果個案能夠好好地學習認知治療，他就有足夠的敏感度去覺察到大腦瞬息萬變的認知歷程了。

學習基本架構

基本概念

　　雖然你可以用很多方式讓個案體會到何謂認知治療，而最快、最有效的方法是特別安排一個時間來教導個案有關認知治療的基本精神。第一次的治療會期，就是教個案有關認知治療的基本概念與相關用語。如果你同時有很多個案時，可以利用團體或者是課程的方式進行。

方法

1. 最好將課程內容編製成講義。讓個案知道有兩種不同的方法，可以解釋人的情緒來源與行為起因。
2. 先教導個案舊理論：外在環境是個人情緒與行為的起因。大部分的人都抱持這樣的想法。
3. 然後，解釋新理論，說明想法才是造成個人情緒與行為的主因。
4. 舉幾個例子讓個案能夠瞭解這兩個理論的差異。讓他們瞭解在同樣情境下不同的想法會有不同的感受，這說明了想法比情境更加重要。

架構

　　我會用下面的短文來幫助個案了解這個理論。雖然有點長篇大論，但是可以清楚地讓個案瞭解每個概念與想法。在我的臨床工作中，我習慣將當時討論的內容整理成一些短文，讓個案在回家後還可以拿來複習。

　　（為了解決你的困擾，你必須深入探索這些困擾的起因。）雖然這是老生常談，但是很多人卻忽略了這句話。我們經常都是以一種直覺的方式來找尋起因，但卻經常忽略了真正的原因。有時後很僥倖地找到了困擾的起源，可是我們大部分都是在各種可能的原因中打轉。

　　情緒困擾跟其它的問題一樣。如果你無法清楚地辨識情緒的緣起時，你

會花很多時間做一些徒勞無功的工作。

你如何找到這些原因呢？

心理學或精神醫學有一些不同的理論來說明情緒問題的起因，因爲理論相當多，要搞清楚這些理論需要花相當多的功夫。爲了讓你不會搞混，並且可以簡單清楚地瞭解這些概念，我們就採用簡單的方法來看情緒困擾的來源：（你必須要記住這樣的概念）

舊公式

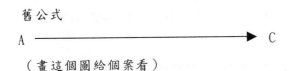

（畫這個圖給個案看）

＊每個字母都代表不同的事物

＊A 表示引動的事件（activating event）：你所處的情境、環境中的誘導物、刺激或者任何引發反應的事物。

＊C 指的是你的情緒或行爲：C 是 A 的結果。他們可以是一種情緒或行爲反應。

在這個舊的理論中，A 是導致 C 的主因──你所處的情境是造成你內在情緒與外在行動的主因。

想想看下面這個故事：

在星期天的午後，你坐在椅子上讀著一篇文章，突然間感到相當不安。這種感覺相當強烈且真實。你可以感受到 C──心跳加快、呼吸急促以及悶熱冒汗，你會很想站起來抒解一下這種焦慮的感覺。可是你才剛剛坐下來休息，那怎麼會有這些不安的感覺？在我們的公式中 C 就是這種「恐懼」的感覺。C 可以是不同的情緒──憤怒、悲傷、恐慌、挫敗──而這個例子你所經歷的是焦慮不安。

在這個午後，你會有一個問題想問：爲什麼我會突然地感到不安，我在擔心些什麼呢？

　　這個舊公式可以提供你一個解答方向。任何 C 的主因為 A，也就是你所處的環境。有一個客觀的攝影機可以將你的環境記錄下來，可清楚地記錄影像與聲音。那裡有沒有收音機或電視機？電視上上演什麼節目？你在讀文章嗎？你讀的是什麼文章？有其它人在房間嗎，如果有，他們在看你嗎？你在吃東西或喝東西嗎？外面有什麼聲音？整個房間有什麼東西？這些都是 A。

　　現在根據舊的公式來看，你可以從這些 A 中找到哪些是造成你不安的原因。根據舊理論，有些 A 會導致你的不安，如果你小心地檢視，你就可以發現造成你不安的因素。如果你找到主兇，將它移除，自然就可以解除你的不安。

　　這個 A—C 理論是相當普遍的概念。你經常可以聽到：「你激怒我了！」、「你讓我不爽」，「這個消息讓我很難過」，這些所有的描述都在說 A 導致 C。這個似乎是個通則，但這是真的嗎？

　　我想應該不是真的！外界對我們的影響力真的這麼大嗎？如果我們瞎了或聾了，外界自然會消失，他們就完全不會有影響了。當我們失去了感官知覺後，外在事件也就不能決定我們的情緒或行為了。事實上，外界事物並沒有神奇的力量，它們不能侵入我們的心智去操弄我們的行動與感受。想想看，當你處於黑暗中，你還是可以反觀自己，控制自己的行為。

　　下面有我們的修正公式。這是一個很簡單的概念，並且是我們這個理論的基本概念，所以我們會反覆地提及這個概念讓你牢記在心。這個概念主要來自 Albert Ellis 的理論，雖然有些人試著修改這個架構，但最後還是採用這個架構來說明認知治療。

新公式

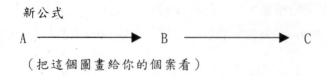

（把這個圖畫給你的個案看）

　　＊B 指的是認知、信念與態度。

　　你可以發現，我們又多加了一個字母 B。它代表著我們對 A 的信念，也就是對於 A 的知覺、想像、詮釋與結論。B 大部分是在我們的大腦中——我們大腦會將從外界接收到有關 A 的訊息，然後整理轉換成一些基模、主題或者是故事。

　　你大部分的情緒與行為都可以用這個公式來說明。我們不再只是簡單地看 A，還會注意到我們心中的對話。

實例說明

　　在第一次會談，我們常會用一些例子來讓個案瞭解認知治療的基本概念。

範例一

　　A＝俊賢的老闆把他叫去辦公室，痛批了一頓，說他報告太晚交了。

　　B＝俊賢告訴自己說：「老闆罵我是不公平的，是打字的秘書遲交，我的報告並沒有遲交。」

　　C＝俊賢覺得很生氣。

　　我們會問個案：「你覺得俊賢生氣的主因是老闆對他的批評嗎？」事實上，造成他憤怒的感受是他對這件事的想法。如果他認為這個批評是事實，他應該會有罪惡感；而現在他則是認為這個批評是不公平的，自然就會感到憤怒。

範例二

　　A＝曉雲照著鏡子

　　B＝她覺得自己有點胖

　　C＝她感到沮喪

　　想想看，當你發現你的身材很糟糕時，有誰不會感到沮喪呢！

　　許多人跟曉雲一樣心中都存在著一種標準身材的概念（文化的標準），並且認為自己必須要維持這樣的標準體態。事實上，這種身材的標準本身就是一種迷思。

　　她一定是用一個高標準來看待她的身材，所以就會認爲自己太胖了，事實上，造成她的困擾就是那個「標準」。因爲這個評判標準，讓她每次照鏡子時都發現自己不合格。由此看來，讓她難過的不是自己的體重，而是那個身材標準。

範例三

　　A＝景祥覺得他的胃在痛
　　B＝他認爲他得到胃癌了
　　C＝他開始感到恐懼

　　痛的詮釋是大腦最基本的功能（Freeman & Eimer,1998）。在你忙碌地工作之後，你發現你的肌肉酸痛，你的大腦就會自動詮釋你的酸痛是因爲先前的辛勤工作。生育的痛比一些疾病的痛還要痛，但是我們對疾病的痛往往會有很多災難化的解釋（當有一些疼痛發生時就會有很多的擔憂）。因爲面對生育我們所看到的是新生，而面對生病，我們看到的是死亡。

　　從這三個例子中，我們可以讓個案瞭解整個 A—B—C 的過程，也可以清楚知道情緒的起因爲何。當他們有一些不舒服的情緒感受時，就可以利用這個公式去找出主兇（想法），並整理出哪些想法是負面情緒的根源。

說明

　　關於 Ellis 的 ABC 模式有好幾種不同的改版，有些還比原始的複雜。例如，Teasdale 與 Barnard 發展的互動性認知子系統（interacting cognitive subsystems）就是一個更加複雜的模式（Teasdale,1993,1996；Teasdale & Barnard, 1993）。Aaron Beck（1996），Mahoney（1993a），以及 Ellis 自己（Ellis, 1988a, 1995, 1996）也都曾將這個公式加以擴充。

　　我也曾試圖將所有的模式都介紹給個案，結果發現 ABC 這個基本公式是最容易解釋與運用的。

　　一開始我們並不一定要讓個案了解 ABC 理論的神效。他們對治療都抱

持姑且試試的心態，不會完全地接受它。在認知重建治療（cognitive restructuring therapy）中也不鼓勵治療師在早期就挑戰個案的想法。雖然 ABC 理論有相當多的好處，但是一開始先不用談這些優點，以免有老王賣瓜之嫌。在前幾週，我們可以用一些例子讓個案更瞭解 ABC 理論；先用他人的例子，然後再漸漸地運用在個案自己的身上。這樣他們就不會太快地抗拒這樣的理論，而後可以藉由別人的例子來慢慢瞭解這個理論的神奇處，也可以順著治療師的理論去看別人的錯誤思考與情緒的關係。最重要的是你所採用的例子最好是根植在認知治療的理論概念上，以免個案又會因為一些複雜的例子而感到困惑。

在第一次碰面，我們會給個案一個作業：

回家作業

（請在第二次會談時帶來）

姓名 _____

＊**作業一**：閱讀《對自己說說你的感覺》（Talk Sense to Yourself, McMullin& Casey, 1975）第一至七頁。

＊**作業二**：閱讀《理性生活》指引第一、二章（〝A Guide to Rational Living〞, Ellis & Harper, 1998）。

＊**作業三**：看看下面的情境，他們都沒列出想法，請試圖從情境（A）與結果（C）中，推論出他們的想法：

1. 小張的上司責怪他上班遲到，小張聽了以後覺得很沮喪。

   你覺得小張當時的想法是：_____

2. 美麗只來兩次治療後就不來了，因為她覺得治療對她無效。

   你覺得美麗當時的想法是：_____

3. 小華覺得胃痛，然後開始坐立不安。

你覺得小華當時的想法是：＿＿＿＿＿＿＿＿＿＿＿＿＿＿＿＿＿

4.喬為超速被抓，他顯得非常生氣。

你覺得喬為當時的想法是：＿＿＿＿＿＿＿＿＿＿＿＿＿＿＿＿

5.蔣先生收到超速的罰單，當時覺得很生氣。

你覺得蔣先生當時的想法是：＿＿＿＿＿＿＿＿＿＿＿＿＿＿＿

6.大偉在餐廳吃飯，服務生要他先付錢，他當時覺得有點生氣。

你覺得大偉當時的想法是：＿＿＿＿＿＿＿＿＿＿＿＿＿＿＿＿

＊作業四：以你自己的生活為例，找找看生活中的 ABC：

	A 事件	B 想法	C 情緒或行為
1.			
2.			
3.			
4.			
5.			
6.			

建議讀物

這些作業大多是我早期臨床工作的心血（Casey & McMullinm1976, 1985；McMullin & Casey,1975）。

Donald Meichenbaum 是一個認知治療的大師。他建立了認知行為修正法（cognitive behavior modification, Meichenbaum,1977,1993）與認知壓力免疫訓練（cognitive stress inoculalized training, Meichenbaum,1985），最近他更將焦點放在創傷後壓力症候群（Meichenbaum,1994）。他強調在一開始應該讓個案有一個清楚的理論分析架構。這些清楚的理論概念可以幫助個案更加瞭

解整個改變的過程，並且可以瞭解每個介入的重點。如果想要有更多的瞭解，可以看看 Meichenbaum 的相關著作：Meichenbaum（1975, 1993），Meichenbaum 與 Deffenbacher（1988），Meichenbaum 與 Genest（1983）以及 Meichenbaum 與 Turk（1987）。

提供一些信念引發情緒的證據

基本概念

　　在治療師教導個案一些例子與一些相關概念後，另一個旅程也就展開了——如何讓個案接受這樣的思考方式。治療師要提出更多的資料讓個案能夠體會到「認知」的力量。大部分的個案來接受治療或諮商，他們心中的概念都是與認知理論相反。接下來的一些活動，都可以催化個案體認到認知的威力。

方法一：當下體驗情緒

　　治療師要讓個案體會到想法是如何影響情緒，而不是外在事物造就了他的情緒。治療師可以藉著操弄個案的想法，讓他在固定的情境下，隨著想法不同去體驗到不同的情緒。

　　為了達到這個效果，我們會讓個案想像一個會引發不同感受的情境。最好選用個案可以容易想像的情境。一開始，這些情境最好是可以誘發愉悅情緒。以下提供一個例子，治療師可以加以參考。請個案想像以下的情境：

　　想像一下，在一個溫暖的午後，你走在一個熾熱的沙灘上。夕陽斜掛在天邊，彩霞染紅了天際。隨著太陽西下，你開始覺得有點冷，而且感到沙灘上的沙子有點刺腳。你停下腳步，可以微微聽到海的聲音，海浪在拍打岸邊；

隨著海風的吹襲，你也可以聞到微微的海的氣息。當你慢慢地走，天際的顏色也開始變化了，漸漸由彩霞轉成有點金黃色。環繞在海岸邊的椰子樹也被染紅了。太陽漸漸沈入海裡，天色也開始變藍變暗了。寒風從海的那頭隨著浪花傳了過來，你坐在沙灘上，欣賞著這樣的夜景。你發現這時滿天星斗，你被整個大宇宙包圍了。這時的你，也陷入這樣的寧靜當中，此時無聲勝有聲，一切就是這樣安詳。你覺得你跟這個世界融為一體。（改編自 Kroger & Fezler, 1976）

這時，請個案閉上眼睛安靜地坐著，你開始慢慢地唸著這篇文章，讓個案想像這他就像主角般地走入這樣的情境中。在想像的過程中，個案的狀態跟剛進入諮商室一樣，一樣的身高、體重、情緒以及感覺，唯一改變的是我們讓他進入一個想像世界中，他的內在想法變化了。也可以跟個案解釋，由於這樣的想像，讓他感到心靈平靜了。

【譯者註：這種方是就是利用想像式放鬆法，讓個案可以在治療室感到放鬆。治療室的情境並沒有變，只是加入了想像讓個案從原先的緊繃感覺轉換成放鬆。】

如果個案在經過想像之後，還是無法感到平靜的話，這時就要討論他在想像時的狀態了，他是如何想像的，當時有什麼想法在心中打轉。當聽到「你走在一個熾熱的沙灘上」，個案可能沒在想像那個沙灘，而是在想「我現在正坐在治療室中」，當聽到「在一個溫暖的午後」，不是在想那種情境而是想到「外面正在下雨好冷哦」。

事實上，從這裡更能體會到，不是外在世界造成他們的情緒，而是自己的內在想法。這些想法可能就創造出任何一種可能的情緒。他可能感到生氣，因為他想到「上次我跟女朋友安安走在沙灘上，她走得相當快將我拋在後頭」；也可能害怕，因為他想到「很冷的微風從海邊吹襲而來，雖然很舒服，但是有一些東西爬到我鞋子裡，他們軟軟的身軀在我鞋中蠕動，那些軟軟的身體與觸手碰觸著我的小腿，好像要爬到我身上來，好可怕！」而感到恐懼。

為了讓他們能夠感受到不同的情緒，我們必須要讓他們將焦點放在想法

中。你可以跟個案這樣說：「事實上不是環境、幼年經驗或者是遺傳引發你的感受，重要的是你所建構的影像造成你的感受，所以你才是創造自己感覺的主人？」

方法二：想像去改變另一個人的信念

另一個方法是讓個案去告訴其他個案「想法」對他的影響有多大。你可以採用以下化名為阿凱的故事或者是自己創造新的故事。

假想一下，你看到一個叫阿凱的人，他在街道邊走著。他看起來就是一個身心健康的人，沒什麼特別的問題。他目前在市區中的一間商店當售貨員，已婚並且育有二子。他在星期四會跟朋友去打保齡球，到了星期六的下午，會一起去踢足球。他有時會去跟鄰居小酌一番，偶而不小心喝太多時，他會發酒瘋批評一下政府，但一般而言，他還是一個成熟老練的好男人。他跟他太太的性生活相當美滿，雖然不像初識時熱情，但是他太太還是覺得很不錯。他也是一個好爸爸，他會比一般家長花更多時間陪小孩，當小孩犯錯時，他會教導他們；當小孩難過時，他會去安慰他們。他的人緣相當不錯，並且可以跟三教九流各種不同人相處愉快——一起唱歌的朋友、打球的朋友、工友、管理員、同事、鄰居。

現在我們試著讓阿凱有些改變，先假設我們可以把一些念頭就像「病毒」一樣可以植入一個人的腦袋中。也就是說我們可以創造一種想法是「這個世界平淡無奇『或者是』這個世界相當美好」這兩種不同的想法「病毒」（注意這一切都只是想像的，我們目前無法創造出這些想法病毒）。然後我們可以將這些病毒量產，然後注射到不同人的身體內。

如果我們可以將一種想法病毒注射到阿凱的身體內，它會跑到阿凱的大腦中，常駐在其中。阿凱就無法擺脫這些想法，他將一輩子被這個想法所影響。整個動作很簡單，我們只要將想法病毒注射到阿凱身上，你將發現一切將不一樣了。

我們隨便選一個想法病毒「我需要每個人都喜歡我，我才會真正地感到

快樂」，然後將這個病毒準備好，等待阿凱的到來。當他在這個週末的午後來到我們這裡時，趕快把病毒注入他體內。

事實上，如果跟著阿凱度過這一天，你會發現沒什麼兩樣。如果我們更小心地觀察其中的變化，你會發現好像還是有些微的改變。之前他只是獨自一個人閒晃，但是現在好像變得有些躊躇。他開始注意其他人怎麼走路，然後開始模仿他們。

我們繼續跟蹤他。到了週末的夜晚，阿凱跟他太太去拜訪鄰居，參加鄰居辦的聚會。他很喜歡這個聚會，因為他在聚會中往往是相當受到歡迎的。但是，現在好像不是這樣了，他開始感到焦躁不安，他不知道該跟誰說話，然後感到手足無措。有一個人就跑來問阿凱的太太說：「阿凱是不是生病了？」有兩個鄰居跑來跟他討論槍枝管制的問題。他說：「這個問題正反兩面都需要考慮，我無法馬上下結論！」這兩個鄰居覺得相當奇怪：「這是我們認識的阿凱嗎？」過去的阿凱都會馬上地表達自己的意見，而今天好像怪怪的。後來他們覺得話題搭不上去，就摸摸鼻子走了。

晚上，阿凱就寢時。他想要跟太太做愛，但是表現得相當曖昧不清。他對他太太說了五六次：「我不知道你是否會累？」他太太一再地保證說不會。但是阿凱還是覺得不舒服，一再地詢問太太還好嗎？他一直擔心自己是不是一個好的伴侶。

隔天早上，他練習足球一直感到不順利。有一個男孩的父親希望他孩子小德可以多上場去練習，而小德卻是一個不認真的球員、球技不好、又經常偷懶不練習、常常出狀況。但是阿凱卻不敢拒絕，感覺小德的父親會在旁邊一直注意著他。果真如此，小德違規三次，結果這次的比賽輸的很慘。

如果我們繼續跟著阿凱過生活，你會發現阿凱會有其他的問題。首先會因為性生活不協調而導致婚姻問題。他會跟治療師說：「在做愛時好像很多隻眼睛在注意我的表現。」

阿凱也得到了潰瘍。他努力地工作以獲得到老闆的歡心。在球隊連輸六場球賽後，球隊也換了教練了。他也很久沒有人邀請他去參加聚餐了，但是

他心裡明白這些人還是固定地辦聚餐。他嘗試過幾種不同的鎮定劑，但是好像都沒有效。

你這位旁觀者會很清楚其中的改變，我們只是注射一個想法病毒在他身體裡面，但是他的人生完全改變了。這個想法「我需要每個人喜歡我才會快樂」也就是社交恐懼症的來源。我們只是簡單地讓他有這樣的想法，阿凱不再感到快樂了，他開始為取悅每個人而感到辛苦，最後還導致了社交恐懼症。

你一定會覺得很奇怪，一個想法真的具有這種毀滅性的影響力嗎？我們只是讓阿凱有這樣的想法，他卻在社交生活中受挫。他失去了自我，而努力地去取悅每個人。有趣的是，他想要每個人都喜歡他，但卻都得到反效果。大家不喜歡沒有自己意見的人，也不喜歡那種害怕討論事情的人。大家都覺得阿凱變成一個軟弱的人。大家都看到阿凱心中的無能，同時也將個現象反映給他知道。

當然，我們無法創造出這種想法病毒。但是我們自己卻會自己創造出這種病毒，在接下來的治療過程中，你將會深刻體會到你內心深處的那種想法病毒。

方法三：夢與催眠術

在夢境中也可以了解想法的威力。當個案在作夢的時候，外在環境刺激是平時的房間。不論個案的夢境為何，外在環境（房間）是固定不變的。當個案做惡夢的時候，他的恐懼並不是來自外界，而是來自己的夢境中。如果夢境轉換，他的情緒也會有所轉變。夢也是一種想法（B），但是與其他想法有些不同，夢是當個體意識薄弱的時候所產生的，而且它是從自體產生而非外在刺激所誘發。

從催眠的成功經驗中，更加消弱了外在事件（A）對於情緒（C）的影響。在大腦的皮質區，它涉及了一些自動化與立即性的反應歷程，例如疼痛。當你手指頭被針刺到，你自然就會有一種主觀的疼痛經驗，這個例子正好說明了事件對於情緒經驗的影響（A—C），針頭是事件（A），疼痛剛好是情緒

經驗（C）。但是催眠正好打破這樣的想法，突顯了我們先前提到的 A—B—C 這個歷程。如果你將一個受試者催眠，暗示他說：「你的手正好放在冷水中，整個手掌都麻了，也失去了知覺。」你會發現這個受試者不會感覺到他的手被刺到。當個體處於催眠的情況下，他還是可以察覺到外界的刺激（被針刺到），但是他對這些刺激的解釋開始改變了，他不在覺得會痛而是感到麻。他們會知道有一種感覺，但是不是那種很清楚的刺痛感。當然，個體阻斷疼痛感的能力也會跟接受催眠的程度有關。

從催眠與夢境的例子來看，個體的想像對於情緒的影響大於真實事件的影響。想想看，一個舒服睡在床上的人，如果他夢到自己坐在鐵達尼號，並且遇到冰山的撞擊，他煞那間就陷入了恐慌之中（而事實上他還是躺在舒服的床上）。如果他夢到自己是一個小天使，飛翔在天際中，他自然地也會感覺到全身輕飄飄的，而事實上，他卻是躺在催眠師的躺椅上。從這些例子可以發現，真實的感覺不再是外在的訊息，而是我們的大腦所重新建構的事實。

方法四：生理上的證據

如果個案的思考偏向直線式思考，也比較缺乏想像力時，提供一些事實將會幫助個案理解這個理論。對於這些個案，我們可以呈現 ABC 理論的生理機制。先讓個案看看圖 1.1，讓他了解這個大腦機制。

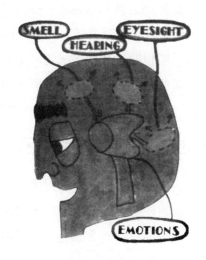

圖 1.1 大腦中的認知與情緒所在的區域

（Casey& McMullin,1976,1985）

　　對於教育程度較高的個案，可以讓他們閱讀 Antonio Damasio（1994）所寫的"*escartes' error*"（目前無中譯版，所以以原書名呈現）。在他的書中會呈現情緒的神經生理機制【譯者註：國內讀者可以閱讀相關心理學的書籍，例如心理學中的「情緒」個章節，或者是情緒心理學相關書籍】。這個神經通路起源於我們的意識——可以當作 A，也就是我們對於外界的反應，以及對於事件內容的判斷。我們會評估外界事件對我們或他人的影響。這個認知評估歷程來自於我們的感官知覺（如聽覺、嗅覺與視覺）。接下來，大腦會把這些感覺跟過去相似的經驗做比對。大腦的前額葉區會自動進行這種比對作業：「是否曾經經歷過相同的情境？」「這種狀況是否表示有問題發生？」「上次是何時有同樣的經驗？」

　　這全部的歷程就是認知，也就是 B。這些認知歷程的發生是相當自動化且快速地進行（基本上不會超過一秒鐘。），他們就在大腦中的前額葉與皮

質區中運作。當這個認知歷程結束，情緒的生物化學歷程就開始運作了。認知歷程的結論（前額葉區）會將訊息傳到情感區——杏仁核（amygdala）、前迴帶區（anterior cingulated）、自律神經系統（autonomic nervous system）、腦幹（brain stem），而且情感區也開始運作了。這時，我們也會感受到自己的情緒。我們也發現，在前額葉區受傷的個案，他們出現無法辨識情緒的症狀。由此看來，想法（認知）在我們的情緒中扮演著重要的角色。

方法五：從個案的生活經驗中找例子

大部分的個案都能從生活經驗中體察到信念對情緒的威力。如果能讓個案覺察到這些經驗，對於理論的理解會相當有幫助。讓個案回想一件曾經讓他感到困擾的事，並且讓他回顧那段突然「想通了」不再感到煩惱的經驗。以這件事情為例，讓個案去分析事件（A）與後果（C）為何。然後，在心中重新清楚地建構出當時的情境與事件，並且請個案找出當時的想法（B）。當時，他對自己說了些什麼而讓他感到煩惱。最後，再回到那個想通的想法。當時，他又對自己說了些什麼話，而不再感到困擾。

大部分的個案都曾經有過這種自尋煩惱、鑽牛角尖的經驗，當他們自己想通後，一切就感到海闊天空，相當舒坦。但是，如果不幸地又繼續鑽牛角尖的話，那就會持續地感到痛苦不堪了。從他們的生活體驗，去幫助他們更確信是想法造成他們的痛苦，而非那些外在事件。

方法六：如果 B 改變，C 也會跟著變

先給個案一些 A—B（事件—想法）的例子。固定一個外在事件，讓個案想想他可以對自己說哪些話（有哪些相關的想法）。請他們針對每個想法指出會引發的情緒（C）。你可以從個案的作業找到一些例子，或者是書中的例子都可以當作素材。以下就列出一些例子：

1. 假如你在一間咖啡廳中工作，你的同事在一旁竊竊私語，不時地朝向你這邊看。你會有什麼心情，事實上是受到你內在想法的影響。如果

你想到「他們在我背後說我壞話」，你就會覺得有點生氣。如果你想到「他們可能發現我昨天弄翻了咖啡」，這時你會有點罪惡感。如果你認為他們可能在計劃你的生日宴會，你會覺得很快樂。注意，整個狀況只是你的同事在聊天，而隨著你的想法不同，你的感覺確有千百種。

2. 另一個是來自 Hauck（1980）書中的例子。想想看，當你讀這本書時，剛好有一隻蛇從你腳邊爬過去，這時的你當然會感到相當害怕。如果有人走過去，抓起了這條蛇，並且你也發現那是一條假蛇，你還會害怕嗎？我想對於大多數的人都不會再感到害怕了。同樣是蛇？有什麼不同呢？你都是看到一條蛇爬過你腳邊，但是你的反應卻有所不同。這個差異就是你的想法有改變了。一開始，你看到蛇，可能就想到「哇！有一條蛇，好可怕，一定有毒，而且牠很可能會咬我。」記住，這個想法只是一瞬間。在第二個情境，你卻會對自己說「呵，這只是一隻玩具蛇。牠不會咬我。」注意，蛇都還沒有開始咬你，你也不知道牠有沒有毒，但是隨著你的想法不同，你當時的情緒也有所不同。

3. 接下來，你看看以下在同一個情境下產生的不同反應：

情境（A）：你跟一個好朋友約好去看電影，但是過了一個半小時他還沒來。

感覺 1（C1）：你有點擔憂。

你會有什麼想法？

想法 1（B1）：他會不會出事了。

感覺 2（C2）：你有點生氣。

這時你的想法是？

想法 2（B2）：如果他要晚點到應該要先跟我說。

感覺 3（C3）：你覺得難過。

這時你的想法是？

想法 3（B3）：他可能不重視這個約會，他覺得遲到沒關係。

整個故事都是一樣的,就是你的好朋友遲到,但是隨著想法不同,你的感覺也相當不同。

方法七:直接創造出情緒

1. 你的個案有練習過藉由改變想法來改變情緒嗎。你可以請個案直接產生快樂、悲傷、驕傲、自信等感覺,並且試圖著從一種情緒轉到另一種情緒。你可以請個案每天練習五分鐘。(詳情請看第八章的情緒心係法)
2. 請個案觀察一些行為特異的人(如過度悲傷、過度憤怒),然後請個案思考一下,他們為何會有這麼強烈的情緒反應,當時他們心中在想什麼?

說明

在這裡我們教了你不少技巧,幫助個案能夠體會想法對情緒的影響。雖然你不必用盡所有的招式,個案自然就能夠體會到想法對於情緒的影響力。在這裡,還是希望你把每個方法學熟,因為每個個案的狀況不同,他是適合的方法也有所不同;唯有你將每個方法熟練,你才能更有彈性地協助個案。

最好的策略,當然是從個案的親身經驗中提取相關的訊息,這樣更有說服力,也讓個案更加銘記於心。所以,治療師必須鼓勵個案用他們的例子去體會到想法對行為(情緒)的影響。

建議讀物

如果你對想像式放鬆訓練有興趣,可以閱讀 Kroger & Fezler(1976)所寫的《催眠與行為改變:想像情境》("*Hypnosis and Behavior Modification: Imagery Conditioning*")。

如果你想了解有關大腦生理的相關資訊,可以看 Damasio(1994)與 Gregory(1977,1987)的文章。

關於疼痛的認知治療，你可以參考以下文獻：Baker & Kirsch（1991），Cipher & Fernadez（1997），Litt（1988），Meichenbaum & Genest（1983），Scoot & Leonard（1978），Sternbach（1987），以及 Turkat & Adama（1982）。

理性情緒與行為治療（rational emotive behavior therapy）也提供了一些治療技巧，你可以看看 Paul Hauck（1967,1980,1991,1994）所寫的一些文章。

還有其他書也提供一些例子幫助你進行治療：Casey & McMullin（1976,1985），Mc Mullin, Assafi & Chapman（1978），Mc Mullin & Casey（1975），Mc Mullin , Casey & Naves（1979）（西班牙文），McMullin & Gehlhaar（1990a）以及 McMullin, Gehlhaar & James（1990）。

環境的影響力

基本概念

即使個案學會了這套理論（A-B-C theory），能夠體會到想法對於情緒與行為的影響，但我們有時還會遇到一些強大的外在事件，它們對於我們行為的影響遠勝過想法，例如外在環境、幼年經驗、體內生化反應、潛意識與遺傳。【譯者註：想想看，在生活中有時會做出非自己意願的行為，例如軍中的服從】

雖然這些外在環境的影響力很大，但是還是受到自己內在認知的影響，你怎麼看待這些事件，自然也會影響到你的行為與感受。【譯者註：在生活中，我們經常都會受到環境的影響而改變自己的行為；但同樣的不合理要求，你的內在詮釋不同所產生的感受也不同——若當這些是磨練你是否會好受些呢？】內在神經生化物質（如腦內啡）與幼年經驗跟其他的外在事件沒兩樣，都只是外在刺激並不會完全掌控我們的行為。換句話說，它只是會引誘你去

做某些事，但並不是決定你要做那些事。這些影響力強大的外在世界（物理環境、生化、幼年經驗、遺傳）還是會受到你自己的想法影響。以下我們會列出一些相關的例子讓你更了解。

【譯者註：以酒癮為例，雖然酒癮具有遺傳性，但只要你不想去喝酒，不去碰酒，你不去喝酒，你也就不會變成酒癮患者。】

方法

1.與個案分享一個重幼年創傷經驗中走出來的故事
2.與個案分享一個如何跨越先天殘障的奮鬥故事

範例一：克服幼年的痛苦經驗：阿信的故事

阿信是一位女病患，她來找我的主要原因是她有強烈的憂鬱與焦慮感受。在聽過她的故事以後，你可以體會到她失歡的童年。

阿信出生在一個鄉村，生長年代剛好在二次世界大戰時期。當敵軍佔領她所住的村莊時，這些人就奴役村民，脅迫他們為敵軍工作。游擊隊員則是躲在村莊的四周，試圖地去破壞敵軍的補給線。因為受不了游擊隊的攻擊，敵軍決定要殺雞儆猴。

一天午後，敵軍集合起全村的居民，不論男女老少都集合起來，然後要他們走進一個溝渠。阿信跟她的母親因為步伐較慢落後在後面，所以沒有走進溝渠中。當一些人走進溝渠後，敵軍要求大家排一排趴在溝渠壁上。當大家趴好後，敵軍拿起機關槍開始掃射。利那間，哀嚎聲、哭泣聲四起。當機關槍開始掃射時，阿信的母親抱著阿信趴在地上。因為母親的保護，阿信也就逃過此劫。

當天晚上，她很害怕地躲在母親的身體下。她全身被血浸濕了，並且四周都是哀嚎聲與呻吟聲。幾個小時後，四周進入了死寂。阿信四周的人都死了，留下年幼的她躲在母親的身體下顫抖。

隔天早上，隔壁村的人過來找生還者以及自己的親人。他們聽到阿信的

啜泣聲，然後努力地在屍體中把她挖了出來。他們帶阿信回家安頓她的生活。因為阿信是全村的唯一生還者，游擊隊員們就盡全力地保護她，帶著她一村過一村地躲過敵軍的追殺。最後，她遠離了她的國家，來到了美國的遠房親戚家居住。

到了美國，她還是經常會從惡夢中驚醒，朋友們也建議她去看心理師，解決這個問題。最後，她就來到我的治療室了。

我發現我們是無法讓她遺忘她童年的經驗，所以我唯一能改變的是她對這個經驗的看法。在治療中，我並未把焦點放在她的經驗，而是放在她的想法上，並且試圖找一個新的觀點讓她可以去面對先前的可怕經驗。我們先討論死亡是每個人都會面對的問題。然後開始深入探討死亡、生命、善良與邪惡等哲學與宗教的意涵。

當這些討論奏效後。阿信開始相信痛苦是存在的，並且也開始接受人們都會遇到一些苦難的事實。這就是關鍵點了。她也相信，人們有時遭受一些苦難並非是她們做錯事情，一切的苦難也可能是毫無理由地發生了。她也開始接受，童年的苦難不是因為她做錯事了，這些事情的發生是不可避免的，也不是她的錯。更重要的是，她也了解這個世界並不會完全照她的期待而運行。每個經驗可能是挑戰，也可能是痛苦，一切的感受都取決於自己的看法。當她重新思考自己的經驗後，她也不再感到焦慮不安，也不再陷入憂鬱的情緒中，她漸漸地展露出笑顏了。

阿信的故事是一個鮮明的例子。人類有無限的可能性，不論我們過去多麼悲慘，我們只要重新去面對人生，一切將會有新的契機。

範例二：克服先天的身體障礙

想想看，我們的生活中有一些人是可以突破先天生體障礙而有相當不錯的表現，例如口足畫家。回想一下，在美國紐約有一場比賽，在比賽完全結束前，已經有一些人跑到了終點。當時電視記者開始訪問這些獲勝者，同時也有一些鏡頭繼續拍攝那些還在跑的人。這時境頭拍到一個人，他沒有腿，

他讓自己趴在一個拖車上，然後用手推動車子滑行在路上，雖然他滿手沾滿了血跡，他還是繼續地往前爬行，希望能夠「跑」到終點。在街上，只有少數幾個人看著他——一對老夫婦、一個剛回家的上班族、一個流浪漢。六七個混幫派的青少年也在看著他。

他繼續在街上爬行，因為少數幾個人在旁邊看著他，讓他感到有些不好意思。這些小混混就在旁邊嘲笑他、模仿他，而其他人則視而不見。

這個人假裝沒注意到這些人，自己努力地用手往前「跑」。當他經過這些人時，他們也看到這個人努力的表情，似乎也能夠體會到他的努力。路人開始停止嘲弄，開始為他加油。一開始只是小聲地鼓勵，後來加入的人越來越多，加油聲也越來越大。然後陪著他努力，陪著他往前「跑」，並且為他打氣。街頭混混也停止了嘲弄，也加入加油的行列，而且加油聲更加大聲。

為什麼這些人改變了呢？他們原先忽略或者是嘲笑這個殘障人士，但是後來為什麼幫他加油呢？真正原因無法了解，但是可以試著去推測一下。當大家發現他是要完成比賽時，人們自然就會幫選手打氣，希望他能夠完成這個比賽。整個過程，他只是一個殘障人士，不一樣的是大家的想法，他們原先以為他是個殘廢會來改變成他是個選手後，一切的行為反應也不同。對於他而言，當他拋棄殘障的角色，開始扮演著選手時，別人也是可以體會到他的努力與奮鬥。

說明

之前提到的兩個例子都是在探討一個人是如何對抗惡劣的情境（具有強大影響力的情境）。在跟個案舉了這些例子以後，要再跟他討論下一篇文章：「為何環境不再重要了？」。

對於面臨惡劣環境或身體障礙的個案，如果能夠讓他們消弱環境的影響力，則是相當具有治療效果的一件事。有創傷後壓力症候群的個體，就需要克服那種無助感，因為過去的他們會覺得自己對於外界是無能為力的，一切都不是在自己的掌控中。對於他們，無法靠少數幾個走出陰影的例子來讓他

們仿效。因為外在的影響力相當大，所以治療師必須花更多的心力讓個案能夠從受害者的角色轉變成主動者的角色。如果你能夠提供更多的例子，讓她學會如何走出陰影會是相當有幫助的一件事。

閱讀資料：為何環境不再重要了？

　　事實上，人生在世並不會一直一帆風順。每個人的生活都是這樣起起落落，憂喜參半。每個人都有他的人生目標，而且會希望能夠達到這樣的人生目標。在努力的過程中，必須要開始學會接受與面對外界的挑戰（例如不順遂的童年、外在的創痛）。不成熟的人只會近視短利，對於當前的小成就感到喜樂，小失敗感到痛苦。但是，事實上，有痛才有得，有辛勤的耕耘才有收穫，能忍過現在的痛苦，才能會有未來豐收的成果。阿信與那位殘障的馬拉松選手，他們的人生收穫一定比那些安逸的人多很多。人生目標是遠大的，只有靠你自己努力地一關關地克服，你才有可能會有豐收的一天。不要因為一時的小挫敗，而打敗了你，因為越大的寶藏，所安置的陷阱與障礙也越多。

回家作業

　　在這次教導個案 ABC 的會談最後，我們會給個案一個回家作業。不論以後你會給個案哪些作業，這個作業是不可少的。

說明

　　在教導個案 ABC 理論以及讓個案了解想法的力量以後，要注意個案是否會過度使用這樣的概念。因為有些對此理論基本精神不熟悉的治療師，或者是大眾媒體的誤導，會讓個案以為他可以藉由改變想法來改變生活中的每

個部分，錯誤地以為意志力可以掌控一切。

就以我過去的臨床經驗中，有一個個案阿強，他就曾經加入某個宗教團體，在其中他深深地以為他可以靠他的內在想法來控制生活的每個層面。

他對自己說「一切夢想皆可成真！」。在這個宗教團體中，教義中告訴他們：「如果你可以善用你的意志力的話，你就可以達到每個你想要的目標。」他可以改變氣候、獲取財富、停止戰爭、解決飢荒，任何一件想要完成的事。他只要堅信自己的信念，一切就可以成真。

他將這樣的想法實踐在生活中，他用他的意志力去治療他的網球肘，當他餓的時候，試著想像食物讓他感覺飽；當然這些方法都失敗了。當他回去教會跟他們說這是錯的，不會成功的，這些長老卻跟他說：「心誠則靈！一定是你不努力！」他們還強調：「你必須誠心地相信它，如果你有一點懷疑，你的意志力就會受到影響了，自然就不會成功。」更甚者，他們還對他感到失望，認為他不像他們想像中的有慧根。

他又回去試試看，對他而言生活更加困苦了。他怎麼幻想還是沒辦法創造出一桌的好菜，讓他可以飽餐一頓。而他因為將所有的錢捐到教會中，他也變得更加窮困了。現在他也不會注意到他的網球肘了，因為他現在開始有偏頭痛。

這兩年來，他努力地讓他的意志力更強，但是他總是失敗。最近，他來找我諮商，主要是他每次的失敗都讓他有很深的罪惡感。我告訴他，那些人太過誇大其詞了。想法的影響力真的很大，但並不代表它是無所不能的。這些人必須要重學認知治療。

最後，我寫了一段話給阿強，並且跟他討論他的想法。

每個人都活在兩個世界之中，一個是內在世界，另一個是外在世界。這兩個世界並不會互相影響，除非你將這兩個世界作一個串聯。你的想法就是存在你的內在世界之中，而且你的信念與態度也會影響到內在世界中的其他部分。當你的脊髓將你的大腦與身體做個連結時，你腦中的想法也自然會影響到你身體的其他部分。你的想法也就會影響到你的消化系統（可能會導致

胃病）、呼吸系統（可能會產生氣喘）、你的心臟血系統（可能會導致心臟病與高血壓）、你的內分泌系統（可能會導致內分泌問題——恐慌）、你的免疫系統（可能會降低免疫力產生一些疾病）、你的肌肉系統（可能會導致偏頭痛、下背痛）、你的生殖系統（可能會導致不孕）。【譯者註：想要更了解相關訊息，可以閱讀健康心理學相關書籍。】

　　但是，你的大腦並未跟食物作連結、沒有跟超級市場、天氣、等等外界事物作連結。所以，你並沒有辦法靠你的內在世界來影響這些外界事物。

　　如果你想要讓你的內在世界去影響這些外在事物，你必須要在這兩個世界中搭一個聯繫的橋樑。這個橋樑就是採取行動。而你的內在世界就會影響到你的行為，而你的行為也可以試著去影響外界事物產生改變。行為跟想法不一樣，大家都知道想總是比作還要快，所以它是需要時間去運作與改變。所以，為了達到你的目標，你的想法可以督促你的行為（與外在世界的聯繫點）進而改變外在世界達成你的目標。

回家作業

姓名：＿＿＿＿＿＿＿＿＿＿＿

　　如果你希望你在治療中會有更好的效果，第一步，你要學會去區分：事件、想法、情緒（行為）三者的不同。一般而言，情緒（行為）是最容易被發現的，然後是事件，最難辨別的是想法。以下會教導你一些方法來作辨識，希望你能夠每天都練習一下：

　　1.想想看，在今天你何時心情最不好。如果你今天有好幾個負面情緒，選一個最強烈的感受。那是一種什麼樣的心情：害怕、難過或生氣。將焦點放在那樣的情緒上，感受一下那種情緒（只要感受不需要很強烈）。

　　2.再來試著找出造成這種情緒的元兇。當你有這種情緒時，當時發生了什麼事。這時要注意的是，這時要分析的是事件，不是你的內在想法。你可

以試圖地勾勒出你情緒發生時的外在世界，先不要將自己的內在想法以及對於這些事件的解釋加進來。

在分析事件時，你要先注意時間，這件事是何時發生的？如果想不出來，試著從你今天的生活去推敲。當時間確定後，開始回顧你當時做了哪些行為。最好越具體越好，一直勾勒到你的情緒產生之時。當你發現情緒產生時，開始回顧你週遭所發生的每一件事。你看到了什麼？你聽到了什麼？你有聞到些什麼嗎？你生理上有什麼樣的感覺呢？例如胃痛、肌肉緊繃、頭暈。

3. 最後，開始去找尋你的想法。在當時，你心中有什麼想法呢？你對你自己說了些什麼話呢？把這些想法都寫下來。你就會發現你有一堆想法在腦中運作，裡面有一些是你經常會告訴自己的話，而也有一些是今天才說的話。你也會發現這些想法是外在事件與你的情緒之間的橋樑。如果當你想到某個想法時，某種情緒就會微微地醞釀起來，這時你就找對了橋樑了。如果有些想法並不會激發你的感受時，那代表那不是重要的橋樑。

4. 持續地做這樣的練習，可能需要一個多禮拜的練習。當你有一種強烈情緒，你試圖地去找出其中的 A（事件） B（想法） C（情緒）。經過反覆地練習後，你會就發現你的想法模式了。

建議讀物

Spangler、Simons、Monroe 與 Thas（1997）發現負向事件（負面的 A）的大小並不會影響到個案使用認知治療的效果。

在過去的文獻中，都將焦點放在個人改變想法後的力量。在 Victor Frankl（1980）的《活出意義來》（〝man's search for Meaning〞）一書以及他的日記中，更加說明改變想法後對於人生的影響（Frankl 的意義治療也是認知治療的先驅）。還有更多的故事，也在說明一個人如何靠他的意志力去改變他的世界。

持續的學習

基本概念

　　想想看，每週只進行一小時的認知治療有效嗎？單靠每週一小時採用認知治療的基本概念來思考，其他的 167 小時還是用過去的思考方式，你覺得認知治療的效果會好嗎？每週的認知治療時間只是讓個案清楚這樣的思考方式，重要的是個案是否能夠在生活中運用這些新了思維來過生活。以下提供幾個方法來幫助個案在回家後可以在生活中繼續使用這些方法。

方法一：個案手冊

　　不論是團體或者是個別治療，我們都會給個案一些衛教手冊，幫助他在家中可以自我學習。事實上，這些手冊對於個案是相當有幫助的，可以讓他更清楚在治療室中所學到的每個重點。過去的研究顯示，當個案回去有閱讀這些與治療內容有關的資料後，他們的治療效果以及參與治療的動機皆提昇。在手冊的使用上，你可以選用一些已出版的手冊（圖 1.2），或者其他治療師所編制的手冊【譯者註：坊間也有一些相關的書籍可選用：如「認知治療的實務手冊」】。你會發現自己依照治療內容編製手冊，最能夠符合你的需求。【譯者註：一般我們都會自己編製相關的手冊，因為每個人的用字遣詞以及撰寫重點不同，當你用自己撰寫的手冊時，一來可完全符合你的治療目的，二來個案會感到你的用心與重視而增加動機】

　　我們自己也針對不同的問題，撰寫了一些手冊（請參閱圖 1.2）：《對自己說說你的感覺》（*"Talk Sense to Yourself"*）（ McMullin & Casey,1975），還有西班牙文版（McMullin, Casey & Navas,1977），這本書就是針對成人焦慮與憂鬱症所撰寫的。《給父母的話》（*"Straight Talk to Parents"*）（McMullin, Gehlhaar & James,1990）這本書就是給那些與小孩互動有困難的父母閱讀的書。《蜥蜴》（ *"The Lizard"*）（McMullin, Gehlhaar & James,1990）是一本

針對飲酒問題寫的書，第五本書更是一本進階的戒癮手冊。這些手冊都是搭配相關的個別與團體治療所撰寫的。如果治療的重點在於改變想法時，你就可以在手冊中找到相關的章節，來學習改變自己的想法。

　　所有的手冊的撰寫風格都一樣。他們針對治療的重點加以說明並且可以增進個案對於治療重點的熟悉度。更重要的是，他們可以依賴這些手冊，幫助他們學以致用。每個手冊的內容都盡量活潑、精簡（每冊都不超過 50 頁），並且盡量用圖案來表現，以增進閱讀動機以及適用於不同年齡層的個案。

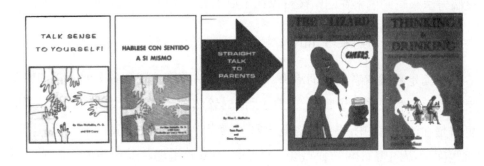

圖 1.2　　個案手冊

方法二：課外閱讀書籍

　　在時間與經濟的考量下，並不是每個個案都有機會接受完整的認知治療。有些個案或者是民眾可以藉由自助書籍來幫助自己解決一些困境。這些自助手冊跟衛教手冊不一樣，它們並非用來輔助治療進行的內容；它提供了更多認知治療的相關訊息，書中的內容就是讓個案可以經由閱讀來自我幫助。事實上，一些治療師也會採用自助書籍的部分內容來當作參考教材，希望個案可以經由更深入的閱讀加深了治療效果。每個治療師都有他所偏好的教材，在下一段我們提出一些我們覺得還不錯的教材給予大家參考。

　　第一本是相當受歡迎的一本書，由 Albert Ellis 與 Robert Harper 所寫的《理

性生活指引》（"*A Guide to Rational Living*"）（Ellis & Harper,1961），以及 1975 年的第二版（"*A New Guide to Rational Living*"）與 1988 年的第三版。第二本常用的書是解釋認知治療基本概念的《你的錯誤區》（"*Your Erroneous Zones*"）（Dfyer,1993）。第三本是結合不同認知取向的《感覺更好：全新的情緒療法》（"*Feeling Good : The New Mood therapy*"）（Burns,1980,1989）。第四本是 Ellis 博士的新書《如何抵抗讓你不舒服的事》（"*How to Stubbornly Refuse to Make yourself Miserable about Anything, Yes , Anything*"）（Ellis,1988a）。第五本是跟婚姻治療有關的書《成功婚姻指南》（"*A Guide to Successful Marriage*"）（Ellis & Harper,1961）。（見圖 1.3）

圖 1.3　暢銷的自助書籍

方法三：多媒體、錄音帶、錄影帶、卡通與電腦程式

　　我們可以採用各種不同的方法來教導個案了解認知治療的相關概念。有些個案語文理解能力不佳，這時我們可以選用一些視覺的素材來幫助個案了解這個理論。在這一節，我們將突破傳統的語文素材（書籍、衛教手冊、自助書籍），採用其他管道來進行認知治療的訓練。

　　幻燈片：我們可以將一些基本概念做成幻燈片。在《認知再建構治療工具》（〝The Cognitive Restructuring Therapy Package 〞）（Casey & McMullin,

1976, 1985）中，我們做了 54 張幻燈片來幫助我們進行治療。

錄音帶與錄影帶：最暢銷的就是 Ellis 本身建構的理情治療有聲書（45 E. 65th St. New York ,NY 10021，電話（800）323-4738，電子信箱：order@rebt.org）美國心理學協會也出版了一些有聲書可提供個案聆聽。

卡通：你可以將治療的一些重點與說明做成卡通圖案或者是動畫，這樣會增加個案的印象以及學習效果。當個案對內容遺忘時，這些卡通圖案可提醒它，勾起他的回憶。在圖 1.4 我們也列出一些卡通圖，讓你來做參考。

電腦：治療師可藉由電腦來呈現你的治療內容。我們現在也經常使用電腦來進行個別治療與團體治療。電腦比起其他媒介更具有彈性，我們也可以在電腦中進行互動，也可以經由電腦來了解個案當時的反應。在團體治療中，我們可以利用單槍投影機將電腦中的訊息投射在牆壁或者是螢幕上，可以讓所有的成員看到電腦中的內容，治療師也就可以用光筆指出重點以及談到的概念。（這種做法就好像學生在進行報告一樣，使用 power-point 來呈現資料。）

電腦軟體：Martin Sandy（1992）發展的《影響你心情的想法》（"Ideas that Make You Feel"），這套軟體可以幫助個案了解 A-B-C 的基本概念。治療師可以藉由一些工具，如掃描器、繪圖軟體，來設計適合治療的資料。

使用電腦來輔助治療的最大好處是省時省錢。如果你可以在治療等候室放置一台互動性電腦，個案就可以在等候時，進行一些學習。事實上，有時這種互動式的電腦也可以產生一些不錯的效果呢。例如，這一章所談的 ABC 理論的教導，可以利用電腦來教學，以節省一些人力的消耗。

個案可利用電腦來進行一些練習，來更熟悉認知改變技術。個案可以利用 PDA 來記錄自己的想法，並且練習在治療中所學的一些對抗技巧，或者是一些認知改變的技巧（Newman, Kenardy, Herman & Taylor, 1997）。

圖 1.4　治療相關卡通圖

（1.McMullin & Casey,1975；2.McMullin& Gehlhaar,1990a；3.McMullin, Assafi & Chapman,1978；4.McMullin, Gehlhaar&James,1990）

說明

　　雖然這些媒介都可以協助治療，但還是要注意，個別治療與團體治療還是最根本的治療方式，這些素材只是一個輔助的工具。

建議讀物

　　Neimeyer 與 Feixas（1990）發現在認知治療中，有寫家庭作業的個案效

果比那些沒寫家庭作業的個案好。

Newman 與他的同事（1997）發現對於恐慌症的治療，若使用 PDA 輔助治療，效果會比傳統的認知治療好，顯示電腦可增加認知治療的效果（Buglione, DeVito & Mulloy,1990；Chandler, Burck, Sampson & Wray,1988；Selmi, Klein, Greist, Sorrell & Erdman,1990）。

很多研究發現自助手冊與衛教手冊可以增加認知治療的效果（Gould, Glum & Shapiro,1993；Jamison,& Scogin,1995；Scogin, Jamison & Davis,1990；Smith, Floyd,Scogin & Jamison,1997；Wehrly,1998）。

《自助手冊指南》（〝The Authoritative Guide to Self-Help Books〞）（Santrock, Minnett& Campbell,1994）是一本評鑑自助手冊的一本指南，它列出一些重要的自助書籍並且也評鑑該書籍的效果。在這本指南中，推薦了幾個人的著作：Ellis（1995），Ellis 與 Lange（1995），Ellis 與 Tafrate（1997），Freeman 與 Dewolf（1993），與 Freeman,Dewolf 與 Beck（1992）。

Michael（1999）發展了一套 12 週的多媒體心理教育課程。在他的書中，也提供了每一週所需要的教材包括：大綱、家庭作業、衛教資料、作業指引等等，你都可以印下來給個案作為治療之用。

第 *2* 章

找出信念

　　ABC 是一個相當簡單的公式，但是要將這樣的概念運用在生活中則需要一些智慧。大部分的個案都表示最困難的在於要找出內在的信念（想法）。有些個案可以在情緒產生之時抓到一些想法，並且試圖地改變這些想法；但是，最後卻發現他們所找的想法並不是核心的重要想法，還是白費工夫。

　　為了讓個案能夠找對想法，我們必須讓個案了解想法運作的歷程。想法（信念）並不只是個案在某些事件下的單一內在語言或影像，而是一系列的運作歷程。以下，我們列出一些想法的組群，幫助個案更清楚在 ABC 理論所探討的 Bs 為何？

自我語言（Self-talk）

自我效能（Self-efficacy）

知覺（Perception）

選擇性注意（Selective attention）

選擇性忽視（Selective inattention）

歸因（Attributions）

標籤化（字眼與語句）

[Labels（words and phrases）]

解釋（Explanations）

解釋型態（Explanatory style）

歸類（Categories）

認知地圖（Cognitive maps）

自我要求（Self-demands）

生命主題（Life themes）

心理連結（Mental associations）

認知制約（Cognitive conditioning）

自我概念（Self-concept）

意象（Images）

選擇性記憶（Selective memory）

完形組態（Gestalt patterns）

主題與故事（Themes and stories）

迷信（Superstitions）

想像（imaginations）

判斷（Judgment）

結論（Conclusions）

自我教導（Self-instruction）

假設（Assumptions）

具體化（Reifications）

內在腳本（Internal scripts）　　　語言原型（Linguistical prototypes）

原型（Prototypes）　　　　　　　組態連結（Pattern connections）

理想化認知模式 ICMs　　　　　　腦部組織（Brain organization）

（idealized cognitive models）　　認知基模（Cognitive schemas）

個人化迷思（Personalized myths）　完形（Gestaltens）

訊息歷程（Informational processing）　主要模組（Primal modes）

神經網絡（Neural network）

　　治療師可以把上面這張表拿給個案，讓個案清楚原來自己的信念包含這
麼多種類型。就像下面的圖，某種信念發生後，很可能會誘發另一種信念，
在這樣的連鎖反應下，個案的情緒也油然而生。

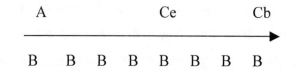

＊A 是外在事件或刺激

＊Bs 不同類型的信念或內在認知

＊Ce 情緒反應（當時的感受）

＊Cb 行為反應（當時的行為）

期待

基本概念

　　有些想法是在事件發生之前就已經存在的。這些想法經常是個案看待外
界的方向。【譯者註：心想事成正好是這個概念的寫照，當你對外界有某些

期盼或期待時，有時事情就會這樣發生了；所以期待就跟這些期盼一樣，在事情發生之前就已存在，而所發生的事件又往往跟這個期待一般。】

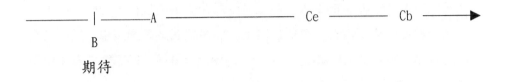

期待

　　期待就是個案對於自己、他人與外在世界的期盼。例如個案覺得期末考會失敗，在考試時所投注的心力也就不足，自然而然也就導致被當的結果；反之，如果個案對期末考信心滿滿，認為會拿高分，在考試時自然就會盡力地去填答問題，結果自然也就不錯了。雖然如此，如果個案對自己、他人與外在世界有過高或過低的期待時，他們的期待可能就會變成一種強迫性的要求了，例如一個過度期待自己會拿滿分的人，他在用功的程度自然也就提高相當多，並且會有勢死拿滿分的決心。

　　不實際的期待經常會導致個案的情緒困擾。完美主義者他們會要求自己完成一種不可能的任務，而且會設一個無法達到的高標準，這些個案也就經常會常到失敗的經驗。他們可能會因為成績不理想，而難過地想自殺。他們也可能發現自己無法掌控一些事物，而感到恐慌。例如懼曠症（agoraphobia）的病患他們可能會有的期待是：「如果我無法馬上減低焦慮的話，我會無法遠離焦慮。」有些個案會期待每個人都能理性行事，當對方無法合理行事時而感到憤怒。有些憂鬱的個案而是對外界無任何期待，因此對於外界感到意志消沉。

　　我們在事情發生之前，腦中都會有一種期待，認為即將發生的是好事或壞事，接下來做的事是成功還是失敗。從這個角度來看，事件本身的好壞根本不重要，重要的是我們用哪種眼光去看這些事。

方法

1. 讓個案將焦點放在一個情境或事件上，引導個案儘量地去想像該情境。

2. 畫出一個 0～10 分的量表，將生命中最棒的事情放在十分的位置上，再把最糟的事情放在 0 分的位置上；然後讓個案想想該事件是屬於幾分呢？（例如得諾貝爾獎是 10 分，得癌症是 0 分；得到樂透彩頭獎是 10 分，地震房子倒了是 0 分）。

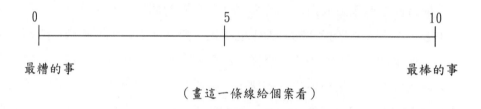

（畫這一條線給個案看）

3. 讓個案想像這件事最糟以及最好的狀況為何，讓他在下面的表上計分。

4. 請個案定出一個合理的最小接受值（just-reasonably acceptable）。所謂的最小接受值就是在這好壞事件程度的量尺上，個案可接受的最糟狀況的程度，若死亡是零分，個案認為他最可容忍的程度是幾分。你可以這樣問個案：「0 分生命中最糟糕的狀況，10 分是生命中最棒的經驗，你覺得你必須要在幾分以上才會過的下去。」

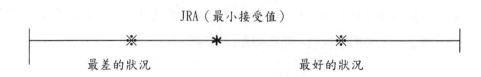

5.最後,利用這個歷程幫助個案解析其他的困境。將這些資料整理起來,
　就可以發現個案自我要求或者是期許他人的基準點。

我們可以將這些資料整理起來,看看個案對外在事件的一般期待狀況。
看看個案對這些事件的期待與他人有何不同。以下列出一些扭曲的期待方式。

全有全無的思考（All-or-nothing thinking）

個案的計分方式如下:

由這個評分方式來看,這個個案計分相當極端。對於一件事物最好與最
差的狀況期待相當極端。他們經常以災難式或者是誇大的方式來評估事情發
生可能狀態。他們認為每件事情的發生不是很美好就是相當糟糕,完全沒有
中等程度的考量。例如醫學系的學生發現自己解剖期末考只有 60 分時,他就
會認為自己一定會被當,老師對他的印象一定不好,以後很可能無法從醫學
院中畢業。

憂鬱性思考（Depressed Thinking）

個案的計分方式如下:

從這個評分方式來看,最糟與最棒的狀況都落在負向區,而且相當範圍
不大。一些憂鬱症的病人會認為事情的發生好壞差不多,所以他們也失去了
處理事物的動機了。

完美主義的想法（Perfectionist Thinking）

個案的計分如下

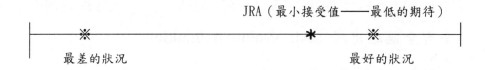

JRA（最小接受值——最低的期待）

最差的狀況　　　　　　　　　　　最好的狀況

　　個案的最小接受值太靠近右邊了，幾乎等於事情的最好狀況。這個計分結果是完美主義者的典型反應，他們不能容許任何犯錯的可能性。如果他們不能做到盡善盡美，他們就會覺得失敗了。

　　個案除了對自己要求完美以外，也可能對他人要求完美。例如：個案的最小接受值太高，而目標事件是他人時，個案就會因對方沒有達到自己的要求而感到憤怒。

範例

　　若對外界事物的期待過高，生活困擾也會相伴而來。幾年前我跟我的同事在處理一些個案時，產生的很大的瓶頸。他們的自尊心相當低，覺得自己無法適應這個環境，並且無法善待自己。他們覺得自己相當沒用，覺得自己的生命相當沒意義，心情低落到想要自殺。

　　我們認為這些個案有一些人格上的問題，我們暫且將他們的問題稱為「INPS」（我只是個廢物——I am nothing but a piece of shit）的個案。我們用這個說法來表示這些個案一點也不為過，因為這個說法可以確實地表現這些個案的狀況。事實上個案實際沒有這麼糟糕，是他們認為自己相當糟糕。

　　有些治療師試圖地去提昇他們的自尊，希望他們多愛自己一點點，減少一些自我批評的行為，但，一切徒勞無功。

　　有個個案憂鬱一號。他認為自己糟糕到極點了，一點優點都沒有。雖然有些女孩子還蠻欣賞他的外表，但是他還是認為自己相當醜。他雖然每週去

家扶中心協助小朋友，但是他還是認為自己是一個沒愛心的人。

這些對自己的負面導致他一些身心症狀，如失眠。他開始感到生活了無生趣、有時會想哭泣、經常想自殺（已經自殺兩次了）。

從事實來看，憂鬱一號對自己的看法有相當大的扭曲與偏誤，雖然這些態度與信念對他產生相當大的困擾，但是他還是抱持這些念頭。他因為這些想法與態度，開始越來越脆弱、越來越退縮。當治療師開始協助他去打破他對自己的負面態度時，這些負面的態度也就漸漸瓦解了，而他也發現自己不再是廢物。隨著他努力地改變態度，他開始慢慢發現自己有用之處，開始發現自己也是一個不錯的人了。他不再認為自己是個寄生蟲，而是地球這個大機器上的小螺絲釘。

個人的內在信念本身就是一個迷。個體會知道這些內在的信念造成他相當大的困擾，但是他還是竭盡所能地保留這些信念。

當我們可以找到憂鬱一號本身對外界的期待時，他的問題也就迎刃而解了。他的核心想法是他應該像愛因斯坦一樣。這已經不是一個願望，而是他對自我的要求目標了。當他人把它當作是一般人時，他也就會感到不舒服。當他要做一些小瑣事時，他也會覺得相當不舒服，以他這樣的大智慧家，怎麼可以做工讀生的工作呢。

生活中每件事情都會困擾著他，而且發現很少事情可以讓他感到歡欣鼓舞。每次一犯錯，他就會嚴厲的自責，然後漸漸地陷入憂鬱中，並且認為自己是個廢物。

「犯錯是一件相當嚴重的事。」「雖然每個人都會犯錯，但是對我而言，是不能犯任何錯誤的。」

人生最悲慘的是懷才不遇，有著跟愛因斯坦一樣天才的智慧，但是每個人都把他當成一塊石頭，而看不出來內涵的寶石。

朋友為了鼓舞他，而盡量地趨捧他，但是這只是增加他對自己的期許，讓他的理想我與現實我的差距更大了。這也就讓他變得更憂鬱了。

因為他的自我要求與自我期待，導致沒有一件事情可以達到他的標準，

也因此讓他感到相當的自卑。每一次的自我批評，都更堅定他是愛因斯坦的期許。從他的觀點來看，如果他不這樣自我要求的話，那他就跟一般人沒兩樣了。

在治療的目標，我們不會放焦點在如何提昇他的自尊，而是將焦點放在他期許自己為愛因斯坦這樣的天才上。

說明

認知再建構治療與其他認知治療有些許的不同，在這樣的治療取向，我們會先收集個案的信念、態度與潛在的哲學思考。如果一開始，就挑戰個案的一些想法時，往往會造成個案的防禦與阻抗，所以我們先收集整理個案的信念，從中找到他的深層期待，以同理的態度切入，阻抗也會減少，個案也就更願意與你談他心中的那些自我要求。

治療師要知道，這些信念組群，他們是時序上的先後呈現，而這樣的時序是從現象中來探索的。自我要求或者是其他信念的位置可能也會因人而有些許的差異，所以先了解個案的信念系統是相當重要的工作。

建議讀物

Safren, Juster & Heimberg（1997）發現期待是認知治療中的一個重要成分。Whittal & Goetsch（1997）發現恐慌症病患中的期待是形成懼曠症的主要因素。

早期的研究都發現，期待本身是影響增強物效果的因素（Farber, 1963；Gholson,1980；Spielberger & DeNike,1966；Weimer & Palermo, 1974）。在這些研究中，他們發現如果受試者對於增強物沒有任何期待的話，這些增強物就會失去的增強效果。如果受試者對於增強物的期待大過它本身的效用時，這些增強物可能會變成另一種懲罰。

自我效能感

自我效能

基本概念

　　Alfred Bandura（1995）跟他的同事發現個體對於自己是否能夠勝任該項工作的信念，會影響到他是否能達成工作目標。他們在執行工作時是否能夠達成目標，取決於他們相信自己可以達成目標的程度。效能感是與期待相關的概念，從上一節來看，個體的期待太高會降低個體達成目標的可能性，而效能感正好相反，若對於執行事務的效能感越高，個體越有可能達成目標。同時，對於高期待的個案，他們對於執行工作的效能感自然也會降低。

　　過去大部分的研究都在探討低自我效能感對於個體的影響，但是最近幾年也發現，過高的自我效能感也可能會帶來負面的影響。例如：酗酒者或吸毒者，他們就是高估了自己可以控制用量的能力：「我知道我的能耐，我能夠控制我的用量」、「我可以控制每天只喝一杯！」精神分裂症的患者也高估自己的意志力，認為可以靠自己的意志力來壓制幻覺的產生。

方法

1. 先讓個案放輕鬆，然後讓他把焦點放在一個問題情境上。
2. 詢問個案是否有能力去解決該問題。用下面的評估表來評估他的能力強度。

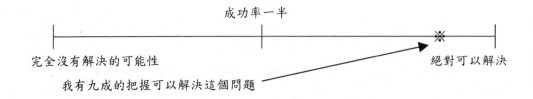

3.將個案的焦點從成功率轉到自己內在的感受。想想看，「當你只有一成的成功率時，你會有什麼感受？」例如：每當太太囉唆時，你都會感到很生氣，想罵她太囉唆。想想看：「當你只有一成的把握不會跟她爭吵時，你會有什麼感覺？如果你跟他爭吵了，你又有什麼感覺呢？」

4.試試其他情境，看看個案一般的成功率評估是多少。他的自我效能感高還是低呢？

範例：小麥的故事

小麥正好是自我效能感太高的例子。

小麥的親密關係品質相當不好，在做愛的過程中，經常都會早洩。雖然他學會了一些性愛技巧，但是還是都沒有用；每次的性愛經驗都讓對方不滿意，追根究底，會發現他不太使用愛撫與前戲的技巧。他一開始只是一點點小小的挫敗感，但是慢慢地就開始無法忍受小小的挫折，而很容易感到情緒低落。他看起來就像被情緒淹沒的一個人。

造成小麥問題的原因很多，主要在於他那個不適切的自我效能感。他是家中的老么，在他出生之前，他母親流產了兩次。醫師警告她說懷孕對她的身體會有嚴重的傷害，但是他母親還是希望有個小孩，所以又懷了小麥。小麥的出生，對於全家人而言都是一件很驚喜的事情。他母親生下他以後，也就決定不再生小孩了，要全心全意來照顧他。

小麥是一個相當可愛的小孩，全家都把他當成小王子來對待——特別是

他母親。因為他的家人對他有至寶，所以他也形成了認為自己與眾不同的自我效能感。他根本不了解，為何家人會如此看重他——幾次難產後的喜獲麟兒、老么的受寵。他只知道他與眾不同，可能是某顆星宿轉世。

　　在他進小學之前，他過的有如王子般的生活。當他進入小學之後，每個小朋友都把他當一般小朋友來對待時，小王子的角色也就消失了。但是，他還是不清楚為何其他小朋友不能把他當小王子看待，因而感到不舒服。當他知道別人不再看重他以後，他感到相當憤怒，也會要求其他小朋友把他當頭來看，這個動作反而適得其反，其他小朋友更加輕視他，甚至嘲弄他。這個狀況陷入了一個惡性循環，他越來越暴躁，對其他小朋友的要求越來越多。到最後，他變成班上的毒藥，沒有小朋友願意跟他相處。

　　這些小朋友對待他的方式，應該會讓他想想會不是會家庭的問題。但是，很遺憾的，他把所有的問題都歸因於學校的問題。他認為這些小朋友因為忌妒他是天才，是一個小王子，所以才會這樣對待他。

　　他的生活繼續這樣過著。當他的女朋友不看重他時，他就會把過錯歸咎在他女朋友身上。他花相當多的時間去找那個可以將他當成王子看待的女孩，但他從來都沒有找過到。有一次他很感慨地說：「隨著女性自主權高張，越來越難找到好女孩了！」

　　當他感受到別人不把他當特別的人看待時，或者是感到挫折時，他就會變得很暴躁。甚至，當他去買東西時，售貨員不馬上幫他結帳，他也會感到很生氣：「這個世界相當不公平，為何要這樣折磨我？我應該要得到我要的！」他經常這樣感慨地說著。

　　小麥的問題相當清楚。我將這個問題稱為「小王子症候群」（Prince in Disguise Syndrome）——一個落入凡間的小王子，在凡間過著貧民的生活。他的自我效能感過高，以至於無法忍受一般人所會面對的挫折。他不去面對問題，反而怨天尤人。事實上，這些問題都根源於他的家庭，他那自命不凡的態度，也是從家人的對待中習得的。

說明

因爲自我效能感與期待是兩個相當靠近的概念,所以我們都會同時拿這兩個概念來討論。例如,我們經常會遇到高期待但低自我效能感的個案,而他們也就會經常自我要求。憂鬱症的患者就是這樣,對自我的期許很高,但是卻無能力達成,以致經常活在挫敗中。

對於這類的個案,我們會要求個案同時評估期待以及自我效能感。

「在這個情境下,你最低的期待是多高,同時也標示一下你可以達成的程度爲多高。」我們經常請個案針對某件事,他的期待以及達成狀態進行評估。在這張評估表上,個案會發現他的問題所在(可能是結果的期待太高,而自身能力太低)。從中,更能體會到爲何自己會這麼多的挫敗感,綜歸原因在於自己的期待過高。

建議讀物

Albert Bandura 發展的自我效能的概念,並且針對這個概念寫了不少專書來討論。他在 1977、1978、1982、1984、1995 以及 1997 年都曾針對這個議題寫了一些文章,另外在 1980,1981,1982 與 1992 年與其他人共同撰寫了相關的報告,如果有興趣的話,可以參照書後的參考文獻找出這些文章來看。另外,Hawkins(1992)與 Hayes(1995)針對自我效能感是否爲行爲的導因進行深入的探討,而 Bandura(1996)本人也對此提出了一些回應,有興趣者可以深入看看這些文章。

自我概念

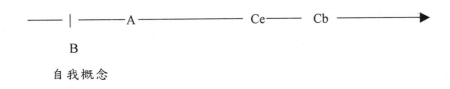

自我概念

基本概念

　　自我效能感與期待都是自我概念中的一個成分。如果自我概念只是自我效能感與期待的結合的話，那我們就不需要特別來探討這個成分。但事實上，自我概念本身還蘊含著相當多的內容，並且需要更深入地探討他如何影響我們對外界的知覺。

　　個人的自我概念是形成於外在事件之前（見上圖）。我們對外界的知覺、詮釋以及行為結果都受到自我概念的影響。我們是快樂地生活或者是悲慘得過日子，全部取決於自我概念。

自我概念的浮現

　　發展心理學家認為在嬰兒時期就已經有自我概念的雛形了。嬰兒的世界一開始是奇特、混亂與充滿驚喜的。他們利用手去抓取、用嘴去吸允、以及用哭聲來與外界產生互動。在與外界的互動過程中，嬰兒的自我概念系統也開始活動了，他開始關注外界的一些事務，並且開始整合歸類：母親與自己為一個整體，手與奶瓶也是另一個整體。除此之外，其他的萬物都是雜訊。

　　隨著接觸的事務增加，他也開始進行區隔的動作——自我——也就獨立生成出來了。一開始，嬰兒將自我當作是另一個物件來看待，那是一種無法具體描繪的物件——就像一種感覺、氣味雖然靠自己很近，但是卻是無法具體地描繪它。雖然一開始小嬰兒無法將自我這個部分當成是屬於自己的一部

份，但是他也開始能區分自我為何，其他非自我的感覺又為何。

當自我概念開始慢慢地成長，其他相關的部分也就慢慢地成熟了，例如情緒：「害怕、快樂、飢餓與憤怒都是屬於自我！」當然小嬰兒不會使用這些字眼，但是他們很清楚知道他們有這樣的感受。

當嬰兒漸漸長大，自我開始進行另一項改變——評價出現了。小孩開始對自己有正向或負向的評價：「我有好天使與小惡魔的存在！這部分是屬於小天使的，而另一部份是小惡魔的。這個部分是有意義的，而另一個部分是生病有問題的。」

這個價值評斷的歷程是相當重要的，因為他們開始對自己進行評價的工作。如果他們認為自己是壞寶寶，自然也會做出一些不好的舉動。如果他認為自己是沒用的小孩，他自然也不會積極地處理事務。自我開始主動地與環境互動，並且從互動中更加穩固自我的結構。例如：無能的自我，一開始也就不會積極行事，自然失敗的經驗也會增加，而這樣的失敗經驗更加肯定「無能的自我」。這整個過程就是我們所熟知的自證預言。

個案自我評價的威力相當大，除非個案改變他的自我評價，要不然這些評價將會影響個案一輩子。這些自我評價就像一個濾鏡一般，會過濾個案的對外界的知覺、想法、感受以及行為。

這些評價從何而來呢？我們又是如何形成我們的自我評價呢？有一個可能的解答-我們從他人對我們的評價轉化成自我評價。當我們還是小朋友時，我們並無法正確地評估自己的狀態，並且無法客觀地看待自己，所以週遭的人就是一面鏡子，反應出我們自己的模樣以及價值。我們從別人的反應中，了解到自己是否有價值。如果我們的重要他人看重且接受自己，我們自然也就會看重自己。但是如果他人覺得我們不好，我們自然也會棄棄自己。

從他人身上來評價自我也就是問題的根源。如果他人的評價不正確，小孩對於自己的評價自然也是偏頗的。父母親本身的不安全感以及問題，也會反映出來被小孩接收到。但小孩並沒有能力去判斷這些訊息的正確與否，自然也會把父母親本身的問題，當作是自己的問題，進而形成錯誤的自我。「我

並不是一個壞小孩，媽媽罵我並不是我不好，是因為她個性本來就是這樣，她很喜歡誇大自己的感受，她打我只是希望吸引其他人的注意！」你覺得當一個小孩被暴躁的媽媽打以後，可能這樣來詮釋事情嗎。事實上，當小孩被毒打時，她只會認為過錯在於自己，是自己惹媽媽生氣所致，而不會想到是媽媽情緒失控所致。小孩也在這樣的狀況下，形成了扭曲的自我概念。

方法

雖然有很多測量自我概念的工具，但是在認知治療中，最好了解自我概念的方式就是從個案的信念中抽取出屬於他的自我概念。

1. 整理出個案的信念（詳見第三章）
2. 找出與自我有關的信念
3. 針對這些信念，請個案評估正向與負向的程度。例如：「這個世界是相當可怕的」其中隱含的自我概念是「我是一個弱小的人」，從這個概念來看，它是一個負向的概念。

範例：小芳的故事

小芳出生在一有問題的家庭，當她七歲左右形成自我概念時，家庭正陷入混亂中。它的父親是一個酒鬼，並且在喝酒後，他經常毆打她出氣。她哥哥是個毒蟲，在毒癮發作時，她也常遭殃。她的母親很愛面子，所以都希望家庭出現一個和樂融融的樣子，會儘量把問題淡化，但是也無法解決小芳遭遇到的痛苦。她母親認為自己是一個沒用的人，唯一可以做的事，就是不讓這個家庭瓦解。

小芳也在這樣的困苦環境中形成自我概念。她認為每個人都可能會傷害到她。「我可能是世界上最可憐的賤草！」她這樣想著。

從客觀的事實來看，小芳的自我概念是受到扭曲的。我們都可以發現她被毒打、被傷害以及被忽略都不是她的錯。我們都可以發現她的家庭有問題。但是，小芳卻無法看到這一點，只看到家人是如何對待她。因為這樣的訊息，

也造成他的自我概念是不正確的。

當她父親對她性侵害時，她認爲一切都是自己活該。當她長大了解到性時，她開始覺得自己是一個不乾淨的女孩。有一次，她跟她母親談到父親對她的性侵害，她母親卻認爲是她說謊，並且不准她在題這件事情。阿芳並不了解母親爲何要這樣說，更不知道她母親對此事正好處於否認的階段，她只知道一切都她的錯。

這樣錯誤的自我知覺一直成長著。阿芳靠著將情緒壓抑來活下來。這個家庭是一個典型的毒癮家庭，而阿芳也在這樣的環境中成長茁壯，並且成爲家中唯一有用的人。在這個家中，阿芳的能力最好，整個家庭也相當依賴她。當她 14 歲的時候，她承擔起整個家庭的功能，扮演著整理家務的母親、支持家庭的父親、以及照顧弟弟的好姊姊。她的青少年時光是相當灰暗的，她也一直希望自己能夠遠離這個家庭，到了 22 歲，她已經自殺過 3 次了。

個案的認知中心就是自我——代表個人的核心部分。經由自我，個體可以看到外在世界，並且也會決定個案的人生是彩色還是黑白的。

說明

在討論期待、自我效能與自我概念之時，我必須再重新提醒大家自尊跟這些概念一樣都有過高與過低的狀況。有些專業人員不認爲自尊過高是一個問題，Martin E. P. Seligman 針對這個議題作了一番討論：

自尊這種感覺是一種正向的情緒，當個體解決困境、工作成功、獲勝等正向經驗時，他就會體會到自尊的感受。自尊感基本上是一個不錯的感覺。當小孩擁有高自尊時，他未來成功的機會也會比較高。他在與其他小朋友互動時，會比較有自信，做事也比較容易成功，自然也比較受到其他小朋友的歡迎。無疑地，高自尊是一種令人心曠神怡的狀態，但如果一個人事實並未有任何成就卻展現高自尊時，這可能就是一種自大的表現了。

因為自尊是一個相當複雜的現象，所以許多自尊的研究結果並未獲得肯定的答案。事實上，一些中輟生會有低自尊的感受，許多未婚媽媽會有心情

低落的現象，一些吸毒者會覺得自己很沒用，一些失業者會覺得自己很沒價值。但是事實麼原因造成他們會有這樣的感受呢？在加州報告中，他們認為低自尊是主因。這些人因為低自尊而導致學業成績不好、吸毒、失業等社會問題。但是這個研究只呈現了某個層面，換個角度來看，這些事件可能是造成低自尊的原因而非結果。（Seligman, Revivich, Jayucox & Gillham, 1995, pp.33-34）

建議讀物

Seligman 做了一系列有關正向與負向自我概念的研究，並且從中發展出習得無助與習得樂觀的理論（Seligman,1975,1994,1998；Seligman, Reivich, Jayucox & Gillham,1995）。Bromley(1977)針對自我的發展做過研究。Guidano是一個從發展心理學角度來思考自我概念的心理學家（Guidano,1987,1991；Guidano& Liotti,1983）。另外 Carl Rogers（1951,1959）與 George Kelly（1955,1980）也以自我概念做為他們的理論核心。

注意力

基本概念

之前提到的認知反應是在環境刺激出現之前就已存在的。注意力跟之前

的認知功能不同,他是與刺激是同時發生的。事實上,注意力這個功能主要是決定哪些刺激是主要事件而哪些刺激只是一些不重要的訊息。

個人在辨認事件之時,都會經過一個過濾的過程,在其中將焦點著重在自己認為重要的部分,其他部分也就會忽略了。外在刺激所呈現的是光線、聲音、味道、氣味等知覺,這些外界是隨時隨地地變化與呈現。因為外界訊息太多,我們的大腦就會將這些訊息過濾與統整,形成一些有組織的資料。

我們的大腦會告訴我們哪些訊息是重要的要去注意,同時也會告訴我們哪些訊息是可以忽略的,這樣我們就可以從雜亂的聲音中聽到別人跟我們說的話;從充滿氣味的空間中,聞到瓦斯漏氣的味道;從身體上的各種感覺中發現那個部位會疼痛。大腦從外界選擇的訊息,就會進入我們的思考之中,同時也會影響到我們的感受與行動。事實上,我們受到外界哪些訊息影響,完全取決在我們的大腦告訴我們要注意哪一個訊息。

方法

1. 請個案想像一個讓他感到困擾的情境,並且請個案清楚地描繪那個情境。然後請個案談談哪些部分是讓他感到痛苦的地方。
2. 請個案將焦點從讓他痛苦的部分轉移到其他部分。這個部分有點困難,因為許多個案就會自動地回到那些讓他感到不舒服的細節中。這時,不要氣餒,盡量鼓勵個案將焦點轉移到其他部分。反覆的練習,直到個案可以將焦點固定在其他部分,同時也可以自在地控制自己的焦點。

範例

我請一個有懼曠症(agoraphobia)的個案將他害怕離開家裡的感覺畫出來(圖 2.1)。

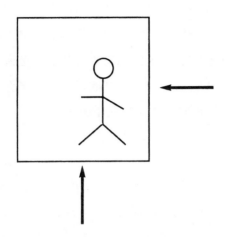

圖 2.1 懼曠症患者的圖畫

　　然後，請他根據這幅畫說明他為何會感到恐懼，並且談談他如何看待畫中的自己以及他在其中所注意的焦點。他認為當他想要離開房間時，會覺得自己好像被困在一個箱子裡面。這個箱子越來越小，讓他無法逃脫，並且會有很大的壓迫感，最後這種壓迫感到大他感到崩潰。他這時是將焦點放在他的恐懼不安以及困住的感覺。當他越注意自己身體上的感覺時，那種感覺就越加強烈。如果他可以將注意力離開身體上的感覺，放在外界的其他訊息，他將會感到更加舒服。

說明

　　個案的注意力與焦點是最難發現的認知成分。大部分的個案都不知道自己的注意焦點為何。他們認為是環境刺激吸引他們的注意力，而不知道一切的注意焦點都是自己所能操控的。很多人都忘了，自己可以決定要注意什麼、要深入思考那個訊息，反而以為是外界刺激來操控自己。【譯者註：想想看，在生活中我們經常可以發現注意力是自己所能操控的，例如在一個吵雜的環

境中，我們還是可以過去外界吵雜的音樂，將注意力放在同伴跟你說的話。】

　　如果請你將注意力放在你的焦慮的感覺上，你會發現沒幾分鐘你就會越來越焦慮。焦慮症的病人就是這樣造成自己的焦慮，憂鬱症的病人也是，當他將焦點放在傷心與無望的感覺上，他自然就會陷入憂鬱的情緒中。每個生氣的人都會說他腦中一片空白，只有滿腹的憤怒。如果你可以試圖地將焦點轉移到其他成分上時，你會發現你過的更愉快。

建議讀物

　　社會認知理論（Bandura,1977a,1996）與模仿理論（Bandura,& Barab,1973）都相當注重注意力歷程。Chemtob, Hamada, Novaco 與 Gross（1997）發現改變注意力焦點可以減低創傷後壓力症候群個案的憤怒。Aaron Beck 與他的同事也發現注意力焦點也是憂鬱與焦慮的重要影響因素（Beck, 1967,1975,1993；Beck,Emery,& Greenberg,1985；Judith Beck,1995,1996）。

選擇性記憶

選擇性記憶

基本概念

　　在個體注意到外在刺激（事件）之後，選擇性記憶就是緊接發生的認知歷程。人會從自己的記憶系統（短期與長期記憶）中，搜尋與剛接受到的訊

息相關的經驗。當個體要進一步詮釋剛注意到的訊息時，我們經常這樣問自己：「在過去有沒有經驗過相似的情境？皆下來會事件會怎樣的變化呢？這件事會對我產生危險嗎？」這樣的搜尋比對是相當重要的工作，若個體經驗到從未經驗到的經驗時，自然也就無從分析與解釋這個經驗。除非可以找到相似的經驗加以比對，要不然個體還是會一頭霧水。

記憶最麻煩的事就是會有選擇性與扭曲性。記憶系統雖然就跟儲藏櫃一樣，但是不同的從櫃子中拿取物品時，並不會是跟剛放進去一模一樣的，經常是經過重新包裝或者是拆解的物品。當我們可以想起過去的事時，這件事基本上都是經過重新包裝過的。這些被提取的訊息只是我們對於過去事件的知覺或經驗，並不是過去事件的重演。

在個案的記憶中包含了成千上萬的故事、印象、感受與想法。因爲每一個經驗所帶來的訊息都是相當龐雜，所以個案也是擇其重點來進行回憶。他們所著重的部分只是整件事件中的一小部分，而且選擇重點會受個案當時的想法與感受所影響。基本上，個案回憶的訊息重點應該都是對自己有所助益的。當他們在生氣的時候，就會想想那些可以平息憤怒的經驗。如果感到孤單，就會回憶起那些曾經擁有的甜蜜時光。如果覺得自己很無力，他就會想起那些豐功偉業，或者是幻想自己是一個很有能力的人。

基本上，我們所回憶的事件都是與當時的情緒有關。一些不快樂的人就會回憶一些過往快樂時光，讓自己心情好些。這些失意的年輕人，就會想起童年過生日、青少年時期的青澀戀情、過去的成就，在這樣的過程中，他也可以忘卻目前的傷痛或者是平撫目前的傷口。

每一次的回憶，我們都會將這些往事作些修改或補充，然後就變成一個新的故事，同時這個故事也受到當時的感受與想法所影響。事實上，越遙遠的回憶，被修改的狀況也就越大，自然可信度也就降低了很多。

有些個案對於往事的回憶是受到當時的感受與想法所牽引。他們認爲：「那些回憶真的是回憶嗎？過去發生的真的發生了嗎？我可以改變這些回憶嗎？這真的是我的過去嗎？」

　　事實上，過往的事實並不會改變，但隨著提取的缺損或扭曲，整個往事就會有所修正。沒有人的記憶庫是不夠儲存生活的點點滴滴，重要的是你選擇哪些重點來提取回憶。我們記住我們想記住的事，但也會忘了那些自己想要忘的往事。

方法一

　　跟個案說明選擇性記憶這個現象。這時最好提供一些書面資料給個案參考。

方法二

1. 回憶往事（vague remembering）：請個案簡單地回憶一件往事，不必回憶細節，只要大概地回想那件事情就好。可以請個案寫下這個往事或者是用錄音機錄下這個往事。

2. 放鬆（relaxation）：讓個案放鬆心情，利用放鬆訓練或者是其他的放鬆音樂幫助個案放鬆。

3. 細說往事（Meticulous remembering）：引到個案進入過去，開始進入過去的時空中細訴往事。請個案抓取某一個特別的情境來分享。請個案用各種方式讓該情境重新呈現在面前：視覺——是什麼顏色、光線明亮程度、有什麼物體、如何活動、當時的視野？聽覺——有聽到誰在說話嗎？有哪些背景聲音（音樂、吵雜聲）？味覺——有哪種氣味？體感覺——當時是坐著、躺著還是站著？情緒——當時的感受是快樂、悲傷、生氣、驚嚇？這些感受有多強烈？就這樣一步一步地慢慢說明當時的狀況，讓整個影響越來越清晰。

4. 紀錄（record）：記下這個情境。

5. 比對（compare）：將第一個步驟（回憶往事）的資訊與第三個步驟（細說往事）的資訊進行比較，看看有哪些部分被遺忘了？有哪些部分被扭曲了？

範例

　　個案的記憶經常會有些扭曲，甚至會出現一些沒發生過的往事。曾經有這樣的一個個案，她每次來都花相當多的時間來探討他小時候叔叔對他性侵害的經驗。但是在她的另一段回憶中卻發現，在她更小的時候，她叔叔已經往生了。事實上，她沒有被性侵害過，而有被性侵害的是她的閨中密友。很明顯地，這個個案將她好朋友的往事跟自己的經驗作結合了。

　　有些個案是將自己在書本中、或電視電影中的情節與自己的記憶系統混淆，將這些訊息當作是自己的過往經驗。Bridey Murhy 是一個相當典型的個案（Bernstein & Barker, 1989）。在催眠下，她回憶起她在義大利的生活。許多人去確認她所回憶到的小鄉村，而發現真的有這個村莊。這是一個前世今生的例子。真的這麼神奇嗎？她的前世真得是住在義大利嗎？後來經過考據，發現在她小的時候，她曾經聽過一個義大利老奶奶在談義大利的生活狀況。Bridey 五歲的時候就住在那個老奶奶家，每天都聽老奶奶在談她的童年回憶。

　　當我們利用催眠讓個案進入童年時期時，可以更清楚地瞭解每一個往事，如小時候的生日宴會、第一次外出。在催眠之下，我們可以很清楚地知道每個往事的細節，但是真假與否，有時還是需要對照一些客觀的資料，例如照片或其他人的補充。

　　例如，美麗她記得第一次的婚姻是相當浪漫的。她已經結婚四次了，對於第一個先生是讚譽有加，永遠懷念那次的婚姻生活。過去她從未想要去找他的前夫，直到第四次的婚姻宣告失敗後；她開始花了相當多的精力，希望能夠找到前夫並且挽回他的心。我們從她的朋友口中知道，原來她朝思暮想好情人事實上是個混蛋。他每天喝酒打老婆，並且經常不工作在家打混。

　　那美麗怎麼會一直懷念那段時光呢？甚至將整個故事扭曲改變呢？

　　當她第四次的婚姻失敗後，她開始回想她每一段戀情，希望能夠找出一段美好的回憶。但是一切都失敗了，她只好捏造一段美好的回憶來安慰自己。

對她而言,她早就遺忘了那段婚姻的痛苦回憶,所以利用幻想的方式來填補所有的空缺,也就這樣將第一段的婚姻變成一段良緣。

說明

有些創傷性的記憶會帶給個案強烈的情緒反應。在認知治療開始的階段,我們只是讓個案去選擇一些記憶,而不試圖去改變那些記憶。

建議讀物

Mark Williams（1996a,1996b）相當強調記憶在認知治療中的重要性。他的概念可以分成四個類型:事實、行為、事件與預期的記憶。我們在這裡強調的是他所謂的「語句記憶」——「創傷經驗會導致一些有害的態度與觀念,而這些有害的態度或觀念會變成一些語句儲存在我們的記憶系統中」（William,1996b, p.111）。

我們在恐慌症（Cloitre, Shearm Cancienne & Zeitlin,1994;McNally, Foa & Donnell,1989）、社交恐懼症（Lundh & Ost,1997）、廣泛性焦慮症（MacLeod & McLaughlin,1995）與憂鬱症（Beck,1975;Beck, Rush, Shaw & Emery,1979）的病人身上最容易看到這種偏差的選擇性記憶。如果你對這些疾病的現象有興趣,可以看看 Symons 與 Johnson（1997）所做的整理。

閱讀資料:選擇性記憶

當你開始回憶你的的過去——那段最快樂的高中時光、初戀的經驗、生活在鄉村的時光。但是你必須很小心,因為你的回憶會騙人。你可能會創造出一些幻想,也可能會捏造一些回憶,因為你自己會有一套選擇過濾的系統,選擇或創造出一些符合你心境的一些往事。這些捏造的往是事實上相當真實,對於你也會完全信以為真。

有時，你所扭曲的記憶會帶來你現在不愉快的感覺。只有藉助一些方法幫助你更真實的回憶往事，才不會庸人自擾。當你可以正確地回憶每一件往事時，當遭遇到一些困境時，你就從過去的經驗中學會一些解決的方法。

好好地回憶往事吧！

................................■

歸因

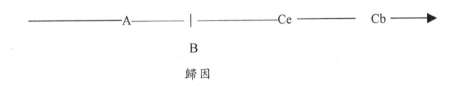

歸因

基本概念

在選擇記憶產生之後，另一項認知歷程也就隨即展開——歸因。歸因（attribution）源自拉丁文——attribuere，它的意思是給予或分派一個意義。這意思也就是個案如何解釋他的經驗。我們都會主動給予外在事件一個原因（例如感冒了，就會說是昨天沒蓋好被子）。事實上，我們並不會花太多精神去找外在事件的起因，而是自己給予一個解釋性的原因（例如感冒事實上是病毒感染所致，但是我們還是會認為是著涼所致）。在生活中，我們經常用猜測的方式來探索事情的起因。有時這些猜測——歸因是一種偏誤，但是經常變成一種慣性而不自知。

在臨床上，我們經常會看到這種有錯誤歸因的個案。例如恐慌症的病人，他會直接歸因是他心臟病發作或者是心臟有問題，而不會去想會不會是昨天

沒睡好、會不會是過去酒喝太多了、會不會是自己太過焦慮了；隨著歸因的不同，自然後續的處理方式也會有所不同。在認知治療中，我們也會試圖地處理個案的歸因方式，希望能夠幫助他們建立一套正確的歸因策略。

方法

1. 請個案回想一件讓他不舒服的事件。
2. 詢問事件的起因為何。
3. 請他們列出所有的可能原因。
4. 跟著個案找尋一些客觀的證據去支持或推翻這些原因，並且找出一個最恰當的原因。

範例

　　歸因是一項重要的認知因素，它決定了外界刺激對於個案的影響。個體對於外界刺激的歸因不同，他們的行為反應也有所不同。（例如：考試考不好，陳同學歸因是自己不用功所致，而李同學歸因是自己當天身體不好所致；在這樣的歸因下，陳同學自然就會更加用功讀書以免下次考試失敗，而李同學則注意自己的身體健康狀況。）

　　假設有一個人在深夜獨自開車在街上。有一個小男生突然從向口衝出來，而這個司機趕快緊急煞車，但是還是撞死了這個男孩。你對這個司機會有什麼想法呢？覺得他是個劊子手嗎？還是一個倒楣鬼呢？你對司機的想法，完全取決於你對這件事件的歸因。如果你覺得這件事是因為小男生沒注意看到車子而衝出來，你會覺得這是小男生的錯，他應該要自己注意來車，你會覺得司機太倒楣了。如果你認為，這件事是因為開車速度太快所致，你覺得司機是個兇手。如果你認為是司機酒後駕車，那你會更加譴責這個司機。整件事情很簡單，一個司機開車撞死了一個小孩，但是隨著你的歸因不同，故事就變得相當豐富了。司機要被關嗎？還是無罪釋放？完全取決於法官對於這件事情的歸因。

　　個案就好像法官，他們會觀察自己的行爲，並且加以歸因。雖然每個人的行爲可能大同小異，但是個案對於這些行爲的歸因就相當豐富，隨著歸因不同，後續的反應也有所不同。但，不幸的是，我們都不是一個公正客觀的法官，我們看待自己的行爲都會有所偏頗。並且，常常是還沒看清楚事實，就妄下定論。因此，我們也常常造成自己的困擾，產生過多的不當情緒。

說明

　　許多個案對於自己的歸因相當堅信不移。當治療師問他們：「你怎麼確定這就是起因？」時，他們常這樣說：「我就是這樣覺得！」他們一切都靠自己的直覺或習慣來判斷事情，而不會去找尋可能的答案。

　　當個案面對治療師的挑戰時，他們經常認爲是治療師不是當事人，所以無法瞭解整件事情的來龍去脈。最好的方法不是跟他爭辯，而是讓他反覆地去想是否還有其他可能性（可以進一步參閱第六章替代解讀法一節）。

建議讀物

　　Folkes（1990）與 Kelley（1971）這兩本書對於歸因理論有相當清楚的說明。如果你想要瞭解歸因與語言之間的關係，可以看看 Cheng & Novick（1990），Corrigan（1992），Rudolph & Forsterling（1997）的著作。

　　Linda Bobbit （1989）認爲歸因不是人格特質而是一種情境特異性的現象，從她的研究結果可以發現，我們的歸因事實上跟所處的情境有關。

評估

評估

基本概念

　　從上圖可以看見結果可分成兩部分，一部份是情緒（Ce）一部份是行爲（Cb）。大部分的個案都不能夠區分這兩者在時序上的分別。一般而言，我們都認爲情緒與行爲是共同發生的，當我們有某種情緒時，相伴的行爲也就會同時發生。但事實上，在情緒與行爲之間，還涉及了三個認知歷程。第一個認知歷程就是個案對於自己情緒的評估（evaluation）。當個案感覺到恐懼、悲傷或生氣這些情緒時，同時也馬上開始評估這些情緒的負面效果；同時也評估這些情緒的強度：輕度、在掌控的範圍內、強烈可怕的程度。

　　任何情緒的強度取決於個體對這些情緒的評估。有些個案特別會誇大這些情緒。他們會告訴自己：「我現在好緊張歐，這種感覺很可怕；我無法面對傷悲；遭遇挫折是一件很可怕的事。」這些負面情緒的評估最後導致個案的低挫折忍受度。如果個案告訴自己說自己無法處理某件事情時，他們就會儘量避免去面對這些事情。事實上，並不是個案自己沒有能力去處理這些問題，而是他們跟自己說自己沒有能力。如果個案告訴自己無法忍受緊張或恐懼的感覺，當他們感受到一點點恐懼的感覺時，他們就會趕快逃離當時的情境，以免後來的恐懼如洪水般衝來。如果他們告訴自己恐懼這種感覺是一種不舒服的感受，但並不會到個人造成危險（或者是悲傷這種感覺只是一種不幸，並不可怕），當個案這樣跟自己說時，他們就會有能力去忍受這些負面的不適感受，而不會感到害怕，也不會出現一些逃避行爲了。

　　Albert Ellis（認知治療的祖師爺），他將評估分成兩種（May,1986）。他認為有些個案會以理性的方式來評估他的情緒，而有些個案會以非理性的方式來評估情緒，而這些評估方式也決定了個案將如何處理他的問題。理性的情緒評估（包含挫折、悲傷、煩惱、懊惱、生氣），會將情緒評估為不同的程度（如 1～99 分），並且從低分開始評估；而非理性的情緒評估，則會從高分開始起跳，甚至超過正常的情緒量尺（101 分到無限大），如憂鬱、焦慮、暴怒、敵意、自憐，都是這種過度強烈的情緒。因為這些個案對於情緒的評估並沒有一定的範圍界線，所以他們就很自然地會不斷地誇大這些情緒感受，如害怕變成恐懼、難過變成悲傷、不安變成焦慮、不爽變成憤怒。為了解決這種自作自受的痛苦，我們要讓個案去對抗自己的災難化，並且以正常的量尺來評估情緒。

方法

　　1.請個案回顧 10 件讓她感到痛苦的事情。

　　2.拿一個七點量表，請個案評估每一件事件讓他感到痛苦的程度。

一點點影響　　　　　　　　　　　　　　　　　可怕的影響

1————2————3————4————5————6————7

一點點痛苦　　　　　　　　　　　　　　　　　極端痛苦

　　3.然後請個案評估這件事情對他的影響程度。

　　4.然後顯示個案災難化得程度。例如個案在痛苦程度評估 6 分，而影響程度是 2 分，那他災難化的程度為 4 分。

　　5.請個案練習幾次，並且請他在感到痛苦不堪的時候，自己在理性的重新評估，看看自己災難化的程度為何。

範例

　　個案的情緒感受往往都在一念之間，只要轉個念頭，原先快樂的感覺很可能就會變成悲傷的感受。現在就以曉萍為例，看看他是如何產生情緒變化的。

　　曉萍他是大一新鮮人。認識她是我在學生輔導中心服務的時候。當時她一直覺得自己無法控制自己的情緒，常常被這些情緒所淹沒。當她經驗到一些從未經驗的到情緒時，她就會陷入極度的恐慌之中。她也因此感到相當痛苦，很怕自己哪天真得瘋了。在她還是高中生的時候，她都過的蠻愉快的，一切的痛苦都起源於進入大學以後。

　　我們試圖地從她的過去來探索可能的原因。曉萍有一個很特別的童年，她的父母親都是殘障人士。雖然她的雙親是行動不變的殘障人士，但是對於她的關懷與愛護則是相當豐富的。

　　她的童年是相當快樂的生活，所以可能的問題是出現在現在。她所讀的大學環境相當幽雅，而且跟她一起住的室友相當地友善，而且她在校園中相當活躍，有很多不錯的好朋友。雖然獨自來外地讀書，可是她卻不會想家，她的父母親對於她在學校中的表現感到相當欣慰，而且她哥哥也擔起照顧父母的責任，讓她可以專心地留在學校讀書。她在學校中的表現相當優秀，對於學業覺得應付自如。在學校的生活中，她是一個健康的好學生。

　　反覆地思考她的生活與環境，會發現一切都是這麼地安適。這位可愛的女孩，她的健康、學業、人際、家庭樣樣兼顧，但是她卻會突然覺得自己無法控制自己的情緒？她為何會如此呢？

　　在我們深入地探討後，發現整個問題不在於她的外在環境，也不是她的情緒反應太強烈，而是她高估了自己的情緒反應。她對自己情緒反應的高估可能就是所有問題的根源。

　　曉萍事實上跟你我都一樣，對於那些痛苦的感覺都會評估成負向的情緒。我們也都曾經跟她一樣經歷過焦慮、恐懼、憤怒等等情緒，也會認為這

些情緒是相當可怕的經驗。這些情緒都會影響我們，當然也會影響曉萍。當試圖地用一些方法幫助她消除這些情緒，如放鬆訓練、支持性諮商、減敏感訓練，但是都沒用。到最後，我終於發現曉萍所害怕的情緒不單單只是負向的，有些卻是正向的。

聽起來很奇怪，曉萍會認為快樂的情緒是一種痛苦的感覺。因為她從小就要花時間去照顧她的雙親，他並沒有享受到童年生活。因為他要照顧父母以及處理家事，所以交朋友的時間也少了很多，沒有約會、沒有休閒娛樂。她的生活不是很悲慘，只是比較平淡無奇。因為她的生活就是這麼簡單，他並不知道生命可以很有趣。在上大學後，她開始遭遇到新鮮事：新朋友、學業表現、約會。在過去，她很少經驗到這些「新鮮事」，她也不知道要如何去面對這些事情。對她而言，一切都是新奇的經驗，也因為這些新奇經驗讓她不知所措。

要解決她的問題，並不是要去壓抑她的情緒，而是要她去接受她的情緒。如果她可以接納自己這些快樂的感覺，而不是去害怕這些情緒。

說明

大部分的個案對他們的情緒評估很敏銳的。他們的情緒經常會攪和在一起，所以也讓他們無法去面對這些情緒。這幾年來，我整理幾個狀況：

「我不應該這麼混亂！」

「我有這種感覺是不當的！」

「這種感覺是可怕！」

「我應該可以釐清這些感覺，可以讓這些感覺過去！」

「如果我不能處理這些情緒，我會完全失控。」

「我不能忍受這些感覺。」

建議讀物

Ellis 與其他的理情學派治療師都非常強調個案本身的評估歷程。「災難

化」是 Ellis 用來說明個案如何將情緒幻化成猛獸的重要的歷程。進一步訊息可以閱讀 Ellis（1962,1985,1988a,1995,1996；Ellis & Dryden,1996；Ellis & Harper,1961,1971,1975,1998；Ellis & Lange,1995；Ellis,Gordon,Neenan & Palmerm,1996；Ellis & Tafratte,1997；Hauck,1994）的作品。

　　有關社交恐懼症中的錯誤評估，可以閱讀 Heimberg & Juster（1995）的文章。

自我教導

自我教導

基本概念

　　介在情緒與行為之中的第二個信念是自我教導。我將這個信念稱為內在的導師。你有沒有那種經驗，就是當你面對一件事情時，你的腦中會浮現出一個聲音跟你說話，引導著你去做某個行為。這種內在的聲音有時很大聲，但有時卻很小聲，有時很模糊，但有有時很明顯，雖然如此，只要它產生後，個案就會自然而然地注意到它。「這種感覺就好像你的頭腦裡面還住著一個小精靈！」

　　大部分的個案都發現自己腦中都住著這樣一個小精靈，這些小精靈會告訴他們當他們感到恐懼時，該如何做、感到憂鬱時，該如何反應。這些小精靈教導了他們在某種情緒狀態下應有的反應，也就是將情緒與行為間進行串

連。例如，當感到恐懼時，所應的反應是逃避，因為這樣可以免於遭受危險。

　　事實上這些小精靈每次注意的焦點可能都不一樣，有時會引導我們要選擇吃什麼？要我們記住停車後車鑰匙不要插在車上！在犯錯後能夠悔改！在生活中，我門經常是受到這些小精靈間的對話所影響（想想看，在卡通中，每當主角需要思考時，就會出現黑天使與白天使的對話。）有時在治療的過程中，個案不願意去提及這些內在的聲音，也因此干擾了整個治療的進行。雖然有時候，這些內在的對話（小精靈的對話）是無法啟齒的但是只要個案願意提出討論，問題的癥結也會慢慢浮現。每個人的心中都有這些內在的聲音，雖然他們無時無刻都會發出一些引導你的話語，但是我們卻可以忽略他們，將注意力放在正在討論的事情中。這種狀況好像把頭拆成兩個部分，一個是內在的語言，另一個就是外在訊息的焦點。事實上，這種狀況是相當普遍的情形，但是這些內在語言本身就有特別的意涵，我們會希望個案能夠提出來，而不是忽略他。

方法

1. 我們經常都會有一些內在的聲音。這些聲音一直指引著我們的行動、對外界的評估、引導著新的經驗。為了去探詢這些內在的語言，我們可以利用 Beck 所提的自動化想法來加以說明。

2. 告訴個案，偶而要將焦點放在自己的內在語言（自動化想法）中，當這些聲音發出來時，就將它們記錄下來。一開始有些個案會覺得有點困難，所以可以在治療的過程中，協助個案進行這樣工作。你必須試圖地探索個案的內在語言，並且將這些語言活化。告訴個案不用像一般生活的對話一樣，深思熟慮後才報告自己的想法，而是直接將腦中的第一個念頭寫下來。在這個過程中，努力地引導個案寫下每一個自動化想法。

3. 請個案回去記錄生活中所產生的自動化想法（內在的聲音）。然後，你將個案的紀錄作個統整，試圖找出核心的想法。

4.請個案繼續記錄內在對話（自動化想法）。這些資料都有助於你去瞭解個案的認知歷程。

範例

個案偶而會在腦中有一些令人不悅的聲音。有一個個案他腦中都會有一種類似後母的聲音，這種聲音不斷地在他腦中吼叫：「笨蛋、懶惰、你從來沒有做好任何一件事，不會有人喜歡你的！你真的只是一個垃圾！」

另一個個案他腦中會有一種老師的聲音：「有一個嚴格的老師在他腦中！」每當他犯點小錯誤的時候，這個聲音就會嚴厲地斥責他。我想他腦中總是會聘任一些嚴厲的老師來監控他。

有一個企業家，他腦中都有一個聲音讓她無法成功。「你以為你了不起嗎？你只是有錢而已，事實上，你什麼都不是，只是一個廢物。除了錢以外，你什麼都沒有。」

許多人腦中都有這些討厭的聲音，治療師必須深入去瞭解這些聲音，瞭解其中深層的意涵。小偉他是一個吸毒者，他腦中有幾種不同的聲音，「不用擔心你吸毒被抓了，一切都不是你的錯。因為你的童年這麼悲慘，所以你才會走上這條路，事實上，你還是一個好人！」事實上，他不是需要這種安慰他的聲音，而是一個可以讓他面對自己的問題，改變生活的一個聲音。

說明

這些內在的聲音（小精靈）從何而來呢？許多個案可以自己找到這些聲音的根源。他們在聽到這些聲音之時，也會浮現出誰講了這些話。有時是父母、親人、老師、醫生等。有時候，這些聲音是來自一些歷史人物，如國父、孔子。而一些小朋友則是會聯想到一些卡通人物，如超人（McMullin, 1999）。我們為何會選擇這些聲音來引導我們呢？這個問題還不清楚。在我們小時候，就讓這些聲音進入我們的大腦中了。一個虛弱的小孩經常會幻想像李連杰那樣的人在他心中，不斷地引導他成為一個強壯的人。他的腦中就有一個

小精靈一直引導著他要怎麼做才會更加強壯。一個一直得不到父親讚美的男孩，很容易將父親的教誨吸納進入腦中。一個孤單的青少女很會在腦中形成一個慈祥的奶奶，在心中陪伴著她。

當我們小的時候，我們很自然就會形成這些人物陪伴著我們。當一個人不知道何時要替換調這些角色時，心理困擾也從中而生。對於一個吸毒者，因為他在幼年時得不到關心，所以自然在腦中形成一個關心他的小精靈，不斷地安慰他、為他的行為找理由；但是，當他準備要戒毒時，也是要辭退這個小精靈的時候了。對於一個吸毒者，他需要一個嚴厲的精靈來督促他面對毒癮的誘惑。但是，當他還是雇用那個溫柔的小精靈時，你會發現戒毒之路相當漫長。

治療的重點就在於教導個案如何解聘不適任的小精靈，改聘適當的小精靈。當個案發現他自己心中有另一種聲音時，也就是成功的開始了。大部分的個案都是將黑暗精靈解聘，改聘任陽光天使。例如：「你雖然這次失敗了，但是也是一個很不錯的嘗試！」「我知道你覺得很難過，但是不要緊，撐過去就好了！」

「繼續努力，你一定會成功的！」

有個個案利用一群小精靈來取代原先心中的那個導師（成吉思汗）。第一個小精靈是佛陀，第二個是阿拉真主，第三個是老祖父。當他覺得難過的時候，他就會閉上眼睛，讓自己放鬆，然後想像這三個精靈會給他什麼啟示。有時候會質疑他的所作所為，讓他有所反省，但有時卻相當關懷他，一般而言，他會覺得這些精靈的啟示都相當有幫助。

基本上，個案都不清楚在他們腦中都聘任這些精靈來引導他們的行為。所以，當他們發現腦中有一些聲音來指導他們時，他們會感到很害怕，想要逃避這些聲音。但是，如果這是一個不錯的啟示時，最好還是鼓勵個案去傾聽。

建議讀物

Aaron Beck 是最早追尋自動化想法的一個人。他發展一些技巧幫助個案去找出這些想法，並且也發展一些技巧幫助個案對處理這些想法（內在聲音）（A. Beck,1975,1993；Alford & Beck,1997；and Beck,1995）。

Donald Meichenbaum 是最早提出自我教導這個概念的人，若對這個議題有興趣可以閱讀他相關的文章（Meichenbaum,1975,1985,1993）。

隱藏的認知

隱藏的信念

基本概念

在情緒與行為之間，第三個認知因素是——隱藏的認知（信念）。為何稱為隱藏的認知呢？因為大部分的個案都無法覺察到這些認知的存在。當個案有某種情緒產生時，這樣的信念馬上就會開始運作了。因為它產生的速度相當快，所以一般個案都無法清楚地覺察到這些認知（信念）。一般而言，我們只能隱隱約約地感覺到這些信念的存在，但是卻無法清楚的言論。雖然它出現的時間相當短暫，但是帶來的威力則是相當大的。

這些信念是什麼呢？

它是一瞬間的念頭——在情緒產生後馬上出現的決定來影響到行為。例

如，當你有某種情緒時，你腦中可能馬上浮現出：「我不應該這樣」或者是「我應該這樣」。

　　大部分的個案都不知道自己有這些念頭。他們都認為情緒與行為是同時發生的（例如：生氣馬上就會開口罵人）。他們認為，他們有了情緒之後，就無法主宰皆下來的行為，因為情緒與行為都是相伴而行的。例如：悲傷時就會伴隨著哭泣，快樂時就會伴隨著手舞足蹈。你也可以常聽到個案這樣說：「我感到害怕所以要趕快跑！」「因為我覺得很難過，所以我必須躺在床上靜養！」「我覺得很生氣，所以我打他！」

方法

1. 請個案回想最近一次過於衝動的事情。例如，罵人、打架、摔東西等等。請個案清楚的描繪當時的狀況，跟誰發生衝突、在哪裡、為了什麼事、以及自己做了哪些衝動的事。

2. 幫助個案慢慢地回憶，並且協助他們找出是否有以下的念頭，或者是因為哪些念頭讓他有這種衝動行為。

　　我必須表達自己的情緒

　　我不能控制我自己

　　這樣做是對的

　　我可以逃開

　　這不甘我的事，我會這樣做都是因為他

　　我應該要這樣做

　　我必須要這樣做

　　我不能不這樣做

　　我想要這樣做

3. 將焦點放在其中的一個念頭，並且看看這個念頭是否恰當。請個案想一個與這個念頭相反的想法，並且請個案想想看如果他這樣想的話，他會怎麼做：「如果你換另一個念頭後，你還是會這樣做嗎？」如果

回答說不會，那我們就知道原先的念頭可能就是一種隱藏的認知了。

範例

一些有暴力傾向的個案他們經常無法覺察到自己隱藏的認知。例如一些打老婆的先生都會說：「因為她激怒我，所以我才會打她！」這些人都認為因為他生氣（情緒）了所以就會動手打人（行為）。他認為在這種生氣的狀況下，他不得不打她。這種感覺就好像一些罪犯會說：「當時都是惡魔驅使我這樣去做的！」他根本無法覺察到情緒與行為之間還有認知的存在。

事實上，情緒本身並不會引發個案產生某種行為。情緒會增加行為產生的機會，但是並不是決定行為產生的因素。例如，生氣會增加打人洩憤的機會，但是並不是每個生氣的人都會打人。在情緒與行為之間應該有某個機制，會決定個體是否要產生該行為。存在情緒與行為之間的機制是一種隱藏性的命令。當你產生情緒時，這個命令就會引導你產生相關的行為。例如打老婆的先生，他生氣之時腦中就會浮現出：「我可以這樣做！」「不打她，她就會繼續激怒我！」「如果打她會讓我覺得更舒服！」「我打她並不會怎麼樣！」等內在的命令。不論他的內在命令是哪一種，在他生氣之時，腦中就會出先一些允許他打老婆的信念，所以治療師必須要能夠幫助個案找出這樣的信念，以預防下一次的家庭暴力。

我們如何確定這些認知是存在的呢？我們又如何確定這些念頭會引導著個案的行為呢？證明的方法就是，當個案又處於同樣的情緒之時，請個案改變這個念頭，看看個案的行為是否也會跟著改變。若個案的行為跟著改變時，我們就更加確信這個念頭就是潛在認知。想想看，這個被太太激怒的先生，他會動手打太太；但是當警察來到家中將他捉住時，他卻不會動手打這個警察。他對太太跟警察都感到相當憤怒，但是他只會動手打太太，但在警察面前確束手就擒。如果情緒本身就會引導行為的話，那這位先生為何不會打警察呢？

這個答案很簡單，在面對太太與面對警察時，他的潛在認知（信念）有

所不同。當他面對太太時：「她比我瘦小，她不會反擊；過去打她五次了，什麼事也沒發生！」但是面對警察時：「我不能打他，如果打他我一定被揍得更慘！」當個案的行為會受到相當大的懲罰時，他自然就會壓抑這樣的行為而不發洩。

成癮者也經常不相信這些潛在認知的存在。許多毒癮者都認為，他會吸毒都是因為情緒低落。他們常這樣跟自己說：「我現在好難過、有點沮喪，吃個搖頭丸會讓我更舒服。」他將吸毒的行為都歸咎於情緒的問題。

我們就會告訴這些吸毒者，那些想法只是他的藉口（McMullin & Gehlhaar, 1990a）。情緒本身並不會誘導你做任何事。情緒本身只是一種生理反應，它並不會決定你後來的行為反應。吸毒者本身並不希望成癮，但是他們卻選擇了順從慾望，利用吸毒來抒解情緒。在渴望與吸毒行為間，事實上存在著一些念頭。如果將這些念頭改變，這些人自然也就不會吸毒了。如果酒鬼可以跟酒蟲說不，他自然也就可以遠離酒癮的問題。有暴力傾向的人，只要跟自己的暴力行為說不，自然也不會在生氣時打人。我們不需要為自己的情緒負責，但是要對自己情緒後的行為負責。情緒本身是一種自動化的反應，但是後續的行為則是你自己可以做決定的。

說明

情緒會決定行為嗎？從自由意識的角度來看，個體才是決定行為的主體。自由意識、決定論是哲學上的問題。我們所遇到的個案正希望自己可以從那些傷害自己的行為中解脫，似乎討論這些哲學的議題注意不大。重要的事，我們要用哪種方法幫助個案從那些傷害自己的行為中解脫。

小心地找出個案潛藏的念頭，藉由改變那些念頭，也就可以幫助個案擺脫那些行為。那要如何找到那先念頭呢？很簡單地詢問他當時想到什麼就可以了：例如：「當你打你小孩的時候，你當時腦中想到了什麼？」大部分的個案一開始都會這樣說：「沒耶。當時沒想什麼，只是覺得他惹我生氣，然後我就打他了。」不要氣餒，這時在請個案回想當時的情境。在回顧當時情

境的過程中，個案也就會慢慢回想起當時浮現腦中的念頭了。那如何引導個案想像呢？利用一些訊息協助個案想像當時的情境：你小孩當時穿什麼衣服？有沒有其他人在場？當時是在哪裡？你有聽到什麼聲音嗎？當時你的感覺是什麼？如果個案回想後說：「我好像出手太重了！我不應該那樣打他！」你就可以幫助個案改變他的焦點：

　　在這種狀況下，你只注意到你的憤怒。這時，想像你小孩很害怕的感覺。如果你是他的話，當時會有多害怕！你可以想到那種感覺嗎？試著回憶你小的時候被打的感覺。想到了嗎？很好，這時會到你小孩惹你生氣的情境，這時體會一下他害怕的感覺。你還會覺得他很糟糕嗎？還會想要修理他嗎？

　　最後要注意：在我諮商的過程中，大部分的個案都認為自己無法控制憤怒而產生一些破壞性行為。他們會覺得自己是這些憤怒情緒的受害者，而希望能夠減少憤怒的情緒，以免再繼續傷害他人。但是，我們都知道，這些都是逃避責任的藉口。憤怒的感覺本身不會帶來攻擊行為，這些攻擊行為都是個案自己的決定。有些話聽起來很合理：「如果我深入去思考這些問題，我就必須為自己的行為負責。」有些則轉換成罪惡感：「這都是我的錯，我不應該這樣做！」我們必須要幫助個案去接納他隱藏的念頭，減少他們行為的藉口。

建議讀物

　　Hauck（1980,1991,1992,1998）是第一個探索隱藏認知的人。Ellis（Ellis, McInerney, DiGiuseppe & Yeager,1988）認為這些隱藏的認知促使毒蟲吸毒。Aaron Beck（1996）則認為這些認知是決定個案行為的因素。

解釋型態

解 釋 型 態

基本概念

　　最後一個認知因素是解釋型態。在我們面對一件事件時，我們就會開始從記憶中去搜尋相關訊息，試著會這件事情的發生找出原因，並且確認自己當下的感受。在這時，我們會整合所有的訊息，試圖去瞭解這件事的來龍去脈，並且也預測這件事情的後續發展。你可能在做了一件事情之後：「對呀，我就是這樣魯莽的人。」「我就是這麼不幸，每一件事情都會遭受阻礙。」再給自己所發生的事找一些理由說明。

　　Martin Seligman 跟他的同事深入地研究人們如何解釋他所遭遇到的困境並且發現這個解釋系統會影響到他皆下來的反應以及以後的處理方式。Seligman 認為解釋型態有三大成分：內在或外在、穩定或不穩定、廣泛性或特異性。如果個體將負向事件解釋成內在、穩定且廣泛性的原因時，他就會容易感到憂鬱，並且很容易變成習得無助（Seligman,1975,1994,1996）。內在跟外在的解釋差別在於，內在的解釋會將原因歸咎於自己（如生理遺傳，人格特性），而外在的解釋會將理由歸咎於外在環境（如，經濟不景氣）。廣泛性的解釋型態會認為這種狀況是會發生在生活中的每個層面，而特意性的解釋會認為這種事是特殊狀況。穩定性的解釋會認為這種事情會伴隨他一生，而不穩定則是認為當時機運不好。這三種解釋方式（內在、穩定、廣泛性）都會導致個人變得憂鬱。

讓個案清楚知道他的事件發生原因的解釋型態（歸因方式），可以幫助他釐清他的困擾來源。

方法

1. 請個案列出他所遭遇到的困境。例如：「我有人際關係上的問題」。
2. 評估這些問題是長期的還是可以改變的。「我一直都有人際困擾」或者是「我目前有人際困擾」。
3. 這個問題是特殊狀況還是一般狀況呢？「我跟每個人都不能成為好朋友」或者是「我跟小白好像很難深交」。
4. 這個問題的原因是自己還是外在環境呢？「我想是我的個性問題！」還是「我沒有機會跟別人互動」。
5. 幫助個案找到其他的解釋方法。如果他們將問題歸咎於內在穩定的特質時，請協助他們找出外在的因素。如果個案認為是環境因素時，幫助他找找個人因素。讓個案體會到，不同解釋後自己的情緒與行為反應有何不同。

範例

我們用淑貞跟夢凡為例，看看解釋型態是如何影響到我們的行為。他們兩個人都剛離婚，而且離婚的狀況相當相似。淑貞覺得自己好像經歷過大地震一樣，整個世界都毀了，她失去了支持她的力量，並且想要自殺。夢凡則是覺得自己失去了一段親密關係，也成長了許多，並且也開始去認識其他人，現在她覺得自己過的比以前更快樂。同樣是離婚，為何這兩個人的反應這麼不同呢？

主要是因為他們的解釋型態不同。淑貞認為：「這次離婚都是我的錯」（內在性解釋）；「我不會再找到另一個他」（穩定性解釋）：「沒有人會再要我了」（廣泛性解釋）；「我將這樣孤獨過一生」（持續性解釋）。而夢凡則是：「我自由了。可以享受屬於自己的生活了！」

　　為了讓淑貞好過些，我們必須把他的解釋型態改變：

　　離婚不單單是你的錯，你先生也是要負一部份的責任。離婚並不代表你以後都會孤單。或許是你們不適合，也可能是雙方都沒準備好要結婚。你只是跟他相處有困難，並不代表你整個人生都毀了。現在一定會難過，但是別忘了明天還是有希望。

　　當淑貞的解釋方式改變後，他也不再憂鬱了。

說明

　　在諮商中，有些個案的問題就是來自過於狹化的解釋模式。例如，一些吸毒者他們都會把一切問題歸咎於外在，而忽略的自己的責任，如果我們只是一昧地跟處理憂鬱症的病患一樣，將歸因轉向外在時，這只會加深他的否認。所以，面對這類的病患，我們必須要幫助他們去接納自己是造成成癮的主因（細節可以參閱第 12 章）。

　　這一節讓我們更清楚認知的重要性。認知就好像一副有色眼鏡一樣，把我們的外在世界重新塗上的色彩。我們對於外在世界的理解，都來自我們對於外在世界的解釋。事實上，我們的所見所聞，並不是這麼客觀，而是經過我們的解釋之後的結果。我們會見到我們想見到的世界。如果我們對於外界的解釋越正向，我們自然就會創造出美好的世界。就好像，如果你用黑白影帶看待外在世界你的世界自然就是黑白的，你的人生也是黑白的。但是如果你用彩色的鏡頭來拍時，一切都會變成彩色的。在治療中，我們就是試圖地讓個案換個鏡頭來看世界，希望他們可以選擇新的鏡頭，重新看待人生。事實上，每個個案所需要的鏡頭不同，所以在治療的過程中，治療師必須要注意個案的特殊性，為個人選擇屬於他的個性化鏡頭。

　　從解釋型態來看，憂鬱症的病人就需要用暫時性、特殊性以及外在性的解釋鏡頭而成癮患者則需要持續性、廣泛性以及內在性的解釋鏡頭。以下的格言與大家共勉之：

　　我們活在這個世界上，就要學會接納一些我們不可改變的事情；

改變一些我們可以改變的事；

學會區辨哪些可以改變哪些不可以改變。

建議讀物

Martin Seligman 創造了解釋型態理論，有興趣的人可以深入閱讀（Buchanan & Seligman,1995；Petersen, Maier & Seligman,1995；Seligman,1975, 1994,1996；Seligman & Johnson,1973）。Bobbit（1989）認為解釋型態是一種狀態而非特質。

第 *3* 章

信念組群

　　在早期認知治療（cognitive therapy）還是統稱為認知行為治療（cognitive behavioral therapy）的時代裡，信念（認知）組群（groups of beliefs，Bs）是引發個體情緒與行為的潛在刺激。他們以行為主義的觀點來看，認為認知本身可能就是與情緒配對的刺激（古典制約），或者是行為與增強物之間的區辨刺激（操作制約）。

　　現在大家比較不會以行為主義的觀點出發來看待認知：而是將認知當作是一組基模、或者是一組有組織的思考，而不再是以單一刺激的觀點來看待。現在的認知治療會將焦點放在收集個案內在的認知組群，不在是一堆單一的信念。在這一章，我們將探討個案是如何訊息轉化成認知語言，他們又是如何將一堆感官知覺、記憶等訊息轉變成一套有組織的故事內容，進一步探討他們是如何建構自己的世界。

　　找尋個案內在認知組群的方法很多，在這一章我們只介紹幾個大家常用的方法。

核心信念

基本概念

　　個案的情緒困擾源自於核心信念（core belief）。核心信念就好像房屋的

基石一般，支撐起每個表面信念。這些核心信念經常就是個案的困擾來源，而其中有少數幾個最主要的基石（核心信念）是所有困擾的根源。

在進行治療的過程中，你慢慢會發現個案的信念可以分成好幾層來探索。有些是表面的信念，而少數的則是深藏在深處的核心信念。為了讓個案更能夠瞭解這些層次的信念，可以將圖 3.1 拿給個案看。

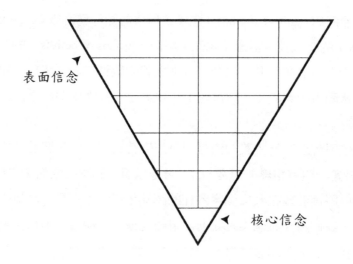

圖 3.1 信念層次的倒三角形

在這個到金字塔的頂層是表面信念。這些表面信念就是經常浮現在個案腦中的念頭。當你詢問個案當時的想法為何時？他所呈現的信念就是這些表面信念。在這個到金字塔的底層就是我們文章前面所提到的核心信念。一般這些信念都隱藏在深處，不易發現；經常是在治療的過程中，由治療師隨著治療的演進，慢慢地挖掘出來。事實上，這些核心信念並不是隱藏在潛意識下，也不是個案不敢碰觸的議題，而是個案基本的認知信念（有些心理動力學者不同意這樣的看法）。那為何個案無法覺察到這些呢？因為這是我們內心基本的信念，已經成為一個定律了，就好像水裡的魚不會特別去覺察到自

己生活在水中，我們人類也不會特別覺察到自己身邊都有空氣，一切都是這樣習以爲常了。也就是如此，因爲這些信念已經是個案的一部份了，而他也自然不會特別去想起它。

方法

找出個案的核心信念是相當重要的一項工程。只要能夠找出個案的核心信念，治療效果也就會浮現出來了。

1. 讓個案放輕鬆五分鐘。讓個案將注意力從外在事物轉向自己的內在世界。慢慢地放輕鬆，體驗自己。
2. 將個案的焦點放在外在事件。利用想像法引導個案去想像一個情境。最好是活靈活現那樣的情境在個案的腦海中。
3. 當個案可以建構出外在事件時，請個案將焦點轉向情緒。在進入事件之中時，個案有什麼樣的感受？請個案真實地去體會當時的情緒，靜靜地去體會那樣的情緒。
4. 現在請個案將焦點放在自己的內在想法上。「當你處在那樣的事件中，是什麼樣的想法讓你會有那種情緒？」請個案將內心的想法一個一個說出來。而你就一句一句地將個案的想法條列出來。（這時所呈現的都是表面信念。）
5. 請個案思考這樣的想法，然後詢問個案：「然後呢？」或者是「那又如何？」一步步地去探索這些想法中的背後信念。（慢如果能將每一個想法都記錄下來，那將會幫助你去探索個案的深層信念。）

範例

有一個企業家，他很害怕對大眾演說。我們就用一些技巧幫助他探索他內在的核心信念。

1. 我請他坐下，放輕鬆，然後請他體會一下當時的內在感受。
2. 我們幫助個案去想像他去演講的場地。當時他正站在講台上，台下有

很多人正看這他。他可以聽到台下有人在竊竊私語、有人在吃東西、有人在喝飲料。這時的他可以感受到全身緊繃,還可以聽到筋骨霹霹趴趴作響。

3.請他將焦點放在內在緊張的感受上。他可以感覺到全身緊繃、胸口悶悶的。

4.然後請他將焦點放在自己的想法上,他發現當時他在告訴他自己說:「他們不喜歡我的演講!」

5.我們開始進行下面的對話:

問題:他們不喜歡你的演講又如何?

回答:他們不尊重我

問題:他們如果不尊重你又如何呢?

回答:如果他們不尊重我,我會覺得很難過。

問題:你為何需要每個人都喜歡你尊重你呢?

回答:因為我不喜歡我自己,我需要別人給我一些正向的回饋。

「我不喜歡我自己」就是他的核心信念了。如果要消除他的恐懼感,則要先消除這樣的信念。

說明

個案經常都會有一系列的核心信念。在每個情境中,我們都會被激發幾種不同的核心信念,自然也會產生不同的感受與行為反應。

如果要改變信念的話,最好先不要從核心信念下手。因為它藏在相當深層的位置,我們必須要像剝洋蔥一樣,一層一層地剝開這些表層信念,然後進入核心。認知治療就是這樣,一層一層地處理個案的信念,然後就會深達核心信念了。

建議讀物

這種剝洋蔥的技巧或者是深入的技巧(downward arrow technique)是源

自 McMullin & Gilesm（McMullin & Gilesm,1981）的概念。

　　Guidiano 與 Liotti 針對核心信念進行一些深入探討。他們用「形而上的核心」（metaphysical hard-core）來形容這些藏在深層的信念（Guidano & Liotti,1983）。因爲這些信念不是一種體驗，也不是一種邏輯推論的結果，所以可以稱作是一種形而上的概念（Guidano,1987,1991）。

　　Judith Beck 用核心信念紀錄表（core-belief worksheet）來記錄個案信念的改變歷程（J. Beck,1995,1998）。

　　核心信念是 Aaron Beck 的理論基礎，這樣的概念也跟他的原始基模（protoschemas）的概念一致（Beck,1996）。

生命主題

基本概念

　　個案的核心信念從何而來？

　　對於大部分的個案，他們都會發現這些核心信念都來自生活中的一些重大事件。雙親的死亡、重傷經驗、其他小孩的誕生等，這些事件都會影響到一個人人格的發展。

　　雖然這些事件都是非常重要的關鍵事件，也會跟核心信念有關，但是我們會發現並不是每個核心信念都是源自於這些關鍵事件。當你與個案探討某個問題時，個案就會發現有一些瑣事影響到他的生活；例如，小時候沒收到生日禮物、在百貨公司走失、在外地迷路、在舞會當壁花等等的生活事件。（想想看，你是否在生活中也有一些小小的遺憾留在心中呢？）

　　這些瑣事雖然沒有那些重大生活事件般地強大，但是它卻會長期影響著個案很久的時間。有些的理論會將焦點放在這些瑣事上，因爲他們認爲這些

瑣事代表著個人內在深層的一些衝突。例如，有個個案想起他曾經踏在鴨糞上（瑣事），而這個經驗正好反映出到他在肛門期的一些不被接受的慾望。提醒您一下，這是一個相當簡化的解釋方式，只是了讓您更了解這個概念。

單一事件本身並不是關鍵的問題，重要的是個案對這件事所下的結論。個案認爲親人死亡是解脫人間痛苦到天堂去安享天年，那他自然就可以從親人的死亡中經驗中走出來。如果他認爲自己的寵物無法上天堂或者進入輪迴，那他也就會活在寵物死亡的陰影下。

從這裡可以瞭解事情的嚴重度不是重點，重要的是個案對這件事的想法。就像有些人，他可以大事化小，小事化無；但是有些人卻是相反，反而把小事誇張。個人對於這些事件的推論就會變成我們的生命基調，而這些生命基調就好像一個路標，引導著我們走向某一條路(陽光大或者是陰暗小路)。

方法

生活事件對個案是相當鮮明且重要的，而且個案的生命基調也都是從這些事件中抽取出來的，所以認知治療師必須從個案的觀點來列出他生活中重要的經驗。你可以從發展的演進來收集相關經驗：找出 10 個在童年期關鍵的事件、十個青少年期的關鍵事件以及十個成年期的關鍵事件。跟個案深入地討論這些事件，並且探索個案對於這些事件的看法以及歸納出來的結論。這時，可以注意個案的歸因方式，因爲從過去的經驗來看，很多個案對於這些陳年往事會有錯誤的歸因方式。

列出關鍵事件與生命主題

1.請個案列出 30 件他生命中的關鍵事件。注意，不要只列出負向的事件（例如親人死亡），請個案針對生命的轉折點（包含：轉入灰暗以及轉向新生）進行回顧。並且，在選擇事件之重要性時，請個案依據自己的想法，而不是從大眾的觀點著手。如果個案自己覺得這個是重要的事件的話，那就記錄下來。這時，我們可以整理出 30 個事件，10

個是童年時期、10 個是青少年時期、十個是成年時期。

2.請個案依據 ABC 法則分析這些事件，當時的 A 是什麼，而他當時的 C 又是如何反應？

3.當整理出 30 個事件的 A 與 C 時，試圖地從中找出核心信念。當時他們跟自己說了什麼話，讓他感到痛苦難過？請注意，這時分析的 B 不是他這時對於這些事件的重新詮釋，而是要回溯到當時的狀況，請他回憶當時的信念為何。當這些事件發生後，個案對自己有什麼看法與想法呢？在發現這些信念以後，依循過去的章節，將這些信念作歸類：預期、解釋、標籤、自我指導等等。

4.重新回顧這些主題，從他童年時期開始，一件件地回顧。看看是不是有重複的信念反覆發生，而這些就可能是個案的生命基調了。這些主題可能會有些字句上的差異，但是大致的精神應該都差不多。例如：兒童時期的他可能會這樣說：「我好差哦，都不會打籃球。」到了青少年：「我好糟糕，我都交不到女朋友。」到了成年時期就改口成：「我無法升遷，我真是糟糕的人。」雖然陳述不同，但是大致的主題都在說：「我是一個糟糕的人！」

信念的清單

最後一個步驟就是將個案的信念整理出來，建立一個清單。這個清單中包含過去所整理出來的總總重要信念。這個時候要盡可能地將所有重要的信念都羅列出來。

將每個信念編號，並且條列出來。不用擔心用字遣詞，因為以後會慢慢修改這些文句。唯一要注意的事項是，你跟個案是否將所有的想法與信念都整理出來了。這個時候，不要怕這件事太繁雜，因為以後我們還會將所有的信念進行統整，所以不用擔心資料太多。

因為以後的認知重建都要靠這個清單，所以請盡量地讓這個清單豐富。

案例一

隨著年齡增長，個案也漸漸地收集了一些不佳的生命基調。以下就舉幾個相關的例子：

阿昆是學校中成績不佳的學生。因為他的哥哥與姊姊都是學校的風雲人物，相對地他的表現則是遜色多了。例如，他很用功地想要考好數學，但是成績卻不起色。他在怎麼用功，最多也是及格邊緣。他拿著滿江紅的成績單回家時，他父親安慰他說：「沒關係，你的進步空間很大，只要再努力，你就會考的更好了。」從這件事中，阿昆腦中就得到幾個結論了：

「如果做事沒做到最好，有做跟沒做一樣。」

「只有第一名才會有價值。」

「因為我不可能拿到第一名，所以我是一個沒價值的人！」

案例二

阿雅，因為害怕獨處所以過來尋求協助。當她一個人獨處的時候，她會有一種莫名的恐懼感。所以她經常會找朋友來陪他，填補一個人獨處的時光。交男朋友也是一樣，她經常是腳踏多條船，以免突然那個人跟她分手後，她又要獨處了。如果參加一些宴會時，她會帶她的男友們一起參加，因為這樣她才會感到有安全感。但是想想，這種感覺也是很奇怪的。

在治療中，我請阿雅列出他生活中的一些重要事件。他發現自己曾經被父母或者是某人出去曾經走失過。她跟一般的小孩一樣有一些共通的經驗：小時候常常跟母親坐在屋前聊天；父親經常警告她不要在街上亂跑以免危險：兩個姊姊都是未婚懷孕，所以家人不准她交男朋友。

從這些事件中，他整理出了一個生命哲學：

「這個世界是很危險、很可怕的，我很弱小無法面對這個環境。」

「我需要別人在我身邊，我才會感到安全。」

因為這樣的生命哲學，所以他很害怕孤單。會很希望有很多人陪在他身

邊。

　　在這兩個例子中，我們都可以發現他們都有情緒困擾。而這些困擾都來自一些人生哲學。這些人生哲學的產生都是從生活中的點點滴滴所累積而來。隨著人生哲學的產生，個案也就走向灰暗的人生小徑。如果他們可以改變這樣的人生哲學的話，那他們也可以走出一條康莊大道。

說明

　　認知治療中，最有效的方是就是找出個案的人生哲學。所以，需要花相當多的時間去整理與分析這些生命基調。從整理的過程中，個案也能夠慢慢體會到他是如何用灰暗的眼鏡來看待這個世界。在治療中，大部分的時間都是在處理個案的人生哲學，而不單單只是處理特定情境下的扭曲想法。

建議讀物

　　生命主題（人生哲學）是一些心理學家所注重的題材。Csikszentmihalyi 與 Beattie（1979）回顧早期的 Bern（1961,1964）、Erickson（1982）與 Erickson 與 Rossi（1981）理論整理出一些相關概念。Guidano（1991）、Freeman（1993,1994）、Freeman、Simon、Beutler 與 Arkowitz（1989）發現人生哲學與個人基模會影響到他如何處理生命危機事件。

　　Jeffrey Young 是處理這個一題相當重要的學者。他用基模（schema）來取代主題（theme）然後創造出基模處理法（schema focus therapy）來處理基模的問題。他目前的研究還繼續探索基模的產生與發展歷程。有興趣可以閱讀他相關的文章（Bricker, Young & Flanagan,1993；McGinn & Young,1996；Young 1992,1994；Young Beck & Weinberger,1993；Young & Rygh,1994）。

認知地圖

基本概念

信念就好像一塊塊的小拼圖。如果單單只看一小塊，自然也就無法看到全貌。如果要瞭解個案的整個認知模式的話，必須把所有的認知信拼湊起來。這樣就可以瞭解個案的故事全貌，而不是一些小片段。

方法

1. 從個案列出來的信念清單中，建構出屬於個案的認知地圖。可以將清單上的每一個認知信念拿來比較與分析。詢問個案或者自己推敲：「這些信念有哪些共通性？哪些地方不一樣？這些信念的發生有先後順序嗎？」例如，如果有一個個案寫著：「我是一個壞人！」以及「我需要表現得相當完美！」試圖著找出這兩個信念之間的關係。他們的關係可能是「試圖保持完美可能就是要去消除自己是壞人的感受」。

2. 整理出這些信念，並且整理出關係圖。（參見圖 3.3 與 3.4）

3. 這次的焦點在於讓個案瞭解他的認知地圖，並且找出解套的方式。事實上，可以用 3.2 的圖來說明認知地圖的重要性。

這個圖會顯像出認知地圖是如何產生作用。每一個黑點都是代表著你的信念，這八個黑點表面看起來只是一些點。但是，你仔細去看這些點，會發現其中隱藏著一個方塊。認知地圖所探討的不是這些黑色的點，而是隱藏在這些點中的立方體。如果我們花更多的注意力在這個立方體上，我們就可以用更完整的方式來看待我們隱藏的認知信念了。

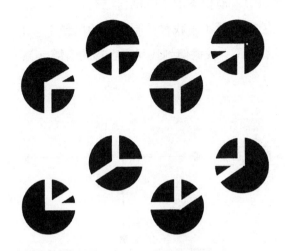

圖 3.2　Necker 的隱藏立方體（Bradley & Petry, 1977）

範例

我們會有各種不同的情緒問題，主要是因為這些認知地圖所致。認知再建構治療就是利用 3.3 與 3.4 這種認知地圖來幫進行深入的認知再建構。

在 3.3 這個圖中，我們可以清楚地瞭解個案為何會有恐慌發作的經驗。許多個案在過渡保護的環境之中成長。他們就認為外在環境是危險的、是可怕的，而他們也認為自己相當虛弱無法面對這種危險的環境。只有當他們可以控制生活中的每個層面時（外在環境以及自己的內在思考），他們才會覺得自己很安全。但是，生活中並不一定如你所願，可以照自己的方式來運行，所以他們經常會有失控的感受，自然就會陷入恐慌的感受之中了。當他們處於一些無法掌控的環境中，如搭車、坐在前座、有強烈的情緒反應時，他們很自然地就會有恐慌發作的現象。在這樣的發作後，他也就陷入一個認知與情緒反應的循環之中，讓恐慌的感覺更加惡化。

在圖 3.4 則是一個毒癮者的認知地圖。

　　在他的認知地圖中，他根本就不認為自己有毒癮。他們有一種矛盾的信念，認為自己可以控制用量（「我會控制自己的用量！」）。並且會認為自己用藥是因為外因所致（「我遺傳到我父親吸毒的習慣」）。

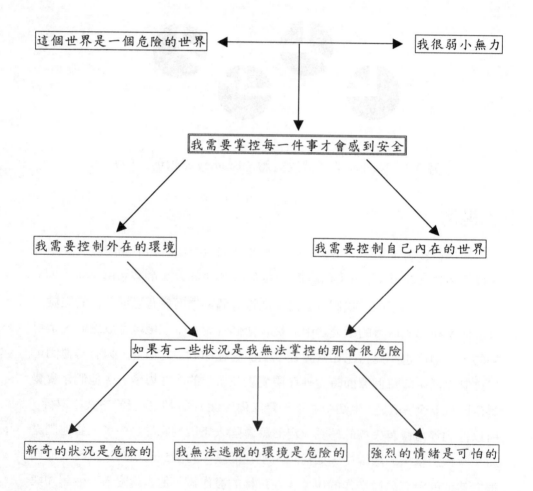

圖 3.3　恐慌反應的認知地圖

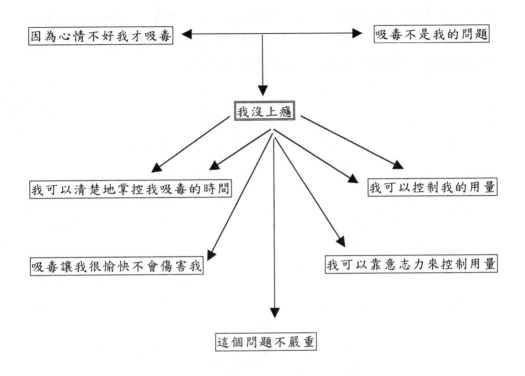

圖 3.4　毒癮者的認知地圖

說明

　　每個個案都有不同的認知地圖，不同的問題也都是來自不同的認知地圖。所以治療師要依據每個個案找出屬於他們自己的認知地圖。

建議讀物

　　認知地圖的概念來自我早期的著作（McMullin,& Giles,1981）。雖然很少治療師使用認知地圖這個詞彙，但是從治療中可以發現他們也是採用這樣的概念（Beck, Emery & Greenberg,1985；Beck, Freeman & Associates,1990；

Dobson & Kendall,1993；Ellis,1996；Foy,1992；Freeman & Reinecke,1993）。Young 將基模與認知地圖合併，形成基模概念型態（Schema Conceptualization Form（Young,1992）。Dattilio（1998）與 Freeman & Dattilio（1992）討論 SAEB 系統，更清楚地探討認知與恐慌發作的關係。

第 4 章

對抗技術：強制對抗法

對抗認知的技巧基本上都依循著一個想法：當一個個案反覆對抗一個非理性的想法，這個非理性的想法就會漸漸淡化。

這理論並不假設：用另一個想法對抗一個想法可以魔法般地改變情緒—生理狀態。相反地，它假設：對抗想法可能觸發情感制約，可以反過來減少負向情緒或消去觸發情緒的刺激。

這種基本的認知抗辯可以從哲學中看到影子。除了有名的柏拉圖的對話以外，辯論、挑戰和爭執都是古老對抗想法的方法。這些技術幾乎被每個人用在各種種類的情境中——從宗教觀的爭論到選舉的爭辯。

有關對抗技巧將分成三個部分討論，每一個都描述一種不同種類的對抗。第四及第五章，討論強硬對抗和軟性對抗，就是把情緒狀態和認知聯結起來產生態度改變。強硬對抗處理強硬的情緒；軟性對抗處理放鬆情緒。第六章，討論客觀對抗，就是從信念修正來改變不適情緒。

基本概念

強硬對抗是用來對抗非理性想法的認知。一項強硬對抗認知可以是：一個詞（胡說八道！），一個簡短句（這不是真的！），一個句子（這舞會中沒有人在乎我是否能言善道），或是一種文雅優美的哲學（我的生活目的不是成為萬人迷，而是發展我個人的潛能，即使別人並不贊成）。

理想的強硬對抗技巧是一種哲學：從一個價值觀、知覺和經驗的階層架構中，以相反方向的強力水流淹死具有傷害性的想法。簡短句或是格言會是

有用的，當它們和一種對抗哲學有聯繫──基本上這些格言都是一些哲學思考的精髓，所以相當具有威力。治療師應該幫助個案形成（奠基於這種哲學的）對抗的格言。

方法

1. 幫助個案找出對每一個非理性想法的強硬對抗認知。確定它們有力地對抗非理性想法。舉例來說：「人生有高潮低潮，人生不會一直一帆風順」是比「要事事順心是很困難的」還要好的對抗。

2. 讓個案盡可能建立許多對抗的信念；20 個比 10 個好兩倍。

3. 確定信念是現實而且有邏輯的。認知重建治療不會特別加強正向思考的力量，人們常因此對他們自己說善意謊言（太過樂觀脫離現實）。相反地，我們重視真誠的、現實的想法、要求個案對他們自己說真實的事情，而不只是聽起來棒的東西。舉例來說：雖然「生命一天天變好」這個想法感覺不錯，但這不是真的；有時事情越來越糟。

4. 指導個案去重複地爭辯非理性想法。這項技術要生效可能需耗時數個月，並且很多病人拒絕這種時間投資，說他們已經嘗試這種技術試到沒用處了。在探索過個案之前的努力何在之後，治療師經常發現他們只是和自己爭論幾次就放棄了。個案必須瞭解的是：他們可能需要爭論反對一個信念很多次，就像他們支持這個信念一樣多次。這可能需要每天一小時持續一年以上，去克服一個一生的核心信念。

5. 確定每個對抗都和非理性想法是同一種形式。把視覺上的非理性和對抗的視覺化配對；語言的錯誤和語言的對抗配對；憤怒的信念和同情的信念配對；消極的想法和強硬的想法配對：既存非理性和既存現實配對……等等。舉例來說，一個恐懼高樓的病人（她描繪它們會倒下來），經由對抗視覺化：一棟用石頭蓋起來的建築物所得到的幫助會比經由語言爭論說建築物並不會倒下來的多。當對抗和非理性想法是同一型式並且同一邏輯類型，比較可能有打擾性的衝擊。

6.攻擊個案的所有非理性想法，不只是其中一部分。把所有的對抗和所有會產生情緒反應的所有認知連結在一起是很重要的。就像討論找尋信念的章節所提到的，如果主要信念被錯過了，治療師可能會失敗。

範例

在我職業生涯中的某段時間，我在一個很少有心理學家執業的小鎮工作，而且我常常收到地方報紙編輯的電話詢問關於不同的心理學議題。其中有一通電話非常特別。那位編輯希望我寫一篇有關憂閉恐懼症的文章。在他掛上電話之前他問我是否能提供一個建議讓他可以給他的讀者好讓他們可以避免心理問題。我回答說這類建議有很多；只選出一個會是很困難的。但是他堅持要找出一個核心的原因，幫助讀者可以避免心理困擾，我跟他說我會好好想想，然後會在打電話給他。

沒多久我回電告訴他我能想到最核心的問題。我說：「大部分有心理問題的人之所以有問題是因為他們不敢冒險。」

他感到相當地困惑。接著我告訴他一個我多年前聽到的故事：

一位傳教士的女兒住在非洲的 Serengeti 平原。她在獅群的周圍長大並且注意到，獅子面對年長的老獅子的反應與其他動物不同。當年老的同類無法跟上他們的活動時，其他動物會把年老的同類留下來等死，但是獅群不會；他們利用他們在狩獵時提供援助。獅群會設陷阱把羚羊和其他動物困在峽谷中，把年輕的獅子聚集在一側，年老的無爪無牙的獅子聚集在另一側。老獅子會盡他們所能大聲吼叫。峽谷中的動物會聽到吼叫聲並且往另一個方向跑，直直跑進年輕獅子們等待的團體中。（故事取自 Bakker,1982）

羚羊的教訓是很清楚的，雖然少有羚羊能存活下來從中得益。如果他們往吼聲跑去，他們就是安全的；但是他們太害怕吵聲。藉著逃離危險的聲音，他們衝向危險本身。

這個故事也許不是真的，但是它無論如何是有幫助的因為它呈現了大部分個案都會有的一個嚴重問題。他們逃避不管任何難以面對的東西——他們

逃離危險。

焦慮的個案逃離危險，試著找到一個平穩安全的地方去躲藏。如果他們害怕飛行，他們躲避飛機。如果他們害怕群眾，他們就獨自待在家裡。如果他們害怕水，他們逃避在湖裡或是海中游泳。他們的恐懼永遠不會消除；他們只會增加。他們越是逃，就變的越害怕。

憂鬱的個案逃避一個信念，他們和每個人一樣。也許聽起來很奇怪，許多憂鬱的人都是妄自尊大的；看起來似乎剛好相反。但是很多治療師都發現在沮喪之下，他們的個案存有可笑的期待，就是他們應該要是完美的，而他們的憂鬱發生在他們發現自己並不完美。他們就會逃避自己與凡人一般墮落的事實。

酒精和藥物成癮者以發燒的速度逃離，拒絕接受他們已經上癮。他們對抗事實並且希望能擺脫它。他們看到別人有節制的喝酒並且認為他們也一樣做得到；他們拒絕接受他們在生物化學上和其他人不同。酒癮者和其他成癮者可能會失去一切——他們的家庭、工作和健康——但是他們繼續假裝他們能夠安全地使用酒精或藥物。

這些問題的解決之道就是我會告訴每個個案的獅子故事的教訓。停止逃避！如果個案面對他們的問題，他們能夠解決大部分。如果一個怕水的個案接觸水，把他的腳放在浪花中，在游泳池的淺端玩水，並且強迫他自己坐在小船裡，他的恐懼幾年以前就被克服了。如果沮喪的女人在某些方面接受她自己是個會墮落的人類，她就不會在犯錯的時候變得沮喪。如果藥物依賴的個案完全接受他已經無法一致的陷入藥物，他最後能夠發現他必須停止。

這些個案的共同教訓是什麼？朝吼聲跑去！

接下來的是各種方法教導你的個案去面對並攻擊他們的信念。

對抗攻擊

基本概念

跟剛剛的認知歷程一般，對抗攻擊所處理的是一種情感歷程。治療師可以將情感和信念配對，而且他們可以利用個案的強烈情感來直接改變信念。

我用一個比喻來解釋給個案聽，強烈的情感如何能夠幫助他們改變他們具有傷害性的信念。我把這稱做「融臘理論」。

想一想，花個幾分鐘，想像想法就像是你腦中的臘封。在我們面臨強大情緒之時，我們會將當時的想法封印在腦中，例如你極度憤怒或者是難過時。這些情緒就像蠟燭一般，將你的不當信念蠟封在腦中，這時我們就需要將它融化然後改變其中的信念。

當情緒的強烈熱能消失時，想法就固化（就像融化的蠟在凝固之後的狀況）。如果要改變信念，不是去削砍臘封，這要花費一段長時間，要不然重新加熱這塊臘，這樣想法就可以被重塑。如果你對非理性的想法感到生氣並且將這種情緒熱度放在其中，這就像是對它們加熱讓它們可以被鎔鑄成新的樣子。

個案的情緒強度是對抗攻擊法的關鍵。基本上爭辯是最有效的——就是讓個案用強烈的情緒融化一個想法。儀式性的情緒表達以及單純鸚鵡學話式的信念對抗，對於信念的修正效果有限。在你開始對抗攻擊之前，最好鼓勵個案去表達憤怒。想想看，就是這些信念對你產生痛苦，你有權利表示不滿？因為這個技巧是一種強植攻擊式的方式，所以最好有足夠的情緒能量讓你去攻陷既存的想法。

方法

1.建立一張強制對抗（hard counter）的清單。

2.幫助個案有力地對抗他的信念。個案應該當著你的面練習對抗技術，

並且不斷地修正，漸漸地將個案的反應塑造成具有強度和能量的對抗能量。

3. 治療師可以藉由鼓勵個案使用生理的策略，漸漸收縮他們的肌肉來強化對抗攻擊的能量。一開始，個案在他們的肌肉柔軟時進行對抗攻擊，然後輕微地繃緊，然後強力的收縮。很快地個案的情感亢奮會平行於生理亢奮。

4. 個案也可以經由聲音來強化他們的對抗能量，漸漸地讓他們的聲音變尖銳並且增加音量。對抗描述一開始可以用鼻音並且輕柔地說出，然後正常地透過嘴巴，然後非常大聲地，用肺裝滿空氣。隨著生理上的努力，聲音變成個案憤怒程度的一個象徵。

【譯者註：這個方法重點在於如何加強情緒層面的能量，來協助個案進行對抗思考的方法。】

範例一：阿邦的故事

阿邦，一個年輕男人，在參加過我的一個治療課程後進來諮商。雖然他是一個身強體狀、外型優質的美式足球員，但他卻很害羞。這個課程給了他一些一般的幫助，但是他仍然無法約女性出來約會。他可以生存在男性的陽剛環境中，而且能夠適當地處理男性間的對峙。在完成他的認知地圖之後，我們獨立出一個中心信念：他覺得女性是軟弱，易受傷害的生物，必須要被男性保護。自己認為自己是一個魯莽、不中用的人，並且很容易會傷害這些脆弱的花瓶。

阿邦的個人背景顯示出是他父親教導他這個信念。明顯地，這位父親擔心兒子的大個子會讓他對女性太具侵略性——這是這位父親在成長時自己曾經歷過的問題。因此之故，他教導他的兒子要特別小心不要傷到女性。這個教訓太有效以至於阿邦有整整兩年沒有約過會而且在女性身邊時特別緊張，雖然實際上他也知道女性不是脆弱的花瓶，但是還是會感到謹慎小心。結果，因為他的戒慎恐懼，所以女孩也都不太敢接近他。

當我們進行初步的認知治療後，個案建立起一套正確的對抗論點清單用以對抗他的核心信念。然而，當他只是用很微弱的力量去對抗這些根深蒂固的信念，結果當然都是失敗的經驗。就是在這時候我們決定使用對抗攻擊！

我用以下的方式介紹這個技術：

我是你的拳擊教練，但是我不能跟著你進去場地，因為場地是在你的頭腦裡面。你的對手是這個核心信念：女人是容易受傷的。這個信念已經打擊你很多年，讓你在女性身邊就不適當地害羞並且阻止你建立正常的關係。雖然你知道這個信念是錯誤的，你並沒有說服你自己。你幾乎沒有跟它戰鬥過，而在非常少有的場合當你跟它對抗，你也做的很軟弱以致於這個信念輕鬆地勝過你。它一直送給你黑眼圈。你必須開始保護自己，並且每當這個信念進到你頭腦裡的時候就反擊它。你沒辦法使它平息。這就像是跟任何其他流氓交手一樣。你越是退讓，它下一次就越是兇猛殘忍地攻擊你。你必須開始盡你的全力攻擊這個信念。

一開始這個想法會比你強壯而且會贏得戰鬥。但是如果你堅持下去，你會慢慢地變的越來越強壯，而它會變虛弱。很快你就會有打贏的時候，然後大部分時候，直到最後它不會再回來。現在開始你的第一堂拳擊課。

範例二：小姿的故事

接下來的例子和小姿有關，她是一位害怕昏倒的個案。我示範以下的步驟給她看，讓她可以把生理的緊張用在她的對抗上：

我希望你做件事情，這可以幫助你了解怎麼對抗情緒。現在，先找一個引發你困擾的想法。你說過你害怕當你感到焦慮時你會昏倒。現在，對這個想法的對抗想法是什麼？（小姿選個這個對抗想法：「我永遠不會因為焦慮而昏倒」）。非常好，一句很好的對抗。但是光有個對抗想法是不夠的。你怎麼把她說出來也是非常重要的。

現在，只是為了練習，我希望你說出這些對抗，但是透過你的鼻子說。我知道這看起來很蠢而且會覺得有點不好意思，但是請照著做，用鼻音說出

你的對抗想法。（暫停）。很好。現在我希望你說同樣的對抗想法，但是這次用嘴巴說。（暫停）。現在深吸一口氣並且多用點力來說（暫停）。非常好。這次盡你的全力說。用全力吸氣，挺直你的身體，然後能多用力就多用力的說出你的對抗想法。（暫停）太棒了！最後一項就是一個強力的對抗想法。其他的威力比較不夠，所以就採用威力比較強的這一類。在未來當我說到對抗，我指的最後一類。當你在對抗那個錯誤信念時，用你的力量說出那個對抗想法以茲對抗。

說明

這個技術用在幫助消極的個案時很有用，而且這是適用於許多意志消沉的憂鬱症患者。然而，它應該被小心的使用，因為它可能會在特別焦慮的個案或是嚴重受驚擾的病人身上產生反效果。既然這項技術加速個案的情緒程度，它有時候引致焦慮的個案變的更加的恐懼或是引致重度精神病患變的更加的煩亂。在這些情況下弱勢對抗是比較適當的。

核心的要點是，個案是在攻擊他們的信念而非攻擊他們自己。告訴你的個案，如果他們說他們的非理性想法很傻，愚笨或是可笑，這是有幫助的，但是不要說出自己的名字，說自己相信這些信念。向個案解釋說他們相信這些信念是因為他們被這樣教導，而且任何跟他們有相同背景和經驗的人都會相信這些信念。

雖然大部分對抗技術都要花很長的時間去削弱非理性想法，反擊通常都會產生戲劇性的逆轉。我曾見過幾個個案很快地改變了他們持有數年的信念因為他們對他們的信念感到強烈的憤怒。

舉例來說，有一位個案每當她感到焦慮來襲時她就辭掉工作。這位女士已經經歷過長達數年的長期治療，但是看來沒啥幫助——直到她完全地被她所處的情境吞噬了。有一天下午，在她辭掉第三份工作那一年，有些不尋常的事發生了。她改變了她過去對自己說的話。這裡是她對自己說的話的描述：

我真的對這些感到厭煩了。現在我又再一次為了相同的理由來到相同的

地方。我感到沮喪因為我害怕我會發瘋，而且我認為辭職會保障我的神智清明。這真的是笨到家了！我正在搞砸我的生活，拼命花錢，讓關心我的人們擔心。如果我就這樣發瘋了也許會比較好。這樣的話我會把我的全部生活用在像隻頭被砍掉的雞一樣到處亂跑。真是夠了！如果我再次感到害怕，我就害怕。那又怎麼，沒啥大不了！我厭倦了跑來跑去。我不要再跑了！如果我發瘋了，那又怎麼樣！

　　下一週她找到了另一份工作──是她能找到最好的。這 15 年來，她再也沒有因為焦慮而離職。

建議讀物

　　強烈的情感和認知之間的關係已經被研究超過 30 年了。可以參考 Schatchter 和 Singer 的經典研究（Schachter,1966；Schachter & Singer,1962）以及他們比較近期的理論作品（Morowitz & Singer,1995；Schachter & Gazzaniga,1989；Singer,1995）。也可以參考 Arnold（1960）和 Plurchik（1980）的作品。

　　Albert Ellis 讓個案用錄音帶練習他們的對抗，為了要產生強力的，有力的，以及持續性的對抗（參見 Ellis,1998）。Arthur Freeman 和 Aaron Beck 做了很多關於焦慮和恐慌的延伸作品。（Alford, Beck, Freeman, & Wright, 1990；Beck, Emery, & Greenberg,1985；Beck & Zebb,1994；Freeman et. al. 1990）。

肯定對抗法

基本概念

自我肯定訓練已經盛行 30 年了，而且幾乎所有治療師都熟悉這個取向。自我肯定課程可以將這個過程做清楚的細分：如何使用眼神接觸，如何自發性地表達自己，如何展現強硬的身體姿勢，如何顯示出經過控制的聲音。花費數個月來習得這些技術後，有些人可以達到長久的行為改變，所以自我肯定訓練可以是有幫助的。但是這些課程可能無法接觸到某些個案較深的問題，當這些個案結束課程後他們又回到被動的狀態。

對他人表現自我肯定是可以幫助個案改善他們的關係，但是個案可能會發現如果他們先對自己自我肯定，會更有幫助。

方法

1.教導個案強硬訓練的核心原則。在他們練習對他人表現自我肯定之前，幫助他們肯定自己。舉例來說，告訴一個因為他做了一次錯誤的投資而挑剔自己的病人，有四種不同的方法可以處理你的錯誤，你可以：

(a)被動。忽視你的錯誤並且假裝這不曾發生過。這並沒有幫助因為你可能會繼續犯同樣的錯並且將不會達到你的財務目標。

(b)攻擊性。攻擊你自己。無情的責怪你自己笨到這樣把錢花掉。這個方法會造成痛苦，降低你的自尊，並且讓這件事變的不可能——未來你會掌握任何投資機會。

(c)被動-攻擊性。你可以間接對你自己傷害，透過喝醉酒，暴飲暴食，以及有意的作更糟的投資。這是有傷害性的；不只讓你達不到你的財務目標，而且你要跟自己玩躲貓貓，你不再確定自己犯過什麼錯。

(d)肯定性。對你自己誠實，你犯了一個錯誤。把這個錯誤定位成一個

誤判而非一個特質。強調錯誤的本質，例如，「我沒有確定經紀人
說了什麼就接受了」。描述未來你會試著做什麼不一樣的事，例如，
「我會檢查以後的獨立來源投資」。這方法讓這件事變的比較可能
——你會達到你的目標而且不會有這些負向的自我傷害的行為。

2.練習。很多練習技術都可能有效，但是對練習自我肯定最有用的技術
　是角色扮演，將整個過程錄下來反覆聽。

　(a)角色扮演。做一張個案要面對的衝突情境列表。與其他的自我肯定
　　訓練不同，我們將焦點放在自己內在歷程。然後讓個案練習大聲說
　　出四種不同形式的內在回應。要求個案去注意每一種方法產生的不
　　同情緒。

　(b)錄音重聽。個案在錄音機前練習他們的自我肯定回應，直到他們對
　　這些回應的內容和語調滿意為止。

3.內在導師。作為自我肯定訓練的最後一個部分，以充分的細節描述內
　在導師的象徵（參照第二章裏提到的自我指導那一段）

範例

　　整體來看，大部分古柯鹼成癮者都具攻擊性。他們會和全世界戰鬥以得
到他們的下一針：和警察戰鬥、和他們的配偶（如果他們仍然有配偶）戰鬥、
和他們的母親戰鬥。他們會去偷，會挪用公款，會詐欺，會猛烈突襲他人，
並且會出賣自己的身體。某個上癮者告訴我他會出賣自己的靈魂來換一克古
柯鹼，如果任何人願意接受這個出價。當他們產生渴求時（他們大部分時間
都在渴求），他們是明顯具有攻擊性的人。外表看來他們除了被動什麼都是。
在他們身上除了被動之外什麼都看的到。

　　但是在內在很多上癮者都是軟弱無能的人。小布，我的一個個案，是一
個古柯鹼成癮者，是一個幾乎無法忍耐慾望（craving）的人。當他的慾望竄
起，他就屈服，毫不抵抗地就屈服於衝動。當慾望下命令，他就服從，毫不
吭聲。

　　小布需要學習對自己表達自我肯定。我告訴他要看待他的藥癮就像是被個混混攻擊一樣，一個可惡的混混已經贏過他十年了。他從來無法抗拒這個混混，從來沒有擊倒過這個混混。他會接受這些藉口：「來一針傷不了我的。我可以控制我的用藥。我需要毒品讓我感覺好一點。我會成癮是因為我的童年很糟。我的情緒問題造成我用藥過量。」

　　我告訴他要開始對這個混混進行反擊。要很強硬地對他說不。他寫下了下列的警語並且把它帶在皮夾裡：

　　我永遠不會打一針就停止，從來沒有，永遠不會。自從我開始用藥，我的生活完全失去控制。我的情緒問題或是糟糕的童年或是任何我夢到的其他理由都只是用藥的另一個藉口。我持續用藥的真正理由是因為我是個失敗的懦夫。如果我不喜歡我的藥癮帶來的東西，我可以做些努力，尋求幫助，停止用藥，並且改變我的生活。如果我不想要努力那麼我必須接受這些結果。這是我的選擇。那麼就選吧！其他的東西都不重要。

　　有些個案和小布相反：外在消極但是內在極端地具侵略性。另一個個案，小莉，是個非常消極的人。她的朋友把她描述成一般人能夠想像得到最膽小羞怯的人；她是具象化的溫馴。她說話輕聲細語，而且一定要被要求時才會開口。但是很不可思議地，在她跟自己的對話中，她是用一種凶狠粗魯的口氣。她的自我攻擊強烈到讓人驚訝她能夠挺的住。有一次，在她把鑰匙鎖在汽車裡之後，她用盡她最大的聲音大吼著：「妳這沒用的、有病的婊子、浪女、爛貨！」她告訴我如果有任何人這樣子對她講話，她會試著把她的眼珠扯出來，但是她一直從她自己那裡接受到這些巨大的污言穢語。

　　當小莉自己是攻擊自己最厲害的人時，教導她對其他人表達肯定是沒有用的。他告訴她她對自己這麼差是不正確的。她就像任何人一樣有權利，而且是個有價值的人，不但值得別人的尊敬和善待，更重要的是，值得她自己尊敬並善待自己。

　　小莉的自我詆毀使得她很悲慘。雖然能夠跟他人相處融洽很重要，對她來說能夠跟自己相處融洽更是重要的多了。她需要學習對自己有禮，良好的

自我控制，以及良好的自我對話。

　　小莉練習她的內在對話直到她把它弄對並且產生幫助為止。她從來不需要做「如何對他人表現自我肯定」的練習因為她不需要。一但她開始帶著尊敬對待自己，她會發現為了自己的權利挺身而出是很容易的。

說明

　　小莉的狀況指出了肯定訓練和其他技術的問題，那就是單純的瞄準改變個案如何行為。個案會照他們所想的去做，也會照他們所做的去想。他們可以完美地改變他們的行為並且遵循一套準備好的劇本，但是如果他們沒有改變他們的態度，他們可能會很快地退回到他們的老路。

　　小布對其他人表現肯定是因為他相信自己是個英雄。按照他的自我描述，他是上帝的最愛，一個特別的造物，所以一點小東西，比如說毒品，對他來說不是問題。這個態度使得他持續地攻擊其他人並且拒絕承認他無法處理古柯鹼的問題。同樣地，小莉外在消極是因為內在她恨她自己。當她接受她對自己的強烈攻擊時，她還能夠有什麼感覺？

　　個案的被動性或攻擊性可能根值在他們的自我概念中。當他們不尊重自己時其他人怎麼有辦法尊敬他們呢？如果他們恨他們身邊的每一個人他們又怎麼會喜歡自己？個人的態度與行為是交互影響的過程，這是一個持續的回饋迴圈。想要處理其中一個而不改變另一個是不可能的。如果個案是消極的，他們需要重新解決關於他們沒有價值或是比別人差的信念。如果他們自我中心而強硬，他們需要檢驗為什麼他們相信自己如此的優秀。

建議讀物

　　討論肯定訓練的經典作品是廣為人知的，最有名的是《你的完美權利》（〝Your Perfect Right〞）（Alberti & Emmons, 1995）。回顧作者們專業工作的版本（Alberti, 1987）以及他們給肯定訓練員的指導手冊（Alverti, 1990, with 1995 supplement）。有一本有名的給女性的肯定書籍的最新修訂版可以

參考（butler,1992）。你可能會覺得回顧一本討論重要認知要素的書籍（Paris & Casey, 1983）會是有幫助的，還有一本關於自我肯定的個案手冊是心理健康工作者在使用的（Rees ＆ Graham,1991）。Hauck 描述了好幾個他用在認知架構中的肯定策略（Hauck, 1992,1998）。

駁斥與挑戰

基本概念

　　理情行為治療法(REBT)採用相當多種對抗的方法。在理情行為治療法中，治療師著重在非理性的想法上，並且與個案一同去挑戰這些念頭。這樣的作法可以讓治療師與個案專注於同樣的主題上，並且採用當下的素材進行治療。相對的，認知再建構治療的結構化比較強，同時個案也較順從治療師的引導。

　　傳統的理情行為療法，採用蘇格拉底式對話進行探索個案的非理性思考與邏輯問題。治療師與個案順著對談與討論，慢慢地修正想法以及調整邏輯。

　　認知再建構治療採用部分理情行為療法的技巧，但同時維持整個治療的結構。

方法

1.雖然理情行為療法比較非結構，但是還是保持一些基本治療歷程的架構。

2.幫助個案著重在導致情緒困擾的想法上。

3.探索挑戰這些想法的證據

4.挑戰個案的思考（如災難化：好可怕、我一定會很慘）以及自我要求

　　想法（例如，我必須、我應該、我一定）。

5.大部分的個案不能直接對抗，必須轉個彎。協助個案探索覺察到他的
　問題。

6.鼓勵個案挑戰與取代非理性想法。

7.閱讀一些相關資料，幫助自己更瞭解理情行為治療（國內有相關的翻
　譯書籍）。

範例

　　有相當多的理情行為治療的範例。大家可以去閱讀相關的書籍，例如：
理情行為治療(張老師出版社)。

建議讀物

　　理情行為治療相關文獻很多。大多都是 Ellis 所撰寫的。你可以去查詢本
書參考文獻中有關 Ellis 的著作。

強迫選擇

基本概念

　　對於有經驗的治療師他們都可以體認到一個事實。通常這要花上至少十
年的經驗在數千個個案身上才能發現，大部分治療師不太願意在他們的書裡
討論這個事實，把它寫在他們的手札上，或是告訴他們的學生。這是一個無
奈的現況，並且造成許多心理健康專業人員很大的壓力。

　　這個事實是什麼？就是這麼簡單：個案只有走到絕路，才會痛定思痛地
改變。大部分個案都只是像蝸牛走路般地緩慢改變；無論治療師給他們什麼

技術，許多個案還是持續過去的痛苦，除非跌到谷底才可能改變。即使如此，很多個案面對危機還是選擇逃避。想想看，我們一般人也不都是事情拖到最後期限才去完成嗎。個案跟我們一樣，經常是死到臨頭才會頓悟，花了很多時間在逃避，而不是去處理問題。

我經常以河流的比喻來跟個案說明改變歷程。我請個案去想像他們的信念就像他們置身河中流向海洋：只要他們的認知自由地流過所有他們生命經驗中的浪潮，漩渦和渦流，這條河域是順暢的；但是只要他們的認知變得僵化時，河流就會像死水一般停滯。他們停止成長和改變。他們所築起的水壩變的很強大只有極端的壓力才能打破它。

個案會做他們能做的任何事以避免打破水壩並且改變他們的信念。就像一條河，他們會試著經由漫過河岸來沖走信念。只有當所有出口都被堵住，而且河流無處可去，水壩才會破裂，個案的認知可以再度自由地流動。

治療師經常都錯誤地處理這個問題，都以爲將水壩的水壓降低，減低個案的的壓力，就是對於個案相當好的幫助。我們教導放鬆技巧並且開安眠藥和抗憂鬱劑給個案，幫助他們過得更舒服。我們把個案安置在機構中；我們允許他們的親戚來探視，來安慰他們安撫他們——這些全部都是在嘗試減少他們的痛苦，就好像反覆在死水中加入漂白水，讓水看起來更乾淨。但是這些安慰和安撫可能就讓個案更逃避拆除水壩，讓水庫的水更加停滯。壓力和痛苦出現並非無意義。它們讓個案知道有些事不對勁。個案需要認出這些傷害並且矯正它，而非只是安撫它。

一般而言，爲了個案好，最好幫個案面對問題，而非減低他的痛苦。撇開我們感覺到的同理心，藉由允許個案去感覺痛苦，我們可能更可以幫助他們——這會推動他們去選擇打破水壩（改善問題）。

讓個案經驗到問題帶來的痛苦，增加個案面對問題的動機。當個案已經準備好，治療師應該催化個案面對問題，阻斷逃避的路徑；避免安撫個案，讓個案有逃避的機會。以下四個原則摘要出強迫性治療選擇的必須要素。

方法一

1.那些傷害個案的覺知方式，對於個案經常是有傷害的。它一定是焦慮，沮喪，或是憤怒的蓄水池，創造一個個案想要逃離的情境。

2.個案必須覺察到一個合理的，改變一個新的覺知。這個選擇必須是重要且具關聯性的，這樣個案才會在舊的認知被摧毀之後去取代。

3.個案必須覺得被他們的舊思想所困住。他們必須要去相信，唯一逃離這個陷阱的方法就是去選擇改變他們的態度。和舊信念相連接的痛苦不應該透過藥物或是其他的改善改變策略而被減少，或是變的能夠忍受，這樣有可能使得個案繼續保持住他們錯誤的信念。

4.治療師不要去刻意增加個案的問題。舊有態度的自然結果應該會把個案困現在的情境中。治療師不應該在過程中放置人為的障礙。

方法二

1.找一個核心的錯誤信念——個案痛苦的根源。舉例來說，個案可能相信他或她的生活目的是去滿足想像中的「一定要」，「必須」和「應該」。

2.對抗個案的錯誤信念，盡可能引介各種說服性的對立觀點。舉例來說，「一定要」和「必須」除了在人類的心智以外並不存在。這個世界就只是存在著。是上並沒有「一定要」和「必須」。

3.想辦法設計一個模擬的或是實際的情境，讓個案在之中只能面對兩個選擇：相信舊的知覺或是改為新的知覺。舉例來說，舉出一個情境，兩個同等強度的「必須」彼此對立，並且同樣產生強烈的負面效果。

4.盡你的全力去幫助你的個案面對衝突。如果你提出一個不需要改變信念的路徑時，他們會逃過去。

5.在衝突的尖峰，找出要做的改變並且鼓勵個案去實現這個改變。

範例一：凱莉的故事

凱莉嫁給一個酗酒、磕藥、脾氣暴躁、風流的丈夫十五年了。他把時間花在外遇，忽略他們的孩子。他不工作沉溺賭博並且多次毆打她。他對每個人都是充滿敵意。他被所有凱莉的朋友和親戚所憎恨，這些人持續地忠告她要離開他，但是她還是不離開這個家庭。

她對於這些問題，總是有很多藉口安慰自己。她怪罪自己無法讓他改變並且一直希望她能夠規勸他改邪歸正。她去參加婚姻諮商，但是她丈夫不願意出席。她試著讓他參加酒癮匿名團體（AA）的聚會，但是他只去了一次就跑掉了，說他不喜歡 AA。她在家裡各處擺著自我幫助手冊希望他能夠看一看，但是他把這些書扔了。每當他被逮捕，開除或是花掉他們的錢，她會接受他回來，就像什麼都沒發生過。

從外人來看，她應該要離開這個婚姻。她先生是個禽獸，並且她也無法勸導她先生，所以她要不繼續活在暴力中，要不然就是離開這個家庭。她認識的每個人，都勸她離婚，但是她藉由找不同的醫生、顧問和治療師，來逃避問題核心。她讀過每一本討論「如何修復你的婚姻」，「如何使你的丈夫改邪歸正」，「如何當個完全的女人」，「如何當個體貼的太太」，「如何挽救失敗的婚姻」的大眾心理學書籍。沒有一樣有幫助，而且事情越來越糟。

她有個叫做比利的十歲大的兒子，跟著她一起受苦。一天晚上凱莉的丈夫又醉醺醺的回家，並且因為晚餐冷了而對她大吼。怒吼變的越來越大聲，而比利就像過去一樣聽到這次爭吵。他看到他的父親打他的母親，就像過去發生過的一樣，但是這次比利無法再忍耐並且跳到他父親背上，試著保護他的母親。他的父親把比利丟出去，比利從一層樓梯上跌下來。他失去意識地躺在樓梯底層，而他的父親一邊咒罵著一邊衝出家門。凱莉打電話叫救護車並且帶比利去醫院，結果發現有中度的腦震盪。

任誰都會覺得這對凱莉來說這應該很清楚了，但結果她還是無法覺悟。她不認為她丈夫應該被責怪。當幾天後他回到家，她接受他回來並且告訴她

朋友這只是個不幸的意外。

　　她的朋友比她更瞭解發生了什麼。一個朋友打電話給社會福利機構並且報告了這個意外，以及所有多年來一直上演的其他虐待事件。社福機構調查並認定這個丈夫是個危險的家長。法庭命令他離開這個家並且限制他去看孩子直到他完全停止喝酒及使用藥物整整一年，順利完成憤怒控制的課程，並且受過一對一治療。如果他完成這些命令，他偶而可以去探視他的太太和小孩。

　　在此同時，社福機構告訴凱莉她不可以允許她的丈夫住在家裡。如果她違反命令，這會逼使他們把小孩送到中途之家。

　　但是凱莉仍然沒有做選擇。她告訴社工她願意接受諮商療程，去上課，或是任何事只要她的丈夫能夠留在他們的家中。她試著合法地對抗這個決定，寫信給地方報紙，雇用她自己的律師，並且試著上訴，但是這些都沒有效。兒童保護人員和法庭都不接受。

　　凱莉忽視這些命令。她把她丈夫偷偷帶進家中並且在社工例行探訪時把他藏起來，但是這變的越來越困難當社工開始懷疑，並且有時未經告知就前來。事情就這樣持續了一段時間，直到某個星期天下午。

　　凱莉單獨在家。孩子去探訪他們的祖母，而她的丈夫在城的另一邊喝啤酒和幾個死黨一起看足球。她獨自坐在客廳裡，思考她所有的問題。她瞭解到總有一天社工會不期來訪並且發現她的丈夫住在家裡。她不是失去丈夫就是失去孩子。她覺得相當困擾並且徹底地絕望。她認真地考慮自殺，但是很快地放棄這個想法。在困擾了整個下午之後，她突然跳起來，拿起電話，並且打了三通電話。她打給她的丈夫，並且告訴他他必須立刻離開房子。她打給警察並且拿到一張保護令以防萬一他回來。最後，她打給她的律師並且告訴他立刻起草離婚的檔案。

　　後來，她告訴我那個週日下午是個轉戾點。她在那個下午解決了全部的事情，並且從來沒有違背過她的決定或是懷疑過一下下。她也這樣應對她所有的恐懼。她的丈夫的確違反了命令但是被阻止並且被判緩刑。收到他一封

威脅信之後，她立刻打電話給他的緩刑執行官。她離了婚並且開始跟有吸引力，負責任，不喝酒的男人約會。她從未後悔她的決定，從未對她的前夫感到抱歉，並且從來沒有一刻懷疑過自己，關於離開這段關係。而這一切都發生在一個平靜無事的週日下午當凱莉決定要打破她的水壩。

範例二：丹尼爾的故事

另一個個案——丹尼爾，讓我們更清楚整個面對抉擇的歷程。丹尼爾是一個害怕發瘋的人，這個恐懼駕馭了他的生活。他害怕有一天他的情緒（尤其是緊張和焦慮）會變得相當強烈，以至於它們會使他發瘋。他並不是清楚地確定壓力如何讓一個人的腦袋短路，但是他很確定這會發生。他栩栩如生地描繪他自己被關在一個鋪了墊子的小房間，被綁在一個緊身夾克裡，躺在一家骯髒破敗的心理醫院的後面，日復一日，月復一月地尖叫，而這世上沒人會加以理會。這把他嚇壞了。

他做了他能想像的每件事以避免失去他的心智。他拜訪過很多醫生，嘗試過各種的鎮靜劑並且避免看任何電影、電視節目或是閱讀任何小說，以免碰觸到瘋子這個議題。他試著保持他的恐懼免於崩潰，獨自生活在一個房子裡這樣其他人就不會讓他沮喪。他大部分時間花在看電視上的節目。他並太不喜歡這些沒營養的節目，但是至少它們不會讓他害怕。

然而不管他怎麼嘗試，他仍然有時候會感到焦慮，在這種時候他會衝向電話並且打電話給他的治療師，要求在當地的醫院面診。在那裡他可以很安心地度過這場危機。基本上，治療師與他約好兩年只能有五次的機會，躲到治療室來。

後來在一個多天的晚上丹尼爾躺在沙發上，電視開著，半睡狀態但是仍然警覺地感知道他身邊的景象和聲音。突然他開始覺得焦慮。他坐起身，開始感到擔心並且開始找尋原因。終於他注意到電視轉到一個脫口秀，關於曾有心理問題的病人，他們正在巨細靡遺地描述他們的經驗。他很快地起身並且轉台，但是太遲了；他已經聽太多了。他無法阻擋他的恐懼，而且這很快

地演變成為一次完整的恐慌來襲。

　　他試了他能做的每件事來減少這種感覺。他跑到藥櫃旁邊去拿鎮靜劑，但是瓶子是空的。他記得他藏了一個備用瓶子以防他的藥吃完，但是他忘記那個瓶子在哪。他絕望地翻找著他公寓裡的櫃子，衣櫥和箱子，但是他哪裡也找不到。

　　他改用緊急計畫二。不管時間已晚，他打電話給他的治療師但是發現無人接聽，然想起來對方出城了。他試著打給幾個他以前的治療師，但是不是接到答錄機就是撥不通。他試著打給兩個不同的 24 小時危機熱線，但是兩者都告訴他不必擔心。他急著找一個人打電話過去，即使知道他已經失去他的朋友很多年，他仍然有幾個親戚可能會幫助他。他打給他們並且把他們叫醒，但是聽了這麼多年丹尼爾叫喊狼來了，他們已經對他的恐慌感到累了。他們並不喜歡在半夜被叫醒，並且告訴他他要自己處理這個問題。

　　他的恐懼升到最大，他衝出房子，跳進他的車，並且盡他所能地快速開往州立醫院的急診室。但是當他抵達時他發現最近的省道發生了大車禍，二十五台車撞成一團。醫院人員跑來跑去試著幫助意外的受難者而他被告知他們沒空理他。

　　這就是他的處境——被困住了。他沒有地方可以去，不能打電話給任何人，無法逃到任何人那裡。決定了既然他要發瘋他可以在家裡發瘋，他上車並且開車回到他的公寓。他坐在他客廳的椅子上，把燈關掉，等著他的腦袋短路並且發瘋。他在那裡坐了兩個小時，讓恐慌的波浪一波波打向他。

　　後來丹尼爾描述當他坐在那的時候，他身上發生了什麼事（這段對話是從他的報告裡重新整理的）：

　　我坐在那裡恐慌一波接著一波發生，我感到相當疲憊與焦躁，沒有地方可去，找不到可以逃向的人。我等待著發瘋的時候。但是突然地沒來由的，我跳起來並且開始大聲對我自己說話。我說的越來越大聲，直到我對著自己大吼大叫。我說：「就算我瘋了那又怎麼樣？那也不會比我現在感覺到的更糟糕了。我這十年來的生活連坨大便都不值。我還沒結婚，我沒有女朋友，

我保不住工作，而且這十年我都在醫療無能為力。我沒有朋友，我的親戚忍受不了我，而我的治療師對我感到厭煩。所以有誰會關心呢？這根本不是生活。我不必擔心失去任何東西，因為我沒剩任何東西可以失去了。根本沒有理由再繼續保護我自己。不管我採取什麼預防措施都沒差──它們都沒用，所以這又有什麼差別？我就是這樣。這些都是地獄。如果我會瘋掉，我就瘋掉，但是我不要再逃避了。反正，也沒有地方可以逃了。如果我最後一定要以個瘋子的身分結束，在我瘋之前我要好好過生活！！」

之後他站起來，走出屋子並且到一個通宵營業的餐廳，叫了一份他能找到最大最貴的披薩。他把披薩吃光，然後走出餐廳，在破曉前都沒回到家。

這是丹尼爾的轉戾點。被強迫面對無處可逃的危機，丹尼爾選擇了備案B，而且他再也不回頭。他的恐慌平息了，而且他試著把生活過的充實。他開始旅行並且去學校上一些課。他開始找工作也開始約會。不久之後他發現他藏起來的藥丸，但是他立刻就厭惡地把它們丟了。在一年結束他已經是個完全不同的人，而且幾乎未曾再感到焦慮。這些都可以被追溯到那個冬天的夜晚，當他選擇打破他的水壩。

說明

這兩個故事是許多案例中具有代表性的。凱莉怎麼能夠這麼多年來都保持在這麼可怕的關係中，然後突然地立刻結束關係，沒有任何的後悔或是回顧？丹尼爾怎麼能夠，在多年的恐懼之後，在一個戲劇化的晚上有所突破？

也許對這兩個轉變的最佳解釋就是在這一段論述開頭所提及的原則：人們不會選擇要去改變除非他們必須改變。一但他們被強迫去做出決定，他們極少回頭。他們可能被綁在他們的問題中好幾年，喜好緩和與痛苦甚於重大決定，但是當他們完完全全地被困住並且無處可逃時，他們創造了他們自己的改變。

治療師可能會懷疑何時要使用此一技術。我們的經驗發現它應該用在另一個認知再建構技術被教導之後。個案應該知道是他們的信念，而不是他們

的環境，造成情緒上的壓力；他們應該辨認出導致壓力的特殊想法，而且他們應該非常清楚那個取而代之的信念是理性並且實際的。然後，而且只有這時候，這項技術才能引發創造性的改變。

明顯地，這些技術不應該用在有自殺傾向，或是有可能為回應他們情緒上的痛苦而對他們自己或別人造成物理性傷害的個案身上。

理論上，強迫選擇是個關鍵。如果選擇是被強迫的，這就不是選擇。此項技術的目的不是去消除所有的選擇，而是把它們窄化成兩個：選擇與問題共存或是選擇改變。

建議讀物

存在主義心理治療是有關個案選擇和自我責任的重要性的早期奠定者。個案被鼓勵去冒必要的風險以嘗試去確定他們的潛能（Frankl,1959,1972,1977,1978,1980,；May,1953,1981）。

William Glasser 現實治療的奠基者，建立了一套以個案選擇為基礎的心理治療（Glasser,1998）。他強調我們選擇我們所做的一切，而且行為和思考都是自願的活動（Glasser,1989,1998）。

創造失調

基本概念

雖然個人的一致性是相當不錯的，但有時這也是一個大問題，因為如果他們的出發點是一個錯誤的信念時，他們接下來就會把所有後續的資料放在錯誤的角度下做解釋，秉持著一致性而非正確性的基本目標。這種相當一致的基模（schema——面對外在訊息的思考架構），整個思考架構相當完整，

但是個案卻會感到痛苦。因爲這種基模式一個錯誤的基模，因爲整個架構非常完整且緊密——打亂了型態中的一個元素而碎片不再能夠拼湊在一起，所以就很難改變。當你試圖打散時，個案就會陷入混亂失調的狀態。

因爲失調對他們來說更加有壓力，而且可能會引發焦慮，個案會不顧基模本身帶來的問題，而會試著維持協調感。這樣的效果等同於是去說：「如果不快樂就是你生活中唯一的選擇，不快樂沒什麼關係。」即使整個情況是相當糟糕的，個案還是會保持著一種知覺——他們苦命的。因爲他們的行爲和態度是奠基於這樣的知覺；他們會捍衛自己的「苦命」這樣的基本假設，不管其他相反的證據。此處的關鍵是他們的「現實」是捏造出來的，是個案對他們自己以及對他們週遭的世界的錯誤信念的產物。

改變這個從個案的不快樂的基礎上形成的錯誤的現實的方法之一是嘗試讓他們看到他們想法中的不一致。這個方法包括了指出他們的協調感只是一種幻覺，他們思考的模式充滿了反駁，以及他們的想法不可能會是真的。雖然個案會以爭辯來對抗這樣的質詢，治療師的堅持會在他們的錯誤的認知系統中創造出越來越多的失調。

一但失調到達某個定點，整個基模會瓦解，而個案會被強迫去調整基模以獲取新的協調感，建立新的基模。這時必須要小心地幫助個案建立一個合理的基模。要記住個案的基本目標是一致性：要適應一個新的基模跟依循過去的基模一樣簡單。治療師能夠確定個案能夠承擔協調—失調—協調的轉換所帶來的壓力。

方法

1. 要求你的個案呈現他們的關於他們自己和他們對世界的觀點的基模（基本看法）。這個基模可以是特殊狀況下的，也可以是一般狀況下。在個案討論他們的觀點時，治療師要非常小心地做筆記紀錄個案的原則、支持證據。

2. 針對個案的基模，小心地準備一些探問的問題，並且試圖去挑戰他的

基模。準備一些創造認知失調的問題，避免過多的爭論與面質。

3. 個案透過給許多藉口以及透過創造新的理性想法，來捍衛他的基模。
   你必須繼續問問題，這些問題能夠動搖他的內在思考架構。不論如何，
   循序善誘地幫助個案去建構新的基模。

4. 當你的個案移動到擁抱一個新的基模時，小心地監控以確定這個新的
   基模不會帶來傷害。

範例一

基模：我必須小心，不要接觸到細菌。

用來創造失調的提問：你如何保持不呼吸到它們？

基模：如果我不執行這個儀式（當我往我的車走去時，必須走七步），
我會發生車禍。

提問：也許你用的是錯誤的儀式。也許正確的儀式是不要數。你如何能
知道？在你開始這個儀式之前你出過多少次意外？

基模：當別人拒絕我的時候那真是太可怕了。

提問：當你拒絕別人的時候，這對他們也很可怕嗎？

基模：其他人都在造成我的問題。

提問：你要如何阻止其他人這麼做？

基模：我能夠快樂的唯一方法是透過照顧每一個需要照顧的人。

格言：你從哪裡得到照顧所有人的權力？

基模：我父母的價值觀是正確的。我必須遵守。

格言：你父母的價值觀比其他父母的價值觀更好嗎？還是跟其他父母的
價值觀一樣？如果不一樣，其他父母都不正確嗎？你如何知道哪一個父母的
價值觀是正確的？

基模：如果你表現的強硬，人們會恨你。

格言：當你軟弱時他們現在就會愛你嗎？

基模：要在生活中快樂的唯一方法就是要強壯強硬，而且不讓別人佔你

便宜。

　　格言：如果你這麼做，為什麼會有人想要愛你？

　　基模：女人一直壓迫我，要求更深的承諾。她們不允許我的獨立。她們一直對我生氣。

　　格言：如果你是個女人，你會跟你自己約會嗎？

範例二：卡洛的故事

　　我們可以用一個中年女性個案，卡洛的故事進一步舉例說明如何創造失調，她被醫生轉介給我因為她對得癌症感到相當驚恐。一般來說，大家都會害怕癌症但是她的擔憂似乎太過度了。適度的擔憂會讓她更小心，但是她卻是一種強迫性的擔心。她重複地找醫生諮詢，而且在她發現一個腫瘤時，她變的非常害怕，且每週花好幾個小時確定腫瘤是否有變大。

　　卡洛經常會去找一些癌症專科醫師去確認是否有癌症，這些實務工作者都發現同樣的結果——什麼都沒有。他們一再向她確定每個痣和疼痛，並且告訴她他們確定她絕對沒什麼好擔心的。但是每次他們都會加一句：「當然我們會多加注意它的。」卡洛覺得有些顧慮。她忽略了「沒什麼好擔心的」以及「我們確定」這些詞句，並且取而代之的是，把焦點集中在關於未來問題的暗示上。她離開醫生的辦公室時比之前更沮喪，被說服去認為醫生對她很好心所以他們不會告訴她實情。

　　卡洛來參加過幾次治療，雖然在治療對她有所幫助，但是並沒有顯著地減少她的恐慌。她對我的每個論點都有一個相反的想法。如果我問說，「為什麼當所有專家都說你沒事的時候，你還認為自己有癌症嗎？」卡洛會回答說，「我知道很多醫師即使有一點點懷疑還是會很肯定地跟你說沒問題。」我會說，「你看看你的擔心憂慮對你造成的影響。你不會靠著一些希望來減少你得癌症的機會。你所做的一切只是藉由受苦來讓自己變得悲慘。」她會回答，「你必須在早期就發現癌症。否則，你就玩完了。」如果我說，「你已經找了很多年，找過很多專業人士，但從來沒有發現過什麼狀況。」卡洛

會回答，「但是我總有機會找到的！」

　　事情就這樣一直持續。她破壞了她的醫生們和我能想到的每個反論。有一天，在她對於擔心死於癌症的恐懼，如果她得了癌症是多不公平的事，醫療專業人員是如此的無能，因為他們檢查不出癌症等等的事，發過一頓脾氣之後，我累了並且開始靠言語來創造失調狀態。

　　「事情大條了。你得了癌症而且會死。快要死掉這件事到底有多可怕？不管你做什麼，不管你多努力要保護你自己，不管你多努力尋找徵兆，找醫生，做檢驗，反正這些全部都沒用了。因為或早或晚，不管你做什麼，你就要死了──也許不是因為癌症，那也是因為個什麼東西。這件事有多可怕？你覺得當你死的時候世界會停住嗎？我不是要侮辱你，但是你有什麼東西讓你這麼重要？你認為神需要你的幫忙嗎？你認為這個世界沒有你就完蛋了嗎？」

　　卡洛覺得我沒同情心，但是我說出了我的重點；她開始思考我的問題和她的恐懼。一時之間她想到她所害怕的不是死亡而是瀕死的痛苦。她下結論說當她瞭解到她可能突然死去毫無痛苦時，他就像個泡沫消失。她瞭解到即使最糟的情況發生而且拖了她好幾個月才死，她全部的痛苦加起來也比不上四十年來她因為擔心並且預防死亡而為自己創造出的痛苦多。

　　那麼卡洛為什麼這麼害怕死亡？

　　後來我們發現到創造出失調的問題，就是這個世界有你沒你都不會受影響──這是她的核心信念。相對於害怕「死去」這件事，她更害怕不存在。對她來說，有一天她將會完全消失這是相當可怕的；她不相信來生，所以她現在的生命就是她的一切。她害怕當她死後幾乎沒有人會為此難過。她的家人也許會掉幾滴淚，葬禮上可能會有很多前來致哀的人，但也不過就是這樣了。很短時間內就幾乎不會有人想起她。她會變成家族相本中褪色的照片，沒幾個人認的出來。一百五十年後根本就沒有人會記得她。每個認識她的人早就都死光，這種狀況就像是她從來不曾存在過一樣。

　　這就是卡洛的恐懼，而且這種恐懼以一種奇特，似是而非的方式給了她

的生活意義與目的，這些是她擔心生活中缺少的。只要她還存在的一天她就會繼續「憤怒，對時光逝去的憤怒」。放棄她的恐懼將他完全淹沒。

有很多個案都像卡洛一樣，能夠接受死亡的痛苦，但無法接受死亡的恥辱——毫無意義所帶來的恥辱。

他們問我，「人生的重點為何？當失去生命意義之時，為何還要遭受生與死的苦難。死亡讓生活變的沒意義。一個人一生中所做的每件事都會因為死亡變的不重要，弱小，瑣碎，一文不值」。從這種角度看，生活看起來毫無意義。人類有三百萬年的歷史，數以千萬計在我們之前生活在地球上的人似乎都消失了，被遺忘了。當你看著整個歷史的發展，你會發現名聲與成就似乎只是曇花一現。國家與帝國都消失了，就像大部分的藝術，建築和哲學。許多的名字留了下來，但是我們對這些名字背後的人沒有真實的印象，也不知道他們是怎樣的人做過怎樣的事。大部分的過去都被扭曲在傳說與幻想中。一切都會隨著時光流逝而煙飛灰滅。

對於在我們之前的一般人，不論他們多富有，多成功，有智慧，美麗，有創造力，或強壯，他們的出生，成長與死亡都已經消失並被遺忘。

這就是卡洛最起始的困境：生活顯得毫無意義，沒有重要性也沒有目的。一但我們找出這個問題，我們就能夠往協調的方向工作。經由諮商，卡洛發現生活並不是沒有希望的也不是沒有意義的——隱藏在之前每個人的淹沒的外表之內的，是一個她試著從個人的生活去看時看不到的目的。卡洛發現到藉由退一步並且跨越時間將整個人類視為一個整體，她可以看到整個人類在進步，前進，再前進，而且所有人都是進化的一部分。她看到成長和進步，而非冷漠，迷信，疾病，貧窮，和不公不義。

卡洛終於能夠看到她可以藉由嘗試著讓世界變的好一點而有所貢獻。她開始把自己視為不斷進步的人類的一份子並且開始相信沒有生命是無意義的，包括她自己的生命。

說明

　　個案會捍衛他們扭曲的現實，即使這些扭曲是痛苦的來源，並且會努力對抗其他的反向訊息。有些人甚至會對他們獨特的想法有一份堅持與驕傲，並且認爲拋棄他們的哲學是虛弱的象徵。對這種失序的多數堅定不移的犧牲者，似非而是的諮商技術可能會更有幫助。失調是痛苦的，而這種技術的使用是典型的必須靠「傷害」個案來幫助個案的範例。幸運的是，這種失序的本質使得傷害會是短暫的，當被誤會的現實的基礎開始崩塌的時候，個案很快就會取代它們。治療師只需要確定取代品盡可能是沒有錯誤的。

　　有些個案不需要諮商師幫忙解決他們的失調。他們可以藉由重新檢驗他們自己的價值觀和欲求來解決。

建議讀物

　　很多理論已經驗證了認知失調理論（要看最早的作品，參見 Aronson, 1980；Festinger,1957,1964）。Wicklund and Brehm （1976）提供了一個早期的摘要，Schachter and Gazzaniga（1989）近來對 Festinger 的理論做了一個回顧。Schauss, Chase and Hawkins（1997）提供了關於失調的行爲學派分析解釋。

認知洪水法

　　另一種形式的強硬對抗是洪水法。這種方法將個案呈現在一個非常令人厭惡的制約刺激（CS）之中並且不允許他們逃脫。如果他們待在這個情境中夠久，情緒制約反應（CR）通常會被減弱或是移除。對這種效果有很多解釋。其中一個觀點是個體反覆暴露在制約刺激中，反覆產生制約反應，最後產生

了疲化效果。另一個觀點是消退制約（Extinction）消去了 CS，因為非制約刺激（UCS）從來不曾出現，而個體的非制約反應也就消除了。第三個觀點是反應抑制的形成。

對於洪水法的效果解釋各有不同。洪水法可以被理解為移除一個已被制約的迴避反應。迴避是任何恐懼或焦慮的一項主要成分。一但個案感覺到情緒，他們會絕望地尋求一個出路以逃離潛在的有問題的情境，即使他們不清楚他們逃離的是什麼東西。

雖然逃避讓他們覺得比較安全，並且讓他們相信他們展現了對事件的某種程度的控制，但是他們逃離的行為確實地增加了他們的恐懼，因為他們並沒有待在這個情境下，以確定是否會產生恐懼。被放置在無法逃離的情境中的個案可能會有兩種下場：一就是產生傷害，另一個就是沒事。只有留在情境中個案才能夠知道，到底這個情境是否有危險。因此，要克服對大災難的恐懼的解決之道就是把一個人浸入危險之中並且看看大災難會不會發生。讓他親身體驗該情境是否如他想像般地危險。

這個試驗要發揮效用的重點是──個案不能逃避。如果個案被准許在試驗完成之前逃離，他們會下結論說是逃離行為保護了他們。如果他們被允許用藥、喝酒、諮商師的安慰、或是任何其他的支持或是求援，他們會認定是這個變項使得大災難沒有發生。沒有適當的控制，個案將永遠沒有能力看到他們一開始的信念是非理性的，而且他們嘗試再度逃離的可能性會增加。

不同的洪水取向方法摘要如下。

方法一：想像洪水法

1.讓你的個案想像，以栩栩如生的細節，恐懼的景象以及伴隨而來的非理性想法。

2.持續想像直到制約反應（一般都是恐懼感）自然地平息。

3.在個案有非理性的恐懼時，指導他們去感覺這種情緒直到他們對此感到厭倦。

4. 個案應該藉由在一天內的不同時候一次又一次想像同樣的景象、同樣的想法，讓他們自己害怕。

5. 治療師可能會發現在洪水—放鬆—洪水—放鬆的順序中使用催眠是有用的。

方法二：口語引導洪水法

讓你的個案以非常詳細的方式討論所有他們過去的創傷經驗。一步步經過每一個驚險時刻，直到個案不再感到恐懼。

方法三：焦點洪水法

這和其他的方法一樣，除了個案特別地聚焦在制約反應（恐懼）上。個案嘗試去重新創造所有和焦慮有關的生理感受——快速的心跳，緊縮的胃，視線失焦，以及呼吸困難。他們繼續直到症狀自然減少。讓個案經驗到各種恐懼感。

方法四：負向練習

讓你的個案重複地談論所有他們的非理性想法直到他們覺得疲累，無聊，並且厭煩。只有當他們絕對地拒絕再去想到非理性想法時才停止練習。

方法五：階層表

1. 讓你的個案做一個有關他們最恐懼的情境的階層表和最恐懼的相關想法。

2. 帶著全部感情效果去栩栩如生地想像階層表中最底層的物件。持續直到個案在描繪這個情境時沒有制約反應。

3. 移到階層表上的下一個物件並且重複這個歷程。

範例：丁丁的故事

洪水法的另一個改良過的形式被成功地使用在另一個害怕得到精神病的病人身上。丁丁是一個憂鬱症患者。他對某些特定類型的心理病理相當了解，並曾經讀過 DSM-II。每次他覺得沮喪他就會看看書，並且找出他那天發生的心理問題。長達十年的時間他診斷自己是恐慌，精神病性憂鬱症，社會恐懼症，強迫傾向，暴食症（當他少了或是多了幾磅），並且有攻擊性人格（當他憤怒時）。

他將他焦慮的起源追溯到他大學的時候，當時他被一個熟人邀約之後第一次吸了一些大麻。藥裡面摻了迷幻藥，當他開始產生幻覺時他感到恐慌。他連續 24 小時沒睡，走來走去，時而恐慌。第二天，當熟人告訴他大麻裡摻了藥時，他的恐慌立刻就平息了。他認為是藥引起了恐懼，在那之後就不再擔心這件事。

大約一年之後，丁丁在上一堂心理學緒論的課，在討論藥物的心理效果。演講者說使用大麻時會有恐慌反應的人，可能是有精神疾病的前兆，或者至少有邊緣型人格。當天晚上他開始害怕，到早上時他被恐慌所擊敗。他的恐慌跟著他十年。有些時候他完全不覺得焦慮，但是當他讀到或是看到某些東西提醒他關於精神病的訊息，恐懼就會重新浮現。他無法看電視節目，如果裡面有緊張的中場休息時刻；當他在看 *One Flew Over the Cuckoo's Nest* 時被嚇壞了。他無法忍受閱讀提到奇怪星球上的怪人的科幻小說，因為他會開始認為他自己也一樣怪。

他的核心信念很清楚——他自己也知道。「我快要發瘋了。任何時刻，壓力都會讓我激動狂躁，並且變成永遠的精神病患。」我們可以把他的信念視為一個制約刺激，如下頁所示。

注意：在古典制約中連續性（contiguity）（CS 和 UCS 在時間上的緊密連結度）被認為是重要的。在認知制約中，連續性（一個事件和另一個事件的心理連結，不管時間架構）就是一切必須。在上面的例子，可以看見事件

間的連續性，但缺乏時間上的連續性。請參考 Schwartz（1978）和 Rescorla（1967）對兩者區別的討論。

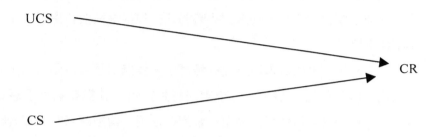

　　丁丁找過很多諮商師並且嘗試過很多策略都失敗。最後，我們決定使用洪水法。他被要求在三個早上中，他至少要遵守這個技術五個小時。

　　每一次他都被告知要躺在床上，只有從隔壁房間透過來的微弱燈光。他必須要躺在那裡五個小時，並且移除任何會分心的事物。他不可以接電話，收音機跟電視必須要關機，他不能起來也不能走動，不能看書，不能用任何方式讓自己分心。他全部的注意力跟環境都必須放在心上。

　　丁丁被告知不可以對抗將要發瘋的恐懼，並在施用洪水法的時間裡不可以做任何事來逃避發瘋。相反的，他要專心在發瘋這個想法上，強烈地感覺焦慮，並且再這五個小時中盡可能的維持恐懼。無論何時他發現自己累了，他就要加倍的努力並且繼續去想著將要發瘋。他必須把這個想法保持在最強的層次。在每一個階段之後我們都安排一次面談以討論他的經驗。

　　他的第一階段有困難。在前三個小時他感到恐慌——並非持續，而是一波一波的。他說他一定有至少八次的恐慌來襲。當他感覺到恐懼時，他絕望地想要逃離臥房。唯一把他留在床上的是這個想法：

　　我已經害怕了十年了；我的生活不知要往何處去。我失去一些重要的關係並且在我的生涯上毫無成長，全都是因為對於發瘋的恐懼。如果這個恐懼是真的，我將會發瘋。但那又怎樣？反正它遲早會發生，何不選在今天？今天就像任何一天一樣適合變成精神病患。如果這並不會發生，好吧，就讓我

來看個究竟吧。

在前三個小時他恐懼瘋狂，但是接下來的兩個小時他開始有困難，無法把心放在恐懼上。他的心開始漫遊；他開始想他晚餐要吃什麼，他要去哪邊度假，他想要買的新車。在五個小時的最後他很高興要結束了。整個練習開始讓他厭煩了。

丁丁的接下來兩個階段就比較輕鬆了。他無法想著這個信念，而且只感覺到兩三波的恐慌來襲。他越來越快感到厭煩並且對發瘋幾乎感覺不到焦慮。在最後階段，這個想法完全不會困擾他了。他把練習的大部分時間用在想別的事情上。他無法強迫自己去想因為這樣看起來很傻。

洪水法並不像這個例子那麼快或是那麼簡單地治好丁丁。這花了他好幾個月在克服偶而出現的恐慌來襲，在問題完全解決之前。就像丁丁後來描述的：

　　恐懼不再像之前一樣了。它的刀鋒好像被磨鈍了。從使用洪水法開始，我知道恐懼只是屁。我知道這個想法只是個愚蠢的迷信。這花了我一段時間來確定，我一直在測試我自己，但是我心裡一直知道。

我最後一次得到丁丁的消息，在多年之後，是非常正向的。他偶而會對發瘋有些輕微恐懼，大約一年一次吧，因為他讓他自己的想法變懶惰。但是他說他只要花一點認知努力就可以簡單地擺脫掉它。

說明

所有洪水法的關鍵都在於讓個案保持在令人恐懼的情境中直到他們的身體自然地減少了制約反應。如果他們沒有完成洪水法就逃離，恐懼會增加。

洪水法是認知重建取向所使用的最後幾個絕招之一，因為這個技術通常令人痛苦。

當然，要適用於洪水法，治療師必須確定洪水程序中沒有真實的 UCS 會發生。不要對害怕幻覺的精神分裂症個案或是害怕自殺的沮喪個案使用洪水法是常識。

建議讀物

洪水法和暴露治療法雖然基本上是偏行爲取向勝過偏認知取向的技術，可能奠基於移除一個已制約的迴避反應。關於這個主題最容易了解的作品是 Boudewyns and Shipley（ 1983 ）。暴露治療法可以參考 Stampfl and Levis（ 1967 ）的研究。

相關的技術是負向練習、大量練習、暴露、和反應抑制。

Wolpe（ 1958,1969,1973 ）討論想像洪水法和它的變化。最淸楚的回顧是 Marshall, Gauthier, and Gordon（ 1979 ）的文章。Dunlap（ 1932 ）最早討論到負向練習。

外在的，反應的，制約的抑制被提出來作爲洪水法的非認知解釋。請見 Rescorla（ 1969 ）和 Zimmer-Hart & Rescorla （ 1974 ）。也可以參考 Clark Hull （ 1943 ）關於 sEr 和 Ir 的理論討論，以及 Rescorla（ 1967 ）以及 Schwartz（ 1978 ）年的作品以了解進一步的理論檢驗。

認知厭惡制約

基本概念

厭惡制約是強制對抗的一種形式，治療師教導個案去懲罰他們自己的非理性信念。這個理論是，如果厭惡刺激是和錯誤信念配對，個案比較不可能想到它們，而且這些想法比較不可能誘發制約反應。這跟增強理性想法正好相反——取代在想到理性想法時就吃糖果棒，個案可能被鼓勵在想到負向想法時吃一劑篦麻油。

很多刺激可以負向地使非理性想法敏感化；這些想法包括負向信念，影響，情緒；不愉快的生理感覺（例如電擊），作嘔，肌肉緊縮；以及不愉快

的行為。如果有足夠的連結，如果刺激夠令人厭惡，這些想法本身會被體驗為不愉快的。

方法一：自我懲罰

1. 使用個案的信念列表。
2. 紀錄個案可能會有這些想法的主要情境類型。每一情境應該用一個特殊的情景來被描述並且詳細到個案能夠清楚地將之視覺化。
3. 讓個案想像其中一個情景和它伴隨而來的非理性想法；當這個情景清楚地出現在心中時，給個案以下的指導語。

> 好。現在我希望你去想像想著這個非理性想法的最糟的可能結果。什麼壞事會因為你這樣想而發生？這個想法給你什麼痛苦？哪些好事被移除了或是從來沒有發生過？這個想法對你的自尊有什麼影響？這個想法對你的人際關係有什麼影響？這個想法如何破壞你的生活？我希望你去想像這些事情發生單純因為你的非理性想法。不要只是想著那些壞事，而要描繪它們直到它們清楚地出現在你心中，讓你能感覺到負向的情緒。

4. 對每一個非理性想法重複厭惡情景至少三次。如果你想要的話，讓你的個案大聲說出他或她想像的是什麼，然後你可以幫助個案讓這些情景盡可能的令人厭惡。
5. 把練習錄音下來並且指示個案去聽錄音帶，一週三次，持續數週。

方法二：標準厭惡影像

1. 標準影響如嘔吐，蛇坑，蜘蛛群，或是被每個人鄙視都可以拿來用。把這些影像和非理性想法交織在一起，讓兩者變得緊密連結。舉例來說，一個個案具有低自尊並且常常感到沮喪，因為她依賴其他人。她操縱其他人好讓他們可以經營她的財務狀況，計畫她的假期，並且指導她的生活。我們使用下列的厭惡劇本。

　　想像你的生活中目前有很多問題需要被矯正。你的汽車壞了，你的洗滌槽阻塞了，你已經三年沒有升職了，你的銀行帳戶透支了。三年來你都跟一個說他還沒準備好要結婚的男人在一起。

　　你開始想：「有人必須要照顧我。我需要有個人來解決這些問題。我太疲倦而無法適應生活。」當你想到這些想法時，你的胃開始有一種令人作嘔的感覺。你感覺到想吐。小塊的食物湧到你嘴邊，嚐起來越來越苦。你把它們吞下去。

　　你開始想到找個人來幫你，會打電話給銀行或是會找個水電工。但是這個想法讓你覺得更不舒服。你開始流淚。鼻涕和黏液從你的鼻子流進你的嘴巴裡。你的胃在旋轉。你想到打給你的前夫，他可以照顧你，也想請你母親打電話給你老闆抱怨你沒能夠升職的事，但是這些想法讓你覺得非常不舒服。你開始嘔吐。你吐得自己全身都是。嘔吐物開始從你的腿滴落到地板上。你再次想到有個人應該要照顧你，你就吐的更兇。你的衣服上都是黃色和棕色的嘔吐物。

　　你開始乾嘔。你無法停止乾吐。這感覺就像你體內的東西就要衝出來一樣。

2.最好的厭惡景象就是個案所選擇的那些景象，基於他們自己獨特的恐懼和厭惡。讓個案描述他們曾經想像過發生在他們身上最討厭，最憎恨的經驗。你可以做個簡單的階層表。然後，用上面所說的交織法，把這些厭惡景象和個案的非理性想法連結在一起。

方法三：生理的厭惡

　　讓個案想像非理性的想法。當它清楚地呈現在心中時，把它和外在的厭惡刺激比如說輕微的手指電擊或是扳手指。其他的選擇包括絞緊胃部的肌肉，摒住一個人的呼吸，有毒的氣味像是硫磺的味道（sulfur odor），或是費力的痛苦的物理活動。一個想法和一個厭惡的感覺應該被重複地連結才能讓這個想法變成有毒的。

方法四：紅絲帶

這個技巧容許個案進行負向思考，但是只有在他們完成許多令人厭惡的活動之後。挑選一個不斷困擾著個案的信念，像是：「我是變態而且比每個人都差勁」。讓他們知道自己必須完成某些作業才能享受這些信念。要賺取到這個權利，他們必須做到以下的事：運動十五分鐘，喝三杯水，紀錄下他們將會允許他們自己進入他們困擾的時間和地點，並且寫下他們所想到的每一個非困擾性的想法至少二十分鐘。只有在完成這些作業後他們才被允許困擾自己十分鐘。如果他們想要另外十分鐘，他們必須再做一次剛剛的步驟。這些反應成本變的如此昂貴以至於一陣子後大部分個案選擇跳過這困擾的十分鐘。

方法五：移除正向刺激

另一種形式的厭惡制約包含了移除某些正向的東西。這個效果和把負向刺激和信念連結起來相似。被移除的正向變項可以是許多東西之一：被需要的放鬆；令人愉快的景象；正向的情緒，或是一個正向的信念——任何或是全部都可以被移除當你的個案屈從於非理性信念的當下。在文獻中這項技術通常被稱做隱藏反應成本或是負向懲罰。

像其他的隱藏敏感化程序一樣，我們需要大量的練習。不是個案與治療師一起練習，就是回家聽錄音帶反覆練習。

方法六：負向標籤

話語是較大的概念的符號，而且這些符號通常有負向的意涵，會產生令人厭惡的情緒反應。藉由把負向標籤連結到個案的非理性想法，治療師可以幫助他們建立對這些想法的負向反應。

當個案想到或是表達出非理性想法時，他們會對自己說這些話：白痴、笨蛋、低能、浪費時間等等負向言語。

有時候你可能會要求個案用負向標籤去辨認出他們的想法，例如，「我昨天有想到我的笨蛋想法，但是沒有想到我的小腦想法」，或是「當我產生別人都比我好的單調無趣想法時，我再一次感到沮喪」。就像所有的厭惡制約，很重要的是個案是給他們的想法，而不是給他們自己貼上負向標籤，例如「我是聰明的，但是這個想法是個白痴想法」。

說明

當治療師使用厭惡技術來改變想法時，他們冒著個案會把負向情感依附在目標變項而非去調整目標變項的風險。個案可能開始對療程，對治療師，對諮商技術，或是對他們自己覺得負向。很重要的是治療師要提供明確的區分訓練以保持厭惡連結不會概化到其他刺激上。

就像對正向想法給正增強物的時候一樣，負增強物和負向想法連結時必須相當於觸怒的想法。個案不必覺得他們應該砍掉一隻手臂為了相對小小的違規。

建議讀物

已經有很多關於厭惡制約的研究。雖然大部分都不是認知取向的，讀者可以輕易地做出適當的調整。認知厭惡技術已經被成功地用在治療強迫性的想法（Hoogduin, de Haan, Schaap, & Arts,1987），但是大部分的研究都顯示了混合性的結果就像是行為程序的效果。特別參照 Barlow, Agras, Leitenberg, Callahan, and Moore（1972），Barlow, Leitenberg, and Agras（1969），Barlow, Reynolds, and Agras（1973），Brownell, Hayes, and Barlow（1977），Cautela（1966,1967,1971a,1971b），Hayes, Brownell, and Barlow（1978），Singer（1974），Thorpe and Olson（1997），O'Donohue（1997）。有些作者認為永遠都有比厭惡技術更好的程序。

原本我稱這個技術為「自我懲罰」。（Casey & McMullin, 1976,1985；McMullin & Casey, 1975）。

認知逃離制約

基本概念

　　逃離制約最常用於和厭惡技術（Aversive Technique）合用，任何刺激（能夠移除一個厭惡狀態）會變成負向增強物。如果治療師制約個案，當他們想到一個特定的非理性想法時，會感覺痛苦，個案接下來就可以被教導藉由思考一個理性的想法去逃離這個痛苦。這個理性的想法將因此更可能發生，同時非理性的想法將會在頻率上減少。

　　完全的厭惡逃離典範通常被稱為「隱藏化」，而且可以用如下的方式被圖解。在範例中，一隻動物被制約去害怕一個紅燈，因為紅燈是和電擊配對的。如果動物按下一根桿子把燈變為綠色，電擊會被移除。因此壓桿動作和綠燈的出現是負向地被增強，並且比較有可能在頻率上增加。

　　對一個像壓桿動作這樣的行為而言為真的事，對想法而言也是真的。在認知的範例中，理性想法允許個案從非理性想法所引起的痛苦中逃離。這個非理性的想法（NS）變的比較不可能發生，當理性想法（CS）在頻率上增加時。因此，理性想法被負向地增強。

方法一：從厭惡狀態中解脫

　　將一個厭惡刺激和一個負向的信念連結起來。你可以用自我懲罰、厭惡影像、生理的厭惡或是負向標籤。（參照之前討論認知厭惡制約的段落。）

　　在厭惡狀態被創造出來之後，讓你的個案思考現實的理性的想法，當理性想法清楚地出現在心中，立刻移除厭惡狀態。如果手指電擊被用來創造厭惡狀態，理性想法一呈現，立刻移除它。如果負面影響被呈現，只要理性想法發生，影像就被改變成正向的圖像。舉例來說，在之前提到的厭惡制約範例（嘔吐情景和非理性想法交織，「有個人必須要照顧我」，pp.122-123），下列的逃離情景被呈現。

非認知

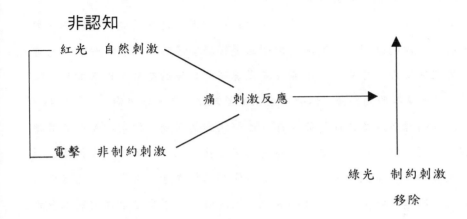

認知

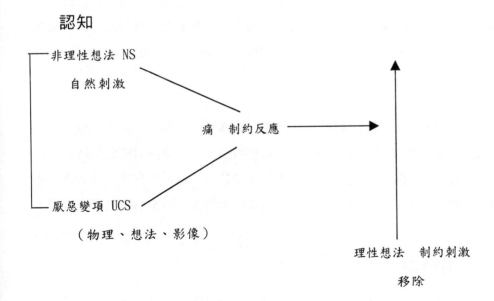

　　你仍然感覺到極端地作嘔。你即將再度嘔吐，但是接下來你開始思考關於你是如何的能真正地照顧你自己；你可以靠你自己解決你的問題。你能夠修理汽車和流理台，而且你可以矯正你的銀行方面的透支問題。你能夠面對你的男朋友和你的老闆。立刻地，你開始覺得好些了。你做個深呼吸，而你的肺和胃開始清理。你走出房子並且感覺著新鮮乾淨的空氣。你感覺到溫暖的太陽。有一陣和煦的微風。你躺在柔軟的草地上，在一顆柳樹之下，放鬆，當你沉思你的力量以及你如何能靠你自己解決你的問題。你走回屋裡並且把所有窗戶打開。你打掃每樣東西；擦洗地板、牆、地毯和傢俱。你把沾上嘔吐物的衣服扔了，穿上新、乾淨的衣服。你開始想你會如何靠你自己處理所有你其他的問題，就像你處理這些事。你下定決心你不會要求任何別人幫你處理你可以自己解決的問題。你覺得充滿信心且自我肯定。

方法二：焦慮狀態解脫

　　逃離制約的另一個形式稱為焦慮解脫。這種技術使用和前一個方法相同的程序，除了個案尋求從焦慮中解脫，而不是從其他的焦慮刺激。在逃離制約中，當理性想法被相信的時候，個案想像張力重複地消滅。

說明

　　所有逃離技術的必要特徵是，唯有在個案想到現實的想法時，厭惡狀態才被移除，因此使得現實想法成為一項負增強。無論使用何種逃離技術，治療師應該全程錄音，並且力勸個案去聽錄音帶，一週至少三次。直到個案覺得逃離情境比厭惡情境好多了。這種連結聯繫越強，個案越有動機去練習此一技術。

建議讀物

　　也許 Cautela 是寫過最多和想像逃離制約有關的作品的人（參見 Ascher & Cautela,1974；Brownall, Hayes, & Barlow,1977；Cautela,1966,1967,1971b；

Hayes, et al.,1978；Kazdin & Smith,1979）。近來有些討論是關於這些概念最適合用行為理論或釋認知理論來解釋。參見 Wilson, Hayes 和 Gifford （1997）並參考厭惡和迴避段落的參考資料。

隱藏迴避

基本概念

　　迴避制約和脫逃制約是相似的，除了迴避制約是把重點放在避免厭惡刺激的發生而非先體驗到厭惡刺激。在這個技術之下，任何為迴避掉厭惡情緒的行為都會被增強，使這個行為可能在頻率上有增加。這個原則對想法的有效程度一如對行為一樣。個案可能去強烈地相信任何能遠離焦慮的想法。有關於迴避想法的經典範例是：

　　「我不應該想到我的問題。」

　　「我不應該改變；改變是危險的。」

　　「這是我父母（配偶、老闆、治療師）的錯。」

　　「我不須為發生在我生活中的事負責。」

　　隱藏迴避使用相同的原則，透過使個案轉換他們的想法，使他們可以比較成功地適應。（就像這本書中討論到的所有技術，極端是要避免的。此處的目標是要避免痛苦，而不是教個案如何一有機會就去逃避他們的責任。）用理性信念代替非理性信念：如果這樣有用，理性想法會變的更強。

　　如果個案在想像一個負向情緒的開始時想到一個理性的想法，接下來這個厭惡刺激（不論是嘔吐、電擊或是任何可能的最糟的結果）是被迴避的。如果個案沒想到理性想法，接下來厭惡刺激被完整呈現並且持續直到個案終於想到理性想法。個案很快地學習到理性想法能延後或是移除懲罰。

方法

1. 製作出問題情境的階層以及伴隨而來的非理性想法。
2. 撿選最下層的項目，並且讓個案想像這個情境，以及與這個情境相關的想法。把想法和負向的情緒、影像或外在的厭惡刺激做配對。重複數次直到個案把負向的感覺和非理性的想法配成對。負向情緒應該要強烈並且相當令人厭惡。
3. 讓個案想像相同的情境，但是這次讓他在負向情緒發生之前，用理性的想法取代不理性的想法。如果理性想法是被強烈地相信，厭惡刺激不會被呈現。如果理性想法不被強烈地相信，那麼負向刺激會發生。
4. 持續變化第二步和第三步，同時往更高的階層前進，這樣個案會學習到理性想法會幫助他或她避開負向的結果。

範例

很多理性想法可以幫助個案避開負向情感。以下列舉若干例子：
1. 即使不是事事順利，我也可以很快樂。
2. 即使我童年悲慘，我也可以享受我的生活。
3. 我總是可以原諒我自己過去的錯。
4. 真正的危險幾乎總是外在的。沒有想法或情緒能真正的傷害我。
5. 我不必爲我無能控制的事被責備。
6. 我接受這件事：生命中的某些時刻我會變得焦慮或沮喪；而且我不需要把這些情緒永遠推出我的生活，才能夠快樂。
7. 讓我自己難堪可能對我是有趣的一如對其他人一樣。我負擔得起嘲笑自己。
8. 我的生活對全人類沒有那麼重要，重要到我必須要活在恐懼中，恐懼所有可能的不幸會發生在我身上。
9. 我不是任何其他人的宇宙的中心。人們不會花費他們的生命專注在我

犯過多少錯上。

10.世界是被自然創造出來的，不是被我創造出來的。世界不必遵循我的
　　公平、正義或平等的規則。

11.我不可能在每件事上比每個其他人表現得更好。

12.等我死後沒有人會在乎我的小錯誤。

13.回顧我的生活我可以看到很多我過去擔憂的事被證明是不重要的或
　　是無意義的。

14.我成就的越多，有些人越是會批評我。我應該記得馬克吐溫的雋語：
　　我們很少有人能忍受成功——我是指另一個人的成功。

15.人類種族的進步不會長久地被阻礙，如果我沒有達成我個人的光榮追
　　尋。事實上，大部分的人將甚至不會注意到，他們太忙於他們自己的
　　追尋。

16.自然並沒有給我能力去控制我身邊的每一樣東西。除此之外，為這個
　　世界負責不是全部都是快樂的事。

17.我不是唯一失去美好生活的人。沒有人有美好生活。表現出有美好生
　　活的傢伙也沒有！那只是個幻覺，只因為我們不夠瞭解他。百萬富翁
　　坐在一堆壞掉的人際關係頂上；電影明星失去了「走在大街上不被狗
　　仔隊攻擊」的自由。單身的人寂寞，已婚的人感到厭倦。我們都有我
　　們的光輝時刻，那些少而短促的時刻很少而且可能很短。唯一真實的
　　瀆神之語是我們用一些這樣的想法「這不夠光耀。這就是全部了嗎？
　　這沒有我被應許的那麼多。這很快就結束了嗎？我懷疑我是否正確地
　　控制這一刻。其他人有更光輝的一刻。」來徹底粉碎這些光耀的時刻。

說明

　　對我們大部分的個案而言，迴避制約自然地發生他們有練習過厭惡－逃
離制約之後，當他們開始去想現實的想法，在制約結果之前，為了迴避負向
刺激。

建議讀物

迴避制約的基本原則已經被建立很多年。對認知成份的注重，請見 Seligman & Johnson（1973）。對非認知的部分，請見 Azrin, Huchson, and Hake（1967）,de Villiers（1974）,Foree and Lo Lordo（1975）,Garcia and Koelling（1966）,Herrnstein(1969), Hineline and Rachlin(1969), Kamin(1956),Kamin, Brimer, and Black(1963),Mowrer and Lamoreaux(1946),Richie(1951), Sidman（1953,1966）,Solomon（1964）,Solomon and Wynne（1954,1956）, Turner and Solomon（1962）.

近來行為分析者建議，教授認知迴避可能會對個案有負面的影響。壓抑可能引起反彈效果（見 Hayes,1995；Hayes, Strosahl, & Wilson,1996；Hayes & Wilson,1994；and Hayes, Wilson, Gifford, Follette, & Strosahl,1996）。

第 5 章

對抗技術：軟性對抗法

　　在前幾章中，我們討論了一些強制性的對抗技術。高張的情緒對抗對於某些類型的信念是有效的，特別是個案對於非理性信念的憤怒。對於壓抑性的信念採用攻擊式的對抗，不只可以幫助個案改變他們的想法，也可以改變伴隨著想法而來的情緒。有時，一些輕鬆自在的情緒也可以幫助個案克服他的內在信念與情緒反應。輕鬆的情緒喚起，例如平靜、放鬆的對抗，能夠減輕情緒能量，並且讓個案能夠更和緩的改變他們的信念。

　　在造成焦慮（anxiety-producing）的信念方面，通常最好的方法是使用放鬆的技巧。從過去的研究可以發現，在放鬆的狀態下可以簡單個案本身的焦慮感，而前一章所提的強制對抗法反而會增加個案的焦慮。在放鬆的狀態之下，個案的非理性想法就會鬆動，最後軟化、消失。

　　在這一章，我們將學習一些方法來幫助個案消除他的非理性想法。

放鬆法

基本概念

　　最普遍的軟性對抗法是「放鬆訓練」。一開始先讓個案學會一些放鬆的方法，讓自己可以放鬆，然後再學習如何對抗非理性想法。而使用對抗技術，

最重要的是個案可以在輕鬆自在的狀況下，開始鬆動非理性想法。

對抗技巧加上放鬆訓練，正好可以消除個案在非理性想法之下的焦慮反應。整體而言，這是一種反向制約的方式，利用正向反應來取代負向反應，進而消除原先的制約連結。要特別注意的是正向的刺激必需比負向的刺激強。為了讓個案可以順利地進行反制約，最好採用循序漸進的方式。若以圖表來表示的話，則正向與負向條件反應看起來像是這樣：

負向的制約刺激（CS-）　————————▶　負向的制約反應（CR-）

正向的制約刺激（CS+）　————————▶　正向的制約反應（CR+）

之後再配合一個強烈的正向制約刺激（CS+）與一個較弱的負向制約刺激（CS-），我們可以得到：

制約刺激（CS）　————————▶　正向制約反應（CR+）

在傳統的對抗制約作用取向，負向制約刺激（CS-），是由一連串的會產生焦慮的刺激所組成，而這些刺激有不同等級的階層安排的。讓這些刺激與放鬆配合，直到放鬆反應取代焦慮反應為止。

認知重組就是讓原先的信念對於個案的影響力越來越弱，然後減輕或消除任何與這些事件連結的負向情緒。整個過程，會使用一些想像的方式，就是在個體有造成焦慮的負向認知之時，就讓他想像一些放鬆的情境，藉此消弱信念的影響力。（整個程序就如同系統檢敏感法，只是焦慮刺激改成內在信念）

方法一

1. 起先個案先接受一些可獲得的放鬆方法的其中一種訓練，這些放鬆方法包含標準放鬆法（standard relaxation）、應用放鬆法（applied

relaxation）、肌電圖（EMG）、膚電反應（GSR）、脈搏率減低法（pulse
rate reduction）、紅白噪音法（white or pink noise）、 $\alpha - \theta$ 放鬆腳本
（alpha-theta relaxing scripts）、自然聲響（nature sounds）、與自我催
眠（self-hypnosis）（見建議讀物）。

2.發展出引起焦慮的非理性信念的階層。以焦慮的程度，或信念被相信
的強度來排序。

3.訓練個案想像在階層排序中最低層刺激想法。當這個想法清楚的出現
在腦海中時，開始深度的肌肉放鬆。一直繼續這個程序直到個案的緊
張程度回復到零，也就是不再出現會產生焦慮的想法為止。舉個例子
來說：

　　　現在，我想要你去想在你的焦慮階層中的一個想法，並且使這個
想法的圖像儘可能的清楚；你可以去想像一個過去你出現這個想法時
的特別情境，持續這個想法，直到它清楚的在你的腦海中為止。當你
腦海中清楚出現這個圖像時，用你的右手向我示意。……好，停止！
現在放鬆你自己，正如同你所學習到的放鬆方式，並且保持你的放
鬆，直到你再次感到舒適為止。當你準備好時，再告訴我。（生理回
饋測量或是口頭報告可以取代手勢表達）現在我要你再做一次。想一
個想法，讓它在腦海中清楚出現，然後放鬆你自己。你可以想一個有
助於你去想像的場景，但要確定這個場景與你之前使用過的不同。

4.繼續完成個案整個階層中的想法，直到每個項目的焦慮都減低到零為
止。

5.將這個過程錄起來，使個案能夠自行在家練習。

方法二

你可以變換你的技術，以除了放鬆之外的其它方式來替代。你可以使用
正向生理反應（positive physical responses）、肯定反應（assertive responses）、
大自然之音（natures tapes）、讓個案能夠有增強的正向印象、或是降低心跳、

膚電反應（GSR）或是肌電圖（EMG）的回饋。

方法三

　　一般的影像也可以和非理性想法相結合，當成是放鬆的替代品。在很多的個案之中，治療者應該幫助個案這些影像與信念共存，以這樣的一個方式，影像所產生的情緒值（emotional valence）就可以轉移到那些信念上。以下的影像是大家常用的：超人、喜愛的英雄與女英雄、喜愛的物體、向日葵、蓮花季、太陽、星星、月亮、宗教信仰的代表人物（基督、佛祖、穆罕默德）、有智慧的宗教師、大自然生命的力量（河川、山嶽、海洋）；從傳記的電影中去窺探一個人的一生；不同時期的個體——兒童、成人、母親；或是去想像一個人是動物時。（例如：有些人在腦中浮現觀音時，會感到心靈平靜）

　　一般，我們會採用數個會產生正向情緒的影像來與負向信念共存。舉個例子來說，將「我需要比任何人更好」的想法與個案趨向兒童的感覺相混雜時，就會明瞭身為一個兒童是值得的，即便成為一個大人能更強壯、更聰明、更多的成就。因此，要成為最優秀的人並不是證明自己有價值的最好方法。同樣地，花木蘭的概念可能與「我不如其他女孩子，因為我不會騎腳踏車。」的想法相混雜。幾世紀以來，很多東方的宗教，包括佛教的禪與印度教的瑜珈，已經使用內在影像來去除負面想法的敏感性。

範例

　　在放鬆階段時引導個案使用對抗技術。

　　我要你使用你所有的感覺，儘可能清楚的去想像列表中的另一個景象，當你一邊想像這個景象時，一邊去傾聽自己告訴自己有關這個景象的非理性思考。繼續這樣的作業，直到想像的景象與其中一個主要的想法都清楚的出現在腦海之中為止。

　　當你已經準備好了，給予一個提示。

　　（個案給予一個提示信號）

現在，完全地放鬆，讓你的肌肉變得鬆弛，並且，讓你覺得興奮而且繁重的部位變得無力，你會覺得自己好輕鬆、好輕鬆。

（重覆這個作業階段在一開始使用的放鬆技術）

當你完全放鬆時，給予一個提示。

現在，我要你停留在這樣放鬆的狀態下。假如，有任何時候，你開始感到緊張時，馬上停止你正在進行的事情，並放鬆自己。當你放鬆時，我要你靜靜地跟自己說話，用一種輕鬆且關心的態度。告訴自己原有的想法是不對的。想像你正在對自己說話，以一個慈愛的母親在房裡對一個害怕怪物的小孩說話的方式──你必須是有耐性但堅定的方式。溫柔地使孩子相信他不需要害怕。

持續的勸服這個小孩，直到你有感覺到既有的那個無益的想法有清楚的消弱，且不愉快的情緒有明顯的減少為止。你可以儘管放心的慢慢進行。當你完成時，給予提示。

在個案重新想像練習情景之後，這個技術要重覆兩次以上；在此同時，治療者要監控個案的放鬆狀態。如果個案在想像情景時，能夠保持放鬆，則呈現列表上的另一個項目，直到個案能夠以最小的焦慮去面對每一個情景。

說明

如果個案在這個作業程序進行時的任何時刻有被激起負向情緒時，馬上停止這個作業程序，並重新回覆到放鬆的作業程序。

我們發現方法一，也就是放鬆加上產生焦慮信念的方法，與其他減敏感技術比較起來有時效果不彰。有些個案，特別是懼曠症的病人，當他們在試圖放鬆時，反而又會焦慮（我可能失去控制）。此外，放鬆是生理的感覺反應，而想法則是認知的產物。因此，這個方法混合了兩種非常不同的知覺模式，導致這種技術有效性的薄弱。最好是使用與負向制約刺激相同模式的替代反應（視覺的、聽覺的、肌肉運動知覺的、感覺的或情緒的）。因為這個理由，方法三，也就是用正向想法去對抗負向信念的方法，通常是較有效的。

建議讀物

這個技術與 Wolpe 的減敏感法的程序相似，但在認知上只有一點點的效果（Wolpe 1958,1969,1973；Wolpe & Lazarus,1967；Wolpe,Salter, & Reyna, 1964）。在他後來的研究（Wolpe,1978,1981a,1981b；Wople, Lande, McNally & Schotte,1985）顯示，他承認認知成份在某些約制的過程中的重要性。

治療者可以採用任何型式的放鬆技術。市面上有很多有關這方面的的書、指導手冊與錄音帶。錄音帶可以從 Davidson（1997）公司，而 CD 可以從 Relaxation Company（1996）取得。認知行為技術的放鬆訓練，可以由 Smith （1990）的著作中獲得，也可以從 Sutcliffe（1994）得到完整的細目。也不要忘記了放鬆技術的原創者——Jacobson（1974），及 Wolpe 替他寫的工作記錄（the shorter version of his work by Wolpe）（1973）。Ost 發展創造了應用放鬆技巧，並且比較了它與認知治療的效果（Ost & Westling,1995）。

【譯者註：台灣大學心理系吳英璋教授也發展出相關的放鬆訓練錄音帶，目前臨床工作者經常採用該錄音帶，並且發現效果相當不錯。】

反災難法

基本概念

因為多數人的思考是一致的，在不同的情境與不同的時間，個案可能會因此而扭曲了真實性。最常見的扭曲形態是將事件災難化（catastrophizing）也就是將事情後果變成大災難。很多的個案在環境中發現一個很微小的威脅時，會認為這個小小的威脅可能隱藏著一個大危機。經過多年的運作下，他們的誇大變成一種習慣化，並且造成一種如履薄冰的生活方式。

這些個案錯誤的認為災難（catastrophe）指的是很大的苦難（great

calamity）、不幸（misfortune）或大災禍（disaster）。雖然個案可以正確的知覺到一些環境中的危險，因為災難化的關係，他們會隨著傷害的可能性，總體性的誇張危險的程度。他們的大腦會把頭痛擴張解釋為苦腦（torture），把困窘擴張解釋為羞恥，把不愉快的經驗擴張解釋為無法忍受的經驗。

　　對於災難信念的對抗，最好是採用輕鬆法，也就是個案可以藉由放鬆與平靜的思考，儘可能的想像任何可能的好結果，來減低投注在非理性思考中高度的情緒能量。一個新的解釋，修正了因為災難化而引起的過度負向情緒，讓個案更貼近現實。

方法

1. 列出個案會賦以災難化解釋的情境。
2. 記錄個案對於每一個情境預期的危險。
3. 利用 1 到 10 的連續量尺，記錄個案預期的傷害程度（1 代表沒有傷害性，10 代表嚴重可怕的傷害）。
4. 在討論過反災難化之後，要求個案去想像在每個情境中，有可能出現的最好結果。一樣利用 10 點量尺去記錄這個好結果的程度。
5. 要個案基於過去的經驗，決定災難與好結果何者較有可能出現。
6. 讓個案使用連續量尺，去預測即將到來，且讓他們害怕的情境的傷害性程度；當事件真的發生之後，再讓個案去核對量尺，是否有發生他們預期的傷害程度。
7. 個案要經常固定的去練習反災難化的作業程序，真到他們能夠更真實、精準的預測傷害的程度為止。

範例：唐的故事

　　唐是一個優秀的生意人，我由他的私人醫生得知，他是一個非常成功，且多年來在世界上，擁有許多跨國的專門性顧問公司。儘管如此，他仍飽受長期的焦慮與上台演說報告時的恐慌之苦，經過一年半 chlordiazepoxide（抗

焦慮劑）的治療，他的焦慮症狀仍未減輕。

正如這種焦慮的典型症狀，唐在他每一次演說報告之前，都有一個相同的核心信念，他認爲他會因爲緊張而搖頭晃腦，而所有的公司行政主管都會發現，他的不安以及膽怯。他想像他這樣的搖頭晃腦會破壞他的表現，而且每一個聽眾都會將他視爲膽小怯懦的。

一個最主要且深植於唐心中的核心信念是，他認爲他在本質上是比較差的，並且需要將這個弱點，隱藏在他有能力的外表之下，一但他隱藏在外表之下的本質被其他人看見時，則意味著他將受到全然且立即的拒絕，而這樣的傷害將是無法挽救的，會變成他這一生曾經發生過的事之中最慘的一件。

唐這個核心的態度可以被分解成一些特殊的次要信念，如同下述：

1.一但每一個聽眾看見我的搖頭晃腦時，就會忽略掉我演說的內容。

2.他們將會認爲我是個騙子，並且不再相信我。

3.因爲他們將會把我視爲一個膽小無用的男人，不是一個真正的男人，因此，他們就不會再跟我交往。

4.未來，高階的行政主管，將不會再圍繞在像我這樣軟弱無用的人周圍，我將無法再發表演說，我會失去我所有的男性朋友，女性也會討厭我這樣的軟弱，並且，我將變得窮困、孤獨且被遺棄。

對於唐的每一個想法，我們利用災難量尺將它呈現在底下，在每一個量尺上，x表示過去曾發生的事件前，預測的傷害程度。

當……情況發生時，則會有多悲慘的後果產生：

每個人看見了我的異常晃動？

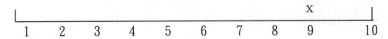

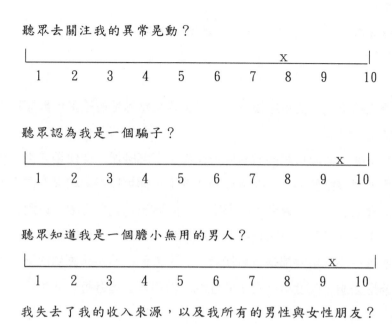

聽眾去關注我的異常晃動？

| 1 | 2 | 3 | 4 | 5 | 6 | 7 | 8 x | 9 | 10 |

聽眾認為我是一個騙子？

| 1 | 2 | 3 | 4 | 5 | 6 | 7 | 8 | 9 x | 10 |

聽眾知道我是一個膽小無用的男人？

| 1 | 2 | 3 | 4 | 5 | 6 | 7 | 8 | 9 x | 10 |

我失去了我的收入來源，以及我所有的男性與女性朋友？

| 1 | 2 | 3 | 4 | 5 | 6 x | 7 | 8 | 9 | 10 |

再來，列出會發生的最好可能結果，並且在相同的列表上標記出這些後果預期的傷害程度，這些最好的可能結果是，只有很少人發現他腦袋的不自然晃動，而且看到的人並沒有去關注，沒有人認為他是個膽小無用的男人，他既不會失去他的收入來源，也不會失去他的朋友。個案在所有這些好結果的預期傷害評量上，都給了「0」的傷害程度標記。

然後，我們將唐過去所做過的其它傷害程度預測量表收集起來，比較過去曾發生的情境，與個案曾做的預期，我們發現，只有很少的傷害是真正發生過的，較好的可能結果與真實發生的一致性比壞結果更接近。即便在真實發生與壞預期僅有很小的相似性時，個案也無法從很多的情境之中，單獨抽離出單一情境來思考，而會一併的將事件災難化思考。

過了六週之後，要唐求對於每個情境去做出最好與最壞結果的預期，並且評估其發生時的傷害性，隔天，再回去檢核他所做的量表結果，並決定那

一個預期是較正確的，合乎意料的，「好結果」發生在每個情況之中。

說明

　　進行這項技巧不一定要用連續量尺，但是要注意的是連續量尺最能夠表現出個案的災難化程度。

　　個案常常會問「假使可想像的事件最後發生了怎麼辦，即使是非常不可能的？難道我不應該擔憂嗎？」在這樣的情況下，你可以指出如果他們害怕的任何出現機會很小的事件會發生，那麼他們應該躲在洞窟之中，以避免被隕石所砸傷；避免過馬路，以防止被卡車所撞到；並且，不要吃東西，以避免中毒。即便這些不幸事件都是有可能發生的，人們仍然能夠感到快樂。我們生活的要務是去避免高度可能發生的危險，而不是去逃避每一個可能的災難。

建議讀物

　　Beck（Beck,1993；Beck, Emery, & Greenberg,1985；Beck & Zebb,1994）指出災難化的錯誤解釋，是恐慌症發生的一個主要的認知成份。它是在社會恐懼症治療的個人或團體認知治療中的一個中心要素（Heimberg & Juster,1995；Stein,1995），並且對於強迫症也是很重要的（Salkovskis,1996；Salkovskis, Richards,& Forrester,1995）。

　　理性動機行為治療家有對於災難化思考的詳細討論。可以看 Ellis（1973,1995,1996）、Ellis & Grieger（1997）及 Maultsby（1984,1990）的著作。

因應陳述法

基本概念

　　很多個案會預期他們所作的一切將會一踏糊塗。Bandura（1997）與其他人將這種預期形容成是一種「低度自我效能（low self-efficacy）」，也就是個人認為自己沒有能力完成一些工作。表現出這種預期的個案，會一貫地低估他們因應不同情境的能力，他們認為自己會在工作上失敗，告白會被拒絕，會是被學校退學，而這些不好的預期，最後會變成自我實現的預言（self-fulfilling）。因應心像（coping imagery）可以防止這個模式產生，並且有助於提昇個案的自我效能。

　　因應心像是輕鬆法中一項不錯的技巧，在一個放鬆、平靜的方式下進行，它與熟練想像（mastery imagery），熟練想像是在因為熟悉而被喚起情緒的狀態之下進行的，個案是完整熟練的想像一個作業；而因應心像則是個案對於作業的各式不同問題的預期，而且也去做有關這些問題的想像。因應陳述的方式是優於熟練想像的，因為因應陳述的方式，讓個案對於可能發生的錯誤更加敏感化，並且讓他們有一個從真實情境中犯錯後彌補的準備。

方法

1. 創造一個個案會感到沮喪或焦慮的階層情境。
2. 經由個案的協助，準備一個用於壓力情境時自我交談的對話，而這個對話要能很寫實地預期錯誤（mistake）、差錯（error）與負向情緒，並且，要包含關於如何解決這些問題的逐步訓練，這個對話要是橫跨整個焦慮情境發生之前、發生期間與發生之後。
3. 與個案大聲的練習階層情境中的每一項對話，最好的結果是能夠使用模仿的程序（Meichenbaum, 1993, 1994），也就是治療者唸一次對話，個案起先先覆誦一次對話，然後再想像這個情境。治療者監控整個個

案練習的情境，並且修正任何發生的錯誤。

4.鼓勵個案實踐他們的因應技術，使用最有效的方法。舉例來說，有些
個案發現被動的聽治療者唸對話的卡帶是有幫助的，儘管有些人比較
偏好聽詳細形容階層中的每一個情境的卡帶，因此，允許他們隱閉地
實踐對話；還有一些人將對話寫在指示卡上，並且在面對真實情境時
使用它。在大部分的個案中，個案需要去實踐他們的腳本（scripts）
至少六個星期。

範例：寶拉的故事

我由其他心理學家那得知另一個個案——寶拉，她是一個已經患病兩年
的懼曠症患者（agoraphobia），在她的害怕階層情境中，最高的一層是她獨
自到超市購物，不論何時，當她想去採買時，她便會被焦慮所淹沒，並且，
必須離去，無法停留在賣場之中，在我第一次見到她時，她已經有一年半沒
有去過大型賣場了。

我們將以下的對話練習了幾次的作業階段，起初，我們將對話錄起來，
讓寶拉每週聽三遍，共聽五週。然後，寶拉開始在她真正發生懼曠症的真實
情境時練習這個腳本六次。這個技術最後有效地減低了她的恐懼症，因此，
她能夠在大型超市之中舒適的購物。

以下是她的因應對話：

今天上午，我要去超市購物，我可能在一開始會緊張，只是因為我已經
遠離賣場一段時間了——而不是因為商店本身有什麼令人害怕的東西，商店
本身是「不」危險的，甚至是很小的小孩與很年長的老人也能夠到雜貨店去。
假使商店是危險的，那麼在商店的門口，一定會有一個大型的告示標示寫著
「警告！一般醫生認為超市對於您的健康是有害的！」

（寶拉想像自己進入賣場之中）我在這兒，並且四處看看！這裡跟其他
的賣場都是一樣的。這裡有很多的貨品、罐頭與肉品。歷史上並沒有任何人
受到一罐豌豆的攻擊。當然，我在賣場裡仍然感到有一點點的緊張。一直以

來,賣場本身沒有任何產生害怕的能力,這一點是我必須告訴自己的。現在來看看我買進了什麼迷信的概念。喔,就是這個!這是個相當久的愚蠢想法我會在大眾面前失去控制,並且讓我自己丟臉。真是一直以來都是胡說八道!我竟然二年以來,一直告訴自己這種沒有意義的話,事實上,我根本沒有失去控制過,而且未來也不會如此。這真是一個我跟自己玩的蠢遊戲,就好像假如我將手指放進我的耳朵,那麼我的鼻子就會掉下來一般可笑。比起看我是否有表現很細微的緊張徵兆而言,這些在賣場裡的人都還有更重要的事要做,他們更有興趣於找尋已熟透的蕃茄。此外,我並不需要去控制這個緊張,我該做的是買我要的豆煮玉米罐頭與蔬菜罐頭──這才是正事!我有多緊張並不要緊,我該做的不是沒有緊張的購物,而僅僅是購物,並且,不管我的感覺如何的購物,即使我得用四肢爬行到結帳的的櫃檯然後離去,我也得留下來,我的生活已經被可笑的迷信控制的夠久了。

　　(寶拉購物結束,離開賣場)我做到了!這是唯一有意義的事。在生活中,什麼是我該做的比我在做時的感覺更重要,我將會一直保持去做,直到我能夠消除我的迷信及害怕。

說明

　　當大部分的個案藉由想像的因應陳述得到好處時,這些因應陳述最後還是要付諸實行,否則,個案反而會被這個技術與說法所阻礙。舉例來說,「用這種方式來想是很好的,但我仍然沒有進去過賣場。」

　　我們不認為你應該強迫你的個案在現實環境中去實踐他們的腳本,直到他們有廣泛且隱閉地練習它們。要是如此,則只是增加更多的焦慮與失敗的可能性罷了。

建議讀物

　　早期有關因應表達的資訊,可以參考 Cautela(1971b)、Goldfried(1971)及 Suinn 與 Richardson(1971)。這個技術背後更完整的理論基礎則可參考

Lazarus、Kanner 與 Folkman（1980），Mahoney（1993b）、Mahoney 與 Thoresen（1974），以及 Meichenbaum（1975,1977,1985,1993）。

　　Cannon（1998）基於認知排練的基礎，使用催眠的方式，發展出因應的形式。

　　還有一些有關自我效能的文獻（Bandura　1977a,1977b,1978,1982,1984, 1995,1997；Bandura, Adams, Hardy, & Howells,1980；Bandura, Reese, & Adams, 1982；Bandura & Schunk,1981；and Teasdale,1978）。

　　更多有關因應想像與熟練想像的資訊，可以參考 Mahoney 與 Arnkiff（1978）、Richardson（1969）及 Singer（1974,1976,1995）。

隱藏消退法

基本概念

　　若以古典制約的典範立場來看，個案會發展出恐懼症，是原由於曝露在一個可怕的事件之中。任何一個刺激的呈現時機，同時產生一個害怕的感覺時，那麼就會得到制約，因此，這個制約會發展出引起焦慮的能力。舉例來說，有一個個案曾經在他開車進行長程旅行時，因為一氧化碳從車子的癈氣排放系統露出，進入車內，而造成他呼吸的困難，在他的呼吸困難同時，引發一個強度的焦慮（UCR 非制約反應）。在發現他車子有癈氣的洩露之後，他便去修理他的車子，但不論何時，當他再度開車時，他的焦慮就會出現，並且，到了最後，他便完全的停止開車。他的恐懼症圖解如下：

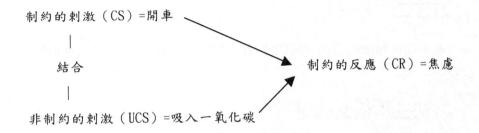

這個制約反應要如何消除呢？即使個案已有幾個月不再開車，他的焦慮也不會因此而移除，當他被但迫搭乘其他人開的車時，他仍會變得焦慮，他的制約焦慮並不容易移除。理論上，如果他繼續開車，則他接受的是制約刺激，而不是非制約的刺激，因此，他的焦慮就可以逐漸地消失。這樣的經驗稱之為消退（extinction）。但是，因為他一直持續避免去開車，因而制約刺激—非制約刺繳（CS-UCS）的連結沒有機會消除。

我們使用隱藏消退法去幫助這個個案。要求個案去想像不會產生呼吸問題的開車，直到他能夠描繪出沒有焦慮的開車情景。在練習了這個想像數週之後，他就能夠再度開車，因此，消退能夠消除他的恐懼症。個案能夠想像制約刺激而沒有非制約刺激加入，是隱閉消退的關鍵。消退能夠除去先前的連結，或者，新的學習能夠代替舊的信念。不論如何正確的解釋，這個程序是可以幫助個案移除恐懼症。

當信念與外在刺激一樣時，會和災難事件制約，於是，任何想法發生的同時，伴隨一個強度的焦慮反應時，那麼這個想法會變成制約的刺激（cs），這個制約的刺激，在未來單獨出現時也誘發出害怕。因此，隱閉的消退可以被使用來切斷想法與情緒成份的連結。

方法一：在真實生活中實踐

要求個案去練習害怕的事件，直到害怕事件被消退所取代，治療者必須確定非制約刺激不會再發生。

方法二：隱閉法

要求個案想像他們進行他們害怕的活動，但這個活動不會造成他們討厭的後果。

方法三：信念消退

1.將那些與個案的焦慮源連結的想法製成一個列表。
2.要求個案去想像，在各式各樣的情境中去想這些想法，但想這些想法的同時，沒有產生任何的負向情緒反應。
3.個案可以自行在家重覆練習數百次，直到這些想法不在出現制約的反應為止。

方法四：時間的消退

教導你的個案等待，直到他們感到快樂而且有信心時，然後要求他們去閱讀或是想像非理性的想法，並且，告訴他們，假如他們開始感到煩亂時，馬上停止思考或閱讀。告訴個案，當他們感到不快樂時，更不要去做這樣的練習。

方法五：中性的想像

1.將個案的非理性想法製成列表，並且這些非理性想法的情境是經常發生的。
2.發展一個中性想像的列表，而這些中性想像不會引起個案的情緒，就像是閱讀報紙、吃飯或是閱讀心理學論文等等，並且，要求個案確認這些活動只會引起中性的情緒。
3.將這些中性的情景與非理性想法配合，如此，你可能會需要數百次的重覆練習。

方法六：循序漸進的消退

　　要求你的個案去想像制約刺激的次級成分，如此，制約反應就不會被誘出。在前面敘述的例子中，那個煩惱的駕駛能夠想像他坐在駕駛座，或正手裡握著方向盤，當刺激強度不強時，制約反應就不會發生。漸漸地，越來越多的制約刺激呈現，並且，這些刺激的呈現，總是在閾限之下，直到完全的制約刺激不再引起任何反應為止。具體來說：

1. 將個案的非理性想法製成列表。

2. 邏輯性地將這些想法，詳細的分析成次級成份。舉例來說，如果個案認為「如果我一直在事情的進行上失敗，那麼我是個無用的人。」你可以將「事情」再給分為不同的失敗，像是折斷鉛筆、忘了養貓、編織時漏針……等等。

3. 要求個案重覆的去想像這些想法的次級部分，並且確定他們是將焦點放在次級部分，並且，不會引發不舒服感。你可以使用生理回饋的測量，或是個案的自我報告，來判斷個案是否有制約反應產生。當有制約反應產生時，那麼就再進一步的分解這個想法。

4. 當不會再有情緒反應之後，持續的建構這個想法，讓它更接近他原本的形式狀態，一直繼續這樣的作業，直到一個完整的原始想法不再產生負向情緒為止。

5. 另一個形式形成的隱閉的消退是，改變害怕產生的想像而非想法。舉例來說，害怕搭乘電梯可以被拆解成想像一個很大的電梯，一個玻璃的透明電梯，一個空的電梯，一個只上昇一個層樓的電梯，或是一個上昇四十層樓的電梯。這個想像也是可以經由轉變個案在恐懼情境的自我知覺而改變。個案可以想像他們在電視上的電梯之中；從未來往回看；跟朋友一起當觀眾，觀賞他們在電梯裡的表現……等等。在所有的個案之中，想像的次級成分都被呈現，然後，個案的情緒反應仍然會在閾限之下，不會被激發。

方法七：默瑞塔治療法（Morita Therapy）

默瑞塔治療法，是在上一個世紀初，基於消退程序所發展出來的一種日本的治療技術。在個案為抑鬱型人格異常疾患所苦時，在治療的第一週將他們孤立在房間之內，在這段期間，他們會有焦慮與沮喪產生，但他們無法從他們的不舒服感中逃開或避開。他們的非制約反應不會惡化到泛濫的情況，而是個案會簡單的經驗到他們的想法與想像，以及後果的發生。自從想像的後果（死亡、瘋狂、完全的失去控制）沒有發生，那麼，消退就會發生。幫助消退過程的認知成份是教導他們：「不論一個人怎麼思考、想像或感覺，重要性都不如一個人在生活中所做的，一個人能夠繼續一個活動，過他想過的生活，不論他是否被病症所苦。」這樣的原理幫助個案了解到沒有終極的非制約刺激去思考或感覺，因此，沒有理由去避開思考或情緒。

範例：凱文的故事

幾天前，凱文因為他的嚴重恐慌症而來找我。我們發現唯一的可能環境誘因，是他大學時代的室友休學，留下他獨自在他們合租的公寓之中。經過了幾次的診療之後，我們發現可能引起他對這樣普通經驗卻有嚴重反應的原因。凱文描述了一個在他十一歲時差點溺斃的經驗。

他跟他的父母有一次在墨西哥灣游泳，在當地有一個水面下的峽谷（underwater canyon）會產生漩渦，而這個漩渦會將人拉進海裡。凱文還記得他站在水中，並且將他的脖子伸長，找尋他父母的所在。突然間一個大的海浪打過來，將他拉到那個水面下的峽谷。漩渦的威力很強，而他無法游離開──他被拉進海中。幸運地，在岸邊的救生員看到了這一幕，並且將他解救出來。

在這個經驗之後，凱文變得非常害怕海洋，而且，他的害怕還類化到湖泊、河川與大型的游泳池，對於這些他都會避免去接近。這是相當典型由事件造成的恐水症。圖解如下：

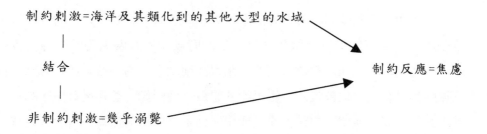

　　凱文所沒有意識到的是在同時有另一個連結發生。當恐慌症出現時，不僅僅是在水中，還有當時他認為他是孤獨的。他注意到他無法看見他的父母，而且，也沒有其他人在他四周。自從事件之後，他不只害怕水，也對於孤獨感到害怕。他回憶到，他要求父母不要不帶他一起外出，並且要求不要獨自一人離開家中。當他的室友離開之後，他發現自己會長時間的孤獨。圖解如下：

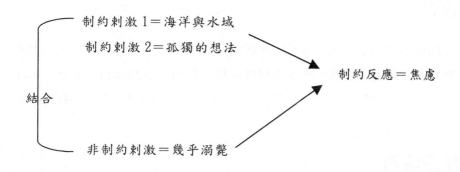

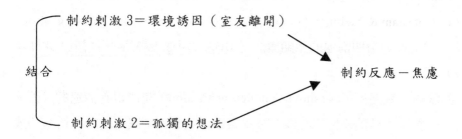

我們使用一些隱閉的消退方法來移除焦慮。讓凱文聽一系列的錄音帶，這些錄音帶是有關他自己假想他是孤獨的時候，而有關孤獨的假想情景範圍，由他獨自一人在浴室裡，到他一個人在南太平洋的小島，並且方圓一百英哩內都沒有人。他被告知，儘可能的想每一個想像，並且沒有任何的負面後果發生。如果他變得煩亂，或是他想像到了一些有關孤獨的負面後果時，他便被告知立即停止這個情景，並且重新進行這樣的作業，直到他能夠想像這個情景時，而不會產生焦慮爲止。（形成隱閉的消退）

他也被教導除了上面的練習之外，當他感覺還不錯或是有自信時，他必須去想他獨處時。（時間的消退）

在經過隱閉的治療之後，他被告知要花更多的時間獨處。當他每一個小時的獨處，而且沒有產生焦慮之後，給自己一個分數，並且，試圖每一週去增加自己的得分。假如他變得焦慮時，則停止進行。（真實的消退）

說明

在臨床的練習上，使用潛移默化的消退技術，有一個困難點存在，也就是非制約刺激很難從個案的想法中移除。個案很難在想像負面的情景時，卻只有伴隨中性的後果。在多數的個案中，隱藏消退法被使用在結合對抗技術或知覺的轉移技術。

建議讀物

Gautela 是隱閉消退程序的創始者之一（見 Ascher & Gautela,1972；Gautela,1971a；Gotestam & Melin,1974；and Weiss, Glazer, Pohorecky, Brick, & Miller, 1975），另一個與隱閉消退的相關概念是 Beck 的中立與習慣化技術（Sokolov,1963）。

動眼的去敏感化（eye movement desensitization）可能也有消退的成份。當舊有的影像（具重要性的心像）被意識到，並且與動眼連結時，情緒的成份可能會減低，因爲原本的制約刺激僅僅是部分呈現，因此，產生的只是部

分並且力量降低的制約反應。無論如何，對於動眼去敏法還有其他可能的解釋（見 Shapiro,1995,1998）。

　　有部分形成的隱藏消退法是神經語言歷程治療師（neurolinguistic programming practitioners）所採用的主要的恐懼症治療法。個案想像他們看到自己在恐懼情景之中活動的影像。這個情景的變動，是藉由想像它是黑白的，是一個持續的影像，快速的前後移動，在投影室的背後被看見……等等。（見 Bandler,1992,1996；Bandler &Grinder,1979,1996；Milliner & Grinder, 1990）

　　有關默瑞塔治療法，已經有很多出版品對它進行討論（見 Fujita,1986；Morita & Kondo,1998；Reynolds,1976,1981）。

非病態思考法

基本概念

　　一般而言，認知重建治療法，與認知行為治療法相同，是奠基於學習理論的實驗技術與其假定。在它所有的變化中，學習理論會避免去使用醫學模式來描述個案的問題。然而，很多的個案卻全心全意的接受病理模式。

　　這些個案將強烈的情緒，視為一個不快樂的信號，而且，如果是模糊、不清楚的，那麼通當會制約他們號稱「生病」。因為他們使用了這個字，他們就更可能表現出誘發「生病」標籤的情緒與行為。起先，當感覺到強烈的情緒時，他們單純的認為他們是情緒上的損傷、失衡、疾病，或是某方面的混亂。但是，當他們開始扮演這個角色之後，會演出病人這樣的角色，並且，伴隨著相關的行為與認知的出現，如消極、無助與期望醫生能夠醫治他們。

　　因為「生病」這個標記的傷害性影響，並沒有伴隨著他們扮演病人角色

之後發生，因此，這個「生病」的想法，將變成個案第一個得去對抗的要務之一。輕鬆法往往是對於改變病態標籤的最好手段。

方法

1. 將與個案負向情緒連結的主要信念製成列表。
2. 與個案一起查核每一個信念，並且定義每一個標記，而這個標記是個案透露有病理意義的。
3. 仔細的解釋這個疾病標記的不適切，並且，以學習理論模式來取代每一個信念的醫學模式成份。
4. 在你治療的期程之中，幫助你的個案去改變有生病含義的想法或字詞。注意傾聽某些字詞，如「混亂（deranged）」、「心智不健全（mentally unsound）」、「發瘋（crazy）」、「失衡（unbalanced）」、「掉下來變成碎片（falling to pieces）」、「神經衰弱（nervous breakdown）」、「興奮異常（freaking out）」、「想吐的（ill）」、「生病（sick）」、「不健康（unhealthy）」、「動搖的（disturbed）」……等等。
5. 以社會學習模式取代醫學模式。將對待個案當成是對學生的監護指導，而不是當成病人的照護。期待個案會去做你所指定的家庭作業，去學習你的原理原則，當他們不同意時，去挑戰你。向你的個案們解釋清楚，你將這個程序，視為雙方一起協商的一個共有的計劃，是一人一半的（50/50）。你指導，而他們學習。

在神經質個案跟我進入治療之前，我會給他們一份文件，上面寫著我所使用的治療法、我對他們的期望，以及他們能夠對我所有的期待，這裡有一些摘要：

我的服務

正如你所知道的，我使用某一個特殊的諮商方式。你和我必須去決定是否我的治療方式，對你而言是最好的方式，假如不是的話，我將會幫助你去

找你適合你的方式。記住，最近的調查發現，至少有 250 種以上的治療
（Corsini, 1981, 1994）。

我的基本精神

我不會將我們的關係視為醫生—病人，朋友—知己，領導者—跟隨者，
或是宗教導師—修道者的關係，我將它視為老師—學生的關係。我的職責是
儘可能清楚的給你能解決你的問題的工具方法，而你的工作則是去使用這些
工具方法。在你的成長中，我們是地位平等的參與者。

開放性

自從我們變成你成長的參與者之後，你有權利知道我在做什麼，為什麼
我要這麼做，將花費多久的時間，以及我對於你的問題成因與解決方式的想
法。我不是使用秘密、象徵性方法治療的巫醫，我要你知道我所想的，如此，
你總是可以不受限制的問我正在做什麼及為什麼。

通則

我將會盡我所能的來幫助你改善你的困擾。假使，不論我們如何的努力，
這個諮商方式都無法幫助你的話，我將會盡我所能的，將你轉介給其他更能
夠幫助你的治療者。

範例：貝絲的故事

貝絲患有廣泛性焦慮疾患（generalized anxiety）已經兩年了，在她患病
的期間，他就像一個驚弓之鳥一般地生活。在她來找我治療之前，她已經接
受長達六年，每週三次的分析治療了。起先，她所進入的分析逐漸顯露出，
她的悲痛與憤怒，是在她早期失去父母時就存在了。在她父母過世之後，當
時，她正是青春期，她被送往叔叔與嬸嬸家住，而貝絲認為叔叔與嬸嬸，是
嚴厲且拒絕她的。她相信這樣的分析，是有助於他去因應她的悲痛與憤怒，
但在經過四年的治療之後，她又感到迷惑了，她的焦慮又開始出現，而在最
後兩年的分析期間，她漸漸變得更差了。

在貝絲的治療過程中，第一步要讓她相信有一個更直接的、認知取向的治療法可以減低她的焦慮，雖然，這個治療法明顯地跟她曾經接受過的分析治療不同。第二步，我們則去尋找引發她焦慮的原因，這可能會是她分析治療的分支（offshoot）。在她接受分析治療的第一個作業階段時，她誤解了分析師所謂的本我（id）意義，因而，導致她相信在她深深的潛意識裡，她是有病的且潛在瘋狂的人。正如她所說的，「這就好像任何時間，在我體內有一股邪惡的力量控制著我，我必須持續的去防範這些潛意識的衝動，因此，我不才會被它們所控制。」

每當她一感到生氣、害怕或傷心時，這些想法就會出現。她便會馬上將這些情緒貼上有病的、潛意識的，以及危險的，然後焦慮就會因為她害怕失去控制而昇起。在多數時候，她的情緒是十分的正常，並且，在激起的當時是可以被理解激起的原因。然而，她無法去察覺這些，並且主張另一種不同的論點，認為她的感覺是她潛意識將爆發的信號。

貝絲的焦慮經過九週，在經由對抗指示卡、聽錄音帶，及內在重覆不會被厭惡的信念等方式的練習，獲得消除。以下是一些有關她一開始誤解，後來又重新解釋的情境。

情境一

她在鋼琴獨奏會時，在很多人的面前感到焦慮。

病態的想法：

我是焦慮並且害怕的，因為有些厭惡的事物，正在我的潛意識裡進行著。

理性的信念：

我會焦慮，因為我擔心我在朋友的面前會將事情搞砸。

情境二

她在她男朋友取消跟她的約會之後感到憤怒。

病態的想法：

我必須去防止我潛意識的憤怒，因為我的憤怒可能會爆發，並且使我抓

狂。

理性的信念：

我在生氣，因爲他沒有考慮我的感覺，而我也沒有直接的告訴他我的感覺。

情境三

在她讀了有關某人神經衰弱的小說之後，她的焦慮昇起。

病態的想法：

我的內在是生病的且不穩定的，著迷於一股無法抗拒的力量。

理性的信念：

我在害怕，因爲我認爲我可能會不穩定的——而不是因爲我就是不穩定的。在我的內在並沒有什麼東西異於我的血、骨頭與生理組織而存在，就跟其他人一樣。大量的細胞沒有含有厭惡的特質，而它們也沒有靈異的力量附在我其它的部分。閱讀使我想起，自己因爲迷信而來的害怕——害怕跟一個稱爲潛意識的抽象概念沒有關係。我自己在心中創造出這樣的抽象名詞，並將它稱爲噁心及異常，然後，告訴我自己，它們將會控制我。我的害怕是直接的來自我告訴自己的，而不是來自於我創造出來的想像的象徵靈異部分。

說明

對於因爲制約焦慮、負面經驗或認知不適應而產生神經質疾患（neurotic disorder）的個案而言，這是一個極好的技術；然而，對於受到生化制約而類化變成問題的個案而言，這卻是一個可怕的技術。精神病患者（psychotic patients），酒、藥癮的個案，以及那些因爲服藥而導致腦部傷害（medically based brain disorder）的病患們，需要去學習接受並且因應他們的問題——而不是否認它們。告訴一個處於躁狂發作的情緒疾患病人，他們本身的問題是因爲甲狀腺機能亢進而引起的，並想因此達到他能夠談話、放鬆或將他的問題除去目的，如此的行動是沒有療效而且具傷害性的。對於治療腦傷病人，

以及成癮病患的認知重建治療法的部分，在十二章有更多的訊息描述。

　　過去十五年，有關認知因素與生理功能的交互作用，已經獲得普遍的支持，這可以幫助治療師區分哪些部分是心理因素而哪些部分是生理因素的困擾。

建議讀物

　　很多的作家對有關學習而來的心理問題上使用「生病（sickness）」一語提出辯論（見 Korchin,1976；Rabhnk,1974；Skinner,1953,1974,1991；Szasz, 1960,1970a,1970b,1978, and Ullmann & Krasner,1965,1969）。有關精神病理學兩個觀點間的差異，可以去回顧 Haaga、Dyck 與 Ernst 的實徵研究（1991），研究的摘要則可以參考 Fowles 的著作（1993）。

隱藏增強法

基本概念

　　輕鬆對抗通常被使用來增強正向信念。認知在增強典範上有很多的功能，它們可以被當作增強物（例如：「我把事情做得很好了。」），被視為回饋（「我加薪了，因為我是個好的職員。」），或是被當作一個可區辨的刺激（「當我有自信時，我可以把事情做得更好，而且，我的老闆會稱讚我。」）。假如一個理性的信念，在特別的情境刺激下出現，並且被增強（譬如加薪），而非理性信念沒有，那麼理性的信念在未來將很可能再發生，而非理性信念再發生的機會就變少。隱閉的增強，酬賞了個案的理性信念。這樣的概念，可以用下面的圖解方式來說明：

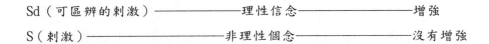

Sd（可區辨的刺激）─────────────理性信念──────────增強

S（刺激）────────────非理性個念──────────沒有增強

底下的治療技術，是可以用來幫助個案正向的增強他們自己的理性信念。

方法一：優質信念法

1. 創造一個問題情境，以及其附隨想法的階層──大約 10 或 15 個項目。
2. 發展出關於每一個情境的理性信念列表。
3. 要求個案在放鬆的情緒狀態下，去想像在處理每個情境時，一個最理想的方式，要求他們去描繪他們自己，在想像的情境中，最理性、真實可能的信念，並且要他們想像，當他們發展出新想法之後，可能導致的情緒與行為。治療者可能這麼說：

　　去想像一個情境，但此時，描繪你自己想像的真實想法，儘可能的清楚的將他描繪出來。……現在，想像你正感覺到真實的情緒，並且，實際地在做你所想像的適合之行為，持續的去想像這個情境，直到你可以完整的想像到這個情景，並且可以想到正確的想法與感覺，以及你會採取的行為。……持續的進行這個作業程序，直到你能夠很容易地去想像整個情景。

4. 當上層的影像能夠清楚的出現在腦海中之後，要求個案去想像有關他們思考新想法的可能後果，並且，不光只是在某個特定的情境，而是遍及所有相似的情境。

　　好的，現在用這個方式去創造一個最好可能的後果的想像，想像你對於每一個類似情境的最真實可能的想法。有什麼好事是會發生的？你的生活會變得多麼好？不要只是去想像什麼會發生，而是試著去描繪它已經發生的情況……。持續的進行這個作業，直到它清楚的出現在你的腦海中。

5. 在每一個練習期間，至少重覆的練習三次以上，繼續練習，直到個案

表示當他們想像原始的情景時，已經不會出現負面的情緒反應爲止。
自我陳述或是生理回饋法，可以被用來評估個案的反應程度。

6.持續這樣的練習，並且往上提昇，通過個案在步驟一時所建立的階層。

7.這樣的練習通常都會被錄音，而個案則被告知一週至少三次的實踐練習。

方法二：標準的增強想像

這個技術所使用的方式，與上一個方法的程序相同，除了步驟四之外。不是由個案自己去想像理性思考的最好可能後果，而是由治療者來進行的。這樣的修正是有助於那些在建構正向影像時，有困難的個案，而這些正向影像是有足夠的作用強度去自我增強的。

去想像，當你想像的越來越真實時，你將可以開始獲得自信，那些你過去認爲是問題的困難，現在你解決起來相對的容易。工作、財務及關係都會開始改善，當問題發生時，你理性的處理它，並且將它提昇到新的目標，你會開始達到並成完成這些你爲你自己設定的目標與目的。

方法三：外在酬賞

個案的理性信念可以使用外在酬賞來增加。使用 Premack（1965）的典範，任何有高度被選擇機率的行爲（吃一枝棒棒糖），可以被當作一個出現機率低的行爲（想一個理性思考）之正向增強物。因此，個案可能選擇酬賞自己，每當他以一個理性思考取代一個非理性思考時。

每當個案有祈望時，他們能夠有意圖的去將正向增強物與他們所想的想法與行爲結合，並且應該被鼓勵去這麼做。在他們的練習時，他們應該被鼓勵有一些小的酬賞，來累積成爲大較大的酬賞，酬賞的大小，視他們嘗試去解決的那些自己所知覺到的及行爲上的阻礙大小而定。因此，對於一個小阻礙而言，一枝棒棒糖可能是足夠的，但個案可能需要去設定一個放自己長假的目標，做爲他們實際解決了一個大阻礙的酬賞。

說明

在很多的個案中，會發現他們很難善待自己。比起自我增強而言，他們可能更傾向自我貶損，治療者需要去幫助他們，找出這個傾向背後的理由。治療者通常讓個案學會善待自己。

建議讀物

這個技術在過去的出版品被稱爲自我酬賞（self-reward）（Gasey & Mullin, 1976,1985；McMullin, Assafi, & Chapman,1978；McMullin & Casey,1975；McMullin & Giles,1981）。

很多的研究者對於隱閉增強的效果做評估：Aubut 及 Ladouceur（1978）；Bajtelsmit & Gershman（1976），Bistline, Jaremko 及 Sobleman（1980），Brunn 及 Hedberg（1974），Cautela（1970,1971b），Engum, Miller 及 Meredith（1980），Flannery（1972），Homme（1965），Krop, Calhoom 及 Verrier（1971）Ladouceur（1974,1977），Mahoney（1991,1993a,1993b），Mahoney, Thoresen 及 Danaher（1972），Scott 及 Leonard（1978），Scott 及 Rosenstiel（1975），Turkat 及 Adams（1982）。

Beck 的理論（A. Beck,1993；J. Beck,1996）在於強調正向情緒增強適應行爲的原則。

替代語言法

基本原則

我們可以看到很多生理上的證據支持放鬆法的效益性。有些研究者已經証明，對於那些生理性緊張的個案，也就是在經歷各種刺激的同時，會有緊

繃的肌肉與高度的腦部活動的個案而言，他們對於這類型的治療法，較沒有
反應。放鬆、催眠及冥想能夠減少肌肉的緊張，並且降低腦部的活動程度，
讓這些個案減少他們對於手邊作業的注意程度。

有一些未獲結論的証據指出 α 狀態（8～12 赫茲）與 θ 狀態（4～7 赫茲），
可以改善個案吸取訊息的能力，因為個案能夠察覺到非批判性的輸入，以及
少競爭性的刺激（Goleman,1977；Grof,1975,1980）。我們自己的經驗指出變
更心智狀態的引發，僅僅只是附屬的技術；持久或永遠的改變，很少是只採
取這個方式就能被影響的。這個特殊的附屬物，在補充制約性與知覺轉換技
術上的作用是最好的，但在其它的作業程序上則少有效果。

放鬆對抗使用以下的方法來產生放鬆的放態。

1.生理回饋法（Carlson & Seifert,1994）。

2.個案從橫隔膜來呼吸，慢慢的從鼻子吸氣，閉氣，然後慢慢的吐氣。
  打呵欠並且伸懶腰，同時伴隨著慢慢的、有節奏的呼吸，然後形成額
  外的結果（腹式呼吸法）。

3.諮商師可以播放自然的音樂錄音帶來引發放鬆。這些錄音帶所錄的是
  自然的聲音，像是海洋、水流、草地及其它的環境中的聲響。（很多
  的錄音公司有出版此類錄音帶。）

4.治療者可以單獨地，或是伴隨著自然音樂帶，朗讀環境的腳本，這些
  腳本是描述以大自然為背景的感覺，像是在海邊或是山中小屋。
  （Kroger & Fezler[1976]有一些很棒的腳本。）

5.假如治療者重覆一些句子，像是「我的腳變得越來越重，並且發熱，
  我現在是平靜且放鬆的，我所有的肌肉變得癱軟、無力且鬆馳。」的
  句子，那麼就可以提昇個案放鬆的程度。假如他們重覆 20 分鐘，則這
  些評論句將會產生冥想的狀態。

6.標準放鬆訓練（Jacobson,1974；Sutcliffe,1994）。

7.標準催眠訓練（Clark & Jackson,1983；Udolf,1992）。

8.白噪音。

9.輕鬆自在的樂曲。

減少的腦波活動狀態的使用

放鬆狀態可以使用所有的認知再建構技術達成，以下的方式是最有效的：

1.揭開核心非理性信念與情緒問題連結的假象。在放鬆的狀態之下，個案通常會更加的將焦點放在他們的自動思考上。

2.對於個案正向的認知改變，給予增強。

3.與個案保持必要的距離，客觀的評價他們的信念。

4.經由記憶的迴歸，使個案能夠去確認他們的歷史根源及核心信念。

5.利用在本書中出現的有效的技術，更具體的說，所有的軟性對抗技術——放鬆對抗、反災難化練習、因應陳述、消退、知覺轉換技術——認知聚焦、轉換、心像、搭橋（bridging），及歷史與文化的再綜合。

說明

我們使用 θ 或 α 狀態，顯示矛盾的結果。我們發現認知方法的學習效果跟當時狀況有關。假如個案的問題發生，在某一個狀態之下，很容易產生效果；但有些時候確發現去創造 α 或 θ 狀態只有很小的效能。這個方法對於某些個案是有幫助的，但我們無法在臨床上支持（support the hoopla），並且，會過度要求這些狀態的治療效果。讀者應該覺察放鬆與 α、θ 狀態改變之間的區別。放鬆對於個案有正向的幫助，而 α、θ 狀態的改變則不清楚。它們是相關的，但不是確立的因果關係（見 Beyerstein, 1985）。

建議讀物

Schwartz（1973, 1995）、Carlson 及 Seifert（1994）等人，有著述一些不錯的，關於生理回饋使用的實務手冊，而 Steiner 及 Dince（1981）則有相關的評論。

替代狀態支持者與反對者之間的鬥爭是很狂熱的。贊成的一方，大量的

著述大眾叢書來支持（見 Brown,1974；Steam,1976；Zaffuto,1974）。而反對的一方，則是更技術性的研究（見 Beatty & Legewie,1977；Beyerstein,1985；Orne & Paskewitz,1973；Plotkin,1979；Simkins,1982）。

使用替代狀態最有名的治療者是 Milton Erickson（見 Erickson & Rossi, 1981；Havens,1985；Lankton,1990；Lankton & Lankton,1983；Rossi,1980；Rossi & Ryan,1985）。

其它有關催眠的著述則有 Rhue(1993), Bandler and Grinder(1996), Lynn 及 Kirsch（1996），以及 Udolf（1992）。

第 *6* 章

對抗的技巧：客觀對抗法

　　心理治療師爲了改變病患不合理的信念，他們會運用強硬的或溫和的對抗方式來激起病患的情緒；然而有時運用冷靜與不帶個人情感的方式，反而更能改變病患不合理的想法。這是因爲客觀與不帶個人情感的對抗方式能消除病患的偏差情緒；然而溫和或強硬的對抗方式卻會加深偏見。

　　客觀的對抗技巧要求治療師先針對病患的症狀提出一套合乎邏輯，而且不帶個人情感的解釋，接著再說服病患學著用治療師的方法來解讀自己的症狀。病患與諮商者在分析病患的信念時，都必須冷靜而且不帶有個人的情感色彩，就彷彿討論數學公式般地客觀。

　　客觀的對抗方式顯示，倘若治療師收集夠多合理的解釋，他就能改變病患原先不合理的想法，這就是說，一旦有足夠的合理的證據，病患不合理的信念自然就會鬆動。有些人的觀念認爲想法引發的情緒強度與想法的習慣強度比想法的邏輯性更加重要，而本章所陳述的觀點恰好與此相反。透過諮商經驗的累積，治療師知道病患有哪些信念得藉由溫和的對抗方式來加以矯正，哪些信念得靠強硬的對抗方式，哪些信念得藉由客觀對抗法加以改變。

　　我們發現客觀對抗法對於具有防備心理或反抗性的病患最有效，因爲這種方式不會激起強烈的情緒反應，而且治療師溫和與積極的關懷也有助於病患的諮商過程。（Rogers,1951,1959）對於治療沮喪的病患，則需要改以溫和的方式來對抗他們不合理的想法。然而對於感到恐懼不安的病患而言，強硬的對抗方式對他們才是最有效的。

　　在所有治療方式中，客觀地分析病患的信念是一種公正而且有條理的方

法。然而，根據經驗，我們知道有許多病患並不如他們的治療師那麼重視信念的合理性，對這些病患而言，我們需要準備其它的諮商方法來替代或補充客觀對抗法。

以下是治療師在各種不同形式的客觀對抗法中，都得遵守的主要原則。

1.讓病患辨識究竟有哪些信念造成自己的負面情緒。

2.協助病患將每個信念拆解成一個個可加以探討的小部分。要小心的是，對於這些被拆解的信念，要避免進行主觀的判斷。

3.獲得病患的合作，運用邏輯的推論與歸納原則來檢查每個信念，與病患一同決定某個信念是否合理。

4.倘若病患判斷自己的某個信念是錯誤的，就讓他們寫下所有合理的理由，以後便不再接受這個信念。

5.告訴病患每當這個錯誤的信念再度浮現時，就得想想這些拒絕接受的理由，直到這個錯誤的信念不再出現為止。

我們用這份傳單上的說明，向病患介紹客觀對抗法。

分析舉隅

有些人相信人在本質上被畫分成不同的階級，這種信念是錯誤的，因此透過客觀的討論，很快就可以消除這種想法了。階級意識的確使一些病患覺得沮喪與不安，因為他們認為自己的父母是來自低下階層的，他們認為僅管他們有再大的成就（他們之中大多數都是非常成功的人），自己仍是沒有價值的，這一切就只因為他們來自清寒之家。這些病患很怕曝光，他們認為自己出眾的才華與成就只是用來欺騙大眾的表相罷了，他們掩飾自己，避免別人「看穿」他們的面具，或發現他們的「真面目」。

其他的病患所擔心的階級問題卻與前者大不相同，這些病患來自上層社

會，但他們卻認為自己缺乏某種令人激賞的特質，這種特質反而是存在於低下階層的人身上。他們相信低下階層的人反而擁有一種能量與生命力，這足以讓低下階層的人比他們更能處理現實生活中的問題。

閱讀資料：客觀對抗法

　　我們活在現實生活中，這些外在現實影響我們所有的感覺、身體與大腦反應。雖然我們生於斯，長於斯，最後也在現實生活中死去，但是我們卻無法直接透過感官與身體來了解真實世界，我們只能透過大腦來解讀它。許多時候我們能正確地解讀真實世界的事物，因此我們會覺得痛苦，悲傷，以及恐懼，但同樣地，有時我們也能感覺到快樂、幸福與滿足。

　　許多人年輕時對自己周遭的現實環境具有敏銳的觀察力，外界事物是清晰又明確的；但是當我們年紀大一點，我們的觀察力不再敏銳，外在世界便顯得模糊不清。當我們腦中開始產生幻覺時，我們與真實世界之間的距離也愈來愈遠，這些幻想不僅阻礙我們的視野，也扭曲了我們的直覺。其他人的觀點，諸如來自我們的雙親或是我們的文化的觀點，開始影響與扭曲我們對世界的看法，我們之中有些人則完全喪失自己對現實世界原有的看法。

　　以前只有真正的傷痛令我們覺得不快樂，而現在痛苦卻來自抽象與認知上的幻覺；以前受傷的腳趾令人痛得哭出來，而現在受傷的情感卻也會令人痛哭；以前在刺激物移除幾分鐘後，痛苦就會消失，而現在縱使刺激物移除了，痛苦仍會持續數星期、數週，甚至好幾年；以前我們用簡單的方式便能感受到極大的快樂，而現在我們卻拋棄唾手可得的快樂，反而去追求虛幻的抽象概念。抽象概念並不能帶給我們真實、溫暖與親近的感覺，因為它只是空虛的幻想，虛假的快樂。在建構外在現實世界的過程中，我們時常忽略直接的感官經驗比我們學到的錯誤概念更的重要。

　　要得到真正的快樂的最好方法就是重回到外在的真實世界，盡力驅散幻

想，好讓我們重新看清這個世界。因此，讓我們一起好好地了解你的想法，並知道哪些想法是真實的，哪些是虛構的。

....■

男性個案時常覺得自己缺乏男子氣慨與勇氣，他們覺得與低下階層的男性比較起來，自己就像個懦夫或花花公子一樣。

治療師教導病患如何更客觀地面對自己的信念之後，便能對造成階段概念的成因進行判定與分析。以下的概略介紹將剖析抽象的階級概念。

階級的定義

同義詞：品種，血統，地位，種類，階層，層級，職位，世系，家系，家世，世家，後代，身世，貴族／平民，王族。

個案潛在的假設

1. 每個人都有抽象的階級記號。
2. 階級記號透過基因代代相傳。
3. 階級記號是不變的。
4. 各種不同的價值標準（高等，中等或低等）都和這個抽象的，而且是由遺傳而來的階級記號脫不了關係。
5. 每個人各方面的價值高低也是不變的。
6. 人們直覺地發現自己的階級與素質。
7. 每個人都和他的父母，祖父母，曾祖父母……隸屬同一個階級。
8. 人們的孩子，孫子……都和他是隸屬於同一個階級。
9. 倘若人們表現得不同於他的祖先所屬的那一個階級，這也只是個表相。他們是假裝的，藉此欺騙大眾，但他們的真面目遲早會被發現。他們一旦接受大眾目光的檢測，就會顯漏出他們原先隸屬的階級的特質。

對病患概念所做的評估

就社會學的概念而言，「階級」可算是個有用的抽象觀念（Davis & Moore, 1945；Warner & Lunt, 1973），但是一旦人們將「階級」這個概念運用到個人價值的判斷上，那這個概念就毫無用處了。階級概念假設一個根本就不存在人身上的特質——內在的階級，它表示每個人價值的高低皆由繼承而來，這與個人本身的成就無關，同時也是無法改變的。它假設每個人的心裏都有個接近精神層次的階級制度。

對病患概念的合理對抗

1. 沒有證據（也沒有尋求證據的方法）顯示人們身上存在一個抽象的階級特質。
2. 既然是抽象的特性，如何能遺傳呢？
3. 即使我們認為這個抽象的特性的確存在人體，也沒有任何方法能研究每個人在個方面的價值是永遠不變的，也與這個抽象的階級概念有關。因為東西的價值都是人的主觀斷定，而非東西內在本來就具有價值。
4. 人們體內有哪個特定的物理質的、心智的、心理的、精神的或氣象學的因素，讓人們直覺地意識到自己的階級？
5. 除非用在社會學的理論之中，否則階級概念只不過是個隨意的抽象概念。某些人將階級概念套在其他人身上，但它卻沒有任何意義，它只不過是用來表示某些人對其他人的感受罷了。

說明

對於康德、柏克萊與洛克對於本體論與客觀現實所持的觀點，我們不和病患做抽象的辯論，因為我們知道所有的觀點都是主觀的；但是我們相信病患對於自己或外在世界所抱持的所有信念並非全都是合理的。

建議讀物

Nisbett 和 Ross 在 1980 年首先提出客觀自我評鑑的重要性。在 Low(1952) 的意志療法，以及他爲住過院的病人所成立的非專業機構（Recovery Inc.）中，客觀對抗法也是一種主要的療法。

事實上，所有的認知方法都教導病患如何更客觀地發現自我以及外在環境（Bandura,1997；A. Beck,1993；J. Beck,1996；Ellis,1988a,1995,1996；Lazarus, 1995；Meichenbaum,1994.）。建構治療師強調一個信念的適用性與合理性遠比支持這個信念的客觀現實還要重要。（Mahoney,1979,1988,1991,1993a,1993b, 1994）。

替代解讀法

基本概念

優先原則是心理學中一個重要的原則，它表示人們總是較注意事物給人的第一印象。這些第一印象可以是很多事物，例如：第一次搭飛機，第一次離家，第一次浪漫的親吻。

但人們對事物的最初的解讀往往不是最好的，很多病患感情用事地賦予一件事物意義，然後便一直執著於這個最初的解讀，假定它是最正確的。其實，人們之後才對事物所做的判斷才是較客觀的，但之後的判斷卻不如最初的解讀那樣深植人心。例如：一些人相信焦慮導致精神病，胸肌緊繃是心臟病的前兆，這些只是人們最初的解讀，但一旦將它們放進腦子裏，這些想法都是不易改變的。

很不幸的，對事物最初的解讀通常是很糟糕的，所以必須向有錯誤觀念的病患灌輸這個重要的概念，他們必須學著暫時不用最初的判斷來看事物，

改而尋求更多的資訊與更精確地了解整個情況。

方法

1.讓病患記錄他們一個星期中所有不好的情緒，用一兩個句子記下這件事或這個情況的成因，以及他們對這件事的最初判斷。
2.下一次繼續讓病患做這樣的練習，但要讓他們試著對每個事件找出至少四個解釋，每個解釋都必須與最初的判斷不同，而且每個解釋都必須是合理的。
3.下一步是幫助病患決定這四個解釋中，哪一個解釋是最客觀的。要注意你用的方法是合乎邏輯的，而不是單憑主觀的印象。
4.建議病患繼續發掘替代的解讀法，暫時不用最初的判斷，在有足夠的時間與空間時，才決定哪一個才是最正確的解釋。反覆這樣的諮商方式至少一個星期，直到病患可以自己做到這一點。

範例

狀況一

一名 25 歲的女子剛與男友分手。

最初的解讀：

一定是我錯了，我太差勁了，我想我八成永遠無法和異性發展長久的關係。

替代的解讀：

1.我遇人不淑。
2.我還不想太早放棄單身生活。
3.我與男友意氣不相投。
4.我的男友害怕對我或這段情感許下承諾。

狀況二

服用一年的鎮定劑之後，病人停藥了。隔天，他發現自己有些焦慮。

最初的解讀：

唉！我懂了，我需要鎮定劑使我免於焦慮，沒了鎮定劑，我一定會崩潰的。

替代的解讀：

1. 我覺得焦慮，單純是因為我失去依賴的支柱，令我心安的藥物沒了。
2. 在我停藥之前，早就覺得焦慮了，因此，可能有其它的事物造成我的焦慮。
3. 無論是吃藥或停藥，我已經覺得焦慮好幾千次，而焦慮只會持續大概一個小時，然後就好了。這次也是一樣的吧。
4. 我的體內少了鎮定劑，這令我覺得和以前不大相同，沒變得較好，也沒變得較差。我都將這種不同的感覺視為「焦慮」，因為我把所有異樣的感覺都當做很可怕的；但是我大可將這種異樣的感覺視為「不熟悉」，這樣一來，它就不如我所想像的那麼危險了。

狀況三

病患的丈夫說她的腿太粗。

最初的解讀：

我的雙腿真怪，我是個畸型，我覺得我不應該穿短褲，以免別人看到我畸型的腿。老天爺對我真不公平。

替代的解讀：

1. 他真是白癡。
2. 他是氣我沒準備好晚餐。他知道我對自己的體重相當敏感，所以用這種方式傷害我。

3.他現在正面臨中年危機，所以他希望我看起來像 18 歲，這樣他也會覺得自己年輕一點。

4.他本身就腿粗，他只不過將自己的缺點投射到我身上罷了。

狀況四

一名病患罹患曠野恐懼症已經 6 年了，在接受兩位治療師歷經 4 個月的諮商之後，她仍舊時常感到恐懼。

最初的解讀：

我一定是瘋了！我將永遠害怕外出，如果連兩名專業的治療師都幫不了我，沒人能幫我了。

替代的解讀：

1.我的治療師都不夠好。

2.他們用的方法都不適合解決我的問題。

3.我治療的時間還不夠久。

4.要治癒曠野恐懼症需要超過 4 個月的時間。

5.我根本沒下功夫。

說明

為了讓這個技巧更加有效，替代的解讀是否正確並不重要，最重要的是讓病患體會到替代解讀法是可行的，而且最初的解讀並不是最正確的，就因為它只是第一印象。運用替代解讀法來分析事物，可以幫助病患降低對最初解讀的執著，也讓病患可以將替代的解讀納入考量，最後找到一種不會傷害自己的方式。

建議讀物

許多社會心理學的研究強調病患信念的優先原則的重要性（Fishbein &

Ajzen,1975；Hovland ＆ Janis,1959；Miller ＆ Campbell,1959；and Petty ＆ Cacioppo,1981）。另一個相關的概念是「優先的假設」，它表示病患最初的認定是很強勢的，其影響力遠超過其它情緒的作用、認知作用和行為作用。（Haaga, Dyck & Ernst,1991；Beck,1996）

尋求合理信念

基本概念

　　就像許多治療學的方法，在對抗不合理信念的過程中，解決一個問題的同時，無形中卻又製造出另一個問題，成功的對抗法可以減弱不合理的信念，但它同樣地也驅使病患將注意力集中在這個不合理的信念上，這樣一來會導致負面的情緒，所以，對抗法事實上只是回頭處理對抗過程中所產生的負面情緒罷了。對抗法必須對抗不合理的信念，也必須同時處理它所引發出來的情緒問題。我們需要一個特別有效的對抗法，因為負面情緒常會強化不合理的信念。

　　一種更有效的對抗方法即是讓病患避免想起不合理的信念，因此也就不需要處理不合理信念所引發出來的負面情緒，這個尋求合理信念的方式就是這樣的。讓病患一曝露在現實環境的事件中，便能立刻產生合理的信念。透過這種諮商方法，病患用合理的方式來思考，而不須將心思放在打擊不合理的想法上。

方法

　　1.將病患容易感到焦慮的情況列一張表，這些情況可以是過去或現在的特定情況，也可以是病患可能面對到的普通生活情況。

2.準備好合理的信念或表達方式，供病患在遇到這些情況時可以使用。這些準備好的信念不可強調這些情況的好的一面或壞的一面，而只應採取一種客觀的觀點。花點時間找出對這個情況最合理的解釋。

3.將每一個狀況的成因寫在資料卡的正面，背面則完整地寫下病患必須說服自己接受的合理解釋。

4.至少六個星期，病患必要每天反複數次，讓這個狀況清晰地浮現腦海。

5.每當想像變得清晰時，病患同時也要清楚地想起必須說服自己接受的解釋。

6.病患必須不斷地重覆這個訓練，直到他們一遇到狀況，便能夠自動地找到合理的解釋。

7.倘若擾人的不合理信念進入病患的思考之中，他們必須立刻「停止思考」（Wolpe,1969），再試一次找尋合理信念的方法。

範例

以下是一些普通情況的案例，以及用得上的合理信念。

狀況一：害怕與陌生人見面。

合理信念：我有機會見到以前沒見過的，而且是有趣的人。

狀況二：對色情的夢感到罪惡感。

合理信念：色情的夢有時也很有趣。

狀況三：犯錯。

合理信念：我有機會學到新事物。

狀況四：被朋友拒絕。

合理信念：雖然不幸，但卻也不是什麼大災難。

狀況五：受到不公平待遇。

合理信念：我可以堅持公平的對待。

狀況六：害怕在大眾面前談話。

合理信念：我有機會表現自己，也讓別人知道我的想法。

狀況七：焦慮。

合理信念：焦慮雖然令人覺得不舒服，但卻不危險。

狀況八：覺得自卑。

合理信念：在某些情況的確如此，但在其它的情況下，就不然了。

狀況九：恐懼。

合理信念：恐懼只是我體內一些化學成份所導致的。

狀況十：受到他人批評。

合理信念：倘若他們是對的，我就學到一些教訓；但如果他們是錯的，那我大可不理會他們的批評。

說明

在解釋一個狀況的過程中，合理的信念雖然不是最好的解釋，但它卻是最真實的。在大多情況之下，治療師必須仔細地調查整個情況，以便決定哪個解釋最合理。

建議讀物

許多社會心理學的研究顯示，病患如果不被先前的信念所限制，那改變他們的態度的機率則較大（Brehm,1966；Brehm, Snres, Sensenig, & Shaban, 1996）。

現在，「合理性」已經是個具有負面意思的字眼。對一些治療師而言，它暗示了真的有種「客觀真實」獨立存在於個人心中（Mahoney,1994；Neimeyer, Mahoney, & Murphy,1996）。而這只是抽象的假設罷了，它的真確與否是不能用實驗的方法來求證的（Ayer,1952）。就連 Ellis 最近也用更具有建設性的觀點來看「理性情緒療法」（rational emotive therapy）。[從 1993 年開始有新名稱——「理性情緒行為療法」（rational emotive behavior therapy）]（Ellis,1988b；McGinn,1997）。但「合理性」有時也帶有較少的負面意思，它意謂著日常經驗的合理性，而且能用我們平常用的實驗方法來加以斷定。

（詳見本章的「邏輯分析法」）

功利主義的對抗法

基本概念

當一些客觀對抗法試著討論病患信念的合理性，並試著矯正病患邏輯推理的缺陷時，這時卻產生一種全然不同的客觀對抗法，這種對抗法不檢視病患信念的真實性，它只檢視病患信念是否有用。對於病患而言，信念的真實性是很重要的，但病患很有可能會停留在證實自己信念的真實性，而不再進一步考慮到信念是否有用。例如：我們終究會死，這是個合乎邏輯的想法，但若是病患在生命中的每個清醒的時刻，都將思緒集中在這個想法上，那這個想法就是毫無用處的。

這個實用的對抗方法可以有效地幫助病患，別將心思擺在合理卻毫無用處的想法上。功利主義的對抗法幫助病患檢視信念的實用性，而不單純只是信念的合理性。

方法

1. 將病患不合理的信念列個清單。
2. 將這些不合理的信念最常出現的情況列個清單。
3. 幫病患找出在每個情況中所應達到的目標。讓病患自問「我現在要達到什麼目標？」例如：當病患受到他人批評時，你可以為他建立一個目標，要他勇敢地面對不公平的批評，或公開認錯。
4. 讓病患檢查每個信念，自問究竟「這個信念是否有助於我達到目標？」
5. 不要管病患信念是否真實，只要幫病患達到預定的目標。

6.告訴病患每當相同的情況發生時，就要用實際的信念來取代不實際的信念。

7.幫助病患渡過每個狀況中的小細節，用有用的信念來取代無用的信念。

範例

1.**不實際的信念：她拒絕我，因為我是個糟透了的男人。**

目標：以後，我要盡量避免被拒絕。

有用的信念：她拒絕我，只是因為我做了她不喜歡的事（例如：不常打電話給她，不遵守約定），既然其他女人也討厭這種行為，而我想再也不想受到女人的拒絕，那我最好將這些行為改掉。

2.**不實際的信念：為了快樂，我必須抑制我的情緒。**

目標：讓自己快樂。

有用的信念：試著掌握不快樂的原因，每當我不快樂的時候，我就要試著了解這種情緒的成因，並盡我所能地改善這個原因，但我用不著去抑制自己的情緒反應。

3.**不實際的信念：我必須時常保護自己，以避免任何潛在的危險。**

目標：保護自己。

有用的信念：光是擔心並不足以保護自己。當面臨一個狀況時，首先，我必須決定它是否危險，如果狀況真的是危險的，那我就必須採取實際的行動來降低危險的程度，如果我根本束手無策，那我就試著接受吧！我一旦做了這個決定，我就繼續我的生活，因為再想這個問題也是無濟於事的。（Ellis & Harper,1998）

4.**不實際的信念：無論做什麼，我一定要做到最好。**

目標：做得好就足夠了。

有用的信念：要做到最好的方法，就是將我的時間與精力集中在我認為重要的事情上，而不要花太多心思在沒有用的事情上。但是，想要把每件事做得完美無缺，讓我浪費太多精力去做不重要的事，這也明顯地減少我達成

任何目標的機會。

說明

　　警告的字眼必須運用於功利主義的對抗法，質疑一個信念是否有用，這並無法對抗不合理信念，甚至還有可能會強化這個不合理的信念。例如：直接針對「我比不上別人」的信念進行討論，比起建議你改進自己的方法更有效。

建議讀物

　　實用主義者認為從探索意義、知識與真理如何影響我們判斷與解決日常生活的問題這個層面著手，我們更能了解意義、知識與真理是指什麼。杜威（John Dewey）是最具影響力的思想家與領袖（Dewey,1886,1920），更早還有 John Stuart Mill 從倫理學的角度提供見解。

去自我化

基本概念

　　去自我化，也就是一個人將自己從自我形象中分離出來，雖然這常被人認為是精神分裂的症狀。在這種情況下，一個人所意識到的自己會變得不熟悉與不真實。（Cameron,1963）這情況是很危險的，因此大多數的心理健康專家不鼓勵使用這種方式，以避免增加諮商過程的危險性，但是根據我們的經驗顯示，適當地運用失去自我化這個技巧，其實是挺有用的。

　　去自我化位於這條線的一端，而在線的另一端是同樣危險的「高度自我化」。有些人高度自我化，過度主觀，並將自己視為是周遭所有事情的導火

線，注意力過度集中在自己身上，將會導致意志消沉與過度的自省。我們認為「正常」的對於現實生活所持有的信念與「正常」的行為則位於這兩個極端的中點。縱使是一個「正常」的人有時也會在兩個極端之間搖擺不定。以下線段則表示高度個人化、正常情況與避免個人化。

高度自我化──────────────正常──────────────去自我化

　　高度自我化的病患總是將事件的成因歸咎到自己身上，但是他們都錯了。他們認為問題的成因來自於自己，當他們生活面臨難題時，他們總會試著改變一些自認為存在自己身上的缺點，而不會試著去改變周遭環境，例如：具有曠野恐懼症的病患會試著抑制自己的情緒來減少焦慮，而不是試著去找出環境的因素。過度自我化的病患甚至會將事件最重要的成因歸咎到自己身上。

　　治療師發現他們可以將高度自我化的病患的思考角度，從線上的極端轉往另一個極端──去自我化，但治療師的目標並不是將他們帶到去自我化的極端，而是依照病患自責的程度，將病患逐漸帶往「正常」的區域。我們假設病患在治療之後，真的會往失去自我化那一側前進。

　　去自我化的第一步是不再將一切事情的成因都歸咎於自己，治療師會幫助病患像個外人一樣，從外面看自己，將自己視為環境力量的接受者，而不是將自己視為所有事件的成因。病患需要由所見的統計資料，來找出事件真正的成因，而不是過度的自責。

方法

　　1.讓病患列出 20 件最近經歷過的不愉快事件。

　　2.記錄下病患自認為自己導致所有事件的成因。（就是這些信念導致高度個人化）

　　3.教導病患試著去尋找自身以外的事情的成因，運用科學方法，尋找這

些不愉快的事件背後的刺激物、強化物與外在環境的原因。將所有來
自自身的原因看成是外在的。

4. 當有多重成因時，就使用簡約法則，也就是先用最簡單的解釋拿來做
為事件的成因。

5. 讓病患記錄下每天發生的事，以及事件來自自身或外在的因素。再教
導病患將自己與其他人都視為環境影響的接受者。

6. 一旦病患不再為環境的因素承擔事件的成因，再試著教他們解決事情
的方法，可以藉此改變環境。

範例

高度自我化的最佳例子就是病患過度相信自己的直覺，病患認為他們心
裡對於事件的對與錯有正確的判斷力，他們重視這種判斷力，並認為這種判
斷力是他們得到所有知識的方法。然而有許多病患卻直覺地告訴自己，自己
是很糟糕的、邪惡的、得為每件事受到責備的。這就是高度自我化的極度表
現，病患認為對於對錯的判斷是他本來就具有的能力，他不需要客觀的思考。

但是人內在真的有這麼一股判斷對與錯的直覺嗎？那些認為「我打從心
裡知道我是對的」的病患認為真有這股直覺，而且這股直覺是錯不了的；然
而這個世界上真有不須研究與邏輯推理，光靠第六感的直覺就能得到的真理
嗎？

為了測試一下這個理論是否可行，我決定不事先告知我的病患。我要他
們將注意力集中在接下來會遇見的 10 個人，他們只要先將自己的感覺記錄下
來即可，不需立刻表達意見；但之後的結果顯示，在他們認識所見到的這 10
個人之後，我發現他們對這 10 個人的感覺與原先的感覺竟有高達 60% 的誤
差。

當我們研究病患的直覺為何大多時候是錯的時，我們找到一個最重要的
因素——個人偏見。雖然人們並沒有意識到它的存在，但人的判斷力卻受其
荼毒而不自知，它潛伏在某些人的思想中，好像是受長期訓練所培養出來的

特定反應。

這是關於病患直覺的秘密，病患所謂的直覺，以及可以讓他們看清所有的事情的判斷力，其中只有一項成份——偏見。很多人從小就被灌輸概括的觀念，當他們遇到某種人事物時，他們過去的經驗中所遭遇過類似的人事物便會跳出來，主動地影響到他們對眼前的人事物所做的判斷，這完全用不上邏輯推理。

但是病患的直覺常常是不準的，因為他們的直覺只是對他們所見的人的外貌、聲音、工作、居住地與國籍的偏見。

說明

以上所言都是對直覺的負面評論，但正是將直覺看得太重要才會導致過度自我化。病患一開始並不願意放棄他們對直覺的崇拜，但最後他們也都說服自己放棄原先的信念了。

對於治療師而言，他們必須區分何時可以採用「失去自我化」這種方法，憂鬱症的病患常常是高度自我化的，他們自以為不會出錯的直覺告訴他們，自己得為周遭所發生的每件事負責，此類病患便可以使用此種療法。但是有些人卻不能採用這種治療法，例如：吸毒者、虐待配偶的人、小偷、犯罪青少年、以及有暴力傾向的病患，他們都是否認自己與自己的行為有關的人，他們都不想為自己的行為負責，轉而責備身旁的人，若讓他們接受失去自我化的治療，那情況將更加惡化，其實他們需要的是讓自己「高度自我化」的療程。

建議讀物

Rachman（1997）雖然不使用「高度自我化」這個名詞，但他發現過度重視自我的病患將自己的想法看得太重要，這些病患認為自己是關鍵性的人物、具有非凡的意義，而且非常有能力。

Watkins 在 1976、1978、1980 與 1981 年的著作中，他在談論多重人格

的文章中提到失去自我化與將自己與行為分開的概念。Sober-Ain 和 Kidd 兩人在 1984 年的著作，以及 Taylor 和 Fiske 兩人在 1975 年的著作中也同樣討論高度自我化與失去自我化之間的因果關係。MaGinn 和 Young 兩人在 1996 年提出的基模焦點療法中，也用失去自我化的方法幫助病患將自己與自己具危險的想法分離。

公眾的解讀法

基本概念

在前一部份，我們談到高度自我化與失去自我化的概念。除此之外，尚有一種探討病患如何看待他們生活周遭事件的方法，也就是將所有事件視為具有私自與公眾兩種解讀方式。

私自的解讀與人們經歷外在的事件時所產生的情緒反應有關，所以私自的解讀是很主觀的，但公眾的解讀卻是從旁觀者的角度來看事情。私自的解讀與公眾的解讀之間的不同就猶如我們不小心將槌子打到腳上的感覺與我們看著別人受到這種災厄的感受是不一樣的。

幫助病患學著用失去自我化的方法，讓自己的信念不再受到強烈的情緒因素的誤導，若要成功地運用這項技巧，需要很長的時間。因此我們有另一個替代的療法，我們可以幫助病患在遇到令他們難過的事情時，將眼光從自己的角度轉移到大眾的角度。

方法

1. 教導病患如何區分他們所察覺的事件以及他們對這件事的看法之間的不同。

2.幫助病患從自己與公眾的角度來看這件事，至於一件事的公眾意義則可從其他人身上看到。教導病患必須客觀地檢視每件事。我們必須提醒病患他們既然已經從其他人身上知道公眾的看法了，他們就必須試著讓自己對一件事的看法接近公眾的看法。

3.從私自的解讀轉移到公眾的解讀，病患必須學著避免以下情況：情緒的劇烈起伏、極度的自我反省、以及某些不切實際的假設。顯而易見地，這並不容易做到，但病患可以努力地用客觀的方式來看事情。

4.向病患解釋何謂公眾的解讀之後，幫病患為時常發生的事件列一張表，並讓他們為每件事列出私自與公眾的解讀。

5.病患一開始會自動用私自的解讀來解釋所遇見的事情，但他們必須學著用公眾的解讀來看一件事。透過不斷的練習，病患會漸漸學著用客觀的方式來看待周遭發生的事，最後終究能用公眾的解讀來取代私自的解讀。

範例一

事件一：感到焦慮。

私自的解讀：我快死了。

公眾的解讀：腎上腺素以及其它的化學成份流進我的血液裡，所以我才會覺得焦慮。

事件二：受到別人的批評。

私自的解讀：我一定做錯了什麼，我真是事事不如人。

公眾的解讀：有人不認同我做的某些事情，然而他們為什麼不認同我的原因則有待商榷。

事件三：商業計畫失敗了。

私自的解讀：我不能勝任，我是個失敗者。我正從成功的階梯往下滑。

公眾的解讀：我的計畫與準備沒有效率。

事件四：辯論輸了。

私自的解讀：我是個軟弱的人。

公眾的解讀：關於這個主題，對方可能懂得比我多，他也有更多辯論的經驗。

事件五：朋友很少。

私自的解讀：我根本就不討人喜歡。

公眾的解讀：我沒試著去交朋友，我待人的方式也不夠好。

事件六：不擅長運動。

私自的解讀：我是個糟透了的男人。

公眾的解讀：我只是缺乏練習罷了。

事件七：比 17 歲時重了 15 磅。

私自的解讀法：我不再自我節制了。

公眾的解讀：一個 37 歲的女人的新陳代謝沒辦法像十幾歲的女孩子一樣好。

範例二

對恐懼的私自解讀常是：有些恐怖的事即將發生，而我無論如何必須避開這些恐怖的事。而公眾的，也就是較為客觀的解讀法是：危險的事可能會發生，但也可能不會發生，必須根據真實情況，才能決定是否真的有危險。病患必須有人指導，才能讓他們避免主觀的想法，改用公眾的解讀來面對危險。以下五條原則對病患是非常有用的。大致上，以下五點對危險的認識算是客觀的。

1. 有些危險是真的會發生的。但若是擔心床底下有怪獸，這就是不合理的恐懼，因為怪獸根本不存在，所以根本不能傷害我們。有些病患害怕巫師與巫婆，這也是同樣毫無意義的。

2. 恐懼的強度與潛在的危險程度是成正比的。腳上只扎到一些碎片便覺得糟透了，這是很不適當的，因為恐懼的程度比起潛在的危險程度要大得多。有些病患只要在大眾面前有些微不合宜的舉動便覺得糟透

了，這也是同樣毫無意義的。

3.恐懼的程度與發生危險的可能性成正比。但是如果有人擔心被流星打到，便是不合理的，因為那不太可能會發生，另外有些病患則非常害怕諸如墜機這樣不太可能發生的事，因為與車禍相比，發生墜機的機率顯然是較低的。

4.危險是可以控制的。但若擔心太陽變成會爆炸的超新星，那就是毫無意義了，因為那並非人力所能控制。許多病患擔心會得到潛伏的傳染病，這也是同樣毫無意義的。

5.恐懼是對自己有益的，因為它讓人能提高警覺，避免危險。但若時時擔心自己會「因緊張而崩潰」，這樣的想法是無法幫你解決問題的。

說明

很少病患能夠掌握這種技巧。因為個人情感在作遂，對於一件事，我們很容易受到個人眼光的限制，但有些病患，他們卻能用更好的方法來消除恐懼、減少悲傷或彌平忿怒。

建議讀物

Aaron Beck 運用一個相關的概念——「遠距離」，同樣降低病患情緒的強度。（Beck, 1967,1975,1993；Beck, Emery, & Greenberg,1985）

斥責不合理信念

基本概念

斥責不合理信念是項簡單卻又有效的技巧，它能有效地幫助無法自行判

斷自己想法的對錯的病患。有了 Ellis 所發展出的這項技巧，治療師可以要求病患以可分析的方式來表達自己的想法，並回答一連串關於這個想法的問題，這些問題的內容是毫無限制的。

如果希望這項對抗法能成功的話，病患就必須加強自己客觀思考的能力，並緊緊地依循證據至上的原則。若要成功地運用這項對抗法來治癒病患，記住在分析概念時，一定得有清晰的思路，同時也要仔細避免離題，以上這兩個要素都是很難掌握的。「斥責不合理信念」這項對抗法，對於太沉迷於抽象概念的病患是非常有效的。

方法

1. 在測試病患信念的合理性時，建議他們依序回答下列的問題。

    (a)究竟是哪個想法困擾著你呢？

    (b)你能為這個想法提供合理的證據嗎？

    (c)有哪些證據能證明這個想法是錯的？

    (d)有哪些證據能證明這個想法是對的？

    (e)就真實性與客觀性而言，如果你繼續相對這個想法，可能會發生哪些事？

    (f)如果你不再相信這個概念，那又有哪些事會發生呢？

2. 讓你的病患試著將這一連串的問題運用到每個想法上，他們可以自己在家練習，但必須向你報告他們分析自己概念的結果。在報告時，或處理不斷持續的問題時，我們得採用別的認知技巧來治療。

範例：理察的故事

理察是我的病患，他因為和與交往兩年的女友分手而感到沮喪與痛苦。其實他們兩人一直處得不好，單純是因為覺得孤單才會一直在一起，他們常因為意見不合而爭吵，各自都覺得對方需要好好檢討改進。最後終至於無法挽救兩人的情感，必須分手。

遇到這種令人沮喪的事,病患常認為是自己不夠好,所以女友才會離她而去。在我的建議之下,理察決定好好分析自己的這種想法是否正確。

1. 究竟是哪個想法困擾著你呢?答案是:「我覺得我配不上她」這個想法困擾著我。

2. 你能為這個想法提供合理的證據嗎?有哪些證據能證明這個想法是錯的?答案是:不,我沒辦法拿出證據證明我的想法是對的,我的好與壞必須從很多角度加以衡量,我認為自己很糟也只是我主觀的看法,我對自己的評價可能會隨著與她相比的特質而改變。此外,我「基本的」價值根本無法衡量。

3. 有哪些證據能證明這個想法是對的?答案是:沒有任何證據證明我配不上她。她的確有某些特質是我所不及的,例如:她比較合群,比較受歡迎;但是我的思路比她更清晰,做事也比她更負責任。我們是同等價值的。

4. 如果你不再相信這個概念,那又有哪些事會發生呢?答案是:我可能很快就會忘記她,並結識更好的女孩子。

5. 就真實性與客觀性而言,如果你繼續相對這個想法,可能會發生哪些事?答案是:我會繼續表現出毫無自信的樣子,如此一來,她們更容易拒絕我了。在我不斷受到拒絕之後,我會覺得自己愈來愈沒有價值。

建議讀物

此種對抗技巧是從 Ellis 的治療法中演變出來的。至於原先的治療法則記錄於 Ellis 於 1974 與 1996 年的著作,以及 Ellis 和 Whiteley 兩人在 1979 年的著作中。

邏輯分析法

基本概念

　　客觀的對抗方法有時也會採用心理學以外的方法，這種情況非常常見，其中最重要的一項便是邏輯分析法，此項方法奠基於知識論、演繹法、歸納法、以及語言分析的原則。

　　邏輯分析法的某些要點能用於諮商中，藉此方法可以消除病患具危險性的空想。可以了解的是，既然有某種想法導致病患的不安心理，治療師便透過認知的方法來評估病患想法的合理性，並改善所有隨著錯誤想法而來的情緒問題。

　　一般說來，邏輯分析法從以下幾個層面來分析病患的想法：（一）病患的想法究竟意義何在；（二）病患知不知道要如何矯正錯誤的想法；（三）病患是否有足夠的理由能支持自己的想法是對的（Wilson 於 1967 年提出）。

　　說的更明確一點，邏輯分析法包括以下將要介紹的五大步驟，其中有許多技巧都是彼此相關的。倘若我們將這些步驟類比成法庭上的一場審判，那這些步驟便較容易理解。心理治療師得讓病患想像自己所有的想法正接受法庭上的審判，而病人本身則是法官與陪審團，因此病患的工作就是判定每個想法是否真實與合理。認知的法庭就像其它的法庭一樣，已經建立一套審判的程序，先提出訴訟與反訴，再檢驗原告與被告雙方的證據，最後，在仔細的考量之後，判定每個想法事否合理。其判定的程序如下：

步驟一：將感覺說出來（提出指控的罪名）

基本概念

　　法庭中會發生的第一件事是被告被指控犯了某種罪，但是指控並不是泛不著邊際的，檢察官並不會說：「庭上，被告因為不是好人所以受到指控。」指控應該是詳細的報告，例如：「史密斯先生因為於 7 月 10 日當天晚間 10

點半時，在第五街與緬恩街角造成車禍，之後又逃離現場，因此他被控有罪。」

　　病患對於自己或對整個世界的想法，卻很難做出如此明確的指控，病患常常爲了不安的情緒而求助於治療師，但他們只會用含糊的方式來表達心中不愉快的感覺，而不是用明確的言語將感覺表演出來。大多數的病患並不知道許多情緒表達的背後隱藏的是自己對於這個世界的看法與見解。

　　依常理而言，儘管情緒的表達並無對錯可言，但是情緒表達背後所隱藏的看法卻有對錯之分。因此，邏輯分析法的首要之務便是發掘出病患情緒表達背後所潛藏的真正想法。

方法

1. 讓你的病患將擾人的情緒列出來，並要求他們盡量將自己的感覺說出來。
2. 挖掘究竟是怎樣的想法導致病患的不安情緒。爲病患可以進一步分析的陳述，加上你有用的論點。（這些論點的對錯是可以確定的。）

範例

病患的陳述：我好害怕。

　　背後的想法：總有個東西，我一直怕它會對我產生危險，但我不知道他是什麼。

病患的陳述：我討厭男人。

　　背後的想法：男性活該受到輕視。

病患的陳述：不快樂的感覺糟透了。

　　背後的想法：人最慘的事莫過於覺得不快樂。

病患的陳述：我很差勁，因為我沒錢。

　　背後的想法：人的價值在於他擁有多少財富。

病患的陳述：那不應該發生在我的身上。

　　背後的想法：世界是依照著一個宇宙的秩序在運轉，但當我發現這個宇宙致序受到破壞時，我可以向這個世界提出抗議，因爲這是合理的。

步驟二：為想法下定義（究竟犯了什麼罪？）

基本概念

在法庭之中，一旦檢察官對被告提出指控，檢察官就必須說明被告究竟是犯了什麼罪，而不能只是含糊地說「庭上，我們就是不喜歡他的所作所為」，檢察官應該確切地說「離開事故現場違反了本市的法規第 5039 條」。

同樣地，一旦病患以可分析的方式，明確地說出自己的情感，如此一來，治療師便可協助病患為自己的主張或想法下更明確的定義。病患表達自己想法的言語並不是最好的溝通方式，因為人們總會將溝通的方式複雜化，例如：人們常用模糊的抽象概念、過度的情感宣洩、或一些自己能接受的陳腔濫調，諸如此類的方式來表達情感，或者表達自己對自己情緒反應的認知。因此，治療師的任務便是協助病患用最具體與明確的方式，為自己的想法下定義。

方法

1. 列出主要的想法：讓病患列出他們主要的想法，並用可分析的語言來表達。

2. 將想法具體化：一次只討論一種想法的表達方式。仔細地討論每個字，要求病患用字盡量明確與具體，對於病患你或許需要以下的建議：

　　字有不同的抽象程度，為了有效地分析你的想法，我們需要採用意思最具體的字，例如：「這張桌子」（同時指向你身邊的一張桌子）就是個具體的東西，這個宇宙中也只有一張桌子是我所謂的「這張桌子」；但是我們可以換一個抽象一點的說法，改說「房裡的桌子」，因為一個房間裡有很多桌子；我們也可以說「一種家具」；甚至更抽象地說成「房裡的東西」。就這樣，我們的表達方式從具體漸漸轉為抽象，請注意，當我們說「房裡的東西」時，這個詞其實並沒有多大的意義，因為我們根本不知道它指的是什麼。例如：當我們問「這個「房裡的東西」是咖啡色的嗎？」，我們將會發現我們無法回答這個

問題，因為「東西」所指太廣泛了，我們必須很確切地知道我們所談論的「東西」究竟是什麼才行。

要了解我們的想法也得運用相同的方法。倘若我們要了解「我一定要很有錢才會快樂」這句話究竟指什麼，我們就得仔細探討「一定」、「很有錢」、「快樂」的意思。如果你認為「有錢就是成為百萬富翁」，那你大可思考一下是不是所有的百萬富翁都是快樂的；你也可以思考一下人的快樂程度是不是與他所擁有的財富成正比。但如果你所謂的「有錢」代表「不貧窮」或「能求個溫飽」，那我們要思考的問題就會大大地不同了。

3.讓病患詳細說明他的想法。提出一連串問題，幫助病患釐清他的想法。例如：對於認為「我是比不上別人的」的病患，治療師可以問他們以下的問題：「你覺得自己哪一部份比不上別人？你一直都比不上嗎？你怎麼知道自己永遠都比不上別人呢？你究竟是跟誰比？什麼時候讓你覺得自卑？你總是覺得自卑，還是偶爾而已？「我是比不上別人的」這個句子中，「我是」是什麼意思？你所指的自卑是何種程度的呢？你是真的輸別人很多，還是些微比不上而已？你是根據什麼標準才認為自己不夠好呢？這個標準是否正確，或是你早已認定自己不夠好，才捏造出來的一套標準。」

4.改寫病患的想法：病患陳述想法的句子中的每個字的字義變得具體之後，病患便可以重新定義自己的想法，重寫他之前描述自己想法的句子。例如：一個男性病患認為他自己比不上其他的男性，縱使這個想法起初是很模糊抽象的，但在我們仔細界定病患的這個信念之後，我們可以重寫他原先用來陳述自己想法的句子，如下：

我是個差勁的男性，因為我勃起時的性器官比書上說的正常長度短了 1.5 公分。

在看過這個改寫後的句子，病患會說：「唉呀！我有這種自卑的想法，真是蠢極了。」

5.練習：讓病患學著爲他們所寫的句子做更具體的解釋，直到他們知道
　具體描述自己的感覺是多麼的重要。

步驟三：找出病患想法背後隱含的意義（違反的法令究竟是指什麼）

基本概念

　　在法庭之中，檢察官不僅會念出被告所違反的法令，他還會仔細地解釋該法令的每個細節，如此才能表示出被告究竟是做錯了什麼。例如：檢察官會仔細地解釋何謂「預謀」，或者他會仔細說明「自願」行爲與「非自願」行爲的差別。

　　之前提到爲想法下定義的方法，會讓人誤以爲它單純只是放任病患去相信自己所抱持的錯誤信念，或單純只是用某個從字典中查到的字詞來解釋病患的想法。事實上，爲想法下定義的過程是比這還困難得多，因爲病患希望對自己的想法做出的解釋，往往是與一般人的想法不同的，就連編字典的學者對於病患賦予某些字詞的新用法，也常覺得新奇。例如：「真正的男人」意謂著「能產生精子，使卵受精的性別」。（字典的定義）但他也可以指「一個外表很酷、體型高大壯碩、性器官明顯、身體多毛的、喜歡喝酒與看足球賽的男人」。（病患的定義）當我們在爲病患的想法下定義的時候，我們會想知道病患是用了哪些字眼，而他們又賦予這些字眼哪些意思，因此，我們並不採用字典上的定義。有個好方法可以找出病患言詞背後所隱藏的意義，英國的哲學家威爾森（James Wilson）已經建立一套「概念分析」的技巧，治療師正好可以用這種方法來了解病患的想法，這也是治療師所使用的方法中最有效的一種，它必須假設有一種示範的情況，以及一種對照的情況。

方法

　　1.示範的情況：在前一個步驟中，你的病患已經用可分析的方式表達出

自己的想法,你與病患可以一起從中找出一個最佳例子,這個例子必須讓每個人都認同它是個好例子。

案例:Daphnia 因為很強烈的罪惡感,所以求助於我。她覺得自己很壞、不道德、甚至是邪惡的。她認為她該受到懲罰,因為她多次傷害她所愛的人的情感。

為了判斷她的行為是否真如她所說的那麼「壞」,我請她想出一個公認的惡劣行為。她想起她曾在報紙上看到的一則新聞,就在幾年前,有三位獵鹿人,他們一整天都沒有收獲,便坐在山頂上發呆,他們突然發現有個男人在下面的山谷中走著,這些獵鹿人從沒見過這名男性,但他們竟然開始射擊這名男性,以此作樂,那個男人雖然努力想逃跑,但是最後仍死在這些獵鹿人的槍下。事後,這些獵鹿人將死者留在原地,竟然自己回家吃晚飯了。我同意 Daphnia 將這件事當做一個例子,因為不管是誰聽到這件事都會覺得它是件「壞事」。

2.對照的情況:選出一個與上述情況相對照的情況,這個對照的情況與示範的情況類似,但大多數的人反而不會認為它是件「壞事」,也就是說,無論有多糟糕的事發生,我們仍不會稱它是件「壞事」。

案例:(我與我的病患一起選出以下的這種情況)有個人開車經過一條羊腸小徑,路旁滿是大樹與落葉。當時天色已暗,因此他不敢開得太快,此外,他也沒喝酒。突然間,有個小男孩從路旁的草叢中衝了出來,這名司機一看到有人在車子前面,便趕緊踩煞車,但車子的煞車卻失靈了,結果他還是撞死了小男孩。他想救這個小男孩,卻發現為時已晚,於是,他通知警察並留在現場等警察過來。

3.比較示範的情況與對照的情況:想一想有哪些示範情況中所具有的條件,在對照的情況中卻沒有出現。也就是,比較兩組情況的不同點與相同點,並將它們列出來。

案例:當我們檢視示範的情況時,我們發現有以下六個條件,才使這些獵鹿人的行為成為公認的邪惡行為。

(a)一位身份不詳的人被殺（有壞事發生了）。

(b)這三個獵鹿人殺了他（獵鹿人做出了這樣的事）。

(c)獵鹿人並沒有理由殺他（太不公平了）。

(d)獵鹿人最後還是殺了他（可見是故意的）。

(e)獵鹿人本來可以不殺他的（他們有自由意志）。

(f)獵鹿人知道自己在做什麼（他們是有意識的）。

當我們檢視對照的情況時，我們會發現其中只有幾個類似的條件出現。

(a)一個小男孩被殺了（有壞事發生了）。

(b)這位司機殺了他（他做出了這樣的事）。

(c)這位司機並沒有理由殺他（太不公平了）。

4.決定哪個或哪些原則是這個想法能夠成立的必要條件，一次去掉其中一條原則，看看病患的想法是否依然能成立。倘若缺少了這個原則，導致病患想法不合理，那這條原則便是必要的了。

(a)例如，我們試著刪掉第一個條件。我們能不能在沒有任何壞事發生之前，就評斷說獵人做了「壞事」呢？如果他們不是拿槍殺人，而只是往鐵罐子開幾槍的話，那也算是做了「壞事」嗎？當然不是了。倘若沒有人被殺或受傷，我們就不能把它稱做「壞事」。

(b)我們試著刪掉第二個條件。如果死者的死因不是人為的，那還算是一樁「壞事」嗎？當然不是，因為如果死者是遭到閃電擊中而死，那就不是那些獵鹿人的錯了。

(c)我們試著刪掉第三個條件。如果那些獵鹿人有充分的理由可以殺死死者，那也算是做了「壞事」嗎？當然不是，這就像警察有權擊斃現行犯一樣。

(d)我們試著刪掉第四個條件。如果獵人不是蓄意殺人，那還算是一樁「壞事」嗎？當然不是，正如司機的案例中，我們不認為司機有罪，其中一項原因是因為他不是蓄意的。

(e)我們試著刪掉第五個條件。如果這殺人的案例是無法避免的，那還

算是一樁「壞事」嗎？當然不是，想一想，如果一個小孩子的手被大人抓起並敲打自己的姊妹，那麼這個小孩就不應該為打姊妹這件事而被罵。

(f)我們試著刪掉第六個條件。如果人毫無意識到自己的所做所為，那我們能說他做的壞事是錯的嗎？當然不是，如果長期患有精神病的患者，因為幻想受到敵人攻擊而殺了人，那麼他應該是無罪的。

如果要說某個行為是「壞的」，所有上述的條件都要具備才行。同樣地，若運用在 Daphnia 的案例之中，只要有其中一個條件不具備，那就不能說自己做了壞事。

開車撞死小男孩的司機不需負責任，因為他缺乏獵人案例中所具有的三個條件：蓄意殺人、具有自由意志、知道自己在做什麼。很明顯地，人不能沒有理由，單單因為傷害了其他人，就說自己自己很壞。如果人真的因此而感到有罪惡感，那他就錯了。病患想法的不合理之處，不僅僅只是表達時的字詞之爭，而是攸關生命的重要事情，是必須好好矯正的。就因為有多了 d、e、f 這三個條件，獵人被控謀殺，而司機的案例中則因為少了這三個條件，所以被認為只是運氣差一些而已。

5.當你已經分析出重要的原則時，將這些原則運用於病患的其他信念之中。

案例：Daphnia 發現自己再也不能說先前的行為是「壞的」，因為她的行為並不具有上述所有的條件，有時她認為自己所做的壞事，根本不具備以上的條件。

Daphnia 對自己想法中的不合理處所做的了解，使她在之後的諮商中能運用其它認知重建的技巧。

步驟四：檢視所有支持病患想法的證據

（陪審團檢視犯罪證據）

基本概念

在法庭裡，雙方律師會提出對被告有利與不利的證據，而陪審團必須檢視這些證據。諮商的過程也是一樣的，病患與治療師採用歸納法，檢視支持或反對病患想法的證據。

有很多病患不會運用歸納法思考，也就是無法從具體的事實中歸納出結論。他們不是依照證據，而是用直覺的猜測來下判斷，然而猜測往往會導致對事件的誤解，如此一來，又產生更多情緒的不安。如果能教這些病患一些基礎的思考原則，那他們就不會隨便臆測，也因此減少這些胡亂臆測所產生的不安與痛苦。

有很多方法可以教導病患如何運用歸納法思考，有的方法很複雜，必須具備良好的哲學的背景，[我在之前的著作（McMullin,1986,pp.225-266）有談論過]。但在臨床的操作上，我發現一種較簡單的方法，同樣也能教導病患如何運用歸納法思考，它就是「圖像分析法」。

要了解何謂「圖像分析法」，我們必須先思考「證據」究竟所指為何。在邏輯推理上，證據代表二個東西，甚至更多東西之間的關係。我們也可以將它視為科學的字眼，證據即代表兩種事物之間的關聯性。在法庭之中，要探討的可能是罪行（例如：偷車）與被告被揭發的罪行（例如：有目擊者看到被告進入車子或警察在被告偷車時當場逮住了他）之間的關聯性。

在作心理治療時，我們也會運用相同的方法。治療師與病患共同為症狀找出可能的成因。例如：治療師可能會找尋用藥與躁症病患症狀間的關聯、喝酒與毆打配偶之間的關聯、對自我評價與成功率的關聯、或者是病患的沮喪情緒與婚姻之間的關聯。

因此，為了搜集證據，治療師與病患必須找出症狀究竟與哪些可能的成因有關聯，但是這個尋找的過程卻很難，因為一個症狀可能有無數個成因，你要如何決定哪些成因是與症狀有關，而哪些成因又與症狀無關呢？圖像分析法提供了一種方法，讓我們只須分析與病患病症有極大關聯的成因。

現在，我對於我的病患幾乎都採用圖像分析法，而成果也相當不錯。圖像分析法對於能自己找到成因的病患也是一種重要的技巧。

方法

1.在圖表上先標出兩個或更多的成因，這對你以及病患都是非常有用的（例如：你想知道究竟是什麼造成 Fred 的焦慮，你便先假設問題是由 Fred 的婚姻或工作所造成的）。

2.在縱軸上，畫出我們所要探索的症狀以及情緒、行為的強度。（如 6.1 圖，我們標出 Fred 焦慮的強度）。

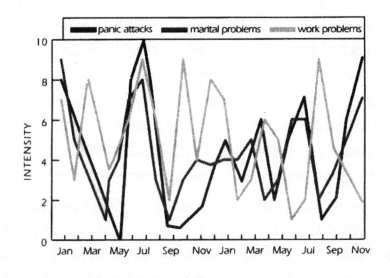

圖 6.1

3.在橫軸上，我們記下症狀或行為發生的時間，你可以用小時、星期、月、年為單位。這個圖表可以涵蓋病患一生，（因此這個圖表被稱為終身圖表）；這個圖表也可以只記錄心理創傷產生之前與之後某段時間內的情形，（如果 Fred 兩年前發病，你便可記錄他這兩年來每個月

的情況）。

4. 標出其它你認為與病患症狀、情緒與行為表現有關的成因，（你可以在縱軸上畫出 Fred 問題的強度與他的婚姻與工作的關係。）

與你的病患一同討論這些線條之間的關係。（我們可以根據圖表告訴 Fred，他在工作上面臨的難題與他的焦慮感看來是無關的；但是他的焦慮感與他的婚姻情況卻有很大的關聯，但是單從圖表，我們無法知道哪個是因，哪個是果，必須在進一步的探索之後，才能知道彼此的關聯了。）

所有與病患症狀有關的成因都可以記錄在這個圖表裏面，以下的例子來自多位不同的病患，以及可以加以探討的成因。

範例

圖表 6.2 顯示 Karen 的快樂與她的依賴程度是成反比的。她越依賴其他人，她便越不快樂。她曾在小時候受到性侵害，在兩次的婚姻中都受到丈夫的毆打，因此，只有獨立生活時，她才是最快樂的。

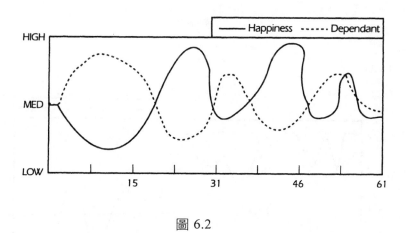

圖 6.2

圖表不僅能畫出一個病患的狀況，也能畫出一群病患的某種症狀。圖表 6.3 結合了 244 位病患酗酒的情況與快樂程度之間的關聯性，這 244 位病患來

自於 3 個國家的 4 種不同醫療單位。這些樣本中，並沒有經歷特別糟糕的童年的酗酒病患，這些樣本分佈很平均，其中 40%的病患有快樂的童年，19%的病患則是普通，而 41%的病患則有不快樂的童年。當他們開始酗酒之後（大約在 13、14 歲左右），他們便開始覺得很不快樂。圖表 6.3 顯示，病患們在 35 歲時一度戒除飲酒的習慣，但之後又開始酗酒。大致上，圖表顯示病患的快樂程度是與他們酗酒的情況息息相關的。

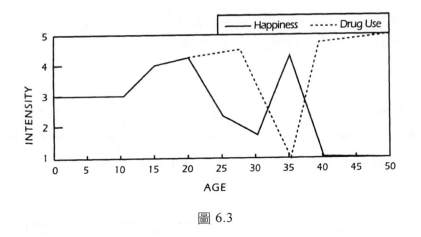

圖 6.3

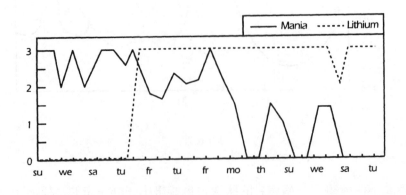

圖 6.4

　　圖表可用於尋找有效治療病症的方法，也有助於找出造成某些症狀的原因。圖表 6.4 顯示鋰鹽對於 Alan 的精神疾病具有療效，在連續 7 天使用足夠的藥量後，便逐漸具有功效。

　　圖表也能用於尋找認知與行為的關係。圖表 6.5 呈現 5 個指標，它可用來評斷精神病患是否能成功地重回社會，或得繼續留在醫院。線段越高，就表示病患越能接受這項信念，5 代表病患強烈認同該項信念，1 代表病患完全不認同該項信念。由圖表可知，能重回社會的病患明顯地較能接受自己有心理疾病的事實，而且認為自己必須吃藥；而必須繼續留在醫院的病患則否認自己有心理疾病，認為自己不需要用藥。（關於此項研究，請參閱介紹如何治療重度精神疾病的病患的章節，將有更多資料。）

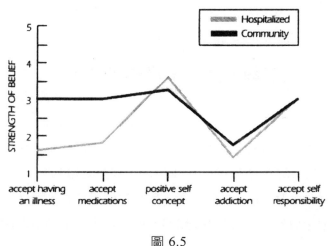

圖 6.5

說明

　　我的岳父 Harry Jessup Dunham 曾告訴我運用圖表的重要性。他以前是美國太空總署阿波羅計畫中的工程師，這個計畫是將六、七十歲的老人送上月球。有天我正在研究一些成因之間的關聯，藉以找出造成病患焦慮的原因，

我的岳父看一看我，便建議我在尋找病症的成因之前，就先對病症與這些可能的成因之間的關聯有大致的了解，那整個過程就會簡化，這樣一來，也能節省很多寶貴的計算時間。

　　我學過的統計學中，圖表分析就是一個最基礎的主題，但我從來沒想過要將它運用到心理治療的過程中。而太空總署的阿波羅計畫中的工程師們卻時常運用圖表，我的岳父告訴我，若要研究出將火箭送上月球的過程中所有可能的變數之間的關聯，計算過程可能得花上好幾個月，因此工程師們便畫出圖表，只分析有可能的變數。

　　他認為我只需要找些表格紙，並將所有可能的成因的影響程度畫在縱軸上，發生的時間則畫在橫軸上。如此一來，每一項可能的成因都記錄在同一張圖表上了，這些線段有的呈現相似的曲線，有的完全相反，其相關性便由此顯現。可能的成因便保留下來，而不相關的因素便捨棄不用，因此我們要處理的成因便大幅減少到容易處理的數量。

步驟五：決定與執行（陪審團定罪）

基本概念

　　整個法庭審判的目的，就是為了決定被告究竟是有罪或無罪，同樣地，整個邏輯分析的目的就是決定病患的信念究竟是對是錯。

　　病患時常會逃避這個最後的階段，因為他們不願意改變自己的想法。雖然讓想法停留在似是而非的階段是較容易的，病患還是有必要確實改變自己的信念。

方法

　　1.告訴病患他們現在就必須決定某個信念究竟是對是錯。

　　2.如果他的信念是對的，那病患就得做些事來改變四周既定的情況；倘若情況是無法改變的，那病患就得認命，放棄自己的信念。

　　3.如果他的信念是錯的，讓病患試著推翻這個信念，無論要花多少時間。

4.讓病患寫個決定或契約，其中記載他們將如何改變自己的信念。

5.治療師時常面臨此種情況，即病患所相信的信念是對的，然而治療師
卻無法接受。倘若病患的想法通過邏輯分析中每個過程的檢驗之後，
縱使他的決定是與一般人不同的，很重要的是，治療師還是必須試著
接受病患的想法。病患有權不相信你所預期的想法，而有權相信你所
認爲是不合理的想法。雖然你可以提醒病患該信念可能導致的後果，
但是最後仍由病患做決定要不要相信該信念。縱使是要病患下個決
定，這就具有治療病患心理疾病的效果，而且我也發現病患們在治療
之後常常會自行改變他們不合理的想法。

建議讀物

　　哲學時常提供許多可供做邏輯分析的案例，而心理學卻不多。關於情緒
與將情緒做具體的陳述最好是參考「語言分析」的理論。（參照 Kleme,1983；
Langacker,1972；特別是 Wilson,1967）爲概念或字詞下定義的最佳例子則可
參照 Ayer（1952,1984,1988），Munitz（1981），Quine（1987），Ryle（1949,1957,
1960），Urmson（1950），以及 Wilson（1967）。

　　其實,爲概念下定義的方法是改良自 Wilson 在 1963 年發表的分析方法，
讀者們可以自行參照這本書，以便對治療的過程有更全面的了解。

　　對於尋求症狀產生的原因時所需的理論，則可以參照 Brown 和 Ghisell
（1955），Ray 和 Ravizza（1981）以及 Simon（1978）的著作。關於探討示
範與對照兩組情況的異同，這在 Mill 的經典著作中有完整的介紹。（Nagel,
1950）

　　判斷證據之正確與否和採用歸納法思考,這在 Bertrand Russel(1945,1957,
1961），Alfred North Whitehead（1967），Ackermann（1965），以及 Taylor
（1963）的著作中有清楚的介紹。在認知心理學中，類似的介紹則存在於
Burner，Goodnow 和 Austin（1959），Haywood 和 Bourne（1965），Johnson
（1972），Popper(1959），Trabasso 和 Bower(1968），Watson 和 Johnson-Laird

（1972）的著作中。更複雜的例子則可見於 Anderson（1980）的著作之中。

Teasdale 則討論圖表的運用對邏輯推理的影響（Teasdale,1993,1996；Teasdale & Barnard,1993）。

圖表分析是統計學，電腦科學，化學與諸多學科中最重要，也最複雜的一項，但我們卻不需要對此太過鑽研，我們所要做的圖表分析在很多初級統計學的書上即有介紹，Victoria Coleman（1998）甚至已經建立一套更完善地描繪終生圖表的步驟。

下個決定與徹底執行是「接受與執行療法」（ACT）的最大特色。（Hayes, Strosahl，以及 Wilson,1996；Hayes & Wilson,1994）

錯誤的推論

基本概念

錯誤的推論是未經證實的論斷，但人們常用堅定的語氣來表達這些論斷，彷彿這些論斷是經過證實的事實一般。有些謬論來自於病患錯誤的認知（例如：以偏概全），有些來自於心理的不安（例如：杞人憂天），然而也有些謬見來自於病患錯誤的推論（例如：先入為主）。有時謬論產生於病患顛倒了事件的因果關係。

無論謬論是怎麼形成的，當傳播媒體不斷宣揚時，謬論便像活了起來，在無形中成為所有國民的信條。一旦形成這種情況，人們便開始以謬論做為理由，以搏得他人的認同。

在邏輯分析的過程中，當病患握有支持或反對某個具有危險性的想法的證據時，謬論可能會進入病患與心理治療師的溝通之中。如果病患無法意識到這樣的陳腔爛調，對他們藉著才剛搜集到的證據所歸納出的原則毫無幫

助，他們也無法更進一步證明他們的信念是對的。

　　教導病患如何避免錯誤的推理，治療師必須要求病患注意自己說話的方式，並立刻意識到自己所說的話對於判斷一個信念是對是錯是沒有幫助的。這些謬論時常只是病患讓自己免於處理一堆生活上的錯誤概念的方式。如果你將所有搜集得到的謬論全集中在天平的一端，再將一個證據放到天平的另一端，你會發覺天平很快地就往證據那一端下垂。

方法

　　一旦病患體認到這些謬論是多麼的空洞時，我們便可以教導他們如何避免犯這種錯誤，而最好的方式即是用例子向他們解釋何謂謬論，並鼓勵他們勇於對抗他們所說的或所聽見的謬論，直到他們對這些謬論感到不耐煩。

範例

　　以下是一些常見的謬論的定義與例子。

過度情緒化

　　將單純的情緒反應解釋成糟糕且無藥可救的心理危機。
　　「我一定是得了憂鬱症了，因為我自從度假回來，便一直覺得很難過。」
　　「緊張是件危險的事。」

以偏概全

　　想用幾個例子來含括整個種類。
　　「我一定比 Mike 差，因為我的網球比不上他。」
　　「不會拚字的人一定都很笨。」

過度個人化

　　將偶發的事件當做是對某個人的懲罰。
　　「我跌斷了腿，因為上帝在懲罰我過去的罪惡。」

「事情會發生在某些人身上，一定有原因。」

凡事擬人化

將人的特性加諸於無生命的東西。

「這部車子不想動。」

「雷生氣地大吼。」

「『女人緣』這東西不喜歡我。」

將事情永久化

將一些暫時的事情當成是永久的。

「我永遠都會覺得害怕。」

「我永遠都不會快樂。」

找出肇禍者

當事情不對勁時，便想找個人來承擔責任。（無論是別人或自己）

「婚姻不能長久，這都是我（或是我的配偶）的錯。」

「所有的罪犯都是由不良的父母親生下的。」

將正常情況病態化

將習以為常的反應視為一種疾病。

「所有覺得焦慮的人都有病。」

「太積極是一種疾病。」

完美主義

採取理論上的標準來對待自己或別人，雖然從來沒有人達到這個標準，但還是堅持用這種標準來判斷人的價值。

「我不應該犯錯。」

「我無論做什麼事，都得比別人好。」

二分法思考

判斷一個概念的對錯時，抱持著非此即彼的想法。（又稱為非有即無的思考，或非善即惡的思考）

「墮胎的行為若不是對的，那就是錯的。」

「如果值得一試，就要做到最好。」

「在這個世界上，你若不是成功者，便是失敗者。」

「有些人可以得到，而有些人卻什麼也沒有。」

將事情嚴重化

凡事都往壞的方面想。

「我腳痛，這表示我得了癌症了。」

「丈夫晚回家，這表示他有婚外情。」

「如果我拿不到優等的成績，那表示我不能讀醫學院了。」

太果斷

將「想要」做到的事誤以為是「一定」，「必須」做到的事。

「我一定要把她搶回來。」

「我一定要成為偉大的女演員我才快樂。」

「我一定得下一個決定了。」

自己賦予自己權利

主張自己應該比別人多一些權利，但這些卻是根本不存在的，這又稱為「偽裝王子」的症狀表現。

「我不應該承受工作上得所有瑣事。」

「我兌現支票時為什麼要出示駕照。」

「在機場，我為什麼得像其他人一樣排隊等候。」

凡事歸咎於心理疾病

將所有的事件歸咎於心理因素,而忽略其他的因素。

「我撞上桌子,因為我想傷害自己。」

「我肩膀痛一定是因為我無意識地感到緊張。」

「你不記得我的名字,因為你心裡根本不在乎我。」

「你還是單身,因為你害怕結婚。」

「你無法成功,因為你害怕成功。」

「你輸了,因為你總想著自己會輸。」

想得太多

對於一件事,總是選擇比較複雜的解釋,而非簡單的解釋。

「我批評你時,你覺得不高興,那是因為你與你的父親之間存在一種憎惡的情結,而所有的人對你而言都具有父親的影子。」

「你只不過是將小時候受到壓抑的怒氣,發洩到我身上罷了。」

「人們得到精神病,因為他們性心理的發展退步到較原始的階段。」

具體化

將一個抽象的概念(例如:人格特質、智商,人格分裂)視為具有實體的東西。

「他缺乏勇氣。」

「他簡直是個懶鬼。」

「真善美是最真實的表現。」(希臘哲學家所說)

「她的意志力比別人更弱。」

「我有精神衰弱。」

以人類為中心

認為人類是上帝唯一寵愛的動物。

「上帝為了人造了這個世界。」

「太陽是繞著地球運轉的。」

以自我為中心

認為自己是世界的中心，也是別人生活中的中心。

「每個人都得對我好。」

「我想得到的就一定要得到。」

「這世界一定得事事公平。」

太主觀

認為自己是造成別人行為和情緒反應的主要因素。

「我很抱歉，因為我讓你覺得沮喪。」

「我惹我的丈夫不高興。」

太順理成章

單憑一個例子是正確的，便假設所有的例子都是合理的。

「如果我們允許他們管制我們持有槍械，那他們很快就會把我們的獵槍也列入管制了。」

先驗論

從原則中推測事實，而不是從事實中歸納出原則。

「女人的牙齒較少，因為她們的嘴巴比較小。」

「融化的雪也不能讓尼羅河的水位升高，因為赤道地區根本熱到不會降雪。」（柏拉圖說）

「當有人對你好時，這就表示他們有求於你。」

相信硬闖就能過關

試著用強硬的手段來解決問題。

「船到橋頭自然直。」

「只要有意志力，便可克服酗酒問題。」

「你只需要更用心。」

誤以「可能」為「必然」

一件事只要有可能發生，那它便極有可能成為事實。

「如果有可能出差錯，那就一定會出差錯。」

「我應該擔心如何讓植物遠離病害。」

「坐飛機是件危險的事。」

相信道聽途說的證據

認為一個偶發的事件能證實一個更廣大的原則。

「我聽說有個人……」

進行人身攻擊

對敵人做人身攻擊，而非批判敵人的論點。也稱為「模糊問題的焦點」或「挑人毛病」。

「你到那裡去，自己做做看，這樣我才相信。」

「你不知道自己說了什麼，因為你沒有大學學歷。」

「你一定是個吸毒的人，否則你不會幫助吸毒的人的。」

相信權威說的話

因為權威說的話便相信一件事是真的，凡事都訴諸權威。例如：「佛洛伊德說……」，「斯金納說……」，「艾利斯說……」，「貝克說……」，「麥克穆林說……」

「常春藤大學聯盟的著名教授相信……」

「五分之四的醫生相信……」

愛競爭

從競爭中定位自己的價值

「我不太行，因為很多人可以做得比我更好。」

「贏代表一切。」

將問題神祕化

用形上的或神祕的方法來解釋所有事物。

「前世的記憶能透過催眠浮現出來，這就是人有前世的證據。」

「舊約出埃及記中記載的事件，都是由一顆彗星所造成的，這顆星星即之後我們所謂的金星。」

「『靈魂出竅』證明人死後生命依舊存在。」

「鎳鈦諾這種合金可以用心靈的力量加以彎曲。」

「人看到遠方的物體，雖然他們不是用肉眼見到這物體。這就是所謂的千里眼。」

「秘魯境內的印加文明遺址是古代太空人停放太空船的地方。」

「藍天，閃爍的星星，北極光以及太陽黑子，這些都是由生命力所產生的，這是生命最基本的動力。」

「一個母親一天所做的事，都會烙印在嬰兒的潛意識之中。」

將關連性視為因果關係

兩件相關的事件，將其中之一視為另一件事的成因。

「無意識的忿怒導致沮喪。」

「坐飛機令我恐懼，因為我只怕坐飛機。」

「打雷帶來閃電。」

忽略反對的證據

認為只要有證據，一個理論便可成立。（但這是不夠的，因為你的證據必須比反對的證據更強而有力。）

「既然很多受試者在實驗中都顯示出特異功能，人具有超出感官的能力的想法也獲得證實。」

「既然一元胺氧化阻化劑、三環抗抑鬱藥等藥物已經能減低病患的緊張

情緒，再者緊張只是生理的反應，因此任何心理治療法都是多餘的。」

過度社會化的想法

過度社會化的人會非常贊同廣泛存在於社會的價值觀。這種形式的謬論就是在說話時引述大眾的偏差觀念。

「女人一定得待在家裏。」

「三從四德很重要」

「婚姻一定得持續到老死。」

「別相信超過 30 歲的人。」

「孩子不打不成器。」

「缺乏自信是所有精神疾病的根源問題。」

自以為是

相信善意的出發點比結果更重要。

「但我只不過想幫幫你。」

「爲了維護平等的極端手段並非罪惡。」

「倘若暴力是用於改善不公正的現況，那麼暴力並沒有錯。」

「我說的都是對的，因爲我是好意的。」

轉移話題

將討論的話題轉移到不相關的事物上，藉此隱藏自己論點的缺陷之處。這種策略一般被稱爲「模糊焦點」。

1.狡猾的問話。連續問一連串的問題，好讓對方分心去回答問題，無法專心於辯論。

「爲什麼要指責我遲到呢？你今天心情不好，是不是？遲到這件事對你很重要嗎？妳又生理期生理不適了嗎？妳去看過醫生了嗎？妳是不是還生別的事的氣？」

2.揭人瘡疤

「既然你說我胖，那你爲什麼不看看你自己腰上的游泳圈。」

3.翻舊帳。扯出別人以前的糗事。

「你說我在在舞會上表現失禮，你爲什麼不想想你在去年的舞會上，也讓我丟臉。」

4.情緒化的字眼。用充滿情緒化的字眼讓對方覺得緊張。

「你真是又笨、又醜、又不會說話，你根本不懂他媽的任何事情。」

5.逆來順受。充分地認同對方的抱怨，如此一來，對方便會知難而退了。

「你說的很對！我對你真的太殘忍了，你有權覺得生氣。我真的不容易相處，我不知道你怎麼受得了我的。」

6.先聲奪人。先用生氣的態度嚇走敵人。很多人會先對生氣的態度做回應，而忘記自己的立場。

「你膽敢批評我，你根本不配批評我。」

7.一問三不知。完全否認有別人指控的問題。

「我完全不知道你說的話。我在舞會上根本沒喝什麼。」

先提出反對

引用某個人的論點，如此一來，別人便不好意思反對我了。

「每個人都知道的……」

「笨蛋也知道的……」

「任何一個有大腦的人都知道……」

「除非你對這件事一無所知，非則你會知道……」

有人做過的就是對的

用傳統的觀念來認定一件事是對的（這與過度社會化的概念相近，不同的是過度社會化相信的是大多數人的意見，而非傳統的觀念。）

「對我父親有益的事都對我有益。」

「別中途打退堂鼓。」

「那是我們的政策。」

「我們一直都是這樣做的。」

以多取勝

認為如果有很多人相信某個概念，那這個概念就是正確的。

「五千萬美國人都相信的事是不會錯的。」

「心理諮商是沒有用的，因為我可以列出 10 個人都是接受過心理諮商的，但他們都不見成效。」

「在最近的調查中，有數百位的醫生都建議……。」

「別那麼落伍！每個人都相信的。」

爭論問題

陳述似乎具有因果關係，但其實只是將一件事換句話說而已。（此即反覆同義詞，讓原本有爭議的事物，變得理所當然。）

「不不敢坐飛機，因為我很膽小。」（「膽小」的部分定義是不做沒必要的事）

「任何一個如此緊張的人，一定會發瘋的。」（病患對「發瘋」的定義是──一個人有連自己都無法掌控的情緒反應）

「自戀的性格是過度以自我為中心所導致的。」

以為別人很無知

認為如果連自己都無法了解，那便沒人能了解了。

「我不知道為什麼我會覺得沮喪，一定是因為我太衰了。」

「你這些吹牛的話都是胡謅的，我認為你應該大刀闊斧，即中你的意志與勇氣來克服恐懼。」

建議讀物

謬論是來自多方面的。有些是用錯了字，在 Ellis 1985 年的著作中還提到兩種謬論的型式，但大多數謬論的例子則是列在邏輯的書中（Fearnside &

Holther,1959）。有些謬論的例子則來自於 Gardner（1957,1981, 1991）,Randi（1989,1995）,Carl Sagan(1995),Sprague de Camp(1983),以及 Taylor(1963)。

尋找好藉口

基本概念

有一種謬論是必須單獨討論的，因爲它極爲廣泛且極爲危險。

大多數的病患都相信一種謬論，這種謬論污染了他們的思考，這種謬論稱爲「尋找好藉口」。此類病患時常捏造事件，好讓自己覺得好過一點。縱使這個信念是錯的，或者病患沒有足夠的證據也無妨，病患認爲光是相信這個謬論，就會令他們好過一點。

我們可以將「謬論」界定爲「用自己最能接受的論點來鞏固自己的立場，而不採取最合乎邏輯的論點。」這也代表著病患將自身的感覺視爲最重要，而理性是其次的。很多病患憑自己的感覺去尋求合於己意的論點，或他們認爲最合理的論點。然後，他們便將這個自以爲合理的論點當做支持自己想法的證據。

但是，病患的解釋並不足以證明他們的信念是對的，因爲他們只是自認爲自己相信的是合理的。一切都是順著他們的感覺而定的，他們的理性並不重要。

尋找好理由是非常危險的謬論，這種謬論完全不管概念的真實性，但是最危險的是病患完全放棄尋找真理，他們反而會將時間用來尋找支持自己錯誤觀念的證據。這樣一來，他們便沒有時間與精神去思考自己的對錯。

對於一些病患而言，這種謬論是致命的，因爲謬論會戕害病患的想法，讓病患永遠摧毀自己的生活。爲自己的症狀尋找好藉口使得病症無法加以改

變，這就像在病症的四周築起一面牆，沒有任何治療可以挽救。因此，吸毒者會繼續吸毒；忿世嫉俗的人，最後會自殺；結過婚的人會因為將問題歸咎於他的配偶，最後走向離婚。尋找好藉口並無法解決問題，它只會讓問題變得更難以解決。

範例

　　酗酒或吸毒的病患最常接受謬論，每當他們引酒或吸毒時，他們會為自己找藉口，於是他們從所有可能的理由中找出他們最喜歡的藉口。例如：某些病患認為在一週的辛苦工作之後，飲酒作樂並無不對，有些病患則說是他們的配偶逼他喝酒的，有些病患則說酒能鎮定自己，諸如此類的理由，不勝枚舉。病患的藉口都是為自己的酗酒或吸毒的行為做解釋。

　　其他的病患也接受謬論，例如：緊張的病患解釋自己的緊張情緒時，他們會認為自己不需為自己過度的吃驚負責，他們會說「我感到緊張，這一定是因為我小時候發生恐怖的事情」。這樣一來，他們的「好藉口」讓他們顯得是可憐的受害者，病患就像個英雄般，努力地改變看似無法改變的過去。但事實上，病患感到恐懼的原因並非因為他們在過去真的受過創傷，這些藉口都是他們自己編造出來的。

　　忿怒的病患認為自己覺得憤慨並無不對，他們會說「這個世界太不公平了，所以我覺得生氣」。他們所說的話暗示自己比別人具有更高的正義感。

　　又例如：大多數面臨婚姻問題的人都會將問題歸咎於他的配偶。他們會說「如果他或她別那麼自私的話，那我們的關係就不會如此糟糕了」。他們所說的話暗示與比自己差的配偶結婚是他們的不幸。

方法

　　要鏟除謬論的最佳方法是告訴病患，所有人都有為自己的行為尋找藉口的傾向，他也不例外，因此要擺脫謬論的方法就是為自己的行為找一個最不利於己的藉口。我常告訴病患「走出去，為自己的想法找出最糟糕的藉口，

再將你想到的好藉口放到第二位。一旦你的腦中有最好與最糟的藉口，你便能找到真正的藉口。」

範例

以下是我的一些病患針對不同情況所想出的最好與最糟糕的藉口。

情況一：做個酒鬼。

最好的藉口：「我有個悲慘不幸的童年。」

最差的藉口：「我是個酒鬼，卻又不敢承認。」

情況二：有恐懼症。

最好的藉口：我的感覺非常敏銳，能夠感受到別人無法察覺的危險。

最差的藉口：我是個膽小鬼，不夠膽去面對所有的恐懼。

情況三：有婚姻問題。

最好的藉口：我的配偶不知道我的需要。

最差的藉口：我是任性的人，從不願意為我的婚姻關係做努力。

說明一

不只病患會相信謬論，其實我們都是，例如：

情況一：超速被開罰單。

最好的藉口：「警察每天無事可做，只知道找我們這些誠實市民的麻煩。」

最差的藉口：「我真是他媽的自大，自認為法律管不著我。」

情況二：政治觀念保守。

最好的藉口：「我是個愛國的人，希望維持國家數十年所奠定的良好政治。」

最差的藉口：「我想保留所有對過去的回憶，我不希望有任何人將它改

變。」

情況三：政治觀念開放。

最好的藉口：「我想用各種可能的方法來改善社會，讓更多人能受益。」

最差的藉口：「在現有的、競爭的世界裡，我沒有熱情與膽識變的更好，因此我要改變每件事，讓我在新的體制中有更好的機會。」

情況四：做個佛洛依德派的治療師。

最好的藉口：「這是唯一一種能探索情緒問題背後的原因，其它的療法只不過治療表面的症狀。」

最差的藉口：「這種療法要花掉病患好幾年的時間，想想這會花掉多少錢。」

情況五：做個認知行為學派的治療師。

最好的藉口：「這是最科學化的療法，既精確又仔細。」

最差的藉口：「我受不了模糊不清，感覺與情緒是多餘的，我希望一切事情都能簡潔、有秩序。」

情況六：做個新世紀的治療師。

最好的藉口：「我認為應該從各個角度來治療病患，包括病患的心理、情緒與行為，我們不應該將病患分成很多零碎的部分。」

最差的藉口：「我想我無法通過以以科學方法為主的療法考試，我的理論太模糊與神秘，沒人知道我究竟懂什麼。」

說明二

「尋找好藉口」就類似「合裡化」的概念，都是心理學中發展長久的概念，我們在這裡所運用的概念更類似強化自我的認知方式，這代表一個人相信一個信念，因為這會令他覺得好過一些。我們將這種概念與合裡化的概念

相比較，兩者都是一種心理策略上的防衛機制，兩者都是防止無意識的東西進入人的意識之中。

建議讀物

「尋找好藉口」這種謬論是廣為人知的，請參閱 Bowler 1986 年的著作《真信者》（”*The True Believers*”）。

要對抗這種謬論的方法並非來自於心理學家、哲學家、邏輯學家或科學家，而是來自於幽默作家。幽默作家的文章之所以有趣就在於他們可以看穿所有膚淺的藉口，探討真正的原因。對於幽默作家，讀者們想必都有自己最欣賞的作家，而我最欣賞的當屬 Barry（1994,1996,1997），當然還有最經典的幽默作家馬克吐溫（Mark Twain, 1906,1916,1962,1972a,1972b,1980）

第 7 章

知覺轉換：基礎過程

　　在認知重建治療法裡最創新的技術，是從知覺轉換理論（ perceptual shifting theory）而來的。

　　這些技術將焦點放在個案的整體知覺。本書其他章節是在於強調改變個案的內在對話或自我言語，而知覺轉換的目的則是在於更寬廣地調整個案看世界的一般模式。這些更寬廣的焦點將處理知覺模式、完形、基模和主題。

　　接下來這三章將談論知覺轉換。「基礎過程」討論這些轉換技術的基本原則。「跳變（transposing）」是將圖片作有創意的類比，協助個案改變他們的知覺。將模擬兩可的圖畫和隱密的圖畫拿給個案看，並要求他們從一個圖案轉換到另外一個。他們學會從知覺上轉換影像以後，就可以使用相同的技術在概念上轉換思考。「搭橋（bridging）」教導治療者如何找到定錨，能讓個案從舊的信念連接到新的信念。個案價值觀、文字標籤（word labels），以及治療師建立的連結，都可以拿來當作定錨。

　　有很多支持知覺轉換觀點的證據，散落在心理學文獻裡。像下面列出來的各種用詞：

睡眠與夢的研究	制約觀看
態度改變理論	操作觀看
模擬兩可的圖案	認知心理學裡的脈絡組織
完形心理學	戲劇性的生活改變
頓悟「啊哈」經驗	建構主義與理性主義
古典制約的偶發與連續事件	前額葉與腦幹運作功能

個人「意義」與概念「吻合」　　　視知覺心理學

改變宗教信仰　　　　　　　　　　認知發展理論

「洗腦」　　　　　　　　　　　　認知神經科學

意義治療法　　　　　　　　　　　神經網絡

洪水法　　　　　　　　　　　　　語言原型

知覺焦點　　　　　　　　　　　　連結理論與序列數位訊息流程

裂腦半腦研究

雖然不同的知覺轉換技巧在方法學上有很大的差異，但是全部都反映了下列的共同假設：

1.大腦會選擇性地篩選感官知覺與本體感覺的資料。

2.大腦將資料形成模式（patterns）。

3.大腦形成的模式會受到輸入資料的影響，但與之仍有區別。

4.在大多數的例子裡，學習到這些模式的途徑和大腦獲得其他資訊途徑是一樣的。然而有些模式是本能的，並且會引發自動化的情緒和行為反應。

5.儘管可能的模式會有無數個，大腦卻只會使用幾個個人化的基模。

6.一旦形成模式就會傾向於持續下去，除非將它移除掉。

7.大多數的模式是重要他人教的（像是家人、參考團體、文化）。

8.越是重複使用的模式，它會變得更堅固，如果要移除或取代則會更困難。

9.在還沒成熟的大腦裡，比較容易形成模式，也比較容易保留下來。

10.情緒和行為反應是受到大腦模式的激發，比較不是受特有的刺激所影響。雖然說特定的刺激常常被誤認為是引發個案反應的唯一來源。

11.古典與操作制約能夠連結情緒與行為，而形成模式。

12.環境的刺激能夠與模式形成制約。而在一段時間以後，這些激發物本身就能發展出引起模式的能力。

13.語言與圖像是用來描述模式的方法,但模式在語言或知視覺表徵更早

之前出現。

14.改變模式的表徵描述可以回過來回饋並改變模式本身，但這並不是一對一的關係。

15.模式並不是從合理的基礎來形成，較多的情況是從情緒經驗學習而來。

16.如果一個模式並沒有很完整，大腦會自動進行補滿。

17.有些模式，一旦形成以後，可能是永遠不會改變的。

18.如果無法立即確定這是哪一種模式，將會產生一個恐慌狀態。

19.修正負向情緒以及不適應行為，最快速且完整的方式，就是改變引起它們的模式。

如何確定這些模式在認知治療裡是最基本的呢？最先開始，要了解反覆用的的這個字「模式」。當然也可以使用其他名詞，像是「基模」，「主題」，「意義」，或「完形」，但「模式」有著比較寬廣的內涵。

模式，就是大腦組織原始資料的方式，原始資料則是大腦察覺到的任何資料，像是從知覺感官，從記憶儲存庫，從身體感覺，或從大腦副皮質區域所輸入的資料。單獨來看資料顯得沒有意義，但大腦收集了片段資料，並且加以組合形成模式。這些模式讓世界變得有秩序。模式並不是簡單的語言或圖像，但是當個案要描述他們在想什麼的時候，則會找一些適當的字或圖像來描述模式。很多模式是非視覺、非語言的。用鋼琴彈奏的一段旋律，即使用不同的音階來彈，聽起來仍然是一樣的。相同地，一個句子可以用不同的詞與來表達，但是傳遞相同的意義。在這裡，旋律和句子的意義就是模式，而音符和字並不是，它們是我們溝通模式的方法。即使是沒有語言的動物，或或者是沒有視覺圖像的盲人，一樣會使用模式。

所有人都有非語言，非圖像的模式。舉個例子來說，有個我們已經走過好幾千次的樓梯，每次下樓就不會注意去看。只有當樓梯壞掉的時候，我們才會察覺到模式（這裡的例子是動態的）。如果有個台階不見了，我們會因為腳碰到地面而慌亂。只有在那個時候，我們才會發現模式不見了。

在接下來的部分，我會簡短介紹每個模式改變技術的基本原則與假設。
我把治療師執行技巧時後的步驟做總結，我會講成功使用技巧的例子，在每
個討論結束後會有一些有幫助的建議，還會列出進一步的參考資料。

最後我再強調一下，我在這裡談論的目的，是為了能夠個別而詳實地描
述每一項技術。但是，當我們將重點放在其中一項技術時，不要因此混淆，
以為我們只是強調個別的技術，我們希望有技巧的治療師能夠將它們合併成
為協調模式，來促進正向改變。

基本知覺轉換

基本概念

在分析受試者的夢時，哈佛的 Hobson 和 McCarley（1977）發現一些有
趣事實，人類大腦不只是在睡覺的時候會對腦子裡的運作去做解釋，在醒著
的時候也會對於腦子裡的運作摻入線索。

依據他們的研究來看，大腦不只是接收，儲存和提取神經化學資料。它
變換資料，將原始的片段資料組織成基模，模式和主題。當有機體醒著的時
候，感官提供大腦最多的原始資料。在睡覺時，大腦則使用較多內在資料，
長期與短期記憶，情緒，以及有機體先前的生理刺激。在兩種狀態裡，前腦
將其他部分提供的資料組織後轉成協調的模式，將資料合成更大的整體。我
們把在睡覺的時候大腦所進行的合成稱為夢；而在醒著的時候，我們則稱把
這些合成稱為信念、態度和想法。

許多負向情緒的產生，是因為個案將原始資料合成不適應的主題，個案
一再地把資料組合成恐懼，憂鬱或生氣模式。一段時間的認知扭曲，以及伴
隨而生的強烈情緒，將讓這些不適應的主題佔上風，因此大腦持續地從所有

的可能方法選擇相同的解釋，也不管這種方法對於目前的環境來說根本是不
適用的。

表 7.1　知覺轉換工作單

想法／信念	有用／沒用	反對此想法的最佳論點	從個人經驗裡能提供最佳論點的證據

方法

1. 讓你的個案在一張大紙上畫出四個欄位（見表 7.1），在第一欄裡，要個案列出在特定情況下引發負向情緒的每種想法或信念（例如：「我害怕搭飛機，因爲我會讓其他乘客看到我嚇壞的樣子」，或者「飛機很危險，因爲你無法逃走。」）。顯然這個清單並不會無止盡地寫下去。然而，即使有些想法是重複的，還是把它們也包含進來，不要遺漏掉重要的主題。

2. 在第二欄裡，協助你的個案決定這個想法是有用的還是沒有用的。找找看支持或反對的證據，並決定哪一邊比較強。個案在做決定時，必須要依據客觀資料而不是主觀感覺。

3. 在第三欄裡，讓個案記錄反對每個想法或信念的最佳論點。理想的情況下，這個論點必須在情感方面能說得過去，而在理性上也能接受。

4. 在最後一欄裡，讓個案寫下支持每個論點的證據。知覺轉換的關鍵點就在這裡。在治療者的協助下，個案應該尋找他或她自己的生活經驗，來證明論點是正確的。舉例來說，二十次的恐慌發作不會引起精神病，把這句話記住並且說出來，這可以有效對抗恐慌發作會讓人發瘋的信念。這不僅使用抽象邏輯，也使用個案自己的經驗。

5. 爲了引起實際的知覺轉換，個案必須針對過去的關鍵影響來反證非理性主題，一天至少要三十分鐘。

範例一

在我對懼曠症患者諮商的這幾年，我已經分離出一個造成焦慮的基本錯誤信念：「我會失去自我控制。」用過本書所提供的認知技術，大多數個案都能夠清除這類的信念，並且顯著消除或降低恐慌發作。他們並不會快速地轉換知覺，很多都需要一年以上的努力。但是從自我報告、客觀測驗、行爲測量，以及附帶報告來看，個案平均而言都能有效降低焦慮。

　　然而，即便在成功轉換核心信念並不再有恐慌一年以後，幾乎所有個案都還覺得有一些殘餘而低程度的焦慮，他們會提到有輕微提防的感覺。

　　早些時候，我的一個病人描述這種感覺。她問到，「如果我過去習慣的恐慌感稱作是懼曠恐懼症，那現在我面對的緊張感又叫做什麼？」

　　我沒有一個現成的答案，於是我想了一個，並且說：「讓我們稱呼它為害喔（Harold）。」從那時候開始，我已經跟好些個案講過「害喔」，並且使用這個名稱來描述這種感覺。

　　什麼是「害喔」？這些低程度的緊張感從哪兒來？下面是我的假設：

　　害喔是懼曠恐懼恐慌後的警戒與緊張感，這是個案產生用來對抗懼曠恐懼的恐慌感。害喔用來防止失去控制。就像一位個案的描述：「我必須變得防衛，並且要有一點焦慮感，因為我接著要準備好對抗我的恐慌。如果我變得太放鬆，就會讓恐慌偷偷上身。」

　　害喔就像哨兵一樣守衛著懼曠恐懼，即使情況已經過去，它仍持續當班。懼曠恐懼可能已經消失好幾年，個案可能感覺他或她不會再感到失控，但是害喔仍持續而沒減弱。看起來移除這個危險的防護者比起移除危險本身要困難多了。

　　害喔不是一個擬人的實體。它是被一系列的想法和信念所激發，和任何的害怕感一樣。而同樣的，也可以使用基本的知覺轉換來移除，就像下面的例子。

範例二：丹妮絲的故事

　　丹妮絲最早是為了懼曠恐懼症來看我。她害怕離家遠行，所以把自己限制在五哩的「安全」半徑（懼曠症患者的「領域」）。藉由認知技巧，她在六個月裡消除了恐懼，並且搭飛機去看她的親戚好幾次——有些親戚住在兩千哩遠，而她不覺得恐慌。等到她再回來治療的時候，她不再害怕會失去控制或發瘋。然而她仍覺得有低程度緊張（害喔）並且想要直接採取一些方法來消除它。

她的工作單是這樣的：

第一欄：對害喔的相關想法或信念

1.如果我沒有持續地注意懼曠恐懼症，它可能會偷偷上身。

2.我必須準備好逃命以避免懼曠恐懼症回來。我必須確定所有逃命的路線是清楚的。

3.盯著水壺看，水就不會沸，——而盯著懼曠恐懼症，它就不會發生。（如果我盯著看，就比較可能不會發生。）

4.我必須隨時想著我過去的懼曠恐懼症，如果當我有需要，我可以拿到所有工具。如果我忘了我是怎麼做的，那麼懼曠恐懼症又會上身。

5.我必須不讓自己變得太冷靜、太放鬆或者太快樂，因為我的防衛可能會下降。

6.除非我能持續地擔心它們會不會回來，否則恐慌會再發生。

7.如果我在任何時刻覺得冷靜，我只是在愚弄自己，因為懼曠恐懼症隨時潛伏在地底下。

第二欄：有用／沒用

丹妮絲將所有信念評定為沒有用，但只有在她想到某個類比以後才這麼做。她想像有一個男人，相信植物會傳染一種可怕的疾病給他，他害怕去碰到植物。然後她想像這個人已經消除非理性想法，也能夠去碰他想要碰的植物，但是他在植物旁邊仍然覺得緊張。經由這個類比，她知道這個男人持續害怕植物是不必要的，就像她持續害怕失去控制一樣，也是不必要的。在這個信念下的特定理由就形成證據，寫在工作單的第三欄裡。

第三欄：反對這個想法的最佳論點

1.既然失去控制並不會導致發瘋，我不需要防衛它。

2.注意危險只會升高我的恐懼，並不會降低危險。

3.既然沒有確實的危險，也就沒有確實的理由要去防衛。

4. 一個月一次會焦慮一兩個小時，比起花上整個月來擔心變成焦慮要好多了。

5. 注意焦慮並不會降低產生焦慮的機會。

6. 讓我忘記我是懼曠恐懼症，感覺好多了，而且這樣子並不會讓它變得更有可能發作。

第四欄：提供最佳論點的證據

1. 個案記得，儘管她去注意，恐慌就是會發生。而當她並不注意時，並沒有發生。她把專注力放在植物類比上，她想到，如果這個植物根本不可能傳染可怕疾病，去防範它並不會減少發生的機會，。

2. 她記得那些次數，她害怕懼曠恐懼症會再回來的次數。這些害怕只帶給她痛苦，而不會給予任何真實的保護。

3. 她想到兒童時期的害怕，像是床底下有怪物或樹林裡有老虎，對一個孩子來說，想要逃離那些怪物顯得真是愚蠢，而她會害怕發瘋或者是神經崩潰，就和兒童時期的害怕有著關連。

4. 她思索所有可以替代防衛懼曠恐懼症的事，像是讀讀書，上一些課程，交新朋友，和孩子玩，享受玫瑰花香。

5. 她想到在她的生活裡，不管她是不是盯著茶壺看，水還是會燒開，孩子會長大，愛會消失、會更深刻，世界會改變。

個案繼續保持在過程的最後一步，並且照著一個次數漸減的日程表來練習基本知覺轉換技巧。在一開始的時候，是每天練習，然後是每隔一天，然後是一週一次，然後只在需要的時候練習。只有在練習的階段要嘗試去轉換害喔。其他時間則過自己的生活上，她覺得這個技術有作用。目前的她已經很多年不再想到害喔。

說明

認知轉換技術比起很多其他技術有一個大優勢，它用在危機很有效，並

且可以處理所有引起危機的相關認知想法。由於這是一個有用的技術，治療師應該在看過更多初步的認知取向後再來使用。

建議讀物

這個治療方法還有一個變化方式，由 McMullun, Assafi 和 Chapman（1978），以及 McMullun 和 Giles（1981）所提出。

Baumbacher（1989）將害喔描述成「訊號焦慮」。他討論到恐慌症患者如何將第一次的生理感覺與焦慮做連結，及這個錯誤知覺是如何導致完整的恐慌反應。

在今日，大多數認知治療者將信念看成是非線性的主題或基模。（參見Beck,1996；Bricker, Young, & Flanagan,1993；Ellis,1996；Mahoney,1993b, 1994；McGinn & Young,1996）

第 *8* 章

知覺轉換：跳變

　　所有跳變技術的共同特徵就是，藉著使用模擬兩可的圖像來教導個案轉換知覺。一旦個案能夠熟練轉換圖像，就教導他們使用相同的技術來改變他們的認知和態度。

　　最先開始使用模擬兩可的圖像，可以當成簡單的類比來說明什麼叫做知覺轉換。給個案看過一兩張圖像以後，就立刻回過頭來討論個案的想法和態度。但是個案常常會要求再看一次圖片，表示想要找出他們是如何能夠改變他們原先看到的東西。這些要求常常是在處理認知想法的當時出現，也常常被認為是個案對於真正諮商目有所分心或是想轉移話題。後來我們發現這些圖片對於個案去了解他們要作些什麼來改變認知，非常有幫助。因此，我們將模擬兩可的圖像當成是訓練個案作知覺轉換的重要項目。

　　這些圖像的優點在於它們具有非語言和整體的（global）性質。它們具有非語言的性質，因為比起個案的口語描述，這些圖片所強調的大腦模式是更為基本的。它們具有整體的性質，因為這些圖像說明了知覺轉換必須針對刺激的模式來運作，而不在於刺激本身。我們已經發現跳變技術是最有用的過程之一。

跳變圖像

基本概念

我們經常使用可逆圖像來教導個案，大腦是如何將同樣訊息組織成不同的模式，讓他們能夠學習轉換對他們有害的模式。

這些技術的其中一個部分就是給個案看可逆圖像或隱入圖像，隱入圖像就是在原始材料裡隱藏著一個大範圍的具體影像。個案的頭腦會依據原先處理訊息的方式，看到這個圖像或另一個圖像。接下來，我們將說明使用轉換技術的兩種方法。

首先來看圖 8.1。個案通常能夠依據不同的線條組合，看到一個巫婆或是一個年輕女孩的圖樣，但這兩者實際上並沒有在圖片裡。會有這樣的知覺，是因為大腦努力將原始資料組織成有意義的模式。雖然說投影在視網膜的原始材料都相同，但是不同的個案會做出相異的解釋。

如果經由制約作用，個案將痛苦的感覺和巫婆連結在一起，而將愉悅的感覺與年輕女孩連結在一起，那麼知覺就會引起正向或負向情緒。記住，原始材料並不會製造這些情緒，情緒是大腦所製造的。

如果將這些圖片當成指導方向，我們可以這樣假設：很多個案覺得不快樂、覺得焦慮或是憂鬱，因為他們總是從環境看到「巫婆類型」的影像。更精準的說法是，既然巫婆「沒有在」圖片裡，他們學習到的其實是從模糊資料裡看到巫婆。為了能夠移除負向情緒，治療師必須要幫助個案看到年輕女孩。

有好幾種策略可以用來幫助個案不再看到巫婆圖樣。經由制約，我們可以把放鬆和巫婆圖樣作配對（請閱讀認知減敏法的討論）。我們也可以訓練個案只看到年輕女孩圖樣，來避免其他圖樣所引起的不舒服。

在這裡強調的重點是，個案從圖片裡看到的知覺是真的，同時他們看待自己的知覺也是真的。如果個案在形成整體完形時篩選掉許多正向資料，他

們將會「看到」一個負向世界。如果他們的大腦一直將模糊刺激解讀成危險，就會覺得焦慮。如果他們認爲自己一直被不公平的對待，他們會不斷的感到生氣。

圖 8.1

　　跳變技術強調改變個案的普遍模式，包括了思考、完形，還有大腦解讀經驗的方式等各方面。使用可逆圖像和隱入圖像作爲類比，我們能夠幫助個案重新建構他們的完形整體，並且轉變成較爲真實、較不危險的概念整體。

驢子／海豹　　　　老年人／年輕人　　　男人／女人與小孩

圖 8.2　三個可逆圖像

驢子／海豹的圖像是由 G. H. Fisher（1968）所畫。老年人／年輕人的圖像，原本叫做丈夫與繼父，是由 Botwinick 所畫，並發表在 1961 年的 American Journal of Psychology。男人／女人與小孩的圖像是由 Fisher（1967）所畫。

圖 8.3　犬之島。十八世紀版畫。畫家不詳。

方法一：可逆圖像

1.收集一組有用的可逆圖像。（參考圖 8.1，8.2，8.3，在延伸閱讀有進一步的資料）

2.給個案看一系列的可逆圖像，最少要使用四個。拿給個案看，一次一個，並問他看到什麼。要求他們試著在同一張圖片看到另外一個圖樣。逐次提供線索，直到個案能夠看到新的圖樣。使用圖樣的部分組成作為提示，像是「這個部分可以看成是老女人的鼻子，或者看成是年輕女孩的下巴。」

在看圖片的同時向個案解釋，將一個圖樣看成另外一個圖樣的知覺跳變過程，就和他們必須將負向信念轉成正向是一樣的。請個案仔細注意他們是如何轉換所看到的圖樣。我們提供了「如何使用新觀點看事情」的練習，來幫助個案使用這項技術。

3.接著，在一張紙上面劃上一條線（你和個案的面前都要放一張紙）。左邊寫下個案所有的負向完形概念，一次一個，列出詳盡的清單。在欄位底下把這些舊知覺的細節整理出一個主題。

4.在右邊的欄位，將每個舊知覺跳變成為較為實際、較不危險的新知覺。和個案討論每個跳變，直到彼此都同意接受覺察細節的新方法。在欄位最底下，要求個案將這些新知覺的每個部分概整理成一個整體的、完形的主題。

5.請個案藉由閱讀舊信念並且跳變成新完形來練習跳變知覺。持續地練習，直到你的個案能夠毫無困難的跳變每個細節和整體，能夠自在切換觀點。

6.請個案每天練習跳變技巧，直到能夠自動形成新的完形整體，並且在回憶舊知覺時會顯得困難。

範例一：轉換模擬兩可的圖片

在第一個圖片範例裡，舊知覺圖樣是一個老女人，新完形圖樣是年輕女孩。次要部位的跳變如下：

老女人	年輕女孩
上唇	下巴上方
眼睛	耳朵
嘴巴	項圈
鼻子上的瘤	鼻子
朝著我們看	朝著遠方看
下巴	脖子下端
頭髮落在鼻子上	睫毛

如何使用新觀點看事情

大腦是個很神奇的有機體。大腦不只是接受、儲存和提取資料，它也會戲劇化地跳變資料。大腦不僅獲得資訊，它還創造一個新世界。它收集原始的片段資料，跳變成錯綜複雜的模式、主題和故事。

與其說我們的大腦像是一部跑程式的電腦，還不如說是一位藝術家，透過我們看世界、感覺世界、碰觸世界，來繪製圖畫。我們的大腦收集不同的材料來繪畫，拿棕紅色的記憶和青綠色的情緒混合，從本能拿些綠色，從感覺拿來棕色、黃色和白色。它不是將這些顏色隨便地扔在我們的心靈調色盤上，它也不是照著數字排列。它使用畫筆，繪出大塊景象、戲劇、勝利和悲劇。

有時候這些畫作是創造力和想像力的傑作。愛因斯坦、傑佛森、彌耳的

理論就像是普桑、莫內、梵谷的畫作。他們大腦的創作能夠讓我們的生活顯得豐富又高尚，讓我們用新觀點來看待這世界。

而有些大腦畫出生活煩亂這方面的怪誕混亂的肖像。哲學家尼采、畫家布雷克創造人心中的恐怖感。但我必須要去觀看，因為生活有混亂的一面，也有豐富我們的一面。

我們都是藝術家。我們的畫作判定我們覺得高興、悲傷、憤怒、心碎，還是狂喜。並不是世界創造我們的情緒，大腦才是。有時候我們的畫作太過混亂，淹沒了我們，擾亂我們的生活，讓我們無法有效地生活，而在這種時候前來尋求諮商。

我的工作是協助你繪製新的畫作。這並不是說你不知道該怎麼畫，或者是你的畫又糟又笨。可能的原因是，你從來沒有學到畫出你自己的圖。在成長過程，你只是複製別人的畫作，或者更糟的是，你只學到照著樣版來描。當你是個成人，要試著畫出自己的圖。我的工作不是告訴你該畫什麼，而是要你透過自己的生活經驗，畫出自己的主題。

要解釋大腦如何繪畫的最佳方式並不是講給你聽，而是秀給你看。我將會給你看一些可逆圖片，在同一張圖片裡，使用不同的方式可以看出兩個圖樣。這個知名的圖畫已經被刊登過好幾年，你以前也許看過。有份英國雜誌 Puck 在 1905 年首度刊登並稱呼它為「太太與繼母」。

就當作這是一個實驗，請你看看圖片，並試著看出年輕女孩和老女人。繼續練習，直到你可以清楚地看到這兩者。

［治療師協助個案練習］

我們能看到不同的圖樣，是因為大腦的關係。大腦不只是電腦，它不只是把圖片裡的所有原始資料加起來，它也跳變圖片。我不認為有哪個電腦能這樣跳變圖片，但大腦可以，而且是立即又自動的。它找出圖片裡的線條和陰影，和類似圖樣的記憶作組合。結果它找到了主題——年輕女孩或老女人。

在這裡要一下提醒最重要的事情，老女人或是年輕女孩並非真的在圖片裡，圖片只是紙上的一系列墨點——就是如此而已。我們可能看到年輕女孩，

可能看到老女人。看到這個圖樣或者另外一個,並不意味著我們有病或者是笨蛋。我們的大腦依照著視覺記憶的刺繡圖樣來創造出影像,墨點是畫布,大腦則是藝術家。

這些圖片說明了大腦如何將所有我們所見進行跳變。我們都是基於這些跳變來看宇宙,包括對自己的想法,跟他人的經驗,我們認為是對是錯,美或醜。都是依照我們大腦所創造的圖像,讓我們哭笑愛恨。

這就是我們擁有的大腦!

...............................■

範例二:克倫的概念轉換

克倫在家庭醫師的建議下前來找我,這位家庭醫師聽說我的治療幫助了一位地區運動員改善技巧。克倫曾是一位冠軍賽跑者,並且注意到她在賽跑上的表現變差。大約在八年期她開始參加這項運動,而且在區域比賽和洲際比賽都有顯著的進步。但最近她每次在比賽前很容易變得緊張,因而表現也變差。她也有幾次因為膝蓋問題而被取消資格。

分析她焦慮的認知內容,發現她是個高成就需求以及完美主義者,對於失敗有很嚴重的害怕。從她的背景顯示她父親一直不贊同她,並且持續迫使她要成功。儘管早期在學校表現不錯,經濟環境和早婚卻讓她無法盡到全部的潛力。身為成人,她知道很多領域對她來說已經是過往,於是她選擇了賽跑。

表 8.1 描述克倫的紀錄,代表舊的和新的完形。

克倫最後能夠調換成新的完形。藉由專注於每個小部分的轉換,她用新的方式來看待自己。起初,新完形是稍縱即逝的,而她只能偶而看到。但經過練習,逐漸地,新的知覺變得顯著,而舊的主題就逐漸消逝了。

表 8.1　舊的與新的完形紀錄表

舊的完形	新的完形
我必須非常成功，否則將沒有人會愛我、同意我、接納我，而我將會變成完全孤單。	成功、愛、尊敬和接受都是自我接納以後的副產品。他們也許會出現，也許不會，也許只有一點意義。除非我接受我自己的模樣，我是一個好的、有價值的人，否則我是不會快樂的。
小部分	小部分
生命中最糟糕的事情是失敗。	生命中最糟糕的事情是完全受到恐懼和失敗所驅動。
如果我無法全贏，我就是失敗。	如果我沒有獲勝，那我就只是沒有獲勝罷了。
成功是錯覺，失敗是真實的。	成功和失敗都是錯覺。
一個人必須控制所有（自我和環境），否則將會失敗。	很多時候生活只是恰巧發生。對於生活中大部分的事沒有人能夠控制。
如果我不能把一件事做到完美，那我根本不應該去作。	如果某件事不值得做，就不會被做好。
我要使用全部的時間來獲得成功。	成功和花費的時間不見得相關，而得到快樂卻是不受時間限制的。
如果我擔心失敗，我才有可能成功。	煩惱不會改變任何事，只會讓我覺得糟糕。
我必須讓每個人尊敬我、贊同我。	如果我不能重視我自己，就算全世界的人都重視我也沒用。

方法二：隱入圖像

另外一類圖像可以幫助個案學習稍微不同類別的調換。這一次不是讓個案從一個圖像轉移到另一個圖像。個案要去找出圖形的樣式，這個樣式在一開始並無法立刻被察覺到。在臨床上，這等同於要個案從一連串的生活經驗中裡找出意義，這意義本來是令人迷惑，而後變成可以理解的。一位太太總是帶回會虐待她的丈夫，或者一個酒癮者總是逃離治療計畫，他們可能無法立即從行為看到某些意義。而這就是治療者的責任，去協助他們找到隱藏的意義。

1. 找出一群隱入圖像。
2. 讓個案看圖像，先看最簡單的，然後進行到最難的。
3. 解釋要看什麼，而在圖像的哪裡可能可以找到。使用圖像的部分來協助個案。
4. 確定你有給個案足夠的時間去看圖像，並且注意他們的搜尋方法。
5. 在協助你的個案找到隱藏的圖像以後，接著討論他們的認知想法。使用圖像當作引導工具，協助從他們的經驗裡找到隱藏的意義。
6. 使用下列的方法，協助個案更能覺察到新影像。
   (a)讓他們將的信念連上強烈的個人記憶。
   (b)確定新的認知想法是個一般完形，而不是小部分。
   (c)個案應該將新主題盡可能弄得更有意義，同時包含個人以及情感部分。
   (d)簡短重複所看到的新信念並不會有效果。個案必須要在心智裡充滿了新圖像，直到它變得具有非常個人化的意義。
   (e)雖然重複不會增加調換的強度，但它能夠幫助個案知道調換是可以發生的。

說明

在做調換練習時，讓個案不會覺得受到催促是很重要的。鼓勵他們放鬆並且給予充分時間。新知覺常常是稍縱即逝的，所以要求個案反覆練習調換技巧是很重要的。

圖 8.4　隱入圖像：拿破崙在聖赫勒拿島

大約作畫於 1821 到 1836 之間，畫家不詳。由 Fernberger 在 1950 年再製。

使用隱入圖像在團體認知心理治療和用在個別治療一樣多，用在團體過程常常更有效果。在團體裡常常使用桌上電腦秀圖顯得更有說服力。使用簡報軟體，將圖像投射在螢幕上或是一個大的外接顯示器，治療者可以使用滑鼠來畫出圖像的輪廓。有些動態軟體能讓圖像從背景浮現出來。

在團體使用調換技巧的最大好處就是，能看到圖像的個案會幫助那些看不到的人。團體調換技巧教導個案如何給予他人幫助或從他人身上得到幫助，這也是為了學習變換他們信念時，得學習的一課。

每次你在團體治療使用圖像時，要求個案不只是幫助他人看到圖像，同

時更重要的是，找出在進行調換時可用的規則或指導方針。

圖 8.5 隱入圖像：基督

Dorothy Archboldy 作畫，Porter 於 1954 發行。

我們在數以百計的團體裡，在不同的臨床群體裡使用這些圖像許多年。
表 8.2 列出在團體治療時，個案所發展出最常見的規則。

建議讀物

需要更多可逆圖像與隱入圖像。可以尋找下面這些資料：Attneave(1968)、
Berger（1977）、Block and Yuker（1989）、Boring（1930）、Dallenbach（1951）、
W. Ellis（1939）、Fernberger（1950）、Fisher（1967,1968）、Gregory（1977）、
Joyce（1994）、Mach（1959）、Martin（1914）、Newhall（1952）、Wever（1927）。
其中最有用的資源是 M.C.Escher（1971）的作品。

表 8.2　調換規則*

改變你所看到的	改變你所相信的
知道自己在找什麼影像。	知道自己想轉變的，自己所相信的態度。
接受已經看到影像的人的幫助。	聽從你的治療者，他知曉這些新的認知想法。
需要花些時間來找到影像。	不要期望能立刻抓到治療師的意思。
找出來！	找出來！不要被動地希望一夜之間你就會相信新的想法。
持續嘗試，不要放棄。	繼續嘗試，需要花個把月的時間來調換信念。
如果你看不到整個影像，先看部分。	如果無法接受整個信念，先接受部分。
當你忘記看過什麼，從頭來再看一遍。	當新的信念又轉回舊的時候，繼續使用技術，直到你相信。
保持練習看影像，直到變成老習慣，你就會自動自發看到。	保持練習新的信念，直到它變成習慣，而且很難回想起舊習慣。

　＊註：對這些規則的進一步細節，請參考本節談到討論量子跳躍的困難調換。

困難的調換

基本概念

前面提到的技巧有一個很大的困難——對大多數個案來說,這些圖片太簡單。有些個案可馬上看出來,有些人可能要花上五到十五分鐘。但是要協助個案改變他們的信念卻是遠遠地困難。要做到主要的認知轉移,可能要花上幾個月或幾年的時間。即便個案願意花十到十五分鐘來找新圖像,他們可不願意花上幾個月的時間來尋找新的想法。

為了接近改變態度的困難度,必須要使用更難的圖像。這些圖像需要個案花費更多的時間和精力來尋找,這樣比較近似他們改變信念所需要的努力。

方法

1. 給個案看圖 8.6,8.7,8.8,8.9,或者你自己的圖。
2. 向你的個案解釋,圖像就像是他們的信念。試著找出生活中合理的想法,就像是從圖像裡找出意義。
3. 練習此一部份最重要的是去觀察個案如何處理找不出圖案時的挫折(尤其是圖 8.3——牛)。他們會覺得氣餒而放棄?他們為了你給的這些圖片而變得生氣?他們拒絕再進一步嘗試?他們責罵自己沒有找出來?或者,他們宣稱你是錯的,根本沒有什麼圖像?
4. 當個案在做練習時,指示他們報告所有在意識裡流過的想法和感覺。當他們在尋找的時候,將這些評論和你對個案行為的觀察都寫下來。
5. 告訴個案,對這個任務的挫折、自我憤怒或者覺得自卑,就和他們在使用認知想法也會遇到的感覺和想法一樣。討論這兩者相關的細節。在困難圖像上會遇到的任何問題,在改變信念時更是好幾倍。因此,他們若是放棄去看圖像,或者對你感到生氣,他們在面對自己的信念時也會如此。

6.協助個案處理這些問題，讓他們完成任務。如果他們太緊張，教他們在練習時放鬆；如果他們責備自己，協助他們對抗這信念，如果想放棄，鼓勵他們繼續嘗試。在任何情況下，持續地提供協助直到他們成功地完成練習。

7.告訴個案他們在圖像時所使用的技巧，和他們在調換信念時是一樣的。列出所有的訂正，並且要他們記錄下來作為進一步的參考。

圖 8.6　隱藏的牛

Leo Potishman 繪製，Dallenbach 出版，1951。

圖 8.7   你可以信任這個人嗎？答案寫在他的臉上。

（答案和參考說明請參見建議讀物）

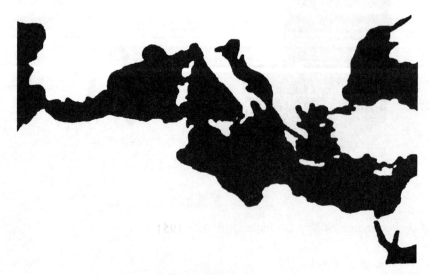

圖 8.8   這是什麼？

（答案和參考說明請見延伸閱讀）

圖 8.9　這個字可以用三種語言來讀：英語、中文和日語。這是一個城市名。

（答案和參考說明請參見建議讀物）

範例一：圖畫的故事

我為何使用這些圖像來教導知覺轉移，有些讀者可能會想知道這背後的故事。同時也可以解釋我為什麼發現這些圖片是認知重建治療的核心。

量子跳躍

有幾次我發現，好多個案對於認知改變感到困難，這需要花費很大的努力，而許多個案覺得用過去的思考方法比較簡單，要努力找到新方法實在困難。但是仍然有些個案學到新技巧、嘗試新的經驗、改變了態度。

這些改變通常速度緩慢。不管是要學習肯定、處理罪惡感、控制焦慮感，或者建立良好婚姻，都需要好幾年的練習與努力。好比攀登山崖時，個案緩慢地從在岩石峭壁間移動，一步步地登上斷崖。直到攻上山頂，他們能夠看

得更清楚，覺得自己更堅強地辦到了！有些個案缺乏達到目標所需要的耐力與持久力，於是半途而廢。

儘管大多數個案符合這樣的模式，有些人卻有戲劇性的轉變。在短短幾天裡，他們改變了生命中長久以來的思考方式。好像是他們在登山時，突然就躍上山頂——有如量子跳躍。

我對這跳躍著了迷。他怎麼能夠相信某個胡說八道三十年，而突然就完全不信了？他怎麼能在短時間裡就改變他花了一生建立的想法？這些跳躍背後的原則是什麼？

當我在南方的某個大學就讀時，我初次觀察到這些量子跳躍。某個星期六下午，就在離校園不遠的鄉間舉行了戶外復興佈道會。我當天下午有空，同時也感到好奇，我決定去參加。

在一個開闊的場地，由大帆布搭起的帳棚，裡頭有四百個折疊椅。天氣像是洗蒸汽浴般地炎熱而冒氣，人們就從各處慢慢走到位子去。在前面是一位有著長頭髮的傳教士，奮力地說著關於地獄的恐怖，以及被永恆之火焚燬的感覺——痛苦、屍體被火燒過的惡臭、還有哀嚎聲，將把我們淹沒。

參加的人看起來多是一些農人，他們穿著工作褲，看起來就像剛剛耕地過。開始我沒有看到任何大學生，這看起來不像是大學生會來的活動。接著我認出羅伊，他是個新生，曾經到學生諮商中心看過我一次。他是一位住在當地的男孩，申請到橄欖球獎學金入學，主修體育。因為他有著嚴重的藥癮而被送來見我。他酗酒，舍監擔心他會被球隊除名並且被學校退學。他來見我的那次，很明顯地他還不想要戒掉。

羅伊和其他人聽著傳教士講著地獄的種種，滔滔不絕講了一個小時，聽眾越來越煩亂。有些人呻吟著哭出聲，「救我！」有些人則站起來喊叫。傳教士逐漸加強音調，他說：「上帝安排這樣的地方給這些人：騙子（觀眾嗚咽）！懷疑的人（嗚咽）！嬉皮（噓聲）！酒鬼和毒蟲（嗚咽與噓聲）！私通的人（大聲嗚咽）！奸夫淫婦（最大聲嗚咽）！」突然地，傳教士警告大家，為了避免掉進詛咒的永恆之火，必須要斷絕與惡魔的關係，接受耶穌。

「走到前面來，與耶穌站在一起！」一位小老婦先站了起來，哭著並揮著她的手。一個接著一個，走道上滿滿都是要往前面的人。他們嗚咽著，揮著手哭泣著：「耶穌救我吧！」我注意到羅伊也跟著走上前去。

傳教士謝謝耶穌拯救這些罪人，接著他詳細描述天堂的總總。他說在天堂裡，我們會和已經來到耶穌面前的親友們聚在一起，所有的身體病痛都將不在。我們會永遠年輕，會和先知聊天，會在耶穌的臂彎裡覺得真實又舒適。他繼續講了一些類似的話，然後大家一起唱聖歌（幾乎所有人唱著），佈道會就結束了。

幾個月後我在校園裡看到羅伊，問他最近的狀況。他說他已經不喝酒也不使用藥物好一陣子。他現在參加橄欖球隊，在學校裡表現還算不錯。接著幾次我遇到他，他的情況一直不錯。他繼續照這樣做，不再碰藥不再喝酒，持續地待在球隊裡。完全因為這場午後的戶外佈道，羅伊做到了量子跳躍。

這幾年間，我也觀察到其他量子跳躍。儘管大多數的個案奮力前進、埋頭苦幹，以又慢又小的步伐來改變，仍然有百分之十的個案會有戲劇性地轉變。

直到我在學校圖書館裡的某個機會，我了解到為什麼有些人會發生這種轉變。我在書裡找一些文章，拇指滑過一本老舊的德國心理學期刊，我注意到有一篇在講隱入圖片的文章。那是一張圖片，標題叫做一隻牛的草圖。但我只看到一團無意義的污點，我把書放回去。幾個星期後，我又來到同一間圖書館，看到同一篇期刊。我又看了這張牛的圖片，還是看不出個所以然，我心想，「愚蠢的圖片，根本沒有牛！」我把文章放在一旁，先做正經事。但是就在我離開圖書館前，我坐在桌子旁邊，再簡略地看過這張圖片，圖片就這麼浮現出來──是一隻牛的頭和前半部。這樣的轉變並不是漸漸變化，而是突然產生的──是一種視覺的變形，知覺的量子跳躍。

我立刻想到羅伊。他也是突然地看到了什麼。有沒有可能看到一個影像從圖畫裡頭跳出來，就如同一個新的態度從腦子裡產生？儘管一個是知覺，而另一個是概念。如果治療師能指出圖畫裡的影像如何突然地跑出來，也許

我們也能知道爲什麼有些個案會產生量子跳躍。

在接著的幾年之間，我收集大量的這類圖片來研究，這件事也變得令人尷尬。我的同行在邀請我參加專題討論或工作坊的時候可能會再三考慮——「如果我們邀請 Mullin 博士，他又會秀那些該死的圖片。」但是，這些圖片仍是我發現用來講解心理學的複雜原理最好的類比。它們是我用來了解認知改變與成長的羅塞達石（註）。我確定它們解釋了個案爲何能做到量子跳躍。

當個案看著牛，他們看到什麼？大多數的人不會立刻看到牛。事實上很少人做得到。如果他們看不出來，我不會覺得驚訝。這張圖片是我的檔案夾裡頭最難的一張，在看到牛浮現之前需要好些時間（通常要幾個星期）。只有在他們的腦子準備好的時候，才會看到牛。

比起個案花了多少時間來看到牛還要有趣的是，個案看到牛的過程。原來根本看不到的東西，他們是如何能夠看到的？圖像沒有改變，不管他們有沒有看到，圖像都是一樣的。在視網膜上的圖像是一樣的。他們的視神經和到達視覺區域的訊息也沒有改變過。不同的是大腦在這之後做了什麼？——也就是大腦用什麼方法組織這些原始資料。紙上的污點仍然是無意義的，或者是轉變成爲一隻牛。如果他們看到牛的影像，那是因爲他們的大腦做了轉換。是大腦造成量子跳躍。

這個練習的重要性不在於能不能夠看到牛，而在於我們用來分辨和理解事物的一套規則。大腦爲什麼能夠創造出牛？從看不到變成看得到的過程，有沒有什麼原則？個案用了什麼方法？

當我問個案如何能看到牛，有些人很快地回答。他們說這很簡單，你只要看圖畫裡的這邊或那邊，就會浮現出來。你檢查左邊，可以看到牛右邊耳朵的部分，在下面一點是鼻子，在中間一點則是牛的左眼。

儘管這些觀點的邏輯顯而易見，我不認爲是準確的。並不是因爲個案看著哪裡，而是他們看的時候，大腦做了什麼。個案可以注視著圖像上的任一點，在不改變焦點的情況下，也能看得出來。

個案的大腦能對圖像產生牛的方法，跟大腦造成量子跳躍是相同的。圖

片是關鍵。認爲圖片是什麼，也就認爲態度是什麼。在我和個案的工作中，我發現五個基本要素，對於看到圖像中的隱入圖片和改變長期擁有的信念，都適用。這些原則也是量子跳躍的核心：意志力、指導、彈性、時間和重複。

意志力（Willingness）

第一個要素，意志力，是指個案必須有足夠的動機想要用新的方式來看待事物。如果他們武斷且固執地抓著舊觀點，這樣的話新觀點就沒有存在的空間。如果他們在圖片裡看不出所以然，就堅持裡面沒有東西，也不認爲有方法可以看得到，他們也就永遠看不到牛。

同樣的原則也適用在信念上。個案如果認爲他們絕對正確，不認爲自己可能有任何錯誤，他們就不會想要改變想法。我遇到一個個案，他認爲自己完全是一個虛弱、被動、沒用的人。而他總是以暴躁的行爲來作爲補償，——自卑男症候群（short man syndrome）。事實上，他並非是自己所想的那樣。他既不虛弱，也不被動，——實際上的他是太過於侵犯、太暴力。但因爲他有那樣的知覺，他讓自己變得更加暴躁。他強迫自己接受這觀點，這讓他變得很討人厭，沒有人想要接近他。他也丟了工作，失去了女朋友。

當我告訴他這項錯誤的知覺，他拒絕聽信。他斷然拒絕自己犯錯的可能，也拒絕接受可以用別種方式來看待自己。他從沒改變，因爲他的過度侵犯性，他還是沒有工作，沒有朋友、沒有親密關係。

指導（Guidance）

指導是量子跳躍背後的第二個原則。爲了能夠看到新東西，需要有一位能夠使用新觀點的人來指導。最棒的教練就是在團體治療裡已經有過量子跳躍的成員。他們知道要怎麼去看，並且能夠幫助其他人。當被告知要看出牛的時候，比較容易看得出來；而如果個案想著他們在看經緯線的話，他們永遠也看不出來。

同樣的情況，相信新態度是較爲幫助的人也能夠幫助其他人來看到。這一點可以用來解釋爲什麼像是匿名戒酒協會（Alcoholic Anonymous）、復原

公司（Recovery Inc.），國立心理健康聯盟（The National Alliance for the Mentally Ill）等自助式團體對個案有所幫助。古柯鹼上癮者能夠聽從已戒癮者的經驗獲得幫助，懼曠恐懼症從已經克服恐慌症的人得到幫助，而承受哀傷痛苦的人則找到生存者團體（survivor's group）的幫助。所有復原者都找到了量子跳躍，並且能夠告訴新個案如何去做。

彈性（Flexibility）

第三個原則是彈性。個案需要嘗試不同的方式來達到知覺跳躍。為了看出牛，他們要能夠看圖像的不同部分，把圖像靠近眼睛些，或是遠一些。也可能要先把圖像丟在一旁，過一會兒再看看。不管用什麼方法，他們需要變換不同的策略，而不是重複同樣的方式。

同樣的說法對於信念也是一樣的。為了改變態度，個案需要試著使用新方法來看待信念，直到轉變發生。如果只是重複看到相同的東西，這樣不會有改變。個案需要使用不同的策略來改變。他們讓舊的態度變得薄弱，對新的態度注入力量。有些人會把新的信念和一些強而有力的、具有強烈情感的個人經驗做連結。有些人則會在自己使用新信念時給予鼓勵，使用舊的信念時給予處罰。有些人將信念分成小部分，先對小部分做變換，然後才對整體做改變。所有的重點都是，想出一些策略、一些新系統，來改變認知。

時間

第四個原則是時間。改變個案的觀點需要花時間。他們的大腦需要時間來處理資料，直到新的知覺一起到來。如果他們停個幾秒鐘不去找牛，就看不到了。

同樣的原則也可以用在改變信念、哲學觀或態度。在圖片裡改變圖像可能只需要幾分鐘，但是要改變哲學觀可能需要幾個月或是幾年。無論要花費多少時間，重要的是個案要持續下功夫做改變。否則的話，不可能做到量子跳躍。只有在準備好的時候，大腦才會做出轉變。這個時間點有點像是個案描述的「啊哈」經驗：「在某個早晨我醒來覺得『啊哈』，我知道啦，我知

道這些星期以來我所在做的事啦！」他們在尋找的知覺突然間出現，——大腦抓住每樣東西，變成一張清晰有力而可靠的影像。他們做到量子跳躍。

重複（Repetition）

　　第五個，同時也是最後一個原則就是重複。量子跳躍裡頭有個令人遺憾的觀點是，即使個案已經轉換了看待自己的方式，他們常常會跳回去。再用牛的圖片來解釋這項過程。如果他們把圖像放在旁邊一會兒再拿起來看，他們只會看到沒有意義的污點，而不會看到牛。同樣的，雖然他們對於改變了態度感到又興奮又快樂，過了幾個星期醒來，他們又想著老舊的信念。關於這一點，我要跟個案保證說，並不會有可怕的事發生。「二十年來都用某種方式思考，你的大腦轉回去用舊的方式思考，就算是機會不大，也不足為奇啊。」

　　解決往回跳的方法就跟看圖畫一樣，——練習。如果個案想要每次看圖像都能看到牛，就必須要保持練習。一段時間以後，他們會發現就是不想看到牛也很難。同樣地，如果他們持續退回到使用舊的信念，他們需要練習看著新信念。很多個案反覆地發生跳躍，直到它成為固定的。

　　我相信使用上述的原則幾乎可以改變任何態度、信念、價值、意見，甚或是任何偏見。就像是羅伊，大部分個案並不會陷在他們舊有態度裡，不管是多麼根深蒂固。不管根有多深，或源頭有多古老，改變都是可能的。

範例二：泰莉的故事

　　泰莉看了一位認知治療師四個月處理人際關係方面的問題，而後轉介過來給我。治療對她的人際關係有幫助，但無法降低她持續的低層級焦慮。在開始會談後，很清楚她有社交畏懼症。她害怕被別人仔細觀察，也擔心做出一些在別人眼中看來是愚蠢的事。無論何時，她總是避免公開曝光。

　　我們依照傳統的認知重建取向，她也能跟著進展，但是當我開始使用轉換技巧的時候，她有困難。她持續做練習作業（每天至少半小時），但是她

報告說她無法轉移想法。我們判定這些「困難的圖片」可以提供線索，來看到是什麼妨害到她在轉換信念時的努力。

下面是在會談中使用困難轉換技巧的文字記錄。

治療師：我要給你看更多的圖片。這些圖片和我以前給你看過的類似，但是會比較難。這次當你在看圖片的時候，我要你做一點特別的事。請你說出在練習過程中，你的感覺，還有你對自己講了什麼話。大部分人們不會說出他們的情緒和想法，這些都被排除掉了。但是在這個練習裡，我要你集中你所經驗到的自動化想法和感覺，並且講出來。這樣做可以嗎？看這張圖片，你看到了什麼？不必去管時間。

泰莉：這看起來很費力……我不確定自己能不能做到。我完全看不出來，——你確定裡面有嗎？……大小一樣嗎？要不要轉動圖片？我不喜歡這樣子，——我做不來……我快看到了……唉呀，又不見了。真是笨哪！我不知道為什麼要做這玩意兒，有夠愚蠢的。我不想再做了。

（練習過程從頭到尾，我鼓勵她繼續）

泰莉：我不夠聰明，我辦不到。你的其他個案可能比較機靈些……這對我來說沒有作用。我認為它應該就在那邊，但我就是看不到。

（上面的評論大約花了十分鐘。在這段時間裡，泰莉逐漸變得激動。她開始催促自己，結果更難去看到形狀。）

泰莉：真糟糕！我什麼事都做不好！你一定認為我很笨。你有任何個案要花這麼多時間的嗎？

（過了一些時間，泰莉仍是類似的評論，我決定介入）

治療師：好了。停一下，我們來談談。你有注意到，你在做這些練習時的想法感覺，和你在家裡練習改變信念時的想法和感覺，非常類似？

泰莉：對啊！那方面我也覺得困擾。

治療師：嗯，讓我們分析你感覺到什麼、你想到什麼！事實上，如果你能寫下來，我會覺得很好。在一開始你告訴我這很費力，所以你不可能做得到。接著你看不出來，你就抨擊自己，叫自己笨蛋。然後你擔心我認為你看

不出來，最後你對於我給你這些練習感到生氣。我的摘要對嗎？

泰莉：我不確定。

（我們有錄下會話，我把她的評論放給她聽。）

泰莉：唉呀！我真的在抨擊自己。

治療師：是沒錯！你有沒有注意到，你越是嘗試，變得越緊張，也越來越抨擊自己。

泰莉：是啊，我真是太緊張了。

治療師：好的，我們這一次來做點別的。你注意到你越是抨擊自己，你越沒辦法專心於練習。嗯，讓我們先做點改變。這一次我要你非常放鬆的看這些圖片。我們回過頭來做練習，做一下前幾次會談裡的放鬆練習。不管在什麼時候，只要你開始覺得緊張，我就要你先停下來，做個深呼吸，用我教過你的方法做肌肉放鬆。另外，不管什麼時候，出現自我抨擊的想法，我要你安靜地說「停！冷靜，放鬆。」然後立刻把注意力轉回去練習。不管什麼時候，你的腦子從練習跑走的話，停止這些想法，然後再回過來看圖片。不要讓自己看這些圖片有壓力，我要你放鬆，讓圖片自己出現。了解嗎？

（我們練習放鬆技巧約15分鐘。然後她回去看圖片。只要她一顯得緊張起來，我就告訴她要放鬆。如果她開始皺眉頭，我告訴她停止那些想法，冷靜地回來練習，不需要有壓力，等待就好，讓圖片自己跑出來。過了兩分鐘，她可以看到形狀，並且用手指畫給我看。接著我們再多做兩張圖像，而她可以在一分鐘以內就辦到。）

治療師：很好，我想我們學到了一些東西。這可能就是妳在家做調換有困難的原因。當妳催促自己做事情的時候，只會讓妳更緊張，妳開始批評自己，而妳就更不可能看到。妳在這裡所辦到的，也是妳在家裡需要做的。所以我要妳開始練習放鬆，做「停，冷靜，放鬆」的技巧，讓調換自己出現，而不是想要它們出現。

說明

　　如果個案發現可逆圖像或隱入圖像太過簡單，治療師可以用比前面所看過還要難的圖像。對於這些個案，使用 3D 圖案可能會有幫助。大多數的個案只能看到 2D 版本。解釋這裡頭有 3D 圖像，如果他們可以依照你的指導語來練習，就可以看到。使用任何一種可拿到手的教導方式，Horibuchi（1994a, pp. 10, 90-94）特別有幫助。

　　有自信地告訴個案有兩種方法可以看到圖案——平行法和鬥雞眼法。每種方法可以看到不同圖像。協助個案練習到可以看到圖像爲止，並且告訴他們，需要依照相同的過程來找到新的信念。

　　使用 3D 圖像所獲得的練習效果比使用可逆圖片來得好。你的病人如果能看到越多的圖像，就越能夠看到完整的新圖像。同樣地，你可以告訴個案，練習的越多越有效，而改變信念也越容易。

建議讀物

　　圖 8.7：你不可以信任這個人！如果你把書本向左轉 65 度，你就可以看到他的臉拼出一個字「Liar（騙子）」。

　　圖 8.8：這是地中海的地圖。（Block & Yuker, 1989）

　　圖 8.9：這個城市是「Tokyo（東京）」，你可以把書本向右轉 90 度

　　個案可以找到下列很有用的 3D 圖像：Horibuchi（1994a,1994b）提供立體畫的有趣歷史，同時有一些富有想像力的畫。魔眼（1994a,1994b）是最容易取得的圖畫。Anderson（1994）有一系列的錯覺圖形。這些都不昂貴，你的個案可以去買回家練習。Worsick（1994）有錄影帶，超過一百張圖像，這可以讓個案能夠大量練習。

　　* Rosetta stone=羅塞達石（解釋古埃及象形文字的可靠線索）

　　【譯註：在本文，我們採用「完形」這個詞來說明 〝gestalt〞】

　　【譯註：本文用量子跳躍來說明： 〝quantum leap〞】

漸進式圖像調整

基本概念

　　對大多數的個案來說，從舊的非理性信念到有用的新信念之間，有非常大的缺口。缺口是如此大，以致於個案發現，要從這一邊跳到另一邊幾乎不可能。對於這些個案，治療師要教導個案對信念做些小而逐步的改變，一步一步前進，讓有害的態度能夠成功地轉換成合理的態度。圖 8.10 描述這樣的過程。

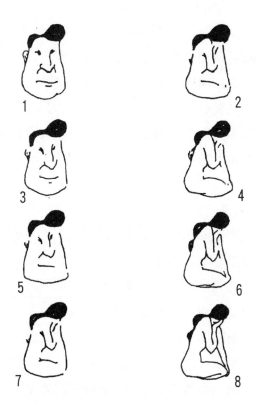

圖 8.10　漸進式圖像：男人與女人

由 Gerald Fisher（1968）設計。

　　這些圖示是逐漸地更改，第一圖是男人的臉，到第八圖是女人的身體。我們假設個案只要是看到第一圖就會變得焦慮，但是在看第八圖的時候並不會焦慮。那麼在看到第幾圖的時候焦慮會減輕？第四、第五，還是更後面的圖？

　　在治療過程中，如果看到第五圖就能減輕焦慮，個案就不需要轉移到第八圖。更進一步的轉移只是浪費治療時間。漸進式塑形（progressive shaping）的目標是要讓個案瓦解他們所使用的模式，來移除負向情緒的來源。從這個觀點往前看，經由完形塑形與重複的過程，個案應該能夠鼓起勇氣，逐漸地藉著想像沒有焦慮發生，回頭處理原始的模式（第一圖），直到最早的圖像和情緒切斷關係。

　　在類比裡的改變過程，精準地描述個案在轉移知覺的時候所遇到的經驗。藉由協助，治療師帶領著個案逐漸地改變一般信念架構裡的不同組成，終於能夠將不舒服的來源隔離出來，那些來源也就是起初來治療的原因。一旦達成這樣目標，仍然要教導個案練習這些模式，而不再受到問題模式的影響。練習是改善的要素。個案必須不再受到問題模式的影響，要反覆地看到新模式，直到變成自動化為止。

方法

1. 讓個案專注在與問題相關的關鍵普遍模式上，要求個案完整地描述。如果個案能將主題變成具現象化則更為理想。
2. 在使用放鬆技巧幫助幫助個案專心後，讓他們再去想像這些主題，並且改變部分模式。你可以改變視覺的部分，或是情緒的部分，或是這些模式的其他觀點。
3. 繼續改變這些主題的觀點，直到個案報告說沒有情緒困擾。
4. 一旦辦到了，這些改變的模式已經移除情緒成分，而個案要專注將前述模式的要素給予視覺化。盡可能鉅細靡遺的描述。
5. 將關鍵要素分離後，讓你的個案再去描繪其他主題，但是這一次要做

到，改變要素而不會產生情緒。如果你已經正確的移除關鍵要素，個案應該能夠想像這些場景，而不再有任何情緒困擾。

範例：查德的故事

查德，27 歲男性，因爲強烈的憂鬱前來尋求諮商。他是個優秀的年輕人，——聰明機靈，有創造力和同理心——但沒有特別的成就。

大致說來，查德的錯誤主題就是他認爲自己在智力、社交技巧和情緒穩定都比別人差。起初教過他放鬆技巧以後，我們就專注在將這些影像改變成不同的觀點。我們要他先想像自己完全一無是處，只有工作還可以，然後想像工作和參加派對還可以，然後是工作、派對和親密關係還可以。但是，查德仍然覺得沮喪。

我們於是改變策略，要他想像另外一連串的影像，對於他自卑的客觀真實度，在概念上做漸進調整。在第一張圖片，他想像他的信念 100%真實，而在客觀現實裡，他就如同自己所想的那樣，在描繪自己的情緒和表現都顯得自卑。在下一張圖片，他想像這個想法只有 75%正確。我們繼續做到第五張圖片，在這張圖片裡，他想像對於自己自卑的信念是完全不正確。

經過練習，查德想像到，即使他能夠確定自己並沒有那麼糟糕，但持續在行動、感覺和思考方面都好像是比別人差的。這個練習帶給他非常重要的領悟。他發現自己的行爲和感覺完全受制於自己的想法，而不管真實與否，——只不過是想著自己比別人差，就讓他變成那樣。在 25%真實程度，他的行動與感覺也和在 75%的時候相同。想法的真實與否，並不會影響他的行爲或情緒，這只和信念有關。把去確定真實與否和知覺到真實與否的做區隔以後，查德能夠回到原本的完形，並且看到自己的錯誤。他讓自己表現不如別人，來作爲證據證明自己很差，但經過漸進式調整過程以後，他知道無論他怎麼行動、怎麼感覺，基於證據的事實和他基於自己的知覺做了什麼，一點關係也沒有。

說明

治療師通常在事先不會知道每個個案基模裡的有問題的部分。因此治療師在調整模式時要能夠帶有彈性，找到並且區分出來。

建議讀物

我們用類似的圖片進行一些非正式的實驗。實驗了 15 位個案，我們發現個案要看過至少四個修改過的圖片，才能看到不同的圖像。我們的臨床經驗是用於處理概念上，而不是用於圖像，也有著相類似的反應。

主題與基模的漸進式調整，可以參考下面資料：Bugelski（1970），Dobson and Kendall（1993），Klinger（1980），Lazarus（1971,1977,1981,1982,1989, 1995,1997,1998），Sheikh（1983a,1993b），Sheikh and Shaffer（1979），Singer （1974,1976,1995），Singer and Pope（1978），Williams（1996a,1996b）。

理情心像法

基本概念

Ellis 和其他的理情行為治療師，採用一項名為理情心像法的技術，目的用來轉移個案的整體知覺。因為這個技術處理整體的思考模式，而不是特定的、個人的認知，所以這個技術是包含在轉換階段裡，而不是放在對抗階段。

在本書所談到的大部分認知技術上，治療師依循著基本的過程來精確辨認出有害個案的信念，然後使用一些事先設計的練習來幫助個案改變不切實際的知覺。治療師在此的角色主導了治療的過程，治療師開了處方，然後指導個案來使用這些處方。

在理情心像法的技術裡，則是由個案自己來開處方，而不是由治療師。

治療師協助個案清楚辨別出困擾的來源，然後深切地集中於這些困擾的核心主題（例如恐懼，被拒絕感，自卑感，對他人強烈的不信任感）。一旦辨認出這些舉足輕重的核心主題，治療師就請個案使用他們的創造活力來決定策略，減輕這些核心主題的強度。因此，對他人強烈的不信任感所採取的反應，個案會選用必要的對抗法，讓他能向自己保證有些人是比較可以信任的。他可能需要事先做好工作來決定哪些人是可以信任的，或者不要透露那些讓自己容易受到傷害的事情。他也可能決定合併採用這些方法。

　　很顯然的，這些方法的成功取決於以下三個因素：第一點、在相對看來比較沒有固定結構的治療過程中，個案能夠有效因應的程度。第二點，個案在決定認知策略所運用個人創造力的程度，以及最重要的第三點，個案在治療進行過程中所能投入的程度。

　　有經驗的讀者會認得出來，我們將艾理斯在這項技術的原始概念上做了一些輕微的修改（參見步驟 7）。

方法

1. 在開始練習前，先讓個案覺得放鬆，這也可以增加專心。
2. 將個案覺得困擾的十種情境，排出一個層級。要確定對這些情境做鉅細靡遺的描述，個案能夠生動的想像。如果你能夠對這十種情境辨認出共同稱呼，可以將這些核心主題減少一些。同時確定個案也同意最後所列出的主題的確反映了個案困擾的主要來源。
3. 請個案想像每一種情境、對這些情境相關的情緒，以及最能夠描述這些情緒的核心主題。請個案將這些清楚的記在腦子裡。
4. 接著讓個案選擇任何一個核心主題，並且將焦點集中在相關的情緒，使用任何可以想到的策略來改變他們的情緒。請個案繼續練習，直到他們覺得開始覺得情緒有改變。
5. 告訴個案繼續把焦點放在，他們對自己說了什麼話而轉移感覺。如果他們給自己的忠告能夠促幫助專心、能夠更清楚的回想，請他們寫下

來。讓個案變得對自己的信念能夠完整的察覺。

6.個案每天需要練習十五分鐘,直到他們能夠一貫的建立可供選擇的情緒。一旦他們第一個選擇的核心主題獲得處理,他們可以繼續從第 2 步驟開始,對其他的核心主題使用相同的技術來處理。

7.為了幫助個案學會控制情緒,個案可以在重新開始第 2 步驟、對原本情境作想像時,練習產生不同的情緒。他們可以藉由改變不同的內在對話,來練習覺得快樂、傷心、生氣、有信心、放鬆,或是其他的情緒。

範例:瑪古的故事

理情行為治療的文獻裡對這項技術有很多的例子。我們從自己的檔案櫃裡拿一個出來看。

瑪古是一位 28 歲女性,來見我的時候已經看過至少六個治療師。對先前進行過的諮商,她都只談過一兩次,覺得沒什麼用,就去找另外的治療師。就這樣子過了幾年。

在與她第一次的會面後,就很清楚知道為什麼她毫無進展。簡單來說,她對於做些努力來改變自己並沒有興趣。她顯得抗拒,面對我的問話時,簡單而又無禮地回答:「我不知道。」她既不閱讀我給的參考資料,對於治療相關的任何技術和理論,也不想去學習。相反的,她期待著,甚至是苛求我能夠順理成章地為她解決憂鬱。對於任何要她為了改變自己而努力的建議,根本甩都不甩。

高結構性的治療技術對瑪古來說,顯得沒什麼用,因為那只會讓她在治療過程理顯得被動。她需要的是治療師參與少一點,個案參與多一點。使用理情心像法應該可以激勵必要的參與感。

在瑪古描述的層級中,關鍵場景是她對於父母造成她無法適應成人生活的知覺。她覺得她沒有受到合適的對待,以致於讓她不能快樂,她的憂鬱、與男性親密關係不佳、工作不穩定、財務困難,都是父母的錯。她誤解了早

幾年前一位新手分析諮商師對她做的評論，結果讓她把所有事情都歸咎於父母。她已經有五年沒有跟父母見面聊天。

聽完了瑪古對她父母的長篇大論以後，我認為她的憤怒被過度渲染。她的父母做得不好，但聽起來就像是她的父母只是用自己能想到最好的方式來支持、和幫助她，就像很多父母做的那樣。

但我們開始練習心像，她想像與父母住在一起以及他們做的那堆「糟糕透頂」的事。她認出自己有著強烈憤怒。當我告訴她轉移成較輕微的情緒時，像是生氣或是失望，她說她「做不到」，但是從她的非語言可以清楚看到，她是「不想做」。她要求換一些別的方式，我則拒絕她，並堅持使用這個技術。對於我的不同意，她顯得生氣，但我繼續使用同樣的技術。結束會談時仍是陷入僵局。

瑪古取消了接下來的三次會面。我後來知道她跑去找了另外兩位治療師，期盼他們解決憂鬱。一個月後她再度來見我，她還是生著氣，但是「準備好給我最後一次機會」。她預期已經給我足夠的懲罰，我應該放棄了理情心像法，但我沒有放棄。

在這裡必須有個附帶說明，這樣的堅持在認知重建技術裡是不常見的。通常一種方法若是不能奏效，我會採用另外一種。但對於瑪古來說，我認為有必要做一些根本不同的嘗試，而堅持使用同一種技術，不讓她有機會逃避問題，是比較需要的。但是如果我對十個不同的個案都用這種方法的話，十之八九會失敗。

我先對她坦誠說明了問題所在，然後我們繼續進行理情心像法。她仍然不是完全合作，但是這一次，她做了一些改變。她稍微減輕了憤怒，不過她說她之所以能夠做到，是因為她對自己說，自己也有些責任。而當她對自己這麼說的時候，她開始覺得又吃驚又有罪惡感。接著我將心像轉到自責和恐懼的新知覺。藉由理情心像法，她能夠某程度減輕這些感覺。接著我們輪流處理對父母的憤怒以及對自己的恐懼和罪惡感。在許多次的會談以後，瑪古漸漸能夠減輕罪惡感和生氣，而她的憂鬱也獲得改善。

說明

本技巧最大的優點，同時也是最大的缺點，就是彈性。某些個案需要比較特定的指導來改變情緒。而某些則在做自己知覺轉移時，要負起比較多的責任。

建議讀物

有幾本著作描述本技巧：Maultsby and Ellis（1974），Maultsby（1971,1976,1984,1990），以及 Wilde（1998）。

心像法

基本概念

心像法被使用在轉換技術和一些認知重建觀點，本書所列出大約三分之一的技術都是某種形式的心像法。就對抗法（countering）而言，它試圖修改個案的「語言」勝過「心像」，而轉換法則以心像和視覺化爲基礎。心像法比較能夠讓個案知道哪裡需要改變，因爲它著重在整體的模式轉移，而較純粹的語言技巧目標則在於改變較爲特定的想法。

但即使是純粹的語言技巧也能夠適用於心像視覺法的過程。對多數的個案來說，最好的方法是混合語言技術和心像技術。合併使用的效果比起單獨使用一種方法，能達到更有力的改變。然而，如果個案特別熟練使用視覺技巧，或者對於使用心像修改（image modification）特別有反應，治療師最好就去強調心像法的作用。

方法

1. 爲了能將語言技巧使用在轉換技術裡，首先完成這三個步驟（CRT），找到個案核心的抽象信念（Guidano,1991；Guidano & Liotto,1983），客觀分析真實性和謬誤，並且發展一系列的對抗法，或者是理性信念替換法（Mc Mullin & Giles,1981）。

   雖然能夠對這三個步驟成功使用轉換法，我們發現在初期使用語言技術比起視覺技術是比較彈性的工具，大部分是因爲個案在將信念視覺化時會遇到問題。舉例來說，要將類似「我覺得我的生活毫無目標」這種信念形成具體的心像，是有困難的。我們建議在初期使用語言技巧，比較簡單又有效。

2. 決定個案的心像容量，這可以使用 Lazarus（1977,1981,1982,1989,1995,1998）發展的量表。這些量表可以決定個案的整體視覺化能力，也能夠精確指出需要改善的區域。這些量表檢查了個案建立心像的能力，像是自我與他人心像，過去、現在和外來，快樂的和不快樂的，還有一些其他類別。

3. 如果個案的心像能力得分太低，你可能會想要使用心像建立法（image-building techniques），這是由 Lazarus（1982）所提出。

4. 選用特定的心像來協助個案從非理性信念轉移到理性信念。因爲心像並不牽涉到語言，個案通常能夠更快速地轉移知覺和完全地使用視覺心像，勝過使用語義。你可以使用許多不同類型的心像來達成知覺轉移。下面列出的是幾種主要類型。

   ＊因應心像（coping images），個案想像他們成功處理困難的情境，用來矯正消極與逃避的想法。（「想像要求老闆加薪」）。

   ＊放鬆心像，包括自然景觀與感官視覺化，用來對抗恐懼、焦慮的想法。常常用於認知減敏感法的一部份。

   ＊精熟心像，個案想像他們完美的完成任務，可以用來對抗失敗與無

助的非理性想法。（「想像有個成功與快樂的婚姻」）。

* 細節因應心像（small-details coping images），用來協助處理細節，尤其當個案覺得被複雜的問題所壓制時。這種方法是讓個案將主要問題分解成一系列較小的片段，然後想像他們克服每個小困難。舉例來說，個案覺得買車是個大問題，那就將這個問題分解成 20 個小任務，然後想像他連續成功完成每個任務，從購買消費者報告之新車指南開始，到最後成功買到理想的車輛。

* 模範心像（modeling images），當個案覺得在進一步解決問題的某個部分有困難，或是要熟練技巧時遇到麻煩，可以使用本技巧。在這項技巧裡，個案想像去模仿一位在特定事情上有傑出表現的模範。舉例來說，個案在分析以後，可以想像山普拉斯的正手拍，或是巴克利的辯論技巧。

* 毒害心像（noxious images），用於嫌惡、逃離、逃避的情境，用以對抗負向行為。（「想像抽煙讓你的孩子得到肺氣腫」）。

* 理想化心像（idealized images），當個案無法想像他們的最後目標可以使用。（「十年以後，你想要住在哪裡，跟誰住在一起？而你想要做什麼工作？」）。

* 獎勵心像（rewarding images），用來增強現實思考。（「如果你完成計畫，會有什麼好事發生？」）。

* 槓桿心像（leveling images），用來降低令人嫌惡的、令人害怕的形象的負向效果。（「想像你的老闆穿著鴨子裝，呱呱叫。」）。

* 重建概念心像（reconceptualizing images），改變對事件的解釋。（「想像你的太太並不是在對你生氣，她只是在工作上不順心。」）

* 負向與正向心像（negative vs. positive images），面對負向情境時，想像一個正向的背景，後者處於更高位的連結強度，可以改變先前情境的情緒價數（valence）。（「想像被反對批評時，你正坐在熱帶礁湖旁，天氣好晴朗。」）

＊矯正心像（corrective images），消除掉過去所做的事情。（「如果全部重新來過，想像你會怎麼做？」）

＊廣泛式矯正心像（generalized corrective images），修正個案過去所做的特定某一類事件。舉例來說，一位態度消極的個案，每當重要時刻他總是逃避面對問題，他想像自己能更肯定些。

＊預見未來心像（future perspective images），讓個案想像從未來某個時間點回過頭來看現在，從而澄清關鍵價值。（「想像你已經 85 歲，你將回顧一生。你認為對目前來說，什麼是重要的，什麼是不重要的？」）

＊膨脹心像（blowup images），教導個案處理可能發生最糟糕的事。（「如果你丟掉工作的話，會有什麼最糟糕的事情？而你又會怎麼做？」）

＊低可能性事件心像（visualization of low-probability images），要求個案想像可能發生最糟糕的事情，以便於放棄想要控制每一件事的念頭。矛盾意向法（paradoxical techniques）常常使用這類心像法。（「當你在閱讀假日休閒版時，在洗澡的時候，躺在床上的時候，有什麼糟糕的事情會發生呢？」）

＊肯定反應心像（assertive response images），用來和被動反應、攻擊反應、被動攻擊反應做對比，讓個案看到不同反應後的結果。（「想像要回你的錢，用被動的方式、攻擊的方式和肯定的方式。」）

＊最後結果心像（ultimate consequences images），要求個案想像在某件事情發生以後，經過一週、一個月、一年，所能想到的最糟糕的情況。（「如果你自殺了，想像從現在開始八年以後，你的女朋友會有多傷心？」）

＊同理心像（empathy images），教導個案了解他人內在的參考架構。（「你所傷害的那個人，如何看待你？」）

＊宣洩心像（cathartic images），讓個案想像去表達原本未能表達的

情緒，像是生氣、愛、嫉妒、傷心。（「想像對你的男朋友吼回去。」）

* 零反應心像（zero reaction images），讓個案想像在恐慌情境下，只看到中性的反應。本方法常常使用在消除法的過程。（「想像在集會的前面，你站起來走出去，想像沒有人注意你，沒有人在乎。」）

* 奇幻心像（fanciful images），在想像中解決現實裡無解的問題。（「想像死去的祖母現在就在你面前。她會給你什麼忠告？她對你的所做的事有何感覺？」）

* 預防式心像（preventive images），用於處理個案可能會在未來遇到的問題，像是死亡、被拒絕、身體病痛、貧窮等等。

* 負向增強心像（negative reinfircing images），讓個案想像一個可怕的情境，以便離開另一個更可怕的情境。（「想像你手中抓著一隻蛇，讓你沒心思去注意同儕的批評。」）

* 安全心像（security images），讓個案在威脅的情境下覺得安全。（「當你坐在飛機上，想像媽媽用溫暖的粉紅色毛毯抱著你。」）

* 飽足心像（satiated images），常用於內隱式洪水法（covert flooding），重複想像相同的場景，一遍又一遍，直到個案覺得疲倦為止。（「在接下來的兩個星期裡，每天想像 50 次，想像你太太會和你所碰到的每個男人做愛。」）

* 替代式心像（alternative images），用於個案必須在兩個不同行動路線上做決定。（「想像未來的一年裡，住在紐約的生活會是怎麼樣？住在西佛羅里達又會是如何？」）

* 負向後果心像（negative consequences images），對於個案認為不錯的事情，提供另一種負向的結果。（「想像你已經變得有名聲，但你被狗仔隊盯上了，你被困在家裡，哪裡也去不得。」）

* 抵抗誘惑心像（resisting-temptation images），將一個誘惑動人的東西，轉成令人噁心的東西。（「想像你的雪茄其實是乾掉的牛大便。」）

* 時光流逝心像（time-tripping images），讓個案能藉由想像未來一

段時間（六個月）以後的事，暫時從苦惱的事情離開，然後再回過
來看這件事。（Larazus, 1998）。（「想像你在六個月以後，對男
朋友拋棄你這件事覺得如何？」）

5. 讓個案練習心像法，直到這些選擇的心像變得鮮明。

6. 個案在完成練習以後，藉由要求個案對信念的改變做總結，再導入語
言部分。（「現在你已經能夠透過這些心像改變情緒，你有什麼結論？
你過去的非理性想法是什麼？而你現在的理性想法又是什麼呢？」）

範例

如同前面所提及，特定的心像技術會用於特定的非理性信念，來引發認
知改變。下面是我們所用來修正個案不同信念的想像例子。

核心信念：人們應該一直愛我的，不然我會很悲慘。

修正心像：漸進式因應心像。提供個案因應心像，讓他們看到：(a)每一
個人都愛他，(b)除了一個人以外，每個人都是愛他的，(c)大部分的人愛她
的，(d)認識的人有一半的人愛他，(e)只有一小部分的人愛他，(f)只有一個
人愛他。用上面的方式來描述心像，讓個案能夠對逐漸減少的人數也能成功
因應。

核心信念：犯錯非常糟糕。

修正心像：使用毒害心像。每當個案想到完美的念頭時，就和一個嫌惡
心像做配對。（「想像完美會帶來自我毀滅性的無聊。」）

核心信念：事情出錯真糟糕。

修正心像：水平心像與零反應心像。讓個案想像在事情出錯以後，並沒
有什麼事發生。

核心信念：我無法控制情緒。

修正心像：獎勵心像。教導個案每當覺得心情自由自在時，就想像一個
正向結果。

核心信念：自我紀律太難達到。

修正心像：精熟心像。個案想像在不同情境都能有良好自我紀律。

核心信念：我必須總是依賴他人。

修正心像：理想化心像。個案想像自由、獨立，不再受到束縛的場景。

核心信念：糟糕的童年造成我悲慘的成人生活。

修正心像：模範心像。個案想像一些人，儘管童年糟透了，他們仍可以獲得快樂與成功。

核心信念：我相信對我的問題有一個對的、恰當的、完美的解決方法，我要做的就是去找出來。

修正心像：細節因應心像。讓個案想像解決每個特定問題的必要方式，但是使用小步驟的方法。

核心信念：我是個特殊人物（一位喬裝的王子，或是在尋找電話亭的超人）。我要求特權和恩惠，因此，我不應該和凡夫俗子生活在一起，處處充滿限制。

修正心像：同理心像。「如果你是別人的話，會想要和你作朋友嗎？會想要待在你身邊嗎？」

說明

某些認知治療師強調語言技術，而某些強調心像技術。而我們發現在認知再建構技術裡，合併使用比起單獨一種要來得有效率。

建議讀物

心像技術的文獻很廣泛。讀者可以參考下面這些資料：Kosslyn（1980），Kosslyn and Pomerantz（1977），Lazarus（1977,1982,1989,1995,1998），Lazarus（1977），Richardson（1969），Sheikh（1983a,1983b），Singer（1974,1976,1995），Singer 和 Pope（1978）。心像技術也是某兩種治療師常用的主要技術，單獨用於認知再建構上：基模取向治療法（schema-focused therapy, McGinn & Young,1996)和焦點取向治療法（focusing-oriented therapy, Gendlin, 1996a,1996b）。

第 9 章

知覺轉換：搭橋

搭橋可以幫助個案從老舊的信念，轉向全新、更有用的態度。這個過程是經由錨定的使用來連結以往的態度與新的態度。錨定可以是一種想法、影像、字詞、符號，或是其他任何可以讓個案的想法轉移到其他事物的心像聯想。通常這些錨定已經存在於個案的報告資料；治療師的工作是去幫助個案將這些錨定與新的信念聯想在一起，並且讓這些連結強壯、持久。

在這章節所使用的前三個錨定是個案已經在使用的：一般錨定、價值錨定，以及字詞和符號錨定。最後一個技巧，高階制約，則是創造在個案報告資料中所沒有的錨定。

雖然搭橋看來好像是只有心理健康職業工作者所使用的進階認知技巧，但其實搭橋是相當普遍的，而且一般大眾已經使用了好幾個世紀了。有些人甚至已經把搭橋做成一種藝術了，下面兩個例子將說明這點。

範例一

我畢業之後，第一份工作是個心理師。當我在賓夕凡尼亞州西部的一個小城鎮街道上開車時，我注意到在我的前方，有個小男孩騎著腳踏車橫越一條繁忙的街道。他沒有注意到前面的車，而騎到那輛車的前面。小男孩失去意識地倒在街上，他的腳踏車弄得亂七八糟。當車子紛紛開到路邊，人們下車看看是否可以幫忙時，我也是其中一個人。

警察和救護車已經收到通知了，小男孩只受到輕微的衝擊，除了頭痛了幾天之外，他還很好。然而在那時候，他看起來並不好。小男孩的母親立刻

被連絡上並且一路跑來，盡快地趕到意外現場。當她看到她的兒子失去意識地躺在街上，她就開始尖叫。當她跑向她的兒子時，她一面盡她所能地尖叫，雙手還不停地向前後揮舞。她的尖叫聲是我聽過最大聲、最響亮的；她的臉變成亮紅色，而且她開始用拳頭捶打街道。當那個男孩恢復意識之後，在周圍的旁觀者開始擔心那位母親大過於她的兒子。

所有人試著讓她冷靜下來。我們告訴她已經通知救護車了，而且她的兒子看起來不像是受傷很嚴重的樣子。我們建議她可能會發現放鬆呼吸會比較有用。但她看起來好像是沒聽到我們所說的話而不停地尖叫。

就在這個時候，附近一個加油站的汽車技師跑了過來。他看著那個男孩，轉向那位母親，然後用一種輕聲、柔軟的聲音說：「妳的尖叫聲正在傷害你兒子。他現在需要妳的幫助，不是妳的尖叫聲。去安慰他吧！」

她看著她兒子，然後看著那位技師，然後又回去看著她兒子。突然間，她馬上停止了。她收起歇斯底里地尖叫，開始平靜地處理小孩。她平靜地彎下腰來，並且撫摸她兒子的額頭，低聲地對他說話直到救護車到達。

儘管那個男孩並沒有嚴重受傷，令人留下深刻印象的是那個技師說的話所帶來的力量。他在絕對正確的時候，用絕對正確的方法，說了絕對正確的話。這是一個搭橋的經典例子。那位母親的舊思想「我的兒子受傷了，這真是糟糕、可怕、災難呀，而我無法承受這件事」，被搭橋連結到新的態度「我的兒子需要我的幫助」。而連結這兩件事的錨定是「妳的尖叫聲正在傷害你兒子」。她想要幫助她兒子的渴望已經根深蒂固地在她的報告資料裡；那個技師唯一要做的就是告訴那位母親，她的行動正在違反她根深蒂固的信念。

在我們的社會中，有一些最好的搭橋者是沒有接受過訓練或是沒有學位的。學業教育可以提供有用的理論資訊，但是人們的經驗才是搭橋的最佳導師。

範例二

在另一件小事情裡，有一些知名的專業人士之類的人出現在一個脫口秀

節目裡，討論他們對於造成貧窮現象的不同理論。他們是些大學教授、經濟學家、政治學家、農學家、社會學家、工程師之類的人；都有個博士學位而且在他們的領域中都是很優秀的。那位工程師認為貧窮是因為工業化的不足而造成的；而政治學家認為政策的衝突才是主因。社會學家討論社會的階層化，經濟學家說的是供給與需求：他們都在很小的細節上爭論這個問題。他們都是知識廣博、看來非常瞭解他們正在討論的事情。他們討論的複雜程度令人印象深刻，對於他們複雜的理論，聽眾很難下定論。

那天晚上，一個大眾電視台呈現了一個有關已故泰瑞莎修女的紀錄片。紀錄片大部分都在呈現她在印度、秘魯、黎巴嫩和其他國家境內所受貧窮困難的地方，幫助那些窮困、生病的人。在一個簡短的場景裡，她和修女們正在走在 Culcutta 的一棟建築物前的樓梯。一個報紙記者在向她問問題，但是她並沒有回應。最後，記者問了：「為什麼世界上有這麼多的貧窮人？」她繼續走著，但是她在樓梯的頂端回過頭來，看著那個記者說：「因為人們不分享。」然後她轉身繼續走進建築物裡。

紀錄片在這個時候並沒有停留，或是考慮對這件值得注意的事情提出註解；它很快的進入了泰瑞莎修女生命中的其他事件。雖然如此，她的聲明仍然相當令人震驚。看來像是用一件很簡單的事情去說有關一個複雜的問題，但是我思考這件事越多，我越能體認到她是絕對正確的。她簡短的句子切過了所有專家所做的博學註解，而抓住了事件的核心。我們可以很有力的說，這是個完美的搭橋。它立即地、完全地改變了對於貧窮的觀點。

多年來，從不同背景的人們已經展現了成為一流搭橋者的能力。不論是政治家或是二手車銷售員、詩人或是軍隊軍官、汽車技師或是老女人，都致力於幫助窮困的人，他們都分享他們的能力去尋找，人們去覺察某件事所用方式的關鍵，並且做出了連結到另外一個信念的陳述，創造出了一個戲劇化的、概念的轉換。

搭橋的覺察

基本概念

　　如果新資訊的一些成分是已經儲存在個案的記憶中，那麼個案學習新的資訊會更加迅速。在新的與舊的知識中，共同的元素會構成一座橋，個案可以更輕易從錯誤的信念移動到更理性的、更具有功能的想法。這個轉移的種類將在下面的例子中敘述。

範例一

　　舊的信念：人們不是好的。他們是小氣、懷有惡意的。

　　新的信念：人們都是人類。他們照著大自然計畫好的而行動。有時我們喜歡他們做的事情，有時候則不喜歡。

　　治療師可能會使用反擊技術，企圖讓個案從舊的信念轉移到新的信念，但是有很大的可能性，從搭橋技術得到的結果不會有效，也不會持久。

　　在對舊信念的仔細分析之上，讀者應該注意到有兩個成分可以作為新信念的橋樑使用：主題「人們」以及衡鑑「他們是小氣、懷有惡意的。」新的信念同樣關心「人們」，而且同樣承認人類行為可能會是令人失望的，但是它解釋了現實是一個「大自然」的事實。

　　例如，我的個案的其中一個，因為成人是小氣的、懷有惡意的而討厭成人，但是經過我們的治療課程，卻顯現出她很愛嬰兒。我問她。為什麼不會不喜歡因為亂發脾氣、尿濕褲子，或是把食物吐出來，而讓有些人認為是「小氣的、懷有惡意的」嬰兒呢？「那真是傻」，個案爭論著。「他們只是很自然地去做那些事情而已。」

　　我們指出了那些會對我們大叫的人，是因為他們感冒了，或是當他們受到驚嚇而退縮，他們這麼做的動機差不多就像是嬰兒一樣——自然地。如果她可以接受的話，甚至喜歡嬰兒，她可能一樣可以接受這些成年人。「嬰兒」

就是將這些情緒從一種態度轉移到另一種的錨定。

　　這個個案練習轉移他對成年人的形象。每次有人做了她不喜歡的事情，她便集中精神想像他們不像是成年人，而是穿著成年人的衣服、說著成年人的語言的大嬰兒，但是懷著的是一個嬰兒的動機。在用這種形象，想像了四十三個情境之後，她對於成年人的不當行為，已經能夠適應一個新的，更加理性的態度。

方法

1. 使用個案的主要信念清單。
2. 製作一個可能的取代信念清單，確認你的個案同意這些信念會是更有用的知覺，如果他們的效度是可以驗證的。
3. 在諮商期間，尋找一個已經被個案所接受的態度，可以從舊的知覺連接到新的。在一些個案中，你會需要一系列的主題，而且這可能會花你和你的個案一點時間去找到它們。挑那些對個案而言最具有個人意義的橋，使得它們可以最直接地和它們的自我概念綁在一起。
4. 一旦這些橋已經被確定了，讓個案練習將他們的信念從舊的信念轉移到新的信念。這些練習應該持續直到新的態度取代舊的態度。如果並沒有存在足夠的實際情況，鼓勵你的個案盡可能多去想像這樣的情境。

範例二

　　舊的信念：個案害怕乘坐滑雪纜椅。「如果我在椅子上十分鐘不能逃跑，我會覺得焦慮，而且我可能會失去控制還有讓自己丟臉。」

　　新的信念：纜椅是一個放鬆的機會，看看漂亮的冬天景色，是為了滑下山坡做準備，而且可以跟朋友聊天。

　　連接的信念：以下的改變描述了這樣的橋是如何建立的。

治療師：滑雪是一種很冒險的運動，難道你不同意嗎？

個案：當然，但是我很喜愛。

治療師：那妳很喜愛冒險？

個案：這是唯一盡情真正去享受生命的方法了。

治療師：難道滑雪沒有比坐在纜椅上更冒險嗎？

個案：嗯……是的。我想應該是的。

治療師：那，為什麼你對比較不危險的事情喪失勇氣呢？

個案：啊。我不知道。我猜，現在我想想，這並不太合理，是嗎？

個案與我把在下面這個例子裡的這些搭橋信念，寫成更一般的哲學，讓個案每個星期來閱讀。

你可以將生命中所有快樂的，令人舒暢的，或是美麗的事物用負面的角度去看。當你在海邊沙灘上放鬆時，一個浪潮可能把你捲走，或是一隻大白鯊可能把你吞掉。當你躺在一條溫和的鄉間小溪旁的柔軟草地上，一條黑色的非洲毒蛇可能會咬你一口。當你在銀色月光之下，航行在加勒比海的礁湖時，你可能會撞上珊瑚礁而淹死。一隻在英國牧草地上的麻雀可能會突然攻擊你。當你在聽莫札特的丘比特交響曲時，你可能會震破你的鼓膜，或是你的立體音響系統可能會電死你。當你在做愛時，你可能會突然心臟病發作，或是得到性病。甚至當你在欣賞最愛之一的 George Bernard Shaw 的表演時，劇場也可能會失火。當你在跟年輕小孩玩的時候也應該要擔心，因為某些成人可能會感到困擾而控告你，或是你可能在吃母親所烹調的感恩節火雞的鮮嫩多汁雞腿時，被噎到而死去。

你可能藉由逃避生活中所有快樂的、令人舒暢的事情，來試著保護你自己。你可能退縮回自己的房間，並且擔心在一場地震後被困住，或是房間著火。但是一旦你拋下這些光明的、美麗的事物，生命中還剩下哪些是值得你去保護的？

範例三

舊的信念：一個十幾歲的男孩：「我的父母親偏愛我哥哥。他們給了他一切，而我得到的都是剩下的。」

新的信念：我們的父母親愛我們兩個，但是因爲我們倆個是不同的人，所以他們對待我們的方式也有所不同。他們讚美我的獨立性，而且不會想要我成爲我哥哥的另一個複製品。他們給我他們認爲我需要的，給我哥哥他需要的。

連接的信念：治療師從個案的個人歷史蒐集了以下的例子。「記得在你小時候，你父母親要你照顧的兩隻小貓嗎？」一隻是溫暖的、毛茸茸的，而且總是想要被撫摸；它喜歡當你在睡覺時被你抱著。另一隻則是活蹦亂跳的、喜愛冒險的；他總是追著老鼠、爬樹，還有跑進妳的盆栽植物裡。如果那兩隻小貓會說話，一隻可能會指控你給了它的兄弟較多的自由，另一隻指控你不給它足夠的愛。但是妳都愛他們兩倆，並不偏愛其中一隻勝於另一隻。你給了它們所需要的。或許，你的父母正用同樣的方式對待你們。

說明

如果你可以找到絕對正確的橋，你的個案知覺將會戲劇性的轉變，而且你的個案將不必投資很多的時間與努力，在練習新的知覺上。但是爲了找到具有最強的、最有個人意義的橋，你和你的個案必須耐心的搜尋。

建議讀物

找到關鍵的搭橋知覺可能是快速的宗教或是其他轉變的核心元素（Sargant,1996）。Symons 和 Johnson（1997）回顧了種種研究並且確認製造對個人而言有意義的搭橋之重要性。他們認爲，受試者最記得的那些概念，是最具有自我參照的意義的。

其他治療師使用象徵作爲搭橋的連結（請看 Gordon,1978；Martin, Cummings & Hallberg,1992；和 Neukrug,1998；Shorr,1972,1974）。

價值觀搭橋的階系

基本概念

　　最有效果的搭橋種類中的一種，也是治療師最重要的工具之一，就是使用個案的價值觀系統作爲一個定錨。我們的經驗顯示，一個對於個人價值觀的訴求是一個高度有效的搭橋技術。價值觀提供了有自我感覺以及深植於個案對於現實概念的優點。通常個案不會接受理性的審判，認爲他們的態度或行爲是不正確的，但是他們很少反駁一個已經被證明在他們的態度或行爲與他們的真正價值觀之間的是不一致的。

　　經由治療過程的謹慎管理，諮詢者可以幫助個案探討，他們個人價值觀的階系。舊的，錯誤的信念也跟這樣的階系連結，但是如果治療師可以驗證新的，更喜歡的信念在這個階系有更高的價值，他或她可以幫助個案，朝向更有效態度的行動。

方法

1. 探索個案的個人價值觀階系。可以使用現成的價值觀量表，或相關工具來了解個人的價值觀。分辨在僅僅是引起道德審判的問題（你對於婚姻的感覺如何？）以及強迫個案去排列他們在階系裡的價值觀（哪一個你寧可擁有——從在你周圍那些關心你的人所來的安全感，或是自己一個人的自由，但是可能會有點寂寞？）後面那種的問題，在一個主題的廣大範圍上重複，最終導向了一個個人階系的建構。例如，經由以下一系列的問題和答案，個案評價自由勝過於財富，而且財富勝過於人際關係：

問題	答案
你會選擇哪一個？	
·財富或受人喜歡？	財富
·安全感或獨立？	獨立
·財富或獨立？	獨立
·很多朋友或財富？	財富
·健康或很多朋友？	朋友
·朋友或你的獨立？	獨立
·有很多的薪水或是自己作老闆？	自己作老闆

治療師應該注意雖然這樣的問題技巧可是是很有用的，但仍然是有其限制的。個案會傾向提供他們認為治療師想要聽的答案。在使用這樣的問題去發展一個基本的階系，從個案的過去和現在態度與經驗中引出，那些他們實際做的，實際相信的訊息之後，看看這些是否與他們報告的價值觀偏好相符合。階系也可以經由使用 Q-sort 技術，或那些類似於「神燈精靈」、「三個願望」等遊戲的幻想類比來發展。

2.製作一張舊的、有害的信念列表，並且讓你的個案將其中的每一項，與他們的個人價值觀階系中的一個特定價值觀做出連結。（任何不符合階系的信念，會因為與個案的現實不一致而馬上被突顯出來。）

3.製作一張新的、更好的信念列表，並且挑戰你的個案去將其中的每一項，與他們的個人價值觀階系中的一個特定價值觀做出連結。那些新的信念比起相反的、舊的信念，將與更高的價值觀清楚地並列一起，而被突顯出來。然後不論何時個案想到這些新的信念時，他們應該練習接受這些更高的價值觀。

4.重複地，讓個案練習在各種情境中去看這些較高階的價值觀。這可以經由在諮商室使用影像，或是等到環境的刺激觸動這些想法而做到。

範例

舊的信念：如果我丈夫的同事不贊成我，將會很慘。

個案的更高價值觀：基督教的信仰。

新的信念：為了要真正地遵從耶穌的教誨，不要為了要受歡迎而努力、去迎合別人所想的。更重要的，基督徒應該去使用神所給予他們的內在良知，並按照神的原則。

舊的信念：所有我試著要做的事情都以失敗收場。

個案的更高價值觀：忍耐，「當過程變的困難，困難就會消失！」

新的信念：我並不能控制我會不會成功。我只能控制自己的努力。我會一直努力並試著從我的失敗中學習，以後我才可以變得更成功。

舊的信念：我的父親性侵害我，這是我的錯。

個案的更高價值觀：支配、控制，和競爭。

新的信念：如果我持續讓這些不理性的罪惡感侵蝕我自己，我將會輸，並讓那個混蛋再贏一次。

舊的信念：她因為一個更年輕、更成功的男人離開我。

個案的更高價值觀：客觀的真實。

新的信念：我是很好的，但我並沒有比全世界的其他男人更好。

舊的信念：為了要快樂，我必須要有一個男人。

個案的更高價值觀：自尊。

新的信念：我寧可喜歡自己孤獨，也不願討厭自己生活的，像個我不喜歡的男人所擁有的奴隸。

舊的信念：如果我到國外工作，我將會離開我所有的朋友。

個案的更高價值觀：刺激和多變性。

新的信念：我會因為無聊而死在這裡快一點，因為寂寞而死在那。

說明

　　像那些例子描述的，很重要的是治療師要記得，他們是在個案的價值觀系統中做搭橋，而不是治療師的。治療師對於個案價值觀的想法並不重要，個案怎麼想的才算數。

　　在許多例子中，是很難去找到個案的真實價值觀。治療師一定要特別注意去尋找個案所投射在治療師面前的一切；因為他們是在社會中不受歡迎的，也就是享樂主義者，動力驅使的等等。我們可以經由檢視個案的歷史，去發現個案所陳述的價值觀與實際價值觀之間的差異。

　　為了要幫助個案看見新的信念對於舊的信念之優越性，我設計了一個三欄的工作頁，要求個案依照階系的順序記錄他們的價值觀（第一欄）、他們舊的信念（第二欄），以及所建議的新信念（第三欄），並將每一個信念都和由其延伸的價值觀並列（見表 9.1）。將這份工作頁應用在我們之前的例子中，個案可能會看到，消耗一切去追尋財富剝奪了他生命中某些特定的自由，是很明顯的跟他價值觀階系產生矛盾的。

　　治療師可能會要求他的個案去建構他們自己的工作頁，從他們自己的自我分析為基本，週期性的去確認他們是正在按照他們最高的價值觀在運作。由於價值觀可以是突然的，或是經過一段時間而改變的，所以這樣週期性的再衡鑑可以是很有用的。一個受致命心臟病折磨的個案，可能突然發現他自己因為更強調他生活中質的部分，而重新排列他的價值觀。

表 9.1　價值觀階系工作單

價值觀排列順序	舊信念的價值觀	新信念的價值觀
1.		
2.		
3.		
4.		
5.		
6.		
7.		
8.		
9.		
10.		

建議讀物

　　態度改變的研究已經驗證了人類信念中的價值觀成分的重要性（參考 Flemming,1967；Petty & Cacioppo,1981；Rokeach,1964,1968,1973,1979；及 Smith, Bruner, & White,1956）。理論上，價值觀的改變可以被認為是另外一種 Premack's principle 的例子（Premack,1965）。

　　個人的價值觀有一些最強的自我參照效果（strengest self-referecce effect，SRE）（參考 Banaji & Prentice, 1994；Bellezza & Holt,1992；Keenan, Golding, & Brown,1992；及 Rogers, Kuiper, & Kirker,1997）。

標籤搭橋

基本概念

　　一個單一的字或是符號可能可以做連結的橋。每個字以及符號都有其隱含和意指的意義；各自經由操作的、古典的、或是認知的制約來蒐集情緒的反應。一旦某個符號和情感的反應被配對了，這個符號就具有直接引出該情緒的能力。

　　符號是隨心所欲定義的，象徵一個某樣東西所意指的意思；通常一個符號可以相當簡單地替代另一個符號。如此普遍化的例外是在某些特定字中找到的。雖然我們可能容易用某些字去替代字，但是不同的字通常帶有完全相異的，情緒上的隱含意義。許多個案在他們可以很容易地選擇中性或正向標籤時，很一致的選擇帶有負向隱含意義的字。

　　標籤的搭橋連結幫助個案辨別他們的負向標籤以及轉移他們到更主觀的、正向的、情緒的連結。他們在這過程中學習到，在某些詞與某些詞之間唯一的差別就是他們的情緒。

方法一：字的標籤

1. 製作一張個案會與負向字連結的特定事件或情境（指示對象）的列表。例如，當使用了「低等的」、「生病的」、「軟弱的」這些字時，個案會想到什麼？
2. 客觀地，使用非評價的詞彙，去描述這些所指的事物。一台動態照相機記錄事件或情境是什麼樣子？一個客觀的第三者無意間聽到什麼？
3. 列出個案用來描述情境的主要負向標籤。
4. 幫助個案列出可以用來解釋所指稱事物的中性和正向標籤。
5. 讓個案每天練習使用新的標籤，記錄該情境，找到該情境所使用的負向標籤，並將其連結到一個更正向的字。

範例

一個人他…	可能被稱為…	或者可以被稱為…
常常改變他的心意	優柔寡斷	很有彈性的
表達他的意見	自負的	真誠的、肯定的
是情緒上的敏感	歇斯底里的	活躍的、有愛心的、開放的
在挑選伴侶時是有選擇性的	害怕去承諾	有鑑別的、有差別的
有時會感到憂鬱	神經質的	人性
不擅長某個遊戲	笨手笨腳、較差的	沒有練習
不整潔的	懶散的、骯髒的	自然的、無憂無慮的
討好別人	社交恐懼	友善的
相信別人所說的	容易受騙的	相信別人
強烈地喜愛另一個人	依賴的	深情的
感到焦慮	軟弱、膽小的	覺察的、閱歷深
不傳統的	擾亂份子、異教的、不道德的	心靈自由、自我依靠的
被別人幫助的	被操縱的	被關心的
在一項作業上不努力	懶散的	放鬆的
肯定某件事	自負	自我信心
正面地看待事情	盲目樂觀	樂觀主義者
說很多話	滔滔不絕	善於表達的
做決定之前先思考	沒有決斷力	審慎小心的
冒風險	有勇無謀的	勇敢
忠於計畫	頑固的	堅決的
感到激動	歇斯底里的	生氣勃勃的

方法二：符號的標籤

符號的標籤可以對特定個案特別有效，尤其是對於那些有強烈宗教信仰的個案。Richard Cox 發展了一個使用符號以及儀式，將舊的信念搭橋連結到新的信念（Cox,1998）。我們修改了步驟來強調其中牽涉的認知元素。

1. 辨別造成問題的信念。（Cox 稱它為「惡魔」。）
2. 幫助你的個案去找到一個表徵問題區域的個人符號。這個符號需要從個案的歷史深入地、情緒性而來。（例如，一個相信自己被困在一段濫用婚姻中的女人，馬上想到十字架的符號。她覺得十字架代表了她犧牲了她自己以保全她的丈夫。）
3. 幫助個案辨別正向的或助長的信念。（「我需要離開。」）
4. 協助個案尋找一個從有害的信念到助長信念的特定符號。沒有任何符號是太過極端的，並且治療者不需要瞭解為何這個符號是重要的，只要個案瞭解它就好。（在我們的例子裡，個案想到她自己的復活；她描繪自己的墳墓打開，她從墳墓走出來並走進了光亮、閃爍的陽光，遠離這段婚姻。）
5. 讓個案練習連結這兩個符號。從問題區域的符號開始，要求個案轉換到助長信念的符號。（每次我們的個案想到她的婚姻就像被釘死在十字架上，她就練習轉換到復活的符號。在她發現她並不是被困住，她不必為了丈夫的濫用而在十字架上犧牲自己，而且不論何時她想要，她都可以自由的「走進陽光下」之前，這段時間並不長。）

說明

有些個案可能爭論一個負面的字眼比起正面的字眼，邏輯上會更佳正確；例如，個案認為優柔寡斷的人比起會變通的人，更常改變他們的想法；於是，優柔寡斷是一個更精確的描述。雖然在同義字之間可能有一些具體的差異，但是許多差異是純粹反映我們的價值系統。我們認為人們優柔寡斷，

是因為我們認為他們改變他們的想法，比我們認為他們應該的更頻繁——不是因為有一些人們可以多頻繁地轉換他們意見的客觀標準，還仍然被稱為會變通的。同樣的，當我們說某個人「懶散」我們可能認為他們是多餘的無所事事。但是既然每個人都在做某件事（睡覺、休息、思考、玩樂等等），我們真正指的是他們並不是在做我們認為他們應該要做的事情。

　　如果個案選擇了正確的符號，符號的搭橋可以產生瞬間的、戲劇化的轉變，造成永久性的改變。然而，符號的以及字的搭橋，兩者都很少單獨使用。大部分時候他們是附屬於其他認知重建的取向。

建議讀物

　　Frijda, Markam, Sato 和 Wiers（1995）討論字的標籤其重要性還有它們引起情緒反應的能力。Rumplestiltskin 效應描述了戲劇化的轉變，可以經由轉換個案用來描述他們問題的字來取代（參考 Torrey,1972）。符號的搭橋可以經由直接閱讀 Cox 的研究得到進一步的瞭解（參考 Cox,1973,1998）。

高層次搭橋

基本概念

　　有些個案在他們自己的報告資料中並沒有足夠數目的錨定，來作為從舊信念連結到新信念的橋樑。對這些個案，治療師可以使用高層次隱蔽制約的原則來創造連結的橋樑。

　　在古典學習理論中，高層次制約將中性刺激與另一個已經制約的元素配對在一起。例如，一個閃爍的紅光（CS-1）可以與放鬆（US）配對，產生一個平靜的反應（CR）。如果實驗者接著將一個鈴聲與紅光連結，那麼鈴聲

（CS-2）也可以單獨引起 CR 反應。

　　這可以用圖表的方式表示爲：

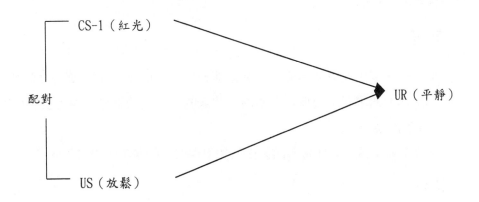

原先的制約

CS-1（紅光）

配對　　　　　　　　　　　　　　　UR（平靜）

US（放鬆）

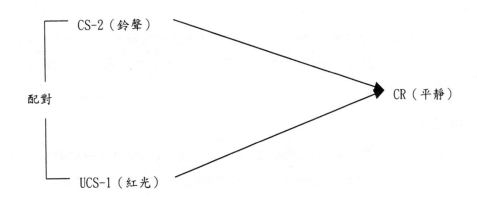

高層次的制約

CS-2（鈴聲）

配對　　　　　　　　　　　　　　　CR（平靜）

UCS-1（紅光）

有了足夠的配對之後，任何對個案而言可變動的、可覺察的事物，都可以是一種 CS-2，並且作為之後搭橋連結的錨定。認知重建一般使用兩種變項——知覺與概念。知覺是由視覺、聽覺、嗅覺以及動覺表徵所組成的。概念是信念、想法以及態度。高層次搭橋連結涉及將知覺以及概念的 CS-2 與新的信念連結，然後將這些與舊的信念配對。經過一系列的重複，舊的信念開始搭橋連結上新的。

方法

1. 讓個案聚焦在舊的信念，並且創造一個舊的信念會強烈發生的原型或是典型的場景。這個場景應該要想像的有鮮明的細節，並且要使用所有的感知。
2. 寫下並記錄所有連接到該影像的知覺與概念的變項（CS-2）。

知覺的

(a)形象化。個案在場景中所指出的都要鉅細靡遺的分析。例如，這個場景是彩色的嗎？它是靜態的還是動態的圖畫？清楚還是模糊？二度空間還是三度空間？個案是否在場景中看到自己？焦點是什麼（場景中吸引個案注意力的主要元素）？場景是光亮的還是黯淡的？視角是如何的？個案相對於形成場景的背景，大小尺寸是如何？人們是否在移動？

(b)其他的感覺。聽覺——個案可以清楚聽到聲音嗎？持續時間是多少？有多大聲？嗅覺——個案聞到了什麼？動覺——溫度是多少？等等。

概念的

(a)在個案想像事件之間、期間以及之後，每個的主要想法都要記錄。治療師幫助個案明確地說明這些想法。要找尋的想法種類是：

1. 期望——個案預期什麼會發生在這個情境？

2.評價——個案在場景中對自己所做的衡鑑。

3.自我效能——個案對於自己有效地完成一項作業的能力所做的判斷。

4.收益——個案認為他在這個情境中會得到的預期酬勞或收益。

5.處罰——個案預期的反感事物。

6.自我概念——個案對於他或她身為一個人的價值，所抱持的態度。

7.屬性——個案認為場景中其他人的態度與動機。

8.目標——為何個案首先是在這個場景？

(b)治療師也要隨著個案，在個案對這些場景的解釋中尋找可能浮現的邏輯謬誤。每個謬誤都要寫下。最常見的謬誤是：分支的思考、過度類化、過於解釋、完美主義、具體化、主觀的錯誤、爭論、武斷的說詞、先驗思考、找尋好的理由、自我中心錯誤、自我實現預言、估計錯誤的機率等等。（請參考第六章邏輯謬誤的部分）

3.在記錄所有連結舊信念的知覺與概念的訊息之後，治療師要求個案描繪出一個連結到新信念的場景——那個我們想要搭橋連結到的。那應該是一個原型的場景，觀念上代表了新的信念。新場景的內容越是接近舊場景的的內容越好。就像第一個場景一樣，影像應該要鉅細靡遺的描繪，直到影像很鮮明為止。

4.在第 2 步驟時，記錄所有個案對於新場景的知覺——視覺的、聽覺的，以及動覺的。在發展清單時，指出兩種看法之間的對比給個案看。

5.新場景的概念同樣的也要記錄下來。治療師應該小心謹慎的尋找個案在新廠景中所做的屬性、預期、自我概念，以及評價。治療師也要寫下個案在形象化之中的正確解釋。

6.在意象的過程中應該要有一段暫停時間。治療施予個案討論在兩個場景的中知覺與概念的表徵有何差異。

7.現在治療師已經準備好要進行現實的高層次制約了。個案想像原本的

場景兩分鐘；漸漸的，治療師引入新場景的知覺與概念的表徵，一次一個，讓個案想像其中的改變直到影像鮮明爲止。這個過程持續直到新場景所有的元素都合併在一起。當成功的完成之後，個案已經可以想像舊的場景，但是經由所有知覺與概念的成分，搭橋連結到新的場景。

8.將整個步驟錄音在錄音帶上，讓個案可以一個星期練習二到三次。在場景轉換的情緒經過足夠配對，個案會更加願意去相信新的想法。

範例：阿力的故事

阿力在他二十多歲時是一個很有吸引力的年輕男人，卻對與女性見面有困難。雖然他以前有過幾次長期的成功關係，但是這些關係都是由女方開始的。他沒有辦法將自己介紹給合適的、有吸引力的女性，儘管他已經記住書上說的如何與女性接觸，並且修習過對話的藝術。

他的舊的、負向的形象化揭露了他的問題。他描述了他自己正在一個單身酒吧，站得很靠近一位非常有吸引力的女性。他想像他自己顯得很渺小，所有其他男人都高過他（他的身高是六呎一吋）。那位女性是場景的焦點；她是色彩相當鮮豔的，而他自己是灰暗的、安靜的。他描繪一道聚光燈正照在那位女性，而自己站在影子裡。她在場景中是正在移動的，而他自己是不動的，靜止像是相片中的一座雕像。動態上她看起來冷酷、冰冷的，而他感到發熱、發癢。

他的認知顯示了甚至更多：

目標：給她很深的印象。

期待：「他會失敗的很慘。」

自我概念：「我是一個次等的男性。」

效能：「當我試著要跟她交談，我將會失敗。」

屬性：「她會看不起我，覺得我是個小人。」

邏輯的謬誤有很多：

災難化：「如果她拒絕我，事情會變的很糟。」

過度類化：「如果她拒絕我，所有的女人都會拒絕我。」

完美主義：「我一定要看起來像個完美的男性。」

病狀：「我一定是有病才會有這種問題。」

特徵主義：「我有不對的『本質』。」

武斷式：「我必須要讓她喜歡我。」

自我中心錯誤：「如果我跟她說話，她會把所有的注意力集中在我身上，並且會檢查我是否有任何瑕疵。」

他很輕易的將一個表徵新信念的新場景形象化。他描繪了他自己在同樣的酒吧，跟一群男人聊天。他是眾人注意力的中心，享受著聊著笑話與故事。附近並沒有女性在場。

在他的形象化裡，他和別人的大小是一樣的。每個人都是清晰的、彩色的，以及是會移動的。動覺上，他感到溫暖和快樂。

在他的新場景裡，他的想法也相當不同：

目標：要和男人聊天聊得很開心。

期待：沒有，「我會盡我所能的享受這些。」

屬性：「誰管他們會怎麼想我。這並不重要。」

自我概念：「我身為一個人的價值跟這些並沒有關係。」

評價：「比起我怎麼出現在這的，我對於跟他們聊天，並且找出他們在想什麼更有興趣。」

效能：「我可以跟男人聊天而不會有任何困難。如果沒辦法對話，看來比較像是他們的困難，而不是我的。」

用邏輯謬誤的方式來思考，他是非常實際的：

普通的期待對於災難化：「沒什麼大不了，我不需要他們喜歡我。」

有差別的對於過度類化：「就算他們不喜歡我，其他許多人還會。」

現實主義對於完美主義：「對我而言，沒有理由在這個情境要試著把任何事做得很完美。我只要像平常一樣，然後他們可以接受或是離開。」

健康對於病狀與特徵主義：「當我跟這些男人聊天時，我的實際內在是完全不相關的。我只是試著想要有一個快樂的對話。」

漠不關心對於武斷式：「我可以喜歡這些對話，或者是我不喜歡。並沒有必須、應該要。」

我們現在有兩份 CS-2 的清單：那些連接到阿力不能接近有吸引力女性的舊場景中的 CS-2，以及那些連接到他在正與男性聊天的新場景中的 CS-2。為了要使用高層次制約，我們讓阿力指出連接到新場景中，在舊場景裡的知覺與概念。這樣可以驅使阿力從舊的信念搭橋連接到新的信念。以下是開始的指導語。

好，阿力。現在我想要你再放鬆一次。減少你的注意力並且把焦點放在你的肌肉上。讓它們放鬆、鬆弛、柔軟。（兩分鐘）

很好。現在請回到剛剛你覺得很緊張的第一個場景。想像現在你是在一個酒吧裡，而且同一個很有吸引力的女人正站在妳旁邊。像你之前做的，用一樣的方法，盡你所能的描繪出來，越鮮明、清楚越好。不要改變任何事情，用同樣的方式去看它。當它清楚呈現在你心中的時候，豎起你的手指頭讓我知道。（兩分鐘）

繼續想像那幅景象，但我想要你漸漸地，在我的引導之下，在你看到及想到的東西做點改變。首先，想像你是跟酒吧裡其他的男人一樣大小的。這樣想像直到它在腦海裡變的很清楚，並且當你準備好時指示我。（一分鐘）現在繼續形象化你的大小，但是在你自己身上加上動作與顏色。想像你正向那位有吸引力的女性一般移動，並且你是相當的鮮豔了。（我們繼續轉換所有其他新場景的知覺到舊的場景去。）

很好，繼續形象化並且用你剛剛才練習的新方法去感覺這個場景，但是我想要你想像對場景中的你自己說一些不同的事情。

首先想像你正看著她，但是取代你試著想要給她好印象的目標，用你想著跟男人說話的同樣方法去想像。想像你的目標是要跟她聊天聊得很開心，而不是給她好印象。形象化這個場景直到它在很清楚的出現在你心裡。當你

完成時請指示我。（一分鐘）現在，想像如果這個對話沒有成功，還是有很多其他女性你可以跟她們交談的。（我們繼續轉換所有優勢場景的其他概念 CS-2 到負面的場景。）

治療的過程用錄音帶記錄下來，讓個案聽這些錄音帶一個禮拜三次，大約六週。他報告說每後一個星期他都發現更容易接近有吸引力的女性了。

說明

為了要成功地搭橋取代，新信念的知覺與概念觀點，必須要比舊場景的還要強，否則相反的制約可能會發生。另外，高層次制約可能會有其他的問題。Pavlov 的研究結果指出，如果 CS 距離 US 越遠的話，改變就會越小；延遲的越久，CR 反應的持續性就會越小。CR 反應會傾向消失的很快。然而，認知的元素可能是制約的一項重要附加物。概念的改變可能幫助個案維持軟弱的高層次連結。

建議讀物

Skinner（1953,1974）以及 Pavlov（1928,1960）做過高層次制約的原始研究。

EMDR 以及 NLP 的實務工作者在他們的許多技術中使用高層次制約。眼動訓練以及「重建」可能是根基於高層次制約之上。兩種取向都使用認知改變，但是他們的方法並不像認知治療師那麼的重要。參考 Shapiro（1995,1998）對原始的 EMDR，以及 Lohr, KleinKnecht, Tolin 和 Barrett（1995）的批評。對於 NLP，參考 Bandler（1992,1996），Bandler 和 Grinder（1979,1996），Dilts, Grinder, Bandler, DeLozier 和 Cameron-Bandler（1979），Grinder 和 Bandler（1975,1982）。

一些對於高層次制約的基本研究可能會在 Kelleher（1966），Rizley 和 Rescorla（1972），還有 Stubbs 和 Cohen（1972）中找到。

第 *10* 章

歷史性重整

　　信念與態度的存在基本上不是突然產生的，而是長期存在的。現在個案所呈現的認知，基本上只是這些信念的所開的一些小花。所有的信念都是個案從小在心頭萌發的。經常這些深層的認知的根，他們密佈的廣度會比表面的花朵還廣。有些信念在過去對個體非常有幫助，但是隨著時間的演進，這些信念也有可能過時。從圖 10.1 可以看到個案的信念是如何成長改變。這些黑點所指的是進入大腦中的外在訊息：可能是感官，例如視覺、聽覺、觸覺、嗅覺與味覺；可能是體感覺，例如痛覺、觸覺、鼻塞；可能是情緒，例如難過、生氣與恐懼。一開始，這些資料排列相當混亂，除非大腦將他們組織成一個組態，才會顯現出意義。

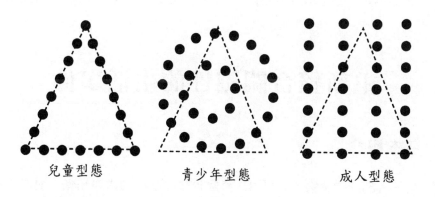

兒童型態　　　　　青少年型態　　　　　成人型態

圖 10.1　失序的生活主題

　　假設個案的大腦是電腦，每個人的資料都有一種儲存的模式：一開始是
三角形，然後是圓形，最後是方形。但是人類的大腦並不是單純地讀取這些
資料，而是會將這些資料組織轉化。他們依據自己的習慣、情緒以及過去的
學習經驗來組織這些訊息。一個人他在小的時候以三角形來組織訊息，然後
一直沿用到長大，當資料轉換成圓形或方形的排列方式時，他還是採用三角
形的分析模式。

　　電腦會依循資料的結構來提取訊息，但是人腦卻會用固著的方式來處理
訊息。例如，一個小孩子，他腦中的訊息排列是三角形，而他在生活中也學
會用三角形的方式來搜尋資料，這時，三角形的搜尋方式最為恰當。但是，
隨著年齡成長，資料的結構也開始變化，可是個案腦中的組織方式還是依循
兒童期的三角形，這也就造成訊息接受與處理上的偏誤了。

　　早期的創傷經驗、錯誤的教導、情緒困擾，都會讓個案無法發展出新的
資料轉化方式。這些個案將他們的經驗組織成兩種不同的主題。一個是傷害
自己的型態，這些型態偶而會反映出真實狀態，但是經常都忽略了環境的演
進，要不然就是有些扭曲。有些個案因為早期的認知型態而產生痛苦，所以
治療的目的在於移除這些錯誤的程式。當然，不是單純地移除程式即可，治
療師必須重程式成長演進的過程中，慢慢地幫助個案找出程式扭曲的根源。

重新整合關鍵性的生活事件

基本概念

　　對於大部分的個案，如果可以移除根植在心中的錯誤知覺，他們的困擾
將會有相當大的改善。所以目前的認知治療將這些策略當作是標準治療的一
環。過去的一些關鍵性的生活事件經常是造成這些錯誤知覺的來源。因為個

案會將這些記憶深植在腦中，所以他們必須經常進行校正工作，以減少這些記憶對當下思考造成的扭曲。

方法

1.放輕鬆
2.列出關鍵生活事件（參見第三章）
3.最好依據個案的狀況整理數個特定的清單，並且將事件與個案的症狀進行串連。例如，個案有焦慮的症狀，就可以根據個案焦慮發作的時刻整理出三種清單，一種是童年期、一種是青少年時期以及另一種是成年期。另外，若是處理壓力症候群，那就可以分成：壓力發生前的清單、壓力發生時的事件清單，還有壓力事件發生後的清單。
4.請個案清楚地描繪這些生活事件。
5.在跟個案討論之時，留意一下在這些事件之下，個案是否產生一些影響現在的信念。
6.跟個案討論由這些事件引發的信念是如何影響到個人的行為與情緒。
7.幫助你的個案重新詮釋這些事件，讓它產生更有效的信念。讓他們重新體驗這些事件，改變過去的詮釋方式，採用現在成年後的詮釋方式。
8.利用想像因應法，幫助個案利用想像法，來改變這些事件發展。
9.重整所有的重要生活事件，找出需要改變的核心信念。

範例：馬克的故事

馬克是從另一個認知治療師轉介來的個案。他有懼曠症的問題，經過五年不同治療師的處理，他有了一些改善。他漸漸可以毫無恐懼地外出活動，並且到處旅行，但是對於坐飛機還是相當恐懼。經過幾次實際暴露法的治療（in vivo therapy），他還是害怕坐飛機。

我們可以找出他對於坐飛機完整的內在信念，而且這些信念都是典型懼曠症患者會有的問題。馬克不會怕飛機失事，但是他會怕坐上飛機時恐慌發

作。他非常擔心在航空旅程中，他會不小心就發作了。

　　從他過去的治療紀錄可以看出他的核心信念，但是試圖去改變這個信念時，會發現徒勞無功。從他的治療紀錄中，可以發現尚無治療師從發展史中找出信念根源。為了改變他的信念，我試圖地找出他的信念根源，然後斬草除根。

　　馬克相當努力地找出他信念的根源，我們發現很多情境會觸發這些信念。

2～6歲

關鍵事件：母親過度保護

　　非理性信念：生活是危險的，我需要有人保護我。我不能一個人面對外在生活。

　　正確信念：媽媽這個保護我是因為害怕失去我，而不是我太弱小了。生活對我而言並非特別危險，我可以跟別人一樣面對生活。

6～12歲

關鍵事件：被寵壞

　　非理性信念：生活相當輕鬆自在

　　非理性信念：我不需要感到痛苦

　　正確信念：因為我年幼被寵壞了，所以產生了不勞而獲的期待。這樣的想法會阻礙我的成長。一分耕耘一分收穫。這樣的態度會讓我更加成熟面對生活。

12～16歲

關鍵事件一：因為我很任性，所以大家都會拒絕我

　　非理性信念：沒人喜歡我相當可怕。

　　非理性信念：如果我很完美，別人自然會喜歡我

　　非理性信念：我必須保持完美

　　正確信念：因為我任性，所以其他小朋友都不喜歡我。我會希望他們就像我媽媽一樣聽我使喚，但是這是不正確的態度。因為他們不喜歡我，所以我就形成了完美主義，並且希望能夠掌控他們。但，這些都是不正確的態度。

關鍵事件二：看到同學在教室嘔吐，並且大家都討厭他。

　　非理性信念：除非我可以掌控我的身體狀況，要不然大家都會不喜歡我。

　　正確信念：沒有人可以完全掌控他的身體狀況，大部分都是一種本能反應。如果要處理這些問題，將會佔去生活大半的時間來處理這些無法掌控的事件。大家更會排斥這樣的我。

關鍵事件三：在坐車旅遊時，感到恐慌發作。開始害怕恐慌發作。

　　非理性信念：我現在必須控制我的身體狀況，要不然大家都會排斥我。

　　正確信念：我已經夠注意我的身體狀況了，不需要太過專注。

關鍵事件四：只要安排旅遊，就會感到恐慌發作。

　　非理性信念：我無法控制我的恐懼，在飛機上，如果我感到害怕我會無法逃機艙，我會陷入相當可怕的狀態。

　　理性信念：我為何要害怕呢？與其擔心這些，不如好好過生活。

範例二：阿德的故事

　　有時候你會發現很難找到跟現在情緒有關的往事，但是並不代表這些情緒是莫名其妙產生的。

　　例如：有一個住在嘉義的阿德，很奇怪地，在這鄉村的悠閒生活中，他還是相當緊張焦慮。阿德是一個中年男子，會莫名其妙地感到心跳加快、呼吸急促（恐慌發作），經過幾次可怕的發作經驗後，他跑來看病。他發作的頻率不高，可能三四個月才一次，但都找不到發病的根源。我仔細地分析他的發作狀況，把所有發作的狀況用個列表整理出來，希望能夠找出一些蛛絲馬跡，盡量地整理出可能會誘發恐慌發作的線索。這些列表包含：你當時會有些不爽嗎？性生活有困擾嗎？婚姻有困擾嗎？你的飲食習慣有變嗎？工作上有困擾嗎？曾經感到疲憊或憂鬱嗎？小時候有什麼難忘的經驗？

　　就像其他個案一樣，我請他仔細地想想在恐慌發作之前的相關線索，阿德大概列出 80 幾項可能線索。但是仔細地整理一下，並不能找出線索跟恐慌發作之間的確切關聯。

　　在這種狀況下，我先教他放鬆訓練，讓他可以減低焦慮狀態。然後，繼續努力找出認知的內在關聯性，才能根本地處理掉他的深層焦慮感。

　　雖然目前治療對於他的焦慮問題改善不大，可是他還是很努力地參與治療，我也就開始試圖地想一些方法來幫助他。因為他發作的頻率太低，所以很難找出到底是哪種因素造成他恐慌發作。最後，我就先暫停治療，請他發作之後，在來進行治療。

　　在幾個月之後，他打電話給我，跟我說他發作了一次。當他到治療室之時，他顯得相當焦慮不安。現在想起那種景象，還是可以感受到他的焦慮。

　　我們努力地回顧當時發作的情景，從他發作之前，到發作的歷程以及結束之後種種狀態。我跟他努力地探索當時的感受、想法、記憶狀態以及當時的生活作息。

　　但是，還是找不出發作的誘因──沒什麼特別的事、特別的衝突或者是挫敗。就跟一般的生活一樣，他回家看電視，然後發作。這時，我將焦點放在電視上，當時是演什麼，但是也沒特別的發現。這時，他突然想起他在公司有看報紙，然後我們從社會版、娛樂版、運動版都回顧了一次，但都沒特別的發現。

　　最後，我將注意力從報紙移到外在環境，開始從天氣下手。我發現，當天氣溫比平常還要炎熱。這時，我靈機一動：會不會是氣溫的變化誘發出他的恐慌。

　　阿德說：「我又不是溫度計！但是好像有可能，因為在恐慌發作之前，我會覺得體溫好像有些變化！」

　　「你以前也有同樣的感覺嗎？」

　　他覺得曾經有過這種感覺，但不太清楚是什麼狀況。

　　我給阿德一個回家作業，我請他去圖書館找出他每次恐慌發作時的氣候

資料，並且試著找出其中的關聯性。

　　兩週後，他來找我，很興奮地跟我說他從這些情境中找出一個主要的成分。他說他發現在他恐慌發作之前，嘉義都是處於高氣壓狀態，並且當時的氣溫一定是特別高。

　　這很奇怪，為何氣壓會造成恐慌發作呢？我們試圖抽絲剝繭探求其中的原因。

　　在十五年前，阿德遇到一件令他難忘的事情。一天他下班回家之時，醫院打電話跟他說他父親發生車禍，有生命危險。他火速地趕去醫院，希望能見到父親的最後一面。當他上車後，然後倉皇失措地衝到醫院去。這時從嘉義趕到高雄去的過程中，氣溫明顯地有相當大的差異。當他趕到醫院之時，他的父親過世了。

　　很奇怪地，他當時的悲傷、焦躁、以及罪惡感都跟氣溫串聯在一起。在他自己不清楚的情況下，這兩件事情互相串聯在一起。這樣的串聯深藏在他的心中，只要當外界氣溫產生劇變之時，他就會感到恐慌發作了。

　　那為何焦慮跟氣溫連結而不是其他的刺激（例如，時間、開車、醫院）呢？可能的原因是，當時氣溫可能是最明顯的刺激點。

　　當我們發現這個關聯時，接下來的處理就簡單多了。因為他已經發現了觸發焦慮的主因了，也找到核心的問題了，我們就可以直接處理這個核心困擾。從過去的經驗中，可以發現許多個案跟阿德一樣找到根源就容易解決多了。當他可以發現恐懼的來源時，我們就可以直接移除造成恐懼的信念了：「我會莫名的焦慮不安，可能代表有可怕的事情要發生了！」因為阿德已經發現問題的根源了，他也不在受到這些莫名的焦慮所影響。

　　這個例子正好說明情緒可以跟各種往事串聯。腦中的每種感覺都可能跟外在任何一種訊息串聯。例如，當時的氣溫、雲彩、影子、風、雨、動物、深呼吸等等當時可能的相關線索，都可能會誘發出恐慌。如果可以幫助個案找出串聯的根源時，個案的問題就會得到紓解。

說明

　　許多治療師都會試圖探索個案問題的根源。認知重建技術跟其他理論不同在於他強調個案信念的發展史。我們並不探討個案過去的固著階段、性心理發展史、潛意識以及防衛積轉。發現這些信念的根源可以幫助個案了解自己爲何會有這些想法，這樣更容易將信念轉換。

建議讀物

　　Guidano（1987,1991）與 Guidano&Liottis（1983）特別深入探索如何利用往事進行信念的根源探索。對於 PTSD（創傷後壓力症候群）的嚴重度不只是當時創傷事件的嚴重度，還包括個體對於該事件發生原因的解釋（Monat&Lazarus,1991）。關鍵事件可能會造成一些錯誤的信念：「我不能展現我的缺點。」（Williams,1996b）。

重整生命主題

基本概念

　　關鍵往事不只是造成錯誤的信念，也可能形成生命主題。這些主題就跟個體的成長一般，也會隨著時間而改變。隨著個體的成長，這些生命主題的影響力也就隨之增加。就像大樹一樣，隨著這個樹的成長，果實與花朵（主題）都是深受根部的滋養。如果治療師可以順著這些主題，找出這些主題成長的根源，自然也就可以從根本去解決個案的困境。以下就是一個自卑的案例：

*現在：我很自卑，我不是一個好先生、好爸爸、好員工

*前一陣子：我不是一個好男朋友或好工讀生

＊青少年：我是一個懶散的學生，沒人喜歡我。

＊兒童期晚期：我是一壞小孩，我哥哥比我棒。

＊兒童期早期：爸爸媽媽不喜歡我

在這個例子，可以發現個案從小到大都有自卑情節。可以發現，從兒童期早期就會一些錯誤的想法出現了。

方法

1. 使用認知地圖讓個案可以清楚地看到他的生命主題的發展。讓個案可以利用認知地圖找出這些信念的根源，並了解這個核心主題是如何產生錯誤信念與感受。
2. 協助個案找出影響生命主題的信念、行為與感受？看看為何這些錯誤會一直污染整個人生。
3. 請個案想像換一個生命主題，他的生活會有何改變。只是用想像的方法，而不是直接修正他的生命主題。

範例：莉莉的故事

莉莉的故事最能說明這一節所探討的問題——生命主題。

當莉莉很小的時候，她就跟其他小朋友不同。當其他小女孩在玩洋娃娃之時，她就在閱讀一些哲學方面的書。在學業表現上，她是高智商但學業表現卻不佳。他經常相當有創意地回答問題，就好像在玩腦筋急轉彎一樣。她比較喜歡跟年紀大的人交朋友，除非父母強制要她跟其他小朋友在一起玩，要不然她都找年長的人玩。

莉莉的想法與眾不同。她努力地跟別人說她的想法以及她為何這樣想，但是卻沒有人了解她要表達的意思為何，她認為可能是自己太過死板了，以致大家都不能夠了解她的想法。大部分的小孩都不喜歡她，因為跟她在一起會覺得相當不自在，所以她大多時間都是一個人玩。她的父母很擔心她太自閉，所以帶他來看心理師。

　　莉莉很小的時候就感覺到被他人拒絕，並且會覺得因為自己笨造成別人不理他。她無法了解別人的想法，也發現別人不能夠了解她的想法，因此她覺得自己真的很像笨蛋。有時候她覺得自己好像瘋了，但是在看了 DSM（精神疾患診斷手冊）後，發現自己並沒有符合任何一項症狀。她最後形成了一個生命主題——大家都比我聰明，我反應像恐龍。這也是她唯一可以釋懷的方式。

　　她早期都依循這樣的生命基調生活著。因為她覺得大學生都很聰明，而自己很笨，所以就決定不考大學。同時，她的家人也不強迫她一定要上大學，因為他們覺得女子無才便是德，趕快嫁個老公會比上大學重要。家人也鼓勵她去交男朋友以及做自己想做的事。她高中畢業後，也就開始找工作，但是每項工作都做不久，因為她很快就會感到無聊而想換工作。換了幾個工作後，她發現並沒有自己喜歡的工作，因此認為自己太笨了。她也利用晚上時間去上社區大學的課程，但表現也不太好。她經常無法回答老師的問題，而報告也寫的很粗淺。

　　她跟男性的關係也很簡單，她不像其他女生一樣會打扮，吸引男生的眼光。大部分的時間，她都是跟這些男生談論一些思考性的問題。有時，有些男生希望有進一步的關係，而她都拒絕，因此大家都覺得她是一個相當保守的女性。因為她的保守以及無趣，所以也沒有什麼男朋友。

　　因為過去這些經驗，莉莉就發展出一個核心的生命基調。她被這個思考所引導，從這樣的思維來來知覺世界與生活。最基本的生命基調是：「我很笨！」。這幾年她都依循這個教條生活著。

　　隨著年紀增長，狀況並無好轉。雖然她最後還是沒有完成大學學業，但是他還是偶而參加一些進修課程。「我真是死腦袋！」她這樣認為。她偷偷跑去哲學研究所聽課，但是她發現大部分的同學都不怎麼喜歡跟她討論問題。大家只是擔心考試以及如何考好得到好成績。因為她不是正式的學生，沒有課業與成績壓力，所以其他人也就忽略她的存在了。

　　她的心情也就越來越低落了，最後她來找我談話。她告訴我她的生活以

及遭遇到的問題。大部分的時間，都聽到她的人生多麼灰暗、自己多麼笨。我開始用一些問題讓她談談自己真正的想法與感受。

我很快發現她有一個扭曲的生命基調，我試著用理性認知技巧幫助她，但是她一點都聽不進去。因為她堅信這個想法，所以對於其他的證據都可以提出反駁的例子。

最後，在連續的挫折之後，我決定改用別的方式來幫助她。雖然這個方式對她而言有點風險，但是我相信這個方式是對她有所幫助，並且她可以接受這個方式。

我告訴她有一個知名的哲學家會來演講（我相信她對這個訊息會相當有興趣）。她知道這個女哲學家相當有名，而該場演講只邀請大學教授與博士候選人參加。我告訴她我有個朋友也是一個哲學家，可以幫她拿到入場卷。莉莉相當興奮。

我逮住這個機會。告訴莉莉說在演講後，會有一段時間開放問問題。在這段時間，不論她多緊張，她都要問一個她自認最棒的問題。另外，我還希望她能夠做一些事，就是在聽完演講後，與幾個教授與博士班候選人一起討論哲學問題。我告訴莉莉要盡可能地完成這些事情。「假裝你就是與會的教授之一吧！」

她相當緊張，認為自己無法做到這個任務。她如何可以跟她景仰的人提出問題呢？她身邊都是大學教授，而他只是一個大學肄業生。我再次要求要達成這些任務，最後她也就無奈地答應了。

在結束之前，我跟她說治療暫時停止，等到她聽完演講完後在開始。如果有需要的話，她可以打電話來報告近況。

大約一個月以後，她打電話來說她聽完演講了。那個地方都是教授與研究生。她發現裡面有幾個教授都是教科書上會提到的大人物。她也發現在演講的過程中，有些研究生也很有自信地發言與討論。

她認為這場演講相當棒，但是在等待時機問問題之時，她感到相當的焦慮不安。演講者對於問題都能夠很快地切重要點地回答問題。莉莉問的問題

是依循哲學教授的理論基礎，但是還是無法清楚地表達自己的疑惑。這個教授看著她，對她微笑一下，然後很清楚地回答這個問題，大約花了 20 分鐘。這個回答一字千金，而莉莉也很專心聆聽。

在演講過後，莉莉走進正在跟同事聊天的演講者。她試著靠近她，但是其他教授卻阻止她：「教授相當忙碌。小女孩，她的行程相當緊，她下飛機後就沒休息了，舟車勞頓後很希望可以好好地休息，希望你們可以讓她休息好嗎？」但是莉莉還是堅持要跟演講者談話。演講者認出她來了：「喔，你就是那個人！那個問題相當有深度，我可以幫你什麼忙呢？」莉莉問她是否可以加入她們的討論，然後聽聽大家的想法以及理念。莉莉表示可以當個聽眾而不打擾他們的討論。基本上，這樣的討論不希望太多人參與，以免深入度不夠，而演講者：「沒關係！就讓你進來討論吧！」

莉莉就跟 10 個大學教授以及幾位研究生一起回到飯店進行討論。每個人都人手一杯咖啡、吃著點心，談論著今天的理論。一開始，莉莉不太敢發言，但後來就開始詢問問題，並且激起一番討論。隨著時間越來越晚，大家也就一個一個地離席回去休息了。最後，只剩下莉莉跟教授兩個人在討論。她們一直聊到隔天早上五點，她們用了很多便條紙去說明她們的觀點，同時喝了十杯咖啡。莉莉：「相當棒的感覺，這是我一輩子最棒的經驗。」

在離去之前，教授詢問莉莉是讀哪個研究所。因為當時她感到相當安適，所以決定跟教授說實話。她告訴教授她並沒有讀研究所，甚至大學也沒畢業。教授聽了有點震驚，然後給她名片希望莉莉找個時間跟她聯絡。教授暗示莉莉會給予她一些協助。

這件事情發生在幾年前，莉莉在教授的幫助下，已經完成大學學位了。她現在對於專業知識相當有自信。最後，教授安排她去讀研究所，而且莉莉相當認真地求學。

最後莉莉完成了博士學位，並且在知名期刊發表不少文章。這也是莉莉第一次感到快樂的時光。

因為早年的一些生活經驗，讓莉莉認為自己是一個笨蛋。她發現她自己

與其他小朋友不同，同時認為自己可能是個怪胎。因為她有這樣的想法，同學與老師也是相同的方式對待她，更加印證她的想法。

事實上，莉莉有一些天份。她可以相當清楚地分析事情以及深入地探索事物，但是有些時候卻被大家認為她很駑鈍。因為這種駑鈍的感覺佔去她的生活，以致她無法發現她的長才。同時，其他人也無法發現這塊石頭之中的璞玉。

因為她的才能被影藏住了，所以大部分的人無法看到她的才幹。就如同伯樂識馬一般，這個教授發現她的長才，同時也讓她在這個專業領域中大放異彩。

說明

我試著改變莉莉的生命基調。很幸運的事，這個教授適時地出現了。對於大部分的個案，她們的生命基調是相當穩固不可動搖的，這就好像是我們生命的基石一般。治療師需要有一些彈性，找到一些適合個案的方法，幫助他們修正走調的樂曲，重新譜出一段新樂章。通常，用理性的語言去探討生命基調是無效的，重點在於怎麼幫助個案產生新的經驗，重新產生新的共鳴。基本上，我會採用一些生命體驗的方式，讓個案發現目前這些基調走調的地方，同時讓他們經驗到一個新的樂章，從而修正原先的樂章。

建議讀物

這幾年開始探討如何修正個案的生命基調。認知在建構治療花了相當多的時間在處理這個議題。

基模焦點治療（schema-focused therapy）也提供一些方法幫助治療師來修正個案的生命基調，包括了：經驗、人際以及行為技巧（McGinn & Young, 1996, pp.196-200）。

重整早年回憶

基本概念

在心理學中有一個相當重要的理論——初始效果（rule of primacy）。它指的是個案會比較注意事件的第一印象，而非後續的表現。

許多治療師都會將焦點放在個案的早期回憶，例如 Adler（1964），Binder 與 Smokler（1980），Bruhn（1990b），Edwards（1990），Last（1997），Mosak（1958,1969）以及 Olson（1979）他們都強調個案的早前回憶都是相當重要的焦點。

認知再建構治療與心理動力學派一樣，都會注意到早年經驗，但是分析架構卻是不一樣的，在認知學派中，早年經驗的探索主要是想找出核心信念。基本上，很多核心信念都是從早年發展出來。隨著年齡與經驗的成長，這些信念也就漸漸穩固。雖然這些信念不是由單一事件所發展出來的，但是我們還是可以從早年的經驗找到一些端倪。

許多讓個案痛苦的信念都是從幼年的生活史而來。在個案接受外在訊息之時，這些信念就開始運作，干擾你對訊息的接收與處理，而導致後續的痛苦。如果可以找出這些信念，將之修正或取代，自然就可以改變你的生活了。

方法一：想像活動

1. 請個案回想最近一次造成情緒波動的狀況。幫助個案回到當時的情境，請個案將焦點放在核心信念或者是生命基調。

2. 請個案回想最早有這個想法的時刻。請個案將注意力放在造成當時情緒的情境上。協助個案回到當時的狀況，如果有可能的話，請個案用當時的聲音說出那個核心信念。

3. 請個案針對這個信念進行評估。「你知道你怎麼解釋這件事嗎？你知道這個解釋是錯誤的嗎？你有多大的誤解？你為何會有這個誤解？誰

教你這樣想的？」

4. 跟個案討論他對這個情境的誤解，並說明最近這件事情，他也用同樣的方式來詮釋。

5. 修正錯誤的想法。請他們假想一下，換個解釋方式，他當時的感覺與反應會有何不同？

6. 最後，請個案清楚的感受到，換個想法後，他當時的困境也就解套了。

範例一

個案很多信念或生活規則都是來自早年經驗。最重要的經驗經常來自於老師。老師教導很多生活規範與原則。這些老師的教誨與教條經常就常駐在個案的腦海中。（想想看，你是否偶而會想起以前老師所說的話呢？）

個案腦中第一個信念往往是最主要的信念。在西方社會的聖誕老人，雖然是一個神話故事，但是也因為有了這個傳統讓我們感到溫暖與貼近。對於聖誕老人的信念，很明顯的只是一個宗教上的傳統。但是，我們可以發現這個想法卻是根深蒂固在我們腦海中，甚至東方世界的我們，也是受到這個故事的影響。個案早年的信念也跟聖誕老人的故事一樣，長久地影響著個案的生活。

對於個案而言，第一次成功或有成就感的經驗也是相當重要的。如兩人三腳的比賽中，贏到了一個兔寶寶布偶。之後他在籃球比賽中，每次的得分都會讓他感到相當的有成就感。

對於小朋友而言，第一次離開家人出去旅行會是一個特別的經驗。我的一個個案，他第一次離開家鄉去南美旅行，雖然整個旅途相當遙遠，但是當他踏上南美，看著不同文化的族群在那裡生活著，剎那間，他所有的活力又回來了。特別的服飾、特別的建築、特別的生活，都是相當新奇的事物。雖然他曾經在書本上或者報導中看到這些景象，但是一但踏上那塊土地，他覺得一切都很新奇，也感到相當興奮。雖然，這是一個貧困的地區，但是他對這裡的熱情不減。

　　個案所居住的第一個家，也是一個深刻的映像。小時候，不少人都曾經住過矮小的三合院或者是小眷村。長大之後，雖然都可以住進別墅型洋房或者是高級公寓。但是，對於這些人而言，狹小陰暗的平房或者是眷村，才是溫暖的回憶。

　　同樣的，個案心中美滿的家庭，經常也反映著他過去的家庭生活。他對於男性的定義往往就是過去父親的形象，對於女性的定義也是母親的形象。婚姻也是父母親互動的模式。

　　在工作上，基本上會期待那種成就感的來源，可是換來換去，還是不如第一次的工作經驗。

　　對於真愛的定義，經常是來自初戀得滋味。因為初戀是如此地深刻，所以經常還是會活在初戀的記憶中。

　　因為這些都是個案的第一次，所以相當鮮明重要。雖然隨著時間的演進，個案的經驗也越來越豐富，但是第一次的印像卻是不可磨滅的。所有後續的經驗經常會拿來跟第一次相比。當第一次經驗相當美好之時，這樣的參照標準自然就比較高了。這時，會希望個案能夠改變一個有彈性且適合的評估標準來看待生活。

範例二：小瑞的故事

　　如果早年的經驗是相當正向陽光的，後來的生活自然就是彩色的；但如果早年有一些負面經驗後，自然就會影響到後續的生活。不幸的是，我們在早年經常都會有一些負面的經驗，尤其是在台灣的生活中，家長對於小孩的教育經常是負向責斥多於正向鼓勵。也因為這些經驗讓我們學到一些錯誤的思維……

　　以下這個個案就可以說明這種狀況。

　　幾年前，小瑞來診所找我。他從外地移居來到這裡。他剛到的時候有點水土不服，有點思鄉病。除了上班之外，他就是一個人躲在房間看電視。在這樣的自閉生活中，他漸漸感到憂鬱了，他的確需要跟別人互動。我安排他

參加一些活動，開始去認識住在四周的人。

他計劃去問鄰居一些生活瑣事，例如：「我想跟你借醬油」

我就回應他：「嗯嗯，可以借你，那拿碗來裝！」

他就說：「然後呢？我該怎麼辦？」

對於這個答案，我覺得很有趣，然後就追問他為何會這樣想，以及他對台北的感覺。最後發現，他對台北的印象不太好。

小瑞在屏東的小鄉村長大，這是相當純樸的地方，整個村莊的人都互相認識。他小時候曾經聽過一些台北人的事情，也在電視中看過台北的情景，但是他一直沒離開屏東到台北去。

有一天，他在他家的旅館門口遇見一個很胖的男生，他穿的綠色海灘褲，還有一件印著魚的橘色 T 恤。他對著服務員大罵，他抱怨房間電視沒有第四台，也沒有房間服務。他並且說這是最糟糕的旅館。當他再對服務生大吼大叫之時，他的兩個小孩就在旅館的大廳中搞破壞。而他太太卻很無奈地坐在椅子上。在小瑞的心中馬上浮現：「這就是台北人！」

小瑞從未忘記當時的景象。當時的情況影響著他之後對於台北的觀感。後來，陸續都有一些台北的旅客到來，由於過去的壞印象，他也就不太有好感。如果有些台北遊客感覺還不錯，他會認為那些可能是原先住南部，上台北打拼的。

他自動地過濾掉一些訊息，他總是認為台北人相當自我中心、肥胖、吵鬧。他對台北人的感覺相當不好。當他被派去台北工作之時，他感到相當的不爽。

很明顯地，小瑞對於台北人有一個不良的刻板印象。他總覺得台北人自私、沒人情味、不健康。為了去修正他的刻板印象，我請他去調查台北人模樣。「我知道你不喜歡台北人，但是試著調查一下台北人是什麼模樣，有多少人跟你想像中的一樣？」

過了幾個月，他把結果帶來。他發現只有少數的台北人很自私，大部分的人跟南部人一樣有人情味。他現在有一些好朋友，而且不在感到憂鬱了。

我就說：「你看，你好像把過去的經驗過度類推了！」

他就說：「我沒有，我只是湊巧找到這些人。」

他對於台北人的偏見還是存在。很明顯地，他對台北人的第一印象緊緊地環扣在他心中。但是，如同先前的期待，他也交到一些好朋友，擁有良好的社會支持，我們的治療也就停止了。

當他離開的時候，他說：「你知道嗎？這個巧合很不錯。」很可能他其中也有些許的改變吧。

方法二：重整工作表

採用下表可以幫助你重整個案的生命經驗。

重整工作表

情境＿＿＿＿＿＿＿＿＿＿＿＿＿＿＿＿＿＿＿＿＿＿＿

情緒反應＿＿＿＿＿＿＿＿＿＿＿＿＿＿＿＿＿＿＿＿＿

當時想法＿＿＿＿＿＿＿＿＿＿＿＿＿＿＿＿＿＿＿＿＿

早年經驗：＿＿＿＿＿＿＿＿＿＿＿＿＿＿＿＿＿＿＿＿

（與情境似曾相似的事件）

情緒反應＿＿＿＿＿＿＿＿＿＿＿＿＿＿＿＿＿＿＿＿＿

錯誤的早年信念＿＿＿＿＿＿＿＿＿＿＿＿＿＿＿＿＿＿

修正的早年信念＿＿＿＿＿＿＿＿＿＿＿＿＿＿＿＿＿＿

對於當時想法的修正＿＿＿＿＿＿＿＿＿＿＿＿＿＿＿＿

1. 拿出個案的信念列表，協助個案找出與信念有關的情境。每個情境都列在上表的「情境」中，而信念就搭配地列在當時想法上。

2. 探尋個案的關鍵事件。首先，找出這個關鍵事件。對於個案而言，每個事件可能都只是一個模糊的印象。這時協助個案回想當時的情境，利用人事時地物的架構幫助個案勾勒當時的狀態。

3. 找出每個事件背後的錯誤信念。將這些句子紀錄在錯誤的早年信念上。

4. 細心地跟個案討論每個信念，並且修正這些想法，將他們填到修正的早年信念上。事實上，在討論的過程中，個案自然就會提出一些修正性的想法。

5. 一但過去的信念修正後，試圖地幫助個案修正現在的信念。

6. 協助個案可以自行運用這張表—發現錯誤信念、找出早年的錯誤根源信念、修正早年信念、採用更恰當的信念面對現在的生活。

範例一

情境：我在一些國際學生交流的活動中會感到焦慮。

當時想法：從其他國家來的學生是危險的。

早年經驗：在小的時候就被保護在家中，很少跟別人互動。他很少接觸到其他不同的人。

錯誤的早年信念：每件新奇的事務都是有危險的

修正的早年信念：每件新奇事務都是一個令人興奮的事情，並且是一個成長的機會。新奇並不危險。

對於當時想法的修正：跟其他國家來的學生互動是一件有趣的事，我可以學到更多其他國家的文化。

範例二

情境：我很害怕傍晚一個人獨處，所以傍晚下課的時候就會盡量跟同學走在一起，這樣晚上就隨時可以跟攤出去玩。

當時想法：我人緣很好。

早年經驗：小時後，被父母遺棄。

錯誤的早年信念：我不會再讓自己被遺棄

修正的早年信念：我不在是無助的小孩，需要他人的保護；我可以一個人過的很自在，不用害怕一個人獨處。

對於當時想法的修正：我不在需要跟一大堆人混在一起，我可以只交幾個知心好友就夠了。

範例三

情境：我無法持續在一件事情上。

當時想法：規律性的工作很無聊

早年經驗：小時後很喜歡做白日夢、愛幻想。

錯誤的早年信念：生活有了這些幻想會更加豐富，每天的規律生活相當無趣。

修正的早年信念：現實生活有時很灰暗，但有時是充滿色彩的。真實的生活比想像的生活有趣多了。面對真實生活中的交戰與糾結，是一項充滿挑戰的工作。生命的價值在於不斷地改善、提昇自我，而不是活在想像的空間中。

對於當時想法的修正：專心做事可以讓生活更加充實與豐富。

說明

個案在早期經驗中的情緒成分，基本上都是相當強烈的。所以在回顧個案的回憶時，這點是必須要注意的。有時候，個案再面對這種痛苦經驗時，經常會跳開，轉向正向經驗。

早期 Piaget（1954）也有相似的概念與想法。他認為個體在幼年腦部發展的時期（2～7 歲），當時的想法、信念就進入了前額頁區，這些想法或信念正好奠基了將來的錯誤邏輯。在具體運思期時（7～11 歲），個體還不能用抽象的概念進行思考，自然也不能對於思考的邏輯進行判斷。在這兩個時期的錯誤思考，將儲存在長期記憶中，這也就是為什麼個案的想法難以修正。

如果這個主張是正確的話，個案就需要經過不斷地思考重整，以形成適合環境的邏輯思考。

如果執行恰當，這些技巧可以有效快速地轉換個案的思維。心理動力取

向的治療師也常用早年經驗的重整，而認知再建構在理論與實作上有所不同。在認知再建構治療中，強調直接改變信念，因爲認知再建構治療強調意識層面的操作。我們不太特別區分潛意識、意識之間的差異，也不探討本我、自我、超我的衝突，而是直接以學習的角度來探討信念的改變。

建議讀物

Katharina 是 Freud 探討早年經驗最著名的個案（Breuer & Freud,1937; Freud,1933）。一開始他是以認知治療的方式來處理他的焦慮症狀（主要是呼吸困難的現象）。雖然他後來發展心理動力理論，但他早期的技巧還是跟認知再建構很相似。

以下是他的諮商內容：

Freud：

＊「你的困擾是？」

＊「能不能談談你那種呼吸困難的感覺？」

＊「當你覺得呼吸困難時，你當時想到了什麼？」

＊「你何時開始感到焦慮？」

＊「Katharina，你是否可以回憶你第一次感到呼吸不順的狀態，當時你的想法爲何？這對你會很有幫助！」

Katharina 想起了當時他看到她叔叔跟嬸嬸做愛的情況，她覺得很噁心。

Freud 再度引導她想像，要她感覺到自己是一個長大的女孩了，並且對於性愛有一定的了解。她說：「對，現在我長大了！」這個焦慮感就是來自當時的害怕（Breuer & Freud,1937）。

Piaget 的相關知識可以看他的論文（Piaget,1954,1963,1970,1973,1995:Montangero& Maurice-Naville,1997）。

對於早年經驗的重要性，可以看 Mosak（1958,1969），他認爲早年經驗反應了個案的生命基調。如果要對治療有充分的了解可以閱讀 Bruhn（1990a,1990b）、Edward（1990）以及 Olson（1979）。

重整家庭信念

基本概念

　　很多個案的信念源自於家庭，家庭是塑造個案信念的環境。小孩在家庭中，不只是學到了一些生活習慣，也學到了一些思考方式與信念。當小孩還小的時候，父母的一行一言如同聖旨一般地強住於小孩腦海中。雖然隨著小孩的年齡成長，父母的影響力越來越弱，但是，這些金科玉律老早就根植在腦海中了。

　　在家庭中，具有影響力的不只是父母，還包含：兄弟姊妹、祖父母、叔父嬸嬸以及其他的親戚。事實上，家族的成員都有一個核心的家族信念。這些家族的信念，例如：「絕對不跟外省人交往！」、「家庭和諧是最重要的！」等等，隨著族群、姓氏不同，每個家族都有他特有的哲學思考。

　　表面上，有些個案好像根自己家族的想法相違逆，但，事實上，他們所抱持信念還是與原生家庭的中心思考有關，只是採用相對的方式來呈現。例如有些家庭認為外表很重要，所以要求小孩一定要打扮整齊出門，要像個小紳士、小淑女。而在這個家庭中，有時會出現一個相反的小孩，他打扮就相當台客，穿著汗衫、拖鞋出門，完全不符合家族氣質。從表面來看，他違反的父母的要求，但從深層的信念來看，他還是跟家族信念一樣，注意外表，只是表現方式不同。

　　除了順從與反對家族信念以外，另一個狀況也是相當重要—重整信念。父母的想法與小孩的想法進行重整，找出雙方共通的想法。也就是兩組信念重新整合，發展出新的信念系統。這在目前時代快速演變的過程中，經常會出現的現象。父母擺脫 LKK 的信念，去了解 E 世代與 F 世代的生活模式，而小孩也試著去了解 LKK 的生活，雙方經過互動之後，發展出一套整合性的信念。例如，父親可能相當感慨地說：「為何現在的小孩這麼不負責任，追求流行？我到了上班後，才有機車，而他們怎麼一定要有車子呢，不能做

公車嗎？」這時，媽媽就說了：「你看看，現在大學生哪個人沒有車，你知道嗎？沒有車子也就很難跟其他同學互動，一比就輸人了！」這時候，兒子說話了：「對呀，沒有車子，就跟沒有腳一樣。」女兒這時在房間跳著 Hip Hop 大叫：「只要我喜歡有什麼不可以！」

方法

　利用家庭圖呈現個案家中的主要人物。寫出姓名、角色以及年紀，利用連線來表示個案與該人物的關係。在列完後，別忘了再度確認每個腳色，是否已經包含了他的家人。

　列出這些人的一些人生觀、態度以及中心思考。看看有沒有一些想法是大家共有的。

　將這些想法整理成幾個核心信念。

　家人是如何灌輸這些信念呢？如果做到的話，家人會給予怎樣的鼓勵；如果沒做到，家人會如何處罰呢？

　看看個案在哪些方面是與這些想法不同的？

　將家族信念與個案的核心信念進行比較看看兩者有何相關？一致、對立或者是整合？

範例

　整合信念就好像一家人在共舞，大家共同跳出一段舞曲，每個人修正自己的步伐與節奏，在整體的協調過後，展現出一致的舞碼。現在就以一個飲酒的事件來看這個狀態。父親是一個每天晚上要小酌一杯的人，一年中換了三個工作，並且因為喝酒過量進出急診室多次。每個家人都小心地與他互動。媽媽一天到晚在處理他的嘔吐、酒後鬧事、住院、請假等等，因喝酒帶來的問題。兒子也是一個問題小孩，吃搖頭丸、混舞廳，一切都歸罪於他的父母。

　對於一個治療師而言，要去撼動這個家庭的舞碼是相當困難的工作。但是如果要解決問題的話，是必要去改變整個家庭的結構。很多酒鬼在戒酒後，

回到家中又故態萌發。因爲回到家中，他還是要扮演他的角色繼續與家人共舞。如果這位父親戒酒的話，他所處的角色也就有所改變，整個家庭所上演的劇碼也就受到影響了。母親不再是善後的阿信、女兒不再是一個害怕家庭的人、兒子也不能爲自己的荒唐行爲找到好理由。面對父親的改變（或者是某個個體的改變），全家都會進入一個混亂的狀態。爲了能夠維持現狀，家人就會鼓勵父親繼續喝酒。對他門而言，改變舞劇不一定會比維持現況還要好。

在這種狀況下，家人就會採用各種方法，試圖地讓父親回到原來酒鬼的角色。如果父親堅持要戒酒的話，他會承擔家人其他的壓力，重要的是，這場戲也就唱不下去了。

說明

有時個案的想法是來自某個家人，而不是整個家庭。這時，就要拿個案的想法跟那位重要他人的想法進行比較。這個人經常是個案心中相當重要的一個個體。

建議讀物

兒童不當的認知經常是受到整個家庭的影響（Alexander,1988; Kendall,1991）。這時家族治療是需要多加考慮的方式。Robert Taibbi 發展了一系列方法來處理這種家族性的信念（Taibbi,1998）。如果要對家族治療有更多的了解，可以參閱相關的文獻（Bedrosian & Bozcas, 1993; Ellis,1991; Ellis et al.1989; Munson, 1993; Reinecke, Dattilio & Freeman, 1996; Schwebel & Fine,1994）。

生存與信念

基本概念

　　如果個案的生命經驗是個案錯誤信念的來源的話，爲何這些錯誤信念會殘留到現在呢？隨著年齡成長，個案所接收到的訊息也就越多越複雜，在大量的訊息之中，只有少數的訊息會常存在個案的認知系統之中。爲何有些信念會留在腦中，而有些信念卻會遺忘呢？

　　對於個案而言，最簡單的答案就是有些信念對個案是有幫助的，而部分信念卻是無益的。如果現實主義是個案的基本信念的話，邢這個現實主義將會引導著個案的生活。如果個案缺乏思辯的邏輯，他也就不會挑戰這個信念，因此他就被這樣的信念引導著生活。

　　個案就被這種現實主義牽著鼻子走。基本上，抱持這樣想法的人經常就活在那樣的環境之中，例如活在高度開發的工商社會，現實主義則是相當重要的生存法則。因爲這樣的想法幫助個案適應生活，所以這樣的想法也就儲存在心中。對於大部分的個案，他們經常抱持著與環境不合的信念。他們只是自以爲地認爲這樣的想法很好，但忽略了現實生活的需求。面對這樣的個案，治療師需要重新與個案探討每個信念存在的必要性了。

方法

　1.回顧個案的信念列表

　2.幫助個案分析哪些信念對他們解決問題有幫助

　3.如果有些信念對於個案的生活無益，協助他們發展改變計劃

　4.如果有些信念只是短暫的有助益，協助個案發展預防計劃，等到信念
　　有礙生活之時，可以即時改正。

範例

1.我會請個案看一篇報告，上面說明著一個人如何學會一些信念。

閱讀資料：我們如何學到這些想法

　　我們經常是經過嘗誤的過程中，漸漸學到一些信念（想法）。想想看，一百萬年前兩個山頂洞人，阿呆與阿瓜。一天晚上，他們坐在洞門口，燒著營火，享受著夜晚的微風。突然，他們聽到一些步伐聲。阿呆認為可能是一隻喫牙列嘴的老虎走了過來。他就將火生的更旺，然後躲到洞裡面。阿瓜則充滿了幻想地認為可能是隔壁洞的阿花走過來了。他就回去梳洗一番，穿上帥氣的獸皮，等著阿花的到來。最後，來的是老虎，阿瓜自然地成為老虎口中的食物，而阿呆因為他清醒的頭腦，而躲過一劫。

　　隨著老虎的威脅，這些幻想性的思考漸漸地退化了，取而代之的是理智的推論。對於一個個體而言，這些理智的推論都有助於幫助個體逃過一劫，而隨著生命的演進，有些保護個體的思考也就越來越自動化了，變成一種生存法則，個體也就可以更適應環境地生活了。而對於你而言，隨著年齡成長，有些信念也就自動化了，這一切都是一種生存的法則。

說明

　　在實務工作中，你會發現個案對於人類為何學到一些生存法則並無太大的興趣，他們所在意的只是他們為何會有這些想法。從生命史的探尋中，個案會發現有些想法是適應生活的一種生存法則。這時你要讓個案體會到，有些信念對於早年是一種生存法則，但是對於現在可能卻是一種阻礙。

　　如果你也同意我們的想法：人會驅吉避苦；那為何個案會做出一些傷害

自己的行為呢：

　　1.使用一些傷身體的物質：如喝酒、抽煙、吸毒。

　　2.作一些可能會傷害自己的活動：如飆車。

　　3.為了他人傷害自己：如跳下溪流裡救溺水的人。

　　個體為何會做這些行為呢？根據實用主義的想法，個體不會做出一些不利己的行為。如果從另一個角度切入，看看他們再這些活動中會獲得哪些報酬時，自然就可以解釋他們為何會做出這些表面傷害自己的行為。

　　事實上，個體會做出這些傷害自己的事情並不奇怪，因為這些行為之後往往都是一些愉快的感覺，而痛苦則是較晚產生的。以喝酒為例，喝酒當時會帶來愉快的感覺，而宿醉的痛苦往往是快樂之後的事情了。對於一些人而言，他們先天就喜歡追求這些快感，而會忽略事後帶來的痛苦，例如喀藥、飆車等等。

　　這些快感只是短暫的，而事後痛苦卻是長久的。以喝酒為例，喝酒當下的快樂只是短暫的幾分鐘到一小時，但是事後的頭痛、嘔吐卻是長久的困擾。對於這些個案，他們為何要選著這些短暫的感覺，而忽略的長期的痛苦呢。如果了解這些個案，你會發現他們總是認為這些痛苦不會產生。

　　除了吸毒以外，那些犯罪行為、刺激追求也都是這樣嗎？

　　面對罪犯，他們都會坦承他們所犯的罪，但是卻不認為自己有錯。我們並不認為他們是無辜誤判的個案，他們是真的罪犯，只是對於罪行並不認為那是一種罪。（例如：小偷會認為這是一種職業，也是一種促進經濟平均的方式。）他們都認為法律有問題，是一種社會的壓迫：

　　「每個人都在偷東西呀，只是我倒楣被抓了！」

　　「她穿這麼性感、走在街頭，就是在勾引我去上她！」

　　「有錢人，他們賺到的錢也是黑錢，我只是另一個執法人員罷了！」

　　「我殺了一個該死的人！」

　　「我偷東西只是為了幫助其他人！」

　　「我需要錢，我只是跟那家店借一下罷了！」

「我砸他的車，誰叫他擋我的路！」

在我訪談的個案中，很少個案認為自己很糟糕、作錯事。

這是一種人格特質。有些人就是不會想到自己有錯。他們總是認為自己是對的。他們可能會做出一些違法的行為，但是總是認為是別人造成的，不是他的錯。例如，一個連續強暴犯，他可能會認為女人就是先天給男性享受的工具。在他們眼中，他們所做的事情都是合情合理的。他們只是替天行道，讓這些欲求不滿的女性享受性愛的快感。從這個角度出發，不難理解為何這些人為何會成為累犯。

對於這些違法者，他們不只是得到的金錢、性、以及快感，他們甚至將自己的行為加以合理化。

他們犯罪的最後結果就是進監獄。但是這種處罰似乎對他們產生不了效果。他們無法把這種痛苦經驗與自己的行為作串聯。我曾經問過一個個案：「當你出獄後要幹嘛？」他很斬釘截鐵地說：「我會殺了那個告密的婊子！」我在問他：「你如何避免再次進監獄呢？」他們並不會說：「我不再吸毒、不再搶劫..」他們的回答卻是：「我會更小心不被抓到！」

從這裡看來，這些懲罰似乎沒有幫助。這懲罰不夠強烈吧，我想主因在於他們無法把懲罰跟行為作連結。因為他們腦中有一些扭曲的想法，所以他們無法學到他們的一些行為是不當的。

最後，我們來談談那些捨己救人的英雄。他們為何會犧牲自己完成大我呢？

如果從過去的案例來看，身為英雄本身就是一個很棒的報酬。在我們的文化中，對於英雄的推崇是一輩子的事情，例如忠烈祠內的烈士們。有些人就是犧牲自我而變成了英雄，受到大家的崇拜。例如，一對男女朋友遇到搶犯，男朋友就會挺身去對抗搶匪。事後，女朋友就會更加地崇拜他：「哇！你是我的大英雄！」「我嫁給你一定很有安全感！」

建議讀物

Beck 他們深入探討個案的特殊認知與他們生活的關係（J. Beck, 1995; A. Beck, 1996）。

社會學家、心理學家與演化學家都探討信念、態度與認知的適應功能（可參閱：Lungwitz & Becker, 1993; Van Der Dennen & Falger, 1990）。

Edward Wilson(1998) 將生物演化的基礎放入基本社會科學、哲學、宗教與物理學之中。

第 *11* 章

練習技巧

　　認知治療原本就不是奠基在自我覺察（insight）上，因爲僅有自我覺察是不足夠的；光知道自己有不合理的想法，還是無法達到改變的。許多個案在治療之初，就知道他們的想法是不合邏輯的，並且發現他們得困境都來自這些想法（周遭的人都會說他們想太多才會這麼痛苦，但是大家都知道不要想太多，那如何改變呢？）。有些知覺的改變技術，像是轉變和架橋，可以產生改變的神效，但是大多的技術都要多方練習與嘗試。

　　反覆練習是對抗這些非理性信念的主要策略。」很多個案必須經過多方努力才可能改變這些根深蒂固的想法！」。舉例來說，如果一個個案已經重複一個不合理想法十萬次了，你想，短暫的挑戰可以改變這些長期的習慣嗎？而大部分的個案認爲他們應能在一兩天內除去想法，就像治療感冒一般神速；他們認爲他們知道那想法是不真的，所以應能簡單的除去這些念頭。這些個案忘記了這些想法是習慣，且像是其他習慣一樣是經年累月才形成的，就像是個案無法一週內學會說西班牙語或是演奏大提琴，他們無法即刻反駁他們的想法。

　　本章所寫的所有技巧都需要大量的練習。而多少有些練習需要因個案不同而改變。

視覺練習

基本概念

對抗法（counters）是要一次又一次的重複記憶，直到能自然地使用它。在此別對個案使用一個他無法記住的對抗法（counters）。

記住對抗法（counters）來加速這對抗（dispute）歷程。剛開始個案無法回想對抗法（counters）直到不合理的想法已變化不斷（has come & gone），但練習對抗法（counters）能夠變成次種型態（second nature），如下圖示：

A=情境（Situation）
B=不合理的想法或信念（Irrational Thought or Belief）
Ce=情緒反應（Emotional Reaction）
D=對抗或對抗法（Disputing or Countering）
隨著反覆練習對抗法（counters），讓個案可以越來越順手地打到問題信念的核心。

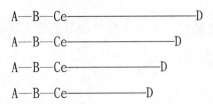

（Ce 就是個案當下體驗到的一些短暫情緒，如害怕，持續約三十秒）
當個案把對抗法（counters）學得順手時，阻止對抗法（Ds）（disputing

counters）會在 A 和 B 之間自動出現，預防負面情緒產生。

A————D

方法

1.使個案編製一組索引卡片，在卡片的一側要個案寫下不合理的想法，並對這想法有多強的堅信做評點，分數從 1 到 10。
2.在卡片的另一邊要個案盡可能的寫下有可能的對抗法（counters），越多越好。
3.告訴個案每天要讀這些卡片很多遍，且每天增加一種對抗法（counters）。在卡片的正面紀錄下對信念等級的改變。
4.讀六個禮拜的卡片，一般來說個案至少減少一半的信念強度。

聽覺練習

基本概念

有時聽比看還要容易，幫助個案採用視覺系統來幫助改變。將練習改成聽覺時，個案可以在做其他事情，還是可以靠聽覺練習。

方法

1.錄下個案主要的非理性想法清單在錄音帶裡。
2.在每個想法的後面留下一段空白，指示個案對想法去對抗（counter）或錄下對抗法（counters）在錄音帶裡。

3.使個案每天聽錄音帶且編製新的對抗法（counters）。

說明

要確定有事先警告個案使用這技術，他們的練習特性（quality）會變化；他們會有好的時候和壞的時候（good days & bad ones）。」像是許多其他的程序，練習技巧表現出一種省略型態（elliptical nature）的改進」。從大多的個案期待他們不合理的信念穩定地減少，他們需被告知去面對不好的時候（bad days）以避免沮喪。

其他訊息

讀者要知道有的練習技術很相似於 Wolpe 的減敏感法（Wolpe,1958; Wolpe et al.,1964），不同處在於增加了認知成分。

其他的練習程序可以在以下學者的作業裡找到：Ellis（1985, 1988a, 1995, 1998），Mahoney（1971, 1979, 1993a），Mahoney & Thoresen（1974），Maultsby（1990），和 Richardson（1967）。Ellis（1998）有個案撥放他們的練習錄音帶給那些幫忙讓對抗法（counters）更強而有力的人。其他有關卡片技術可以在 Beck（1998），McGinn & Young（1996），和 Young & Rygh（1994）裡面找到。

角色扮演

基本概念

角色扮演是新興的一種認知行為技巧。在其他事情之中，角色扮演允許個案在情境中練習，這樣更接近他們在真實生活裡要對抗的情境。

在這技術裡，個案被強迫去扮演自己是治療者的角色，這讓他們遠離他們自己，這樣可以擺脫本身的防禦，進行一種新經驗的探索；比起用其他方法，他們被強迫去用更多的注意力在他們錯誤知覺的可能來源。

在這本書的別處，我們注意到個案緊握不放他們錯誤信念的強烈情緒，甚至這信念造成他們痛苦；他們甚至感到罪惡，如果他們允許他們自己簡單地逐出他們這錯誤的觀念。有時候他們的動機是很基本的──他們僅是不想對治療者有說服力的邏輯表現出「讓步（giving in）」。角色扮演維護了個案的自尊，對治療有較少的抵抗（因為治療者假裝順服、接受他們具毀壞性的信念），且經過反覆的磨練，他們就更熟練地展現新的技巧。

方法

1. 使用個案主要的信念表。
2. 在個案的幫助下，對這些想法編輯一論點的手冊清單（companion list of argument）。
3. 在合理與不合理的想法間去角色扮演一個論點，而個案扮演一個合理的情境，而你，治療者，結束（play out）那不合理的論點。
4. 變動 variation
   (a) 治療者扮演一個對個案來說有著錯誤信念的人，那個個案抱怨反對的這個人以及這信念。
   (b) 使用空椅技術，使個案扮演這兩邊──有著不合理信念以及對抗者──對著核心信念做爭論。
   (c) 幫助個案仔細分析不合理信念的組成成分，然後當個案對抗（counters）時角色扮演每個部分。舉例來說，「在他人面前，我失去了控制和困窘我自己」的想法有著很多的部分可以角色扮演，治療者可以扮演個案所希望的在控制之下或是會困窘、個案的焦慮、其他個案可觀察的窘況等等，就像是個案對抗每一個部分。
   (d) 在大部分的案例裡，治療者最好在個案要做之前就做出角色扮演的

模範。

例子一：小李的故事

　　小李是一個害怕飛行的個案以致他已經十年沒有搭上飛機。她已經跟我提及過有個行為治療師用過檢敏感法來治療這懼高症了，而治療已經成功的使她在各種等級的想像（imagine）都不會感到緊張，但小李仍然不敢搭飛機，於是那治療師介紹小李來見我，以期認知成分能讓她越過最後的步驟。

　　在幾次會面後，小李已經學得了認知治療的關鍵要素，但她仍然主動的對抗她那不合理的想法。她理智化地處理她的困擾，在每次治療中都相當學理性討論她的問題。不願意接受其他人的勸告，他相信她自己能夠解決她的問題。我決定使用角色扮演在她那爭辯的本質上，使她來對她的不合理想法來提出意見。以下節錄一次和小李的會談。

　　治療師：我想要在這次的會談來點不一樣的東西，不再是你告訴我說你的不合理信念以及我給你對抗法，讓我們倒過來吧。我將會抱怨著你的信念而你來對此提出你的論點，好嗎？

　　小李：我不確定我瞭解你所指的是什麼。

　　治療師：我想你的害怕是相當合理的，這是很奇怪的感覺，當處在一個巨大的物體裡飛到 30000 英呎高的天空，而且，如果有什麼問題時你不能把他停在路邊然後離開它。

　　小李：是的！這很令人驚慌的。

　　治療師：不，我是要你對我提出爭論的意見。

　　小李：這很困難，因為我很同意你所說的。

　　治療師：我知道，但無論如何試著和我爭辯。

　　小李：嗯，什麼都不會發生，大概吧。它大概不會爆炸。

　　治療師：大概，大概，這非常的不可靠。誰希望自己的腸子噴灑在堪薩斯州就只因為你的錯誤判斷出的大概。

　　小李：有些不好的情形不是都可能會發生嗎？

治療師：或許不是。但你不該把所有的可能都做預防措施吧？

小李：像是什麼呢？

治療師：像是擔心、或是不搭上飛機、很多呀，也會擔心 SARS。

小李：我不明白擔心有絲毫的幫助。

治療師：擔心總是可以想一些方法來改變吧。

小李：太愚蠢了，擔心並不能避免飛機失事呀。

治療師：嗯，我想乾脆不要搭飛機好了。

小李：然後我會一輩子待在一個地方。

治療師：胡說，你能開車、坐公車、必要時甚至是用走的。

小李：那會用掉很多時間。

治療師：那你要的是哪一個──花很多時間？或是像個薄煎餅般（pancake）的被粉碎？

小李：噢，別這樣，我當然不想被粉碎。另外，汽車和公車的交通事故也比飛機多，而且走路我可能也會跌斷腿還是什麼的。

治療師：或是被失事的飛機打到。

小李：（笑）耶（yeah）！我在飛機裡還比較安全，至少我有金屬殼（metal）保護我，且我不會在空曠的地方被砸到。

治療師：但，飛機依然比其他的交通工具有較令人害怕的地方。

小李：那又如何？感到害怕又不會殺了我，但車禍還是公車出事卻可以。

治療師：是的（yeah），但你可能會因為在其他搭飛機的乘客前表現害怕而使自己害羞。

小李：使自己害羞！誰在意這個呢？比起把自己的餘生困在同一個地方這算不了什麼，而所有的原因只為了我不能飛。

治療師：妳是指不願意飛吧！

小李：（遲疑了一下）對，不願意！

例子二：小本的故事

以下的副本節錄自我和小本的交談，他是因為幾年前他知心的好友告訴他說，他不能充分的信任他人，他們告訴他他必定是個猜忌心很強的人，於是他尋求諮商協助。這個副本是我和小本交換角色後的角色扮演接近最後的部分。

治療師：不相信人的這想法絕對是正確的。大概有不下千百個你被你所相信的人佔便宜的例子。最好不要相信任何人，而對待人就像是他們總試圖操作你，且要守衛對抗他們這樣子做。

小本：但有些人很公平的對待我。

治療師：要現在！而不是等到未來。

小本：「為何我總是要表現很好的一面，不能真誠表現自己！」沒有朋友，而有一堆敵人。

治療師：「至少你不必再這十五年來都被人拖著走。」

小本：但這真是差勁的互動。沒朋友、一堆敵人，而我每都要想怎麼保護自己？我想我死了會寫依段字來說明自己多麼堅強地活著。

治療師：但若你表現給其他人的感覺想是個笨蛋，你會是多麼軟弱啊。

小本：這只會表現出我得到些、失去些，像是其他人一樣。而真正的笨蛋是那拋棄所有親密朋友以使沒人能佔他便宜，現在，這才是真正的笨瓜。

治療師：如果你不防著他人保護自己，你又如何保有自尊呢？

小本：我現在的態度有任何自尊嗎？

治療師：那是因為你沒有把防衛的工作做的很好。

小本：我不知道有誰防衛做的比我好，而我已經為此付出代價了。我沒有朋友、沒有情人、而且怨恨所有的防衛，有些人還是可以佔我便宜。這一點也不值得。我最好停止長久以來的保護，而對人們敞開胸懷，如果我受傷了，那又如何？那也好過我現在這樣。

治療師：妳有一個很好的觀點，我無法再做任辯駁了。

說明

　　角色扮演除了是一個好的治療技術，它也能用在評估個案對新的信念整合的多堅定。個案記住的是他們無法和治療師爭論，他們很快地放棄辯駁且同意治療師。在以上的例子中，個案表露他們相信新的信念——而不只是文字，而對抗的人生觀也在其中。

　　這個技術對於個案反抗治療師的指導時也很有用，尤其當這行為是他們社會功能的其中一部分。這樣的個案有高動機去贏得辯論，甚至這表示了他們得放棄他們的不合理想法。如果個案和諮商師沒有轉換角色，那麼角色扮演就只是一個對抗技術。

建議讀物

　　角色扮演是基模焦點治療（schema-focused therapy）的重要部分（Bricker, Young, & Flanagan, 1993）。「這技術是由完型治療師發展的一些程序的認知適當才被提及的」。讀者也許會發現參照一些原本的出處是有用的，像是 Fagan & Shepherd（1970），Fagan & Ronall（1980），Hatcher & Himelstein（1996），Mac Kewn（1996），Nevis（1993），以及創始人，Perls（1969a, 1969b, 1973）。

　　角色轉換（role-switching）在心理治療裡面以多種方式使用著（見 Corsini, 1957, 1981, 1998；Greengerg, 1974；Moreno & Zeleny, 1958）。

環境練習

基本概念

　　環境練習是以提供個案一個機會，使個案能在真實的生活環境中練習認

知的改變，以整合治療效果的一種技術。因此，個案極力的想要保證這樣行為改變是不會傷害到他們。「重複的測試在明顯的情境下當練習認知技術也幫助個案瞭解所做的練習都要回到現實生活中。」

這通常需要個案在真實生活中去試驗他們的認知改變。當有些個案並不真的必須測試他們的信念變得適合他們，大部分的個案需要去試驗。不考慮他們的舊信念全部被掩蓋，認知的方法通常留下了殘餘的想法，「是的，但是我還沒有真的做到」（例如，搭飛機、邀她約會、在公開場合演講、考試等等）。像這樣的個案，在所有認知技術的最後步驟，環境練習是很有價值的。

方法

1. 列出核心信念連結到你的個案的問題上。
2. 教導所有隱蔽的觀點、對抗法、知覺的改變、或是其他有關這信念的認知技術。
3. 在和你的個案討論後，發展一個有關這信念的最終環境測驗。舉例來說，對這樣的想法的測驗——「如果我離家很遠，我想我會瘋掉」（懼曠症患者的恐懼）——你可以建議你的個案出遊到六里遠的地方，然後七里、十五里等等。對所有非理性想法發展出測驗。
4. 然後個案真實的執行測驗而且回報結果。

例子：小強的故事

小強是個年輕人，他想來治療他的強迫行為。每天他做四十或五十次沒有意義的儀式行為來消除他的焦慮。他已經看過很多的治療師，但是他的儀式行為的頻率並沒有減少。

他已做過許多隱蔽的改變，但是實際上在他的生活四周沒有減少他的儀式。我們首先區分出他他在儀式之前他那時是怎麼對自己說的，這也發現了他許多的信念。

＊如果我不做這儀式，有些悲慘的事情會發生。

＊儀式保護我遠離危險。

＊我得要有人喜歡、有人尊敬。

＊我必須要一直處於能控制的情況下。我不能讓我自己感到有我不能控制的事物存在。

＊我有能力使我自己能感受任何我想要的事物。

＊儀式存有這能力。

＊如果我放棄了這能力，我會陷入很大的危險。

然後我們用困難的和輕鬆的對抗法以及感覺轉移技術去改變他的信念。首先，他隱蔽的練習所有的認知技術，我們錄下了這些會談，他一週練習這些技巧數次。

然後我們決定去使用這些技術在實際生活中。第一個環境練習使用單受試者實驗設計，他自己實施了一個研究，去比較儀式和認知技術的效果。他做了這個實驗五個禮拜。我們使用一個獨特的時間連續圖。

$$01 \qquad Xn \qquad 02 \qquad 03$$
$$\text{————————時間————————}$$

OS=以 1 到 10 的等級，自我評量焦慮程度。

01=他的緊張程度，在他實施儀式之前。

02=他當時的焦慮，在他實施儀式抑或是替代的處理（Xs）。

03=他 15 分鐘後的焦慮。

獨變相（Xn）代表：

X-1.　執行儀式。

X-2.　不做儀式。

X-3.　以放鬆取代儀式。

X-4.　在儀式之前，發現引起焦慮的想法。

X-5. 客觀的分析那想法是對的還是錯的。

X-6. 反駁、挑戰、且質疑他的想法。

X-7. 更變到其他的儀式。

X-8. 在焦慮和儀式之前，發現環境中引起反映的刺激物。

X-9. 想像一個放鬆的感覺。

X-10. 改變儀式的視覺組成成分。

X-11. 「在此環境中做些行為地武斷的。」

X-12. 對抗他的害怕當他不做儀式時。

在這次療法之前，小強平均一天是 40 次的儀式，我告訴他，每天去描述四次或是五次當他要焦慮或是想做別的事情來阻止儀式（獨變項）。表 11.1 陳列出中斷（Xn）是最有幫助的。

表 11.1

焦慮的自評分平均（10-0）在不同的時間區段（Os），在不同的實驗情境（Xs）。N=175 個嘗試。

O1	Xn	O2	O3	平均改變〈焦慮的減少〉
3.75	1	0	0	-3.75
4.17	2	5	0	-1.67
3.76	3	1.8	3	-1.79
3.75	4 到 6	1.02	0	-2.73
3.50	8	1.05	0	-2.45
3.00	10	1.00	0	-2.00
4.00	11	0.71	0	-3.29
5.00	12	1.00	0	-2.00

這個研究顯示了很多重要的數據：（a）他的儀式比其他技術更有效的減少焦慮，這是為何他如此著迷的原因。（b）不論他是否有沒有做儀式，他的

焦慮，他的焦慮在十五分鐘後已經離去了，通常在一兩分鐘內。（c）除了行儀式，確認和對抗他的想法減少他的焦慮最多（4 到 6 SUDS）；發現環境中引起反映的刺激物（8）以及」在環境中武斷的（assertive）作些事情」（11）也同樣的很有幫助。

　　在這研究之後我們決定使用環境練習。告知他去使用他最有效的介入技術去減少儀式；而這個程序將持續 85 天。指示他每天他儀式的行為只能有某幾次，而當到達這些指示的次數後他便不能再行儀式。當他快接近他每天規定的次數時，他要告訴自己去控制自己的想法，發現環境的 CSs，而做些武斷的代替儀式。他將監控自己的練習「使對抗在掌握下」。以下是他環境練習的紀錄。

天	允許的儀式數	儀式使用數
1	40	26
2	39	25
3	38	34
4	37	26
5	36	30
6	35	22
7	34	21
8	33	28
7	32	17
8	31	17
9	30	14
10	29	13
11	28	19
12	27	19
13	26	14
14	25	23
15	24	17

16	23	15
17	22	16
18	21	21
19	20	14
20	19	15

儀式行為逐漸的減少，這樣的減少持續著。

31	9	10
32	8	9
33	7	8
34	6	8
35	5	6

在這一部分他超過了他每天的限制量，所以我們轉變方法。告知他每週減少最大量。如果他超過了某天超過了允許的次數，超過了幾次，隔天允許的最大量就要扣幾次。最後，在 70 天時，他已經沒做儀式。

70	2	0
71	2	1
72	2	2
73	2	0
74	1	0
75	1	1
76	1	0
77	1	0
78	1	0

我們持續練習直到他都不再做儀式。

說明

在認知再建構治療的最後階段，我們幾乎都會讓個案在真實生活情境下練習他們的技術。如果沒有程序步驟，個案總會覺得他們沒有真的完成他們的工作。

建議讀物

許多的作者對環境練習在認知技術上是否必要提出了爭辯（見 Bandura, 1977a, 1977b, 1982, 1984, 1995, 1996；Mahoney, 1993a；以及 Meichenbaum, 1993）。

其他作者談到環境練習唯一必要的部分在於行為改變，而在認知上的作用也許是多餘的（Hawkins, 1992；Hayes, 1995；Skinner, 1953, 1974, 1991）。

日記調查和練習

基本概念

所有的認知技術共有一個主要的問題──治療者並不確切知道程序的成效。一般而言，假定他們的成效並不是不好的，因為臨床上已經在數千個個案上測試過了。但是，每一個新個案進入治療，呈現一特別的挑戰，而且我們不能確切的說這個獨特的技術因為對其他人有幫助，所以對這人也會有效。

最好去發現於實驗中對特別的個案與情境什麼是有用的，而不是使用喜愛的一兩個技術。最簡單的來說，大部分合理的、或大多數巧妙的對抗法也許已幫助過數百個個案，甚至已有大量有關這技術的書，但何者才是好的呢？

如果他們都沒能幫助坐在你面前的個案呢？

日記調查法就是幫助個案在實驗中發現和練習最有效的對抗法。

方法

1. 要個案持續紀錄，他們發現對減少焦慮或其他負面情緒有效的所有技術。
2. 對個案記下的每個技術，再一個連續的十點量表：（a）在使用技術前情緒的強度，（b）技術的強度，（c）這技術使用多久的時間，以及（d）在使用這技術後情緒的強度。
3. 最好的技術是能移除最多負面情緒的。個案應特別小心的精準紀錄這些技術，是移除、減少焦慮侵襲或是嚴重的、壓抑的片段。
4. 在可用技術已累積足夠次數之後，要個案選擇產生最多減少負面情緒的技術。再來，指示個案發展整個新的一系列技術，著重在先前成功地程序中的關鍵點。
5. 要個案持續在嘗試和錯誤中精練這些技術，最後，個案將發展出一些有力量、有效果的技術來。
6. 在許多例子裡這是很有用的，在於這方法對個案回憶他們整個生命中曾使用過的技巧，而這些技巧有過同樣或是相似的想法改變。通常技術再過去是很有用的，那麼持續到未來也會是很好用的。

例子：大衛的故事

以下是部分摘錄自我們稱為大衛的技術日記，31 歲，「專業技術人員」，他數年來每週一次受焦慮侵擾。而使他會受到侵擾是因他總有著會變成神經病的想法。

這樣的困擾的開始與大衛習於嚴重的情緒困擾有關。雖然大衛絕對沒有精神症候，但他害怕死於精神分裂症。每當接觸到有關精神錯亂或其他任何種類變態行為的人、電影、或是對話，他就會受到焦慮侵襲。一年的精神分

析治療以及六個月的行爲減敏感法都無法減少他的焦慮。

由於大衛無法定期的參與治療，所以我們決定使用日記技術，這可以在家裡做，而他定期地用電話向我回報情況。

一年內他很細心的紀錄那些能有效地減少焦慮的技術，再來的一個月，他評定著每個技術的成效。

基於他的研究，大衛發展出越來越多有效的技術，而一年的時間就明顯的減少焦慮的強度和頻率。在結束我們的治療後，他仍持續這日記。三年後，他完全擺脫焦慮的侵擾。

摘錄自大衛的日記

（在他受焦慮侵擾時，這些是他是過最有效的技術，也包括了技術的效果等級評定。）

技術 No. 145.　視你的焦慮有如──這只是個悲慘的事。想想其他人會遭遇的麻煩吧，而他們會是如何的低落。你的問題想來還沒他們慘，但你卻更悲慘的去在意它。（大衛評定這個技術的等級為 2.4，以十點量表評定）

技術 No. 146.　你現在感受的害怕在之前的日子就有了，唯一的不同只是你稱這個感覺為瘋狂。（3.4/10）

技術 No. 147.　看看四周的情況吧，忽略掉妳的情緒。（2.9/10）

技術 No. 148.　自己有個缺陷，就是在生命裡有個缺陷。（1.9/10）

技術 No. 149.　記住並回憶你的悲慘歷史，你現在又再做了，停止啊！（5.7/10）

技術 No. 150.　別苦苦的去免除你的情緒，妳感受到的焦慮沒有那麼嚴重──而且全心的注意它只會更糟糕，所以就等它走吧。冷靜的這樣想──他只是個臨時的麻煩事情，不需要這麼留意它。（7.3/10）

技術 No. 151.　變的極端的武斷的（assertive）且是目標導向的。（3.7/10）

技術 No. 152.　你又變的非常戲劇化了，實在一點吧！（5.2/10）

技術 No. 153.　你已經有超過三百次的焦慮侵擾了，每一次你都害怕你會瘋掉，但什麼都沒有發生過。多麼了不得呀！這不過只是另一次罷了。（8.1/10）

技術 No. 154.　你很焦慮，因為你學會了它，但你也可以不去學會它。（4.6/10）

技術 No. 157.　你可以如往常的去害怕一下下，你不必去移去它，或是每次你感到有點煩的時候會焦急不安。（4.1/10）

技術 No. 158.　現在這個情況你感到焦慮，是因為你覺得你該感到焦慮。如果你覺得你是因為挖鼻子而感到焦慮，那麼你挖鼻子就會使你感到焦慮。（3.6/10）

技術 No. 159.　你沒有選擇的餘地。如果你要瘋了，那就瘋吧，無論妳怎麼做都無法預防，而在這期間你應該儘可能的快樂。去享受人生吧，在你還可以享受的時候！（8.9/10）

技術 No. 160.　成熟點！別像個小嬰兒一樣！一點點的害怕不會殺了你的。（1.0/10）

技術 No. 161.　讓自己休息一下！你沒有理由去責備你的害怕，你不必試著去找它，所以停止困擾妳自己吧。（4.4/10）

　　在大衛度過焦慮之後和他面談時，他說最後有兩種技術能移除他的害怕，第一個是恐懼並不會讓他瘋掉的想法，而另一個是人類生活的目的不僅僅是保護自己免於各種想像的威脅。「在地球上我們的是一優越的種類，因為在歷史中我們已經冒了許多險，且我們任何人都沒有保證書。」這些都來自於大衛的字典裡面。

　　大衛的近況：他已經十五年沒有這樣的焦慮了，而回顧他過去想要除去那焦慮，大衛現在總結了 159 種秘訣在他的日記中。「你沒有選擇的餘地。如果你要瘋了，那就瘋吧，無論妳怎麼做都無法預防，而在這期間你應該儘可能的快樂。去享受人生吧，在你還可以享受的時候！（8.9/10）」

　　大衛使他自己接受了焦慮，而這樣的接受不僅僅是文字上的對抗，而是穩固的，深深的相信著。他獨自創造了這個焦慮，也自己將之除去。他是這

樣告訴自己說，受焦慮侵擾絕對是麻煩、可怕、而且悲慘的，這會使他表現出功能上的軟弱，他不能讓他的生活與之同在，就算不惜代價他也要把它們去除。他最後告訴自己，「它伴隨著地獄，我已經花費許多時間在把這焦慮除掉，而我不想在花費任何時間了。我卻得活在這討厭的焦慮侵擾下，所以我必須這麼做，現在就前進。」當他這樣的相信著，他的焦慮困擾就消失了。Ellis 是對的──當大衛移去他的必須信念，他就移去他的恐懼。

說明

　　個案發現這日記法是很有幫助的，但這該提及他有很厚實的心理學背景，以及閱讀許多其他認知／行為治療領域的知識在他受治療的這一年內。大部分的個案需要更多治療師的幫助。

建議讀物

　　Ira Progoff（1977,1992）已經發展了廣泛的整套方法，稱為「密集的日誌治療（intensive journal therapy），使用了日記和日誌在心理治療上」。他的論點有心理分析支持，像是反對我們的程序。

指導練習

基本概念

　　指導練習將許多的主要的認知技巧結合起來在同一個練習中。因為認知治療裡包含很多細微處，而個案常會遺漏掉，所以最好一步一步的指導他們這許多的步驟，指正他們的錯誤。在許多次的練習後，個案通常會可以很好的掌握技術，足以使用這些程序在真實的生活情境中。

方法

1. 裝上生理回饋器（GSR，EMG，或是量脈搏）來測量你的個案，觀察五分鐘，記下觀察值，得一基準數質。

2. 引導放鬆。基本的放鬆法、催眠術、深呼吸、粉紅或白噪音（pink or white noise）、自然想像，或是生理回饋反應減少都是適當的。在著手進行之前，允許個案平穩的選擇生理回饋測量。

3. 備一低落感覺的等級，使個案開始想像這等級的第一個項目。

4. 要求個案告訴你那信念引起的痛苦。在這步驟允許用掉所有需要的時間，直到個案有能力的說出一個或兩個核心句子。

5. 幫助個案發現在表面想法下的人生觀，這些問題可能像是「那又如何呢？如果……？那是多糟糕的啊，如果……？」，都可以追朔出核心信念。

6. 分析每個核心信念，且幫助個案決定那是否是有用的。

7. 如果核心信念是有用的，幫助個案盡可能的深入挑戰、質疑這想法，並提出證據來顯示那是不完美的。持續這樣的抨擊在這痛苦的情緒中，直到生理回饋測量減少。

8. 重複這樣的練習，加快程序進行，直到個案想像那感覺的生理回饋都保持一樣不變。

9. 鼓勵個案在整個程序中大聲的說出來。這可以使你評定個案去對抗（counter）、爭論的能力。

10. 錄下這次治療（session），並要求個案練習，每週四到五次，持續數個禮拜。

例子：馬丁的故事

以下的副本節錄自和馬丁以指導練習進行的面談，35 歲，有著多重的問題。馬丁在焦慮和憂鬱的兩區間變動著，曾有毒品和酒精濫用，且避免所有

冒險行為。

在多次的會談（session）後，我們發現馬丁的主要人生觀（philosophy）：他認為，每個人都該尊敬他，不論什麼時候，以及在任何所能想像的的情境裡。他對被拒絕的想法十分驚慌，而當體驗時會感到深深的憂鬱。他顯然從他那過分追求完美的父親身上學到了其他方向的人生觀，而他被逼迫去達到一不可能的成就。對許多有著這樣背景的個案來說也是一樣，他覺得他無法完成以獲取父親的看重。

馬丁不斷的尋求尊重。他變的緊張兮兮的，無論是他預期到拒絕，以及要預防自己完美的需求增加著，引起他內在強烈的壓力。他焦慮的增長成了恐慌──這只會製造出更多的失敗。陷入這惡性循環，他對自己需要雙倍的需求，而唯一的解決之道，直到藉由毒品和酒精才能給予他慰藉。

「使用生理回饋技術來教馬丁放鬆，測量他的皮膚導電率。皮膚的電阻在 5000 到 3,000,000 歐姆之間，而 meter/tone resolution<0.2%，輸入功率由外部指針電極組成，輸出功率由兩倍敏感度的計量器提供，分成 40 個單位，而又可以轉換成次級／高級，這就能再賺換成另外 40 個單位，總共是 80 個單位間距。

在會談（session）的前十五分鐘馬丁練習著放鬆，此時並監測著皮膚電阻，這樣減少至 35 個單位，他持續維持這個數值五分鐘，而以此數據作為基準值，並將指針調至於中央零點。」

以下的副本是我給馬丁的指導語，而括號裡面的數字表示用去的時間，而增加（＋）和減少（－）表膚電反應（GSR）。

我想要你閉起你的眼睛，想像下一個會引起焦慮等級（hierarchy）的感覺。用你所有的感覺，僅可能栩栩如生地想像，直到感覺很清晰的在你心裡。當你看見了，輕輕的用妳的手指指出來。〈43 秒，+12〉

（馬丁自己在作業中想像。因為是一個新的等級，他正在監督 20 個和他一起工作數年的人，就像是同事。）

非常好。現在繼續想像這個情境，但是集中注意力在你對自己說了什麼。

別著急，但是注意到第一個出現在你腦中，和你的焦慮相關的想法。捉住它並正視它，如果你能將他以句子呈現。當你好了，手指指一下。（25秒，+16）

現在，在我們討論之前，我要你看到表面以下。想像你的思緒組成像是一個倒金字塔，在最高點是淺淺的信念在那裡，但是最底層阻礙了所有的安寧。我要你把金字塔倒過來直到你發現了核心。看到第一個信念，然後問你自己「那又如何呢，如果……？」。

（他的第一個信念是每個人都很氣他，說為什麼要監視他們。）

我要他來對抗「那又如何呢，如果他們生氣了？」

我說，「你可以用你所需要的時間，直到你有答案了」。（12秒）

「然後他們不會喜歡或是尊敬我。」

「現在繼續問你自己這個問題『那又如何，如果？』或是『為什麼？』。慢慢來直到你有答案，然後前進到下個階段。繼續下去直到你沒有其他的信念。」（1分鐘，+8）

（馬丁發現了最基本的想法，「如果有人不尊敬我了，這絕對會很可怕」。）

持續想像同一個情境，對你自己重複這個想法，直到你確信擬以經記住它了。你做好的時候指一下。（55秒，-8）

用一點時間來放鬆，使你的肌肉放鬆、鬆弛。（30秒，-8）

持續放鬆但慢慢的疏離，開始來看你每個想法，一次一個。用冷靜客觀的，沒有情緒的判定每個想法是對或錯的，使用所有之前我教你的技術。不要著急，但你要最客觀的來下判斷。（1分半，+6）

（他判斷第一個想法是正確的，而其他的是錯的。）

再次想像這情境，並想著第一個妳拚的的想法是錯的。持續這樣做直到這很清晰的在你心裡。（54秒，+10）

現在用你所能的方法來抨擊、挑戰、反駁這個想法，說服你自己那是錯的，使用所有妳有的證據來反對它。繼續這樣做，直到你感到這信念明確的變小了。當你做好的時候指一下。（4分鐘，+2）

而下一個信念，你邏輯地判斷是錯的，但是還未說服，做一樣的事情吧。

盡你所能的嚴屬質疑它，直到你感到更加的有說服力。（2分半，-3）

好了，現在再次放鬆。（45秒，-20）

現在就像是在檢查，想像你第一個感覺就像你第一次想像它。（98秒，-12）

我們重複這個練習兩次多，而每次的重複都增快了速度。當最後一次呈現測試感覺時，馬丁的 GSR 讀數是-27，整個會談放鬆的基準值都維持著。而在之後的會談，我們使用相同的技術來消除他其他等級中的焦慮。

說明

指導練習取向是一種非常有用的治療技巧，幾乎所有的個案都在治療中練習過。許多研究都在為認知重建治療建立關鍵原則，而都是收集自這個技術。沒有指導技術，治療師將不能確定個案是否知道如何對抗不適應不良的信念；有了它，治療師可以精準指出關鍵問題的範圍。

建議讀物

一種稱為 VCI 的指導對抗法（countering）在先前五本著作已經被討論了（Casey & Mc Mullin, 1976; Mc Mullin, 1986; Mc Mullin, Assafi, & Chapman, 1978; Mc Mullin & Casey, 1975; Mc Mullin & Giles,1981）。Leuner（1969） 已經發展出一整個心理治療的型式，以指導為練習基礎發展出的。

第 *12* 章

相關治療模式

　　前幾章我們著重在認知再建構技巧（cognitive restructuring techniques），這個治療模式可以用來處理大部分的個案。接下來這一章，會介紹其他相關的技巧，可以用來處理一些比較特別的狀況。

　　「危機認知技巧」（crisis cognitive techniques）幫助你處理那些正處於危急狀況的個案，因為他們沒有時間按部就班來學習認知技巧，所以這個技巧可以幫助你快速地處理他的緊急狀況。「重度心理疾患處理法」這一節會教你一些技巧來處理重度的慢性精神疾患。「克服個案的障礙」在這一節教你一些技巧，來克服會阻礙個案成長改變的阻礙。「認知再建構治療用於成癮者」在這一節會教你一些技巧去處理成癮者。

　　最後兩節針對治療師所撰寫的。「認知聚焦」（cognitive focus）這一部份是再度提醒治療師認知治療的技巧的基本原則。「認知再建構治療核心成分」這一節讓治療師更清楚認知在建構治療的基本要素。

危機認知技巧

基本概念

　　當個案處於危機狀況時，治療師的重點在於找出一些方法來幫助個案維持身心狀態的穩定。當個案身心狀況無慮時，我們再考慮幫個案進行何種治

療。

在這一節，我們將討論如何採用認知技巧來處理個案的警急狀態。主要概念在於哪些想法會造成這種危急的狀態。如果個案有一些認知的概念，並且可以解析目前所處的緊急狀況的話，那我們採用認知介入的方式，也就可以幫助個案安適一些。如果個案腦中沒有認知治療的概念，那我們就要採用傳統的危機處理方式來幫助個案度過危機狀態。當個案危機狀態穩定後，那我們可以開始進行認知治療。

以下有四種方法幫助個案面對危機狀態。

方法一：快速轉移注意力

這個技巧是幫助個案快速地轉移注意力。

1. 找出造成危機狀態的注意焦點。讓個案看清楚這個狀況。
2. 讓個案清楚知道，他需要轉移這個注意焦點。
3. 不要把個案的緊張狀態降到零。適度的緊張狀態可以讓個案更清楚轉移注意焦點的重要性。
4. 找尋焦點間的聯繫點，幫助個案將焦點從造成危機狀況的焦點轉移到讓自己舒適的焦點。這時，個案應該有一些正向的感受。注意，這樣的焦點轉移最好依循個案過去的經驗。
5. 討論個案為何無法轉移焦點的原因。找出個案內在的否認、逃避與阻抗因素。（可以參照第七章的焦點轉移）

方法二：馬拉松式治療

在嚴重的危機事件中，我們有時需要花 3～4 小時的時間來處理個案的問題。這種就好像一種強效劑的治療方式。反覆地教導個案對抗危機的技巧，直到個案可以有效利用這些對抗技巧後。治療師可以直接找出造成危機狀態的信念，並且教導個案一些方法去轉移這些信念。有時候，可以請幾個治療師一起來處理個案的困境，這樣的多重效果可以更增加個案的對抗能力。同

時可以採用一些危機處理技巧，讓個案覺得受到支持、增加自己的信心。在這種危機狀況，治療師掌控了治療內容，並且確保個案有能力去面對當時的危機狀況。

方法三：短期認知再建構法

讓個案有心理準備，等下要問他一系列的問題。讓個案持續將焦點放在問題的內容上。直接幫助個案找出適當的答案。參照以下的範例：

＊當時你有什麼感覺？

＊當時你所處的情境是？

＊當時你跟你自己講了什麼話？

＊你當時會有好幾個念頭，哪些念頭有關連呢？是哪種關連？

＊看看這些念頭，判斷一下哪些念頭是對的？哪些念頭是錯的？注意，要用一個客觀的標準來評斷！

＊如果腦中的念頭是對的話，開始想一些方法去改變目前的困境！

＊如果腦中的念頭是錯的話，錯在哪裡呢？

＊有哪些理由可以證實這是錯的呢？

＊想個方法改變這個錯誤的念頭吧！

方法四：其他危機處理技巧（認知取向）

當個案陷入緊急狀況時，治療師可以採用直接主動的方式來解決他的困境（Greemstone & Leviton,1979,1980,1983；Rosenblush, 1974）。以下提供幾個認知取向的危機處理技巧：

1.改變態度與對抗災難想法：給個案一些新的想法去面對目前的恐懼。

2.因應敘述：給個案一些因應危機狀況的格言，讓個案在危機狀況時，可以用這些話來安撫自己。例如：「痛苦是人生的經驗，但它不會傷害我太深」「人力有限，無法改變一切，只要盡力而為即可」「善待自己」「不要想太多，就是放手去做！」「凡是沒有對錯，只要自己

心安理得即可」「我可以克服每一個困境」

3.標籤轉移：改變個案給自己的負向標籤，如「壞」「虛弱」「崩潰」「發瘋了」等負向標籤。將這些標籤轉成中性的語言，如「失誤」「痛苦」「混亂」。

4.合理的想法：直接幫助個案用理性的方式判斷當時的狀況。

5.客觀：幫助個案抒解情緒，以客觀的方式來處理困境。

6.當下：著重在個案當下的狀態。

7.堅定：大部分的個案在遇到困境時都會退縮，這時教導個案如何挑戰困境。

8.矛盾法：在危機狀況時，儘量避免使用矛盾法。因爲個案處於危機狀態時已經腦袋一片混亂了，這些方法會讓他更加混亂。所以，危機處理的基本精神在於具體、直接、簡單。

說明

危機處理是要立即解決問題，而不是改變根深蒂固的認知與行爲習慣。治療師這時就要將焦點放在問題情境上，幫助個案度過這次的危機。在度過危機以後，我們在慢慢處理個案核心的困境。

建議讀物

在這部分我只建議一本書來閱讀。Frank Dattilio 與 Arthur Freeman 所編著的一些危機處理技巧（Dattilio & Freeman,1994）。這本書介紹了一些恐慌症、憂鬱症、強暴、自殺兒童性侵害、災難、家庭困境與暴力等危機處理的技巧與研究。每一章都有相當多的參考資料可以讓你深入去探討。

處理嚴重的心理疾患者

基本概念

有三種模式可以幫助你來處理慢性的精神疾患。以下我會花一些篇幅討論這三種模式：

壓力抒解模式（stress reduction model）

精神疾患患者會因為不適當的內在認知基模而導致生活中有不少壓力事件，而這些壓力事件也可能會誘發精神症狀的發作。根據這個模式，只要將外在壓力事件減少，病人的症狀也就會緩解。治療師可以採用一些方法來幫助病患減少他的壓力，如：修正信念來減少幻覺與妄想的產生、利用口語自我挑戰來對抗妄想、利用轉移焦點來幫助病患轉移注意焦點、利用重新詮釋來幫助個案重新面對他的症狀、教導一些因應技巧（如模仿學習、反應預防、思考中斷）、教導一些適應的社交技巧來處理社交情境、增加自尊來減少焦慮與憂鬱、以及教導現實測試（reality test）。有些處理神經質患者的技巧，也可以修正來幫助精神症患者。

認知缺損復健模式（rehabilitation of cognitive deficits model）

最近開始有一些研究人員開始研究認知與神經心理復健。這些復健工作主要是教導病患一些技巧來處理自己的認知缺陷。有一些技巧如增加記憶廣度、專注力、心理動作速度、認知彈性、學習能力、概念形成歷程、聽力、認知組態以及記憶力等認知功能的改變。大部分的技巧都是用來處理腦傷的病患，但是最近也被用來處理精神疾患（Jacobs,1993）。

接納整合模式（acceptance integration model）

接納整合模式著重在精神疾病的生化層次，但是並不排除環境壓力、重大生活事件、認知缺損的重要性。精神病患主因在於腦部的病變，所以在處

理他們的問題時必須全方位的考量。這 30 年來精神生物醫學的發展，更加確定生化機制在精神病中的角色。從雙胞胎與領養研究中，可以找出基因遺傳的影響。最近的一些腦部異常發現，如腦室擴大、大腦的異常反應以及一些神經異常變化，都說明了環境與內在生化異常對於個體的影響（Carson & Sanislow,1993；Maher,1988）。

傳統處理神經缺損病患的認知復健技巧，對於這些有神經生化缺損的嚴重精神疾病患者無顯著的效果。這時著重在神經生化的接納整合模式則可以發揮功用。雖然一些認知技巧，如壓力抒解、認知缺損復健，都可以多少幫助病患的適應功能，但是對於核心的神經生化問題則無改善。

在這個接納整合模式中，病患的接納是治療的核心。病患必需接受他有腦神經傳導素的問題，並且要開始學習如何去處理這個疾病帶給他的困擾。這時，可以提供其他生理疾病的例子給個案瞭解，例如糖尿病：糖尿病患者必須要接受自己胰導素分泌不足的事實，要適應服用胰導素以及調整飲食習慣的事實。如果病患不能接納自己的疾病，那很容易就產生危險的狀況，例如血糖過高導致昏迷。跟糖尿病患者一樣，這些重度精神疾病患者，他們也要接受他們生病的事實，並且開始固定服藥以及調整生活。

對於這些神經生化影響較大的精神病患者，他們對於自己疾病的接納是一項重要的工作。治療目標不只是減緩精神症狀，還要建構出適合病患的環境。最理想的治療就是可以幫助個案回歸社區。

方法

1. 有系統的方式教導個案有關他自己疾病的相關知識。
2. 主要目標是讓個案接納自己的疾病，而不是減少壓力。要注意壓力的調整，適度的壓力可以幫助個案更努力地學習。
3. 當個案準備好時（在身心狀況穩定），開始跟個案討論他的疾病診斷，並且說明為何醫療人員會給他這樣的疾病診斷。
4. 給個案一份他自己疾病的衛教手冊，裡面包含病因以及治療方式（如

圖 12.1）。

5.請個案參與用藥說明團體、疾病介紹團體、以及症狀處理團體。

6.採用認知技巧，讓個案清楚哪些想法會讓他改善現況，而哪些想法會讓他惡化。這些認知治療的技巧，可以增進他的理性思考 （Olevitch & Ellis,1995）。

7.評估一下，看看個案是否接納自己的疾病，並且瞭解個案是否學會如何因應他的疾病。

8.不要直接處理個案的否認，而是給予個案更多的相關知識（Milton, Patwa & Hafner,1978）。並讓個案知道他在住院時必須要學會定時服藥以及更瞭解他的疾病。並且讓他清楚只有學好這些東西，他才能出院。

9.利用情境治療，創造出認知治療情境的社區，讓個案可以增進認知的改變（Wright,1996；Wright, Thase, Beck & Ludgate,1993）。

10.許多嚴重的精神病患會因為精神疾病的污名化而遭受排斥。醫療人員為了創造更好的環境，應該開始改變大家的錯誤觀念：精神病患的暴力行為。

　　在進行治療時，我們需要學會一些技巧來處理個案的否認。例如，用第九章所談到的模擬兩可圖與隱藏圖形，訓練個案可以找出隱藏的圖形。這個過程可能會需要幾週的時間，我們需要一步一步地慢慢讓病患可以找出這些圖形可能的反應。

　　在治療的過程中，我們只是教導個案去看這些圖案，並不討論他的疾病與症狀。

　　我們假設，如果個案可以從不同的角度來看這些圖案時，個案也可以用這樣的技巧來看待自己的疾病。在這種狀況下，個案必須學會 1.接受他人的幫助，2.不要放棄，3.先做簡單的，4.面對困難的困境，5.以新的方式來看。一旦個案可以看出新的圖案時，我們開始進入他的內在認知，並且討論如何用這些技巧來改變認知。

　　圖 12.1 所呈現的是我們給個案的衛教手冊中的部分內容。我們利用這些手冊來教導一些精神病患（情感性精神分裂病）他們的問題。

To John
from your
Treatment Team

COPING
WITH
SCHIZOAFFECTIVE
DISORDER

What Is Schizoaffective
The "Schizo" part stands for Schizophrenia.

Some Symptoms of Schizophrenia
- Thought patterns become disorganized and illogical.
- The person often experiences hallucinations--they see or hear things that nobody else sees or hears.
- The sense of body boundaries deteriorates.
- Emotions become grossly inappropriate or flattened.
- The person may have delusions--believing in things that nobody else believes in and that are either realistically impossible or very implausible. There are several types:
  Grandiose = An exaggerated sense of one's importance, power, or knowledge.
  Persecutory = Believing that a person or group is conspiring against you.
  Somantic = Believing there is something wrong with your
  body when there isn't.
  Anosognosia = Being subjectively certain that you *don't* have a mental health problem, even though you have been in and out of mental hospitals for years and everyone around you (relatives, doctors, friends) know that you do.

圖 12.1　病患手冊

範例

　　現在就提出兩個個案，讓你體會一下這些重度精神疾患患者是如何接納自己的疾病（McMullin,Samford&Kline,1996）：

　　小麗：我在 15 歲的時候被診斷有躁鬱症……，跟許多人一樣，我當時非常的抗拒。我根本不能相信我會有這個問題，我根本不能接受我得到了躁鬱症。直到我服用鋰鹽後，開始可以掌握自己的狀況以後，才開始慢慢接納自己生病的事實。……我很希望大家能夠瞭解，精神疾病跟感冒沒什麼兩樣，它也是一種需要治療的病。就像糖尿病、高血壓這些慢性病一樣，我也需要長期服藥來控制我的病情。

　　小烈：我有情感性精神分裂症（schizo-affective disorder），我已經對抗

這個疾病 30 年了。許多年前，我根本不知道我生病了。我不瞭解為何每件事
情都變的很糟糕。我覺得自己有點怪怪的，當時只覺得一切不如己意。……
我根本沒想到要去看醫生。看醫生讓我感覺相當不舒服。我花了好幾年的時
間慢慢地體悟到原來我生病了，需要去看醫生了。

說明

　　頓悟與接納是相當複雜的概念（Greenfeld, Strauss, Bowers & Mandelkern,
1989）但是頓悟對於重度精神病患要回歸社區是一件相當重要的關鍵點。我
們從那些可以回歸社區的病患中發現，他們需要有三種層次的接納：首先是
內在化（internal）的接納──他們相信疾病的發生是因為生化的因素，而不
是惡劣的環境所致；第二是廣泛性（global）的接納──他們相信這個疾病
會影響到生活的很多層面，而不是單純的問題；第三是穩定性（stable）的接
納──他們知道這個疾病是慢性的問題，不會幾週就好了，他們需要與這個
疾病共存。

　　Martin Seligman 發現如果病患出現這三種接納的現象時，他們就會陷入
憂鬱之中，並感到無助（Seligman,1975）。但是最近的研究卻發現這三個層
次的接納是相當正向有幫助的。為何會有這樣的差異呢？

　　可能的原因是，不同類型的病患他所面對的現實不同。以憂鬱正的病患
而言，他總是會災難化他的現實生活。他們不認為自己可以控制環境中的每
件事。就跟 Seligman 等人的研究發現一樣，憂鬱症的病患會有內在、廣泛與
穩定性的歸因，而這樣的歸因卻導致病患的習得無助，於是就很容易放棄改
變。但是，對於重度精神疾患而言，他們所詮釋的現實生活是不同的。他們
經常會簡化自己的疾病。他們認為他們的病對自己的影響不大，並且可以自
己控制這個疾病。

　　跟憂鬱症的病患一樣，我們可以利用歸因組態來幫助這些重度精神病患
接納現實。這些病患習慣將疾病歸因於外在世界，所以他們就會採用逃避的
方式來處理疾病，例如，逃離工作、逃離醫院。他們認為自己的幻覺是偶發

事件，於是乎也不會想要服藥控制。也因爲他們認爲自己的病是不穩定的（unstable）所以就會當作急性疾病來處理。再來，他們認爲自己的病是特殊狀況，也就因此可以維護自尊。雖然這些歸因可以讓他心理好過一點，但是卻變的無法接納自己的病況也就無法良好的適應生活。

雖然接納是一個相當理論性的概念，而所呈現的核心主題就是否認疾病（圖12.2）。當住院的病患不相信自己得到嚴重的疾病時，他也就不會按時來服用藥物了。這樣的病人常說：「我沒病幹嘛吃藥！」他們也常責怪他人、家人、醫療人員，並且找出一個理由來解釋自己爲何要住院：「這是法官的錯！」「醫師判斷錯誤！」「我過來休息！」這些想法可以維護他的自尊（我沒問題，都是他們的問題），並且更加否認自己得病情（他們都瘋了）。

相較於這些否認的病患，那些接納自己疾病在社區中生活的病患，他們就會服用藥物來控制病情了。他們瞭解自己需要住院治療，平時也要服藥治療。他們的自尊也是很高，而這樣的自尊提升在於按時服藥的狀況下（如果我停藥的話，我的狀況就會變得糟糕了）。

建議讀物

壓力減緩模式

許多壓力減緩模式都是採用脆弱因子——壓力模式的心理病理理論（Avison & Speechley,1987；Birchwood & Tarrier,1994；Brenner, 1989；Chadwick, Birchwood & Trower,1996；Kingdon & Turkingtonm, 1991a, 1991b,1994；Lukoff, Snyder, Ventura & Nuexchterlein, 1984；Nuechterlien & Dawson,1984；Nuechterlein, Goldstein & Ventura,1989；Perris,1988,1989,1992；Perris, Nordstrom, & Troeng,1992；Perris& Skagerlind,1994；Zubin & Spring, 1997）。

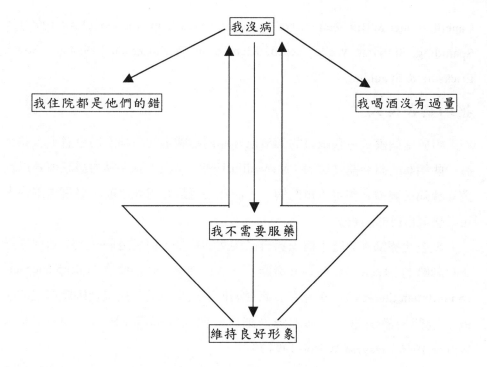

圖 12.2　再度住院的病患的核心認知

認知缺損復健模式

　　神經心理學家、職能治療師、復健科醫師，他們都致力於認知功能缺損的復健工作。例如臨床實驗神經心理學刊（Journal of Clinical and Experiment Neuropsychology），臨床神經心理學刊（Journal of Clinical Neuropsychology），神經心理復健（Neuropsychological Rehabilitation）以及認知復健（Cognitive Rehabilitation），都是這方面專業的刊物。

　　在這個領域最常用的教科書是 Harvey Jacobs（1993）寫的行為分析指引與腦傷復健（Behavior Analysis Guideline and Brain Injury Rehabilitation）。

　　關於技巧的運用，可以閱讀以下的文章：Benedict(1989)，Cassidy, Easton,

Capelli, Singer & Bilodeau（1996）, Jaeger, Berns, Tigner & Douglas（1992）；
Spaulding, Sullivan, Weiler, Reed, Richardson, & Storzbach（1994）；Stuve,
Erickson, & Spaulding（1991）。

接納整合模式

對於這個模式，我跟我的同事已經運用在嚴重的精神疾病患者上，並且
有一些相關的研究論文發表（McMullin,1998）。我也認為壓力緩減模式以及
認知缺陷復健模式都可以幫助病人，而在接受這些處理之前，必須先讓病人
可以接納自己的問題。

許多治療師都忽略了病人對自己疾病的接受，但是這個模式的重要性是
不可忽略的。Hayes 與 Wilson 發展了一個接納與承諾治療法（acceptance and
commitment therapy），焦點在於病患如何接納自己的疾病以及因應自己的疾
病。這個治療法認為情緒困擾是來自於個人的逃避（Hayes, Strosahl, &
Wilson,1996；Hayes&Wilson,1994）。

McGlashan（1994）與 McGlashan&Levy（1977）討論否認自己疾病的精
神分裂症患者以及接納自己疾病的患者之間的差異。David（1990）認為接納
就是一種頓悟。所謂的「頓悟」就是個體有能力辨識他所罹患的心理疾病，
並且能夠說明這個疾病。Coursey（1989）發現心理治療的介入可以幫助病患
瞭解他的病因以及預後狀況。McEvoy,Apperson（1989）與 McEvoy&Freter
（1989）發現了頓悟與急性心理疾病的關係。他們發現有良好頓悟的病患他
們再度住院的機會也就比較低。Drury 用接納這個成分來進行研究。他的認
知治療策略中有一部份就是幫助病患去面對他的疾病，而不是逃避
（Drury,Birchwood, Cochrane& Macmillam,1996）他發現這樣的認知團體可以
減緩病患的症狀。

接納可能就是影響治療效果的主要成分。雖然接納承諾治療所探討的是
內在認知成分與逃避的行為成分不同，但是逃避行為本身也是受到內在認知
成分的影響（Hayes,Strosahl& Wilson,1996）。根據 Wilson, Hayes& Gifford

（1997）的看法認為，心理困擾來自個人對於問題的逃避與否認。

處理個案的阻礙

基本概念

James Randi 是一個國際知名的魔術師，他願意提供一百多萬經費來研究超自然現象。在 1964 年，有數千個人來競爭這的研究獎金，但是有數百人在初步就被篩掉了，並且沒有一個人可以用科學的方法來證明超自然現象。Randi 總是可以找到一些方法來揭開這些超能力的假面具（Randi,1982,1989,1995）。

Randi 認為只有兩種人可以拿到這筆獎金。第一種是完全的騙子——神棍或者是電影製片。第二種是真正的信徒——他們堅信超自然的力量，這部分也是治療師所關切的群體。他們真正地認為自己有超能力，當無法證實他的超自然力量時，他們會感到很震驚。我們稱為這群人為「自我障礙者」（self sabotage）。

很特別的是這群人經常是高知識份子，但是卻常會阻礙到治療的進行。這些聰明的個案，他們會花時間與金錢參與治療，但是在治療進行的當中卻會阻礙成長。他們經常不做作業、爽約、或者是一些自欺欺人的行為。他們與一般的個案不一樣，他們經常會阻礙治療的進行。所以處理這些個案最重要的事先處理他的阻抗。

有以下類型的自我障礙者：

　1.額外的收益（secondary gain）：環境有一些好處增強了他的信念：「改變是辛苦的、維持現狀更好！」

　2.社會支持（social support）：「如果我改變了，大家就不喜歡我了！」

3.價值對抗（value contradiction）：不改變對個案是更重要的。「改變會更糟糕！」

4.內在一致性（internal consistency）：老習慣已養成，要改變需要改變整個生活。「改變要花相當大的心力。」

5.防衛機轉（defense）：「改變要冒險」

6.競爭（competitive）：「我不能讓任何人教我怎麼做！」

7.奇蹟（magic cure）：「船到橋頭自然直，時機到了自然就會好了！」

8.動機（motivation）：「我現在很快樂，不需要改變！」

9.否認（denial）：「我很清楚知道你所說的！」「我想我不可能瞭解你所說的」

10.行為阻礙（behavioral sabotage）：爽約、爭論、治療時無所事事、不付錢、抱怨沒進展、到處換治療師、抱怨治療師、只有在緊急狀況才找你。

方法一：對抗阻礙

當你的個案對於非理性想法已經有一些對抗技巧的話，你就可以請個案寫下他的阻礙。然後，幫助他們分析這些阻礙並且試圖地用過去所學的技巧來對抗（Giles,1979；Loudis,1979）。

範例

非理性想法：「我不能讓別人看透我。我需要戴著面具來保護自己。」

對抗：「如果不開放自己，沒有人可以貼近我。我將會更加孤單。」

阻礙：「但他們會拒絕我。」

對抗：「因為我戴著面具跟他們互動，所以他們會拒絕我。」

阻礙：「他們最好不瞭解我，同時也會討厭我。」

對抗：「給對方一個機會來喜歡或拒絕我，而不是一下就認定他們會拒絕我。」

就是這樣一直對抗個案的念頭，一直到他們可以消除他們的阻礙。

方法二：預防阻礙

最好的方法就是在個案形成阻礙性思考前，就預防這些思考的產生。一旦個案將自己的態度呈現出來時，他自然就會產生一種自我防衛的力量來避免攻擊。當你發現個案產生一些阻礙治療的反應時，這時候你就要反思剛開始進行治療時，個案慢慢地產生哪些阻礙性想法呢。深入探討他們用哪些方法來抗拒治療。從這樣的深入探索中，我們可以瞭解到她是如何阻礙自己成長：

以下的說明可以進行預防工作：

進行心理治療 25 年來，我發現大多數的個案對於治療都有一種愛恨交加的情緒。他們一方面希望在治療中可以改變現況，但是另一方面，他們又會擔心改變後會更加糟糕。他們的腦中好像一直播放著這兩種聲音：「改變吧！」以及「小心，改變可能會更糟糕！」

大部分的個案都無法在治療中表達出這種複雜的情緒，他們經常呈現地是止步不前。

我會給你一些別人如何對抗這些阻礙的技巧，但是也是希望你可以自己創建自己的方法。如果你開始躊躇不前時，你會用什麼方法來克服呢？

阻礙是相當常見的困境。大部分的訓練課程都不會討論到這個議題，因為大家都認定個案尋求治療的動機很高，自然不用考慮阻礙。但是，我確認為不管在那個時刻，阻礙都可能會產生。

方法三：找出阻礙

列出個案不同的阻礙。找出其中可能的正增強與負增強。討論這些獲益，並且幫助他們找出替代方案。幫助他們區辨出有助益的好處與會傷害自己的好處。

這些阻礙性想法都是一些弔詭的認知想法。例如：「我很可能失控、發

瘋。」或者是「我必須作的比別人好？！」，這些想法不單單只是對於外界訊息的錯誤知覺。他們可以從這些認知信念中，獲取一些好處。就好像我們去遊樂場玩的時候，會用代幣來獲取一些遊戲的樂趣，而個案就是這樣玩這些心理遊戲，從中間獲取一些好處，例如提升自尊、減低焦慮、安全感、排除責任。

方法四：看看他玩什麼把戲

許多個案會讓心理治療的過程好像是一場心理遊戲，他就像演員表演著他的故事給治療師看。一開始，他會為了大家的掌聲而賣力演出，後來他就顧自地表演著自己的角色，是否有觀眾鼓舞則不是重點了。

當個案將治療室當作令一個舞台時，有些認知治療師則感到束手無策。因為這些個案並不會認真地改變自己，即使有改變也只是小小的進步。有時候，他們會出現一些不適切的笑容或者是出現語誤，這就是告訴你好戲上場了。當治療師很嚴肅地進行治療時，這些個案也就會逃離、退出。

為了讓個案可以擺脫那些自我幻想的念頭，我們需要讓個案看到自己在演戲，並且將焦點放在他們的困境，而不是那場遊戲中。首先，探索一下個案進行這場遊戲會有哪些獲益。找出這些獲益，並且讓個案看到背後可能帶來的傷害，並且讓個案擺脫目前的角色，讓他看到自己有能力去突破困境解決問題。教導個案用更有效益的方法來達到他的目標。

【譯者註：在我個人的經驗中，個案經常會扮演著無助者的角色，然後在治療室中上演著英雄救美的戲碼，每次都說自己的困境，尋求治療師的援手。想想看，你是否也跟個案一起進行這場戲呢。】

範例一：娜娜的故事

大部分的個案都是因為想要解決一些個人問題才來找心理師，但是很多個案的理由都是相當表面的說詞。

有一個叫娜娜的女孩，他住在澳洲雪梨。她到處找心理師諮詢，但是沒

有一個心理師能夠瞭解她的狀況。她相當有錢，15 年來不用工作靠著財產生活，但是她卻感到相當無聊。她每天就是到處在外找樂子過生活。她參加網球班、高爾夫球班、偶而打打麻將，甚至學習打禪。

現在她卻找不到任何有趣的事情打發時間了。她就開始找心理師談論問題，假裝她有心理困擾。因為她都會捏造自己的困境，所以治療師也無從幫起。她經常都是這樣說：「我好希望你能夠幫助我，解決我的問題，但是我卻發現一點都沒用。」這個治療師自然就會感到很沮喪，而她就會有一種勝利的感覺。

每個一段時間，她會建構出一個腳本，來扮演著某個角色。她學會了自我欺瞞，並且會常常遺忘曾經所經歷到的事情。

當她來找治療師時，她的開場都差不多了。她用一種顫抖害怕的聲音：「醫師，你必須要來幫我。你是唯一一個可以幫我忙的專業人員。據我瞭解，你是這個領域中的專家。我確定，你是唯一有能力可以幫我的人。請你撥空來幫我吧！如果你願意幫我，我會非常感激你，要附多少錢我都願意。」

想想看，這是多麼令人心動的話語呀。你會拒絕幫助她嗎？一般治療師聽到這般話，大多都會答應撥空來幫助她。

就這樣，她開始上演著第一場戲。她就好像三面夏娃一樣，展現出令人困惑的多重人格。在一開始，她扮演著是神經質的娜娜，行動小心翼翼、心情低落、混亂與被動。她掩面哭著說：「天壓！」她坐在椅子上，頭埋在腿中，大聲地哀嚎著。在下一次，她就變成淫蕩的娜娜，穿著相當豔麗、相當性感誘人。她像飄中的微微安一樣相當地多疑。她有時會靠近治療師來挑逗他。

到了治療中期時，治療師就可以預測娜娜將以哪種角色出現，並且百發百中。這次她打扮的像一個鄉巴佬，講話非常快速、偶而發出一些怪聲，並且回話都很簡單。這樣的變化讓治療師相當錯愕，並且會發現無法跟她進行互動。在這種狀況下，她卻怡然自得地扮演著她的角色。

雖然治療師都知道他被當傻子耍了，但是對於無法治癒她的罪惡感還是

無法消除。直到有一個資深的治療師，發現她的把戲，並且當場揭穿她的遊戲。治療師直接跟她說，在這個世界中，有很多人更需要治療師的協助，而你不需要來佔用大家的資源。她根本不甩這一套，先用神經質的娜娜跟他回應說：「我真的很焦慮不安，很想逃開！」或者用淫蕩的娜娜：「壞小孩，我一把年紀了，會玩什麼把戲呢？我幹嘛騙你呢？」或者呈現出野蠻的娜娜：「我是付錢的老大，你就是要聽我說？！」

這個治療師跟其他治療師相當不一樣，他並不會去回應她這些反應。他並不會與她所扮演的角色共舞。這個治療師並未如娜娜預期般地共舞，於是她更努力地想讓治療師入戲，但是治療師不爲所動，只想在治療結束前點破她。或許這個治療師躲過她的把戲，並且給予她小小的協助。他想到用一些矛盾意向的策略或許可以幫助她覺察到自己得困境。

這位治療師能夠瞭解過去的治療師一定都陷入她的遊戲圈套中。他們都會認爲娜娜是一個有三個人格的個案。也因爲這樣的狀況，治療師也深深地受到這個多重人格的案例的吸引。而且娜娜也演得相當自在，彷彿有三個獨立的個體存在她的身體之中。她都說自己根本不知道還有其他人格的存在，而這位治療師能夠瞭解如果她扮演著不同的人格的話，治療師將受到多大的影響。

在別無選擇的情況下，這位治療師先將這些角色當作獨立的個體來處理。根據不同的個體的需求，給予不同的回家作業，並且各自與他們約時間。這樣一來，娜娜就產生相當大的挫折了，因爲她要很清楚今天是那個娜娜跟治療師約時間。也因此，娜娜必須接受多次同樣的心理衡鑑歷程，一個是以蕩婦娜娜的角色，而另一個可能就是神經質娜娜的角色。當娜娜接受過第一次衡鑑工作時，治療師又安排另一次衡鑑時間給另一個娜娜，這時娜娜會表示有困難，治療師：「恩！會很麻煩嗎？我沒有幫你做過這樣的衡鑑工作。這是第一次。你曾經接受過這些測驗嗎？」娜娜就會說：「當然沒有，只是覺得花的時間很長！」

在治療的過程中，治療師並不直接假設每個娜娜都互相瞭解對方做了什

麼事。這讓娜娜更加挫折，因為她要反覆地聽治療師交代與說明同樣的事。最後，他會安排回家作業，讓每個娜娜都帶回家做，並且在下次的治療中，仔細地討論這些作業。

　　每個娜娜的作業與治療的負擔讓娜娜感到沈重的壓力。她也漸漸感到疲憊不堪，到了治療中期，她呈現了角色混淆的現象。這是一個很好的嘗試，他試圖地將人格分別來處理。他假裝每個人格都是獨立互不干涉的狀態。當神經質娜娜跟治療師談過一週狀態時，治療師還會再問蕩婦娜娜：「這週過的如何？」他也就強迫蕩婦娜娜要創造出新的生活經驗。

　　這對娜娜而言是一個龐大的工作。在治療後期，娜娜再也沒有其她的人格出現了，一切只有娜娜這個個體。她的每個部分都整合在一起了。心理師告訴娜娜說，生命有趣的地方在於面對不同的挑戰。我們不可能無時無刻都感到快樂，生命豐富的地方，在於面對不同生命的課題。例如貧窮、不公平、AIDS、癌症、歧視、成癮、虐待種種議題都是可以投注心力之事。治療師告訴她像她這樣有錢有閒的情況下，可以專心投入一些志工的行列。治療師並不把她當作一個多重人格的個案來看，但是娜娜確感覺到治療師的用心。在離開前，她也是簡單地說聲：「謝謝你！」

　　最後。治療師在電視上看到娜娜擔任拯救袋熊的代表。她將一切心力投注在袋熊的拯救活動中，並且感到相當愉快。

範例二：小馬的故事

　　小馬是一個相當有魅力的男士，他在 30 多歲的時候離婚了。他在離異後雖然還是桃花運不斷，但是結果都是分手。以下是他的故事：

　　小馬：我又跟以前一樣回到這裡了。我相當痛苦，真得很希望你能幫我。我在我的感情世界中，又犯同樣的錯誤了。我陷入愛情之中，無法自拔，但是同樣的故事又發生了──我開始吃醋、多疑、操弄關係、易怒、孩子氣，然後毀壞這段姻緣。同樣的故事又上演了，她討厭我然後離開我，然後我就覺得相當自卑。

我現在跟一個女孩子在一起，已經一年半了。她是一個相當有魅力的女性——亮眼、聰慧、比我還好。她相當受歡迎，總是那樣迷人。相當多的男士追求她。我覺得自己比她差，而且相當害怕失去她。她最近告訴我，她愛上了別人。他是一個有錢有勢的男性。我確只是一個充滿情感、具有創造力，但是默默無聞的人。

當她說她愛上別人時，我感到相當心痛。我經常面臨這種狀況，但是這次相當不一樣。我告訴她：「謝謝你這麼誠實地告訴我這件事！很清楚地目前只有一條路可以走。你將會離開這段關係，跟他在一起，一起生活、一起睡覺、你將進入他的生命中。如果你愛上他了，那就跟他好好地在一起，如果不是，那我們好好地談談未來的生活吧。我很希望你能明白地告訴我，你對他的感受，然後我會默默地離開。」她楞了一下，但是我可以知道，除非她想清楚她的決定，要不然她不會再見我了。她說：「她還是愛我的，但是還在猶豫是否要跟那個人在一起。」我回答說：「好吧，我們還是可以見面，但是不會有任何親密關係。」

這個問題我經常發生。我經常做出自己不想要的事。我說了那些自己都不知為何說出口的話。我希望能夠有更好的回應，但是還是做不到。

在第一次的會談中，他已經發現了一些自我障礙。在後來的治療中，這些障礙更加顯現：

小馬：我經常扮演著受害者的角色。她們傷害我或者是她們做了一些行為讓我感到吃醋，面對這種狀況，我不會對她們大吼大叫，反而是要小把戲。我假裝我個性很好、會原諒她們，一切只關心她過得好不好。我讓她們看到，我只是默默地奉獻、一切都為她們考量。

但是這個把戲開始變質了。當她要跟別人在一起時，我會這樣說：「你去吧，嫁給他。一切只要你高興就好。我會祝福你。你真得很棒，我不能把你綁在我身邊，你可以去找更好的人。」

這些話都是一些廢話。我壓根子都不可能相信。這相當有趣。一方面，我讓她傷害我，然後讓她產生罪惡感，之後她也就不可能在傷害我了。另一

方面，我扮演著受害者的角色，一個默默犧牲奉獻的好男人。

　　在後面幾次的治療中，我幫助小馬看清楚他的自我設限。他經常會不小心又扮演受害者的角色。這次，他可以漸漸地發現這個角色對他帶來的影響。他開始可以表達出他的真實感受，展現出一般人都會有的愛、恨、憎、癡。

說明

　　當個案面對攻擊時，很自然的就會有防衛的反應。所以在治療的初期，採用個人中心治療取向，將可以減緩個案的防衛。有時，要注意的事，治療師本身也可能會造成個案更多的負向情緒（如：罪惡感、混亂）。

建議讀物

　　這一段是採用 Randi（1982）的概念。如果你想要更瞭解這段的相關訊息的話，可以閱讀（Franklin,1994；Gardner,1857,1981,1991；Holton,1993；Kurtz,1992；Randi,1989,1995）。也可以看看 Sagan（1995）所寫的《惱人的世界》（"*The Demon-Haunted World: Science As a Candle in the Dark*"）以及《布絡卡區大腦》（"*Broca's Brain: Reflections on the Romance of Science*"）（Sagan,1979）。有一些組織協會也可以提供相關訊息，見 Http://www.csicop.org.

　　社會心理學家與社會學家也探討社會角色的扮演，對這個議題有興趣者可以閱讀 Goffman（1961,1971,1980,1987）的研究。

　　在文中有提到有經驗的治療師與菜鳥治療師所用的治療策略不同，他所使用的是矛盾意向法，對這個方法有興趣的可以看（Corsini,1957, 1981,1994,1998）。Corsini 是心理治療學教科書的編者（Corsini & Ozaki,1984；Corsini & Wedding,1987）。另外，也可以看看 Erickson 的相關著作（Bamdler & Grinder,1996；Erickson,1982；Erickson&Rossi,1981；Havens,1985；Lankton,1990；Lankton& Lankton,1983；Rossi,1980；Rossi& Ryan,1985）。

認知再建構治療在成癮患者的應用

共同作者：Patricia Gehlhaar 澳洲 雪梨

基本概念

　　在這一節將討論認知再建構治療如何運用在藥物與酒精濫用與依賴的患者身上。事實上，毒癮與酒癮患者的病因、認知以及治療策略有些差異，並且濫用與依賴者的相關處理也有所不同。藥物濫用者可以採用標準的認知治療策略來處理，但是對於嚴重的藥物依賴者，則是需要特別的治療策略。

藥物濫用（drug abuse）

　　負增強模式正好可以說明藥物濫用的歷程（圖 12.3）。當個體面臨一些負向情緒時（如焦慮、憂鬱、憤怒），他們可以藉由使用藥物來減低這些負向情緒（解脫狀態 escape condition）。在這樣的經驗中，他們也就學會吸毒可以減少負向情緒，為了避免負向情緒再產生，他們也就持續地吸毒來避免這些負向情緒（逃避狀態 avoidance condition）。就這樣，這些吸毒者就靠藥物來逃避生活中的負向經驗。

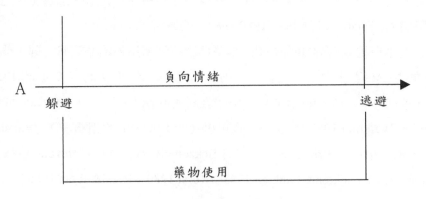

圖 12.3　酒精和藥物濫用

　　藥物濫用也可能是學習而來的。經由早年中的模仿學習，這樣的行為也就產生了（例如，看到父親在各種不同情境下的吸煙行為，自然也會學到在那些情境下應該要吸煙。）這些藥物濫用者經常伴隨其他的行為困擾，如反社會行為、衝動控制不佳、過度焦慮、憂鬱或者是低挫折忍受度。他們在兒童或青少年時期，經常遭遇到一些創傷性的負向事件（如暴力或者是性侵害）。

　　藥物濫用的認知模式包含了兩大成分：第一個是觸發負向情緒的認知。如果治療師可以有效地處理這些認知的話，個案也就不會經常遭遇到負向情緒，自然也就不會採用吸毒用藥的方式來逃避負向情緒。因為負向情緒少了，自然不需要逃避或解脫了（Clarke&Saunders,1988；Gallant,1987）。第二個成分是事件（A）與藥物反應（C）之間的認知成分（B）。對於藥物濫用者，不同的認知治療者會強調不同的成分。Ellis 強調低挫折忍受度：「我不能忍受那種低潮的感覺，我必須靠藥物把這種低落的心情排除。」（Ellis,McInerney, DiGiuseppe & Yeager,1988, Ellis,1989）。而 Beck 則強調缺乏因應技巧：「我不能解決這個問題，所以我必須靠吸毒來忘記這個問題。」（Beck, Wright, Newman & Liese,1993）。

　　基本上，認知取向治療（理情、認知再建構、認知行為）對於藥物濫用者相當有幫助，但是對於依賴者，或者是社交性飲酒者，他們則需要其他的治療策略來幫助他們控制用量。

藥物依賴

　　藥物或酒精依賴（圖 12.4）是跟藥物濫用完全不同的問題。嚴重的藥物依賴者，他們吸毒或服藥並不是單單想要處理負面情緒或者是逃避壓力事件，而是想要消除藥物效果消失之後的戒斷症狀。

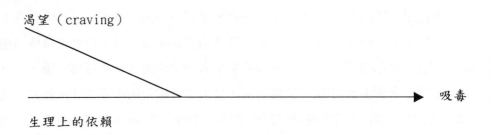

圖 12.4　毒癮與酒癮的生理依賴模式

　　對於藥物的依賴，生理成分扮演相當重要的角色。一開始他們的生理系統對於這些酒精或者是藥物的反應是相當中立的，所以復原的速度相當快速，但是隨著使用的增加，這些物質也漸漸帶給生理系統一些影響。例如，酒精依賴者他們不斷地飲酒，而酒精也因此不斷地傷害身體系統，身體上的一些器官也受到相當的影響，肝臟對於酒精的代謝能力也漸漸消退了，個體也需要更多的時間來代謝酒精的效果。

　　在個體的生理系統開始無法負荷這些藥物的影響時，他們就不再將這些藥物當作外來物質了，這些藥物（或酒精）將取代原先腦中的相關神經傳導素。在這種狀況下，毒癮者必須靠吸毒來維持腦中賀爾蒙的穩定狀態。當腦中的相關物質變少時，他們就必須吸毒攝取這些物質來讓腦中達到穩定。有個毒癮者就這樣說：「是我的身體決定不再對抗毒品。剛開始我的身體告訴我說『遠離毒品』；現在很悲哀的是，它反過來告訴我說『快吸毒吧！我需要毒品！過去單單只是享受毒品，現在是一種需要！』」

　　一旦吸毒者對毒品產生生理上的依賴後，他們就不再像是那些社交性吸毒者了，他們只能選擇永遠遠離毒品。如果他們還是執迷不悟地吸毒，他們就會需要越來越多的量達到原有的效果。他們的身體也會不斷地告訴自己需要毒品，就好像毒蟲活在身體裡面一般。吸毒不再是逃避壓力的方法了，而是一種必須的基本生活。越來越多的戒斷症狀的產生，越來越多的驅使力引導著吸毒。除非當機立斷地遠離毒品，要不然他將一輩子地依賴毒品。

　　認知再建構治療將濫用與依賴當成兩群不同的問題（圖 12.5 與表 12.1）。
左邊的分佈圖表示濫用者。這些濫用者的特色是神經質、有些人格疾患的特
質、較少家族史、因應能力不好、低自尊與低挫折忍受度。這些濫用者使用
藥物經常是為了能夠抒解那些自己無法處理的負面情緒。在治療中，治療師
經常要求他們控制自己的用藥量，並且教導他們一些新的因應技巧來取代吸
毒或喝酒。

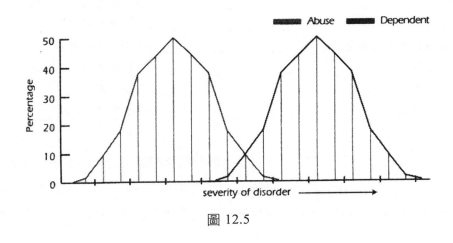

圖 12.5

　　右邊那個分佈圖所指的是藥物依賴者。這些依賴者的遺傳因素相當強
烈，他們通常會有一些親屬也有同樣的問題。他們有一些人格上、壓力因應
與挫折忍受度的問題。依賴者會使用藥物經常是因為情境上的觸發，而不單
單只是要去抒解壓力。對於藥物濫用的問題，他們有很強烈地否認，並且會
有戒斷與耐受性的問題。對於這群個案，傳統的認知治療效果不佳，而是需
要特殊的認知治療來加以處理他們的問題。

表 12.1　依賴與濫用的特徵

濫用		依賴
些微人格問題		人格問題
較少遺傳因素		遺傳因素大
神經質		無切確的神經質
在使用前有反社會行為		在使用後產生反社會行為
可以學習控制用量		必須完全戒除
少數的因應技巧		學習全新的因應技巧
低自尊		誇大的自尊
在使用前有負向刺激		不同的情境誘發
沒有家族史		有家族史
低耐受性		耐受性高
少戒斷症狀		多戒斷症狀

　　根據以上的分析，可以發現大部分的認知治療師對於藥物依賴者感到束手無策。尤其是要讓這些人可以戒毒，那更是困難的工作。雖如果他們可以學會特殊的治療策略（針對物質依賴者），那他們也就可以順利地處理這些燙手山芋了。

　　有關物質濫用的治療技巧，前面的一些章節的技巧都可以加以運用。在這一節，我們將針對物質依賴者的認知治療技巧來深入討論。這個技巧稱為「認知面質」（cognitive confrontation）取向，在這裡所使用的技巧與先前的技巧有相當大的差異，希望你能夠細心地閱讀。

治療酒精與藥物依賴的基本主張

　　雖然物質依賴的生理因素相當強烈但是個案使用物質的行為則是一種心理因素所致。成癮者可以學會使用藥物，但同時也可以不去學它。從下面的圖可以看到成癮者在其中扮演的角色。

```
A ─────────────────────────▶ C
渴望                         吸毒或喝酒
```

　　在他們開始吸毒或喝酒之前，都會先有一種對於物質的渴望。他們可以很清楚地感覺到酒蟲或毒蟲的作祟，但是同時也可以忽略這樣的感受。有時這些渴望是相當強烈的，因為身體本身的相關成分濃度降低了，於是乎身體就會警示個案說該服用相關物質來補充這些物質成分。也有人會因為回到吸毒的環境後，因為情境的制約，剛好誘發毒蟲或酒蟲的作用。例如，感覺到壓力、憂鬱或者是挫敗，在這些狀況下，個體的渴望也會增加。

　　就如同認知治療的概念一樣，A 並非直接影響到 C，也就是說生理上的渴望並非是成癮行為的主要因素。並不是所有的酒癮或毒癮者會受到渴望的掌控。相當多數的物質依賴者，他們都面對相同的渴望、挫折、壓力。但是有些人卻可持續參加匿名戒酒團體，然後能夠滴酒不沾或者是完全戒毒好幾年。他們也是跟其他毒癮或酒癮患者一樣，經常感覺到酒蟲或毒蟲的作祟，可是他們卻可以抵抗這些渴望。如果渴望是造成大家使用物質的原因的話，那為何這些人卻可以擺脫渴望的影響呢？

　　從認知治療的角度來看，A→C 是錯誤的概念，正確的圖示是：

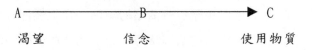

```
A ──────────── B ──────────▶ C
渴望          信念          使用物質
```

　　從上圖可以瞭解，不是渴望造成使用藥物的行為，而是中間的信念（當渴望產生時的想法）。這些信念包含內容相當廣：預期（expectation）「我喝一杯之後就不會再喝了！」選擇性記憶（selected memories）「在這裡喝酒是多麼愉快的回憶！」內在對話（self talk）「我需要這些東西來放鬆！」藉口（excuses）「我真的很想戒！」否認（denial）「我雖然吸毒，但是我對自己生活的管理還不錯！」過度類化（overgeneralization）「我過去可以控制

飲酒量，現在自然也可以！」、錯誤的預測（false predictions）「我知道我可以控制自己酒量與用藥量！」不論他們當時的想法為何，重要的是這些想法引導他們使用毒品或吸毒，而不是那種渴望的感覺。

　　第一步就是要處理興奮刺激症候群。大部分的成癮者（吸毒或酗酒）他們後來都變成極端的情緒反應。因為這些成癮物質，讓他們活在情緒的糾結中。他們的情緒狀態非常的廣泛，從得意忘形到沮喪不振、從過度的自信到絕望的自殺、從無憂無慮到極度恐懼。在這樣的情緒轉移中，這些成癮者自然就要使用這些物質來處理他們的情緒轉移。當他們不用的時候，他們的情緒狀態就會漸漸恢復正常，而不像之前一樣坐雲霄飛車班地高低起伏。冷靜下來對我們而言是相當舒服的經驗，但是對於這些物質成癮者，卻是一種空虛的感受。為了避免空虛，他們就會花相當多的時間讓自己的生活多采多姿，讓自己的情緒相當豐富。這種害怕平靜、平淡的想法是這些戒毒者的障礙。

　　例如，阿邦他是一個酒鬼，他常常在成癮與戒斷中擺盪。他曾經參與過酒癮治療，並且連續滴酒不沾六個月，並且改善他的人際關係，以及重新振作工作。當他的生活開始平順後，他就經常故意找太太的碴、偶而犯點小罪、並且開始上班遲到。最後他又因為這些生活上的不順遂而再度飲酒。他為何又讓自己陷入這種困境中呢？

　　他造成一些麻煩並且以此為藉口來喝酒。因為他長期喝酒，導致他習慣那種大起大落的情緒狀態。除非他可以經歷這些情緒的糾結，要不然他會覺得他的人生相當無趣。他不喜歡那些正常的情緒狀態，而是期待那種強烈的情緒起伏。他讓自己的生活陷入困境，然後再靠飲酒讓自己情緒高昇。

　　阿邦態度就跟一個罪犯一般。他認為生命是不斷的刺激與挑戰。當他戒酒後，這些驚險的經驗也就消失了。他為了回復那種感覺，他又繼續喝酒。

　　成癮者的想法誘使他們繼續使用物質。他們如果要改善狀況的話，必須先修正這些想法。不論他們的渴望多強，只要沒有誘發使用的想法，他自然也就可以對抗這些渴望。

方法

1.先看看個案是濫用還是依賴。

有許多方法,有一些標準的工具可以你來做決定,如 MAST、CAGE、DQEAA 與 SADQ,但是要注意的是這些都是自陳量表,對於一些不識字者就要改變策略了。

Langton 測驗是一個結構是訪談問卷,它可以增加評估的準確性。這個測驗是由施測者詢問問題並且依據個案的反應來做評分。可以採用個別施測與團體施測兩種方式。

這個測驗的內容是依據 DSM-III、DSM-III-R 與 DSM-IV 診斷標準來做題目設定,將題目分成兩大欄位、四大題組。如果是藥物或酒精依賴的個案他們會在這兩大欄位中有得分。

計分:根據每個題組的得分進行記總分。如果家人或者親屬也有物質依賴或濫用的問題,則要額外加分。

結果:依賴的個案平均分數是 27.59,標準差是 6.54(取樣來自澳洲、華盛頓、夏威夷)。在分量表中的的分是:病態性使用(平均數 8.27,標準差:2.24)、社交與職業功能退損(平均數:8.59,標準差:2.61)耐受性:98%以及戒斷症狀(平均數:7.86,標準差:3.49)。

解釋:一般而言,低於 10 分者歸類為濫用,在這樣的標準之下,只會有2%的依賴者會被歸類錯誤。藥物濫用者通常都會發現他們的親屬中也會有人有同樣的問題,一般是 5.03 個親人有同樣的問題(要注意的是在這項反應中的標準差很大-4.83)。不論總分多高,要達到依賴的標準,必須要有耐受性或戒斷症狀的反應。

86%的酒癮患者曾經有過用後師憶的現象;68%因為他們喝酒而離婚;63%因為酒後駕車被抓;45%因為發酒瘋而被帶到警局。

姓名 _____ 日期 _____

Langon 測驗

使用	耐受性
☐體重問題或潰瘍 ☐醫師告訴你不能再嗑了 ☐每天都用 ☐每兩天都會突然用很多 ☐不能控制 ☐用後失憶 ☐無法停下來 ☐很早就用了 ☐其他因使用物質的疾病	☐耐受性

社交與職業	戒斷
☐蹺班 ☐交通意外 ☐其他意外 ☐上警局 ☐家中爭執 ☐暴力 ☐DUIs上急診 ☐失業 ☐離異 ☐金錢困擾 ☐受傷 ☐其他家屬的成癮	☐顫抖 ☐嘔吐 噁心 ☐心神不寧 ☐盜汗 ☐焦慮不安 ☐憂鬱 ☐暴躁 ☐頭痛 ☐容易流汗 ☐夢魘 ☐瞻妄 ☐失憶 ☐妄想 ☐幻覺
總分＝	總分＝

圖 12.6　Langon 測驗是用來評估物質濫用與依賴嚴重度的工具

　　我們發現有一個相當重要的問題可以區分濫用與依賴，就是個案是否有能力控制用量。當我們詢問個案：「你有多少次可以控制這次的量？」濫用者說 100 次大概會有 98 次可以控制量，而依賴者則是 358 次中只有一次。許多依賴者認為自己無法控制要吸或喝多少。

　　2.如果你的個案是屬於依賴者，找出維持用藥的信念。

　　在你開始改變個案的想法之前，最好將那些與吸毒有關的核心信念列出來。在我們的臨床經驗中，我們整理出 42 個與吸毒有關的信念。這些信念怎麼找的呢？請詳閱以下的方法；

　　方法：我們請專門治療藥酒癮的治療師列出一些成癮者的內在對話語言。我們將這些陳述轉換成問卷，採用同意度量尺進行測量。然後選取兩群物質依賴者。第一群是目前還在使用物質的人（n=285），另一群是正在戒除者（從剛戒到已經戒除 10 年以上者）（n=230）。

　　結果：有 42 個信念可以區分之前的兩群人。我們將這個問卷稱為 McMullin-Genhlhaar 成癮態度量表（McMullin-Genhlhaar Addiction Attitude Test）（這個量表專門用在物質依賴者，對於濫用者可能不適用）

　　施測：這個量表可以個別施測也可以團體施測。對於大部分的個案，這些題目都淺顯易懂，容易回答。因為是自陳量表，所以大多都是直接拿量表簡單地解釋作法後，就請個案根據每個句子進行作答。

　　計分：這是採用五點量表，從非常同意到非常不同意。中間值三表示一半同意一半不同意。對於持續使用者，他們的平均數為 110.5 標準差為 16.6，對於戒除者，他們的分數隨著戒除的時間不同而有所不同（見圖 12.7）

　　解釋：要注意的是本量表所用的常模是臨床樣本。如果一個個案他的分數在 110 分，所對照的是常模（長期酒精或藥物依賴患者）50％的位置。這個常模所選用的都是嚴重的個案（Jellinek's gamma 分類法，Jellinek,1960）。在此常模團體中，大部分的個案都已經成癮多年，並且有嚴重的戒斷症狀與生活功能的受損。他們也戒過，但都失敗。如果分數大於 110 分 M 所代表的是個案的態度較不偏向戒除。治療師可以用這個量表，來看看個案離戒毒成

功之路有多遠。

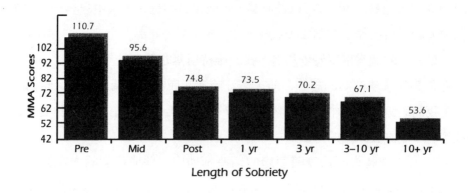

圖 12.7

表 12.2　Mc Mullin-Gehlhaar 成癮態度量表

姓名＿＿＿＿＿＿＿＿＿＿＿＿＿＿＿＿＿＿＿＿＿＿＿＿＿　日期＿＿＿＿＿＿＿＿

以下會列出一些想法，請根據你的狀況，你對這些想法的同意程度

想法	非常同意	同意	一半同意一半不同意	不同意	非常不同意
1.我不需要為我的飲酒或吸毒行為負責					
2.我可以靠我的意志力來停用					
3.喝一兩杯對我很有幫助					
4.我不戒毒（酒）會有問題嗎					
5.吸毒（酗酒）只是一個無傷大雅的問題					
6.吸毒（酗酒）可以帶給我快樂					
7.我用的量沒問題					

8. 負面情緒（恐懼、悲傷、憤怒）讓我用更多					
9. 消除負面情緒最好的方法是嗑藥（喝酒）					
10. 嗑藥或喝酒讓人快樂似神仙					
11. 我比別人更能夠控制用量					
12. 我需要靠這些藥物讓我更有信心					
13. 消除壓力最好的方法是藥物					
14. 我可以靠自己的節制來解決用藥問題					
15 我努力就可以控制用量					
16. 我上癮是我的錯					
17. 我會用藥是因為內在一種力量驅使					
18. 嗑藥或喝酒只是一種壞習慣					
19. 外在的苦難讓人嗑藥					
20. 嗑藥可以讓我更適應生活					
21. 嗑藥或喝酒是回到人群之中的好方法					
22. 我受到我的慾望掌控					
23. 你也需要藥物來幫你					
24. 消除戒斷症狀的最好方法是再用					
25. 我的問題不嚴重					
26. 當我用藥時, 我一定不會失控					
27. 當我嗑藥或喝酒後, 一定會是個好情人					
28. 社會壓力讓我用更多					
29. 我需要靠藥物來平穩情緒					
30. 只要夠努力, 就可以靠自己戒除					
31. 我需要嗑藥或喝酒讓我感覺更好					
32. 有些人賣命工作只是為了嗑藥					
33. 嗑藥是擺脫壓力的好方法					
34. 我需要每天都很愉快					
35. 我不是毒蟲或酒鬼					
36. 你不需要告訴我有關吸毒的相關議題					
37. 我們需要追求夢想					

38. 吸毒喝酒是人格特質				
39. 心理困擾是吸毒的主因			'	
40. 處理問題最好的方法是不去想				
41. 當我喝酒後，創造力會增加				
42. 除了吸毒外，有相當多更有意義的事				

3. 讓個案看看 MGAA 的得分，並且利用核心因素來解釋個案的內在信念，以及這些信念對他戒除的阻礙。（圖 3.4）

我們從該問卷可以抽離出五個因素。我會很簡單地用一些圖解來幫助個案瞭解這些因素是如何阻礙他的戒除之路。「看看有那個心魔在阻礙你戒毒！」

心魔一：狡猾的狐狸

「我的自制力很好，可以控制我自己的用量，所以根本不用依賴治療！」（我就像一個狐狸般的慧點）

心魔二：羔羊

「我會吸毒不是我的責任。主要都是癮頭讓我想吸毒。所以這個治療也沒意義！」（我就是一個無助的羔羊）

心魔三：豬

「那種感覺很棒，我無法忘懷它帶給我的快樂。」

心魔四：鴕鳥

「我的問題不大，我用的量也不多，所以沒問題！」

心魔五：花蝴蝶

「吸毒會讓我更好。我需要靠它讓我的生活更順遂！」

4. 採用不同的認知技巧幫助個案去克服這些信念。

可以參照我們出版的手冊，利用其中的內容來幫助個案挑戰這些信念（Mc Mullin & Gehlhaar,1990a）。如果採用團體治療，最好選用異質性的個案（剛開始練習戒到已經戒除一年以上者）。對於有經驗的個案，他們可以

很自然地修正這些想法。有需要的話，可以引薦他們參與戒癮團體。

範例一：個案手冊

信念

　　1. .我不需要為我的飲酒或吸毒行為負責

　　17.我會用藥是因為內在一種力量驅使

範例

　　小安是我的一個個案，他聽我們的解釋後，認為他的成癮行為是一種生化上的問題，並且跟遺傳有關。他回家後跟他太太說，希望他太太能夠瞭解他吸毒不是他的錯。

對抗

　　藥物依賴雖然跟生理因素有關，但是是否要用還是取決在你自己。喝酒或用藥都是個人自主性的行為。沒有什麼神秘的力量要求你一定要去用這些東西。一切都是你自己的決定。想想難，當你走進酒吧，坐在吧台邊，點了一杯酒，當酒送上來後，你自己拿起酒杯，喝下那杯酒。是因為壓力還是酒蟲作祟讓你喝了酒呢，其實都不是，是你自己決定進酒吧、自己點了酒、自己喝了酒吧。雖然外在因素會催促你喝酒，但是是否要喝下這杯都是你自己的決定吧。酒蟲不會幫你做決定，一切的決定都在於你自己。你要為你的行為負責。

信念

　　3.喝一兩杯對我很有幫助

　　5.吸毒（酗酒）只是一個無傷大雅的問題

範例

　　泰德他說有醫學報導說少量飲酒有益健康，並且也有醫生說喝杯酒

對抗可以放鬆他的心情，並且可以清潔他的血管以免中風。

泰德過去根本不鳥醫生的建議，但是當有醫生跟他說喝杯酒有益健康後他將這句話當作聖旨。不論在哪種喝酒的狀況下大多是口渴想喝酒時，他就會搬出這句話來安慰自己。他告訴自己說，兩小杯酒是有益健康的但為了更好的效果，需要喝更多的酒。如果從這角度來看的話，他的血液應該比一般人還要乾淨，並且會比一般人更輕鬆自在的生活，可是事實卻非如此。

對抗

你上次酌量飲酒是什麼時候？

信念

14.我可以靠自己的節制來解決用藥問題

15 我努力就可以控制用量

範例

許多醫院都提供毒癮者與酒癮者一個住院治療的機會。我們在醫院中也提供了相關的治療，早上的兩個團體治療，中午的兩個課程以及傍晚的協談會議。這樣的治療模式，一週六天，病人完全地專心在他的治療之中。治療是相當費心力的工作，病人必須全心全意地投入其中。在幾年的運作中，我們發現有些病人並不想參與治療，認為自己已經有足夠的意志力來面對自己的問題。

對抗

藥物依賴是相當難處理的問題。跟恐懼、憂鬱以及焦慮症的治療比較，對於成癮行為的治療效果都比較不好。為什麼呢？答案很簡單，很多病患都拒絕治療。恐懼或焦慮的個案，他們對於治療相當配合，努力地參與治療，認真地面對自己的問題，並且對於治療的作業都相當謹慎處理。但是，對於毒癮或酒癮者呢？在治療中，經常是漫不經心的，也不願意花時間作作業，

腦中只是努力地相一些辦法來逃避治療。

　　你會抗拒治療並不是因為你懶惰、不真誠、能力不夠，主要是因為你要戒毒──一種難割捨的行為。

　　身為一個毒癮者，再你腦中就好像有兩個天使在跟你說話；一個是黑天使，他不斷地誘惑你去吸毒，另一個是白天使，他努力地勸你戒毒。黑天使會讓你產生吸毒的慾望，並且促使你去吸毒；而白天使卻會要你拿出治療中的講義，教你努力地對抗毒魔。

　　阿強是參與治療的一個病友，他腦中就是有這兩個天使在拔河。黑天使，他稱為「心魔」，這個心魔經常在他心中發聲，觸動吸毒的慾望，並且引誘他去吸毒。他想起幾年前聽到的一個故事：

　　有個人死後上天堂，他上去看到南天門，二郎神站在門邊，成千上萬的靈魂正準備走進南天門。但是有些人卻特別不一樣，因為他們肩膀上站著「心魔」，這些心魔在他們肩上上上下下地跳著，並且在他們耳邊說著：「不要進去，這是一個陷阱，門口那個二郎神會把你抓起來。你來到這邊會受苦受難的。注意聽我說，我是你唯一的朋友，我是唯一與你站在同一陣線的人。」這個人也發現他身邊也有個心魔在阻止他進去南天門。他走上前，去跟二郎神說：「我不知道你是否會讓我進去，我承認我犯過很多錯。我知道，我自己不是聖人，並沒有資格進去西方極樂世界。」但是二郎神卻很溫和地跟他說：「不用擔心，每個人都可能犯錯。但是每個人也都有機會可以進來，可是用什麼方法進來卻要靠你自己去找尋吧！」這個人就往前走，試著進去南天門。只是走到一半好像有個透明牆擋住他。他一直往前衝，但還是被擋在外面。最後，他在另個肩頭看到一個童子，這個童子指著南天門的角落。上面寫著：「放下心魔，六根清靜自然就可超脫。」

　　每個人初生之時，肩頭都會有個守護神，可能是父親、母親、叔叔、阿姨、祖父、祖母。當他們開始喝酒或吸毒時，一個心魔就從肩頭冒出來這個心魔就會在他們耳邊細語：「來抽一口吧、來喝一口吧！」。如果你不去吸毒或喝酒，這些小魔鬼就會在你耳邊吵鬧，直到你喝下那口酒或者吃了那顆

藥。隨著你用藥的次數增加，這些惡魔的聲音也就越來越大了。

當你用的量越來越多的時候，你會慢慢發現這些藥物對你的影響，你也會很想叫這些小魔鬼不要誘惑你，但是他們確是相當精明的，他們會讓你有一些不舒服的反應，使得你必須再次用這些藥物，以消除不適感。有時後，他們會像你的媽媽一樣：「親愛的，我只是想要讓你更舒服罷了！你現在這麼緊張，來吸一下，會讓你放鬆。」有時後他會像你的偶像：「你是個猛種嗎？喝一杯吧！不喝就沒種！」有時後，他確像哈姆雷特的角色：「歐！生命這麼痛苦、可怕，需要一些刺激性的東西來讓生活豐富！」有時後，他們確像心理醫師一樣：「喝一杯吧！看看你的意志力多強，可以克制飲酒的量。」（Mc Mullin , Gehlhaar & James,1990）.

不論這些小魔鬼怎麼轉換角色來跟你對話，他唯一的目的就是要讓你繼續用藥或喝酒。

你很難擺脫這些惡魔的誘惑，只要你停藥，他們就會冒出頭來誘惑你。你必須堅持自己的態度，不受這些惡魔的誘惑。每當你打倒一個惡魔時，你的意志力也越加堅定，同時這些惡魔的誘惑力也就降低了。最好的克制方法，就是對抗這些惡魔的誘惑，多多想想使用後的後果吧。

信念

20.嗑藥可以讓我更適應生活

範例

對於小均認為生活相當辛苦。在他三歲的時候，他的父親拋棄家庭，離開了他們。他經常被酒鬼繼父毆打，而且兩個哥哥是毒癮者（使用古柯鹼）。當他喝酒服藥後，他就會覺得生活沒這麼可憐。生活相當辛苦，而喝酒後就會覺得自己好像可以掌控生活。

對抗

如果你去查「因應」（coping）這個字，你會發現它的意義是「對抗、

奮鬥、努力對抗某件事物」。你也可以看看「調適」這個字，這個字的意思是「面對外力」。事實上，這些字都是告訴我們要去面對外力。

當你利用酒精或藥物來面對生活壓力時，你會發現你並無法真正地因應這些壓力。你不再去面對、對抗這些生活困境，你只是逃避這些困境。你只會儘快地逃避這些壓力。喝酒、用藥只是一種懦弱的行為，對於問題的解決完全沒有幫助。你只是將問題隱藏在藥物的迷幻之中。

面對生活困境，你必須要去對抗它。你必須努力地對抗這些問題，試圖去解決它。有時你會獲勝，但有時你也會失敗，只要你每努力過一次，你自己的經驗值與對抗能力都會增加。你第一步必須要去對抗你的成癮問題。它是一個可怕的敵人。學著不要去逃避這些問題，對抗這些問題吧。

信念

26.當我用藥時，我一定不會失控

範例

小雷在團體中聽其他人的故事後，他發現這些人不是酒後毆妻、就是打壞東西、要不然就是酒後裝瘋。他們在喝酒的時候，都不會瞭解自己可能帶來的傷害。

小雷覺得他與這些人不同。他可以確定自己在喝酒以後，不會造成任何傷害。他重來不打老婆、打小孩，他也不會發酒瘋。

對抗

我們都知道大腦會控制你的情緒與行為，而藥物或酒精會影響到你的大腦。一旦，這些物質進入大腦後，你也就會開始失控了。不論你當時做了哪些蠢事，當時的你只會感到愉快：但是，別忘了酒醒後或者是藥效退後，之後的爛攤子也是你要收。

看看下面這些人的故事，當他們在愉快時所發生的事：

＊有一個男士他走道鐵道上，想要在鐵軌上小睡一番。他橫躺在鐵軌

上，這時火車開了過來。他完全不知道發生什麼事情，只知道他醒來的時候已經躺在病床上了，並且兩隻腳都被截肢。

* 一個教授他很想出去旅遊。但是因爲生活忙碌，他根本抽不出時間去旅遊。某一次假期，他下定決心讓自己放一個長假出國，他買了機票、定了機位與行程。那天，他到了桃園國際機場，準備難得的休假。再等待出境時，他走道附近的餐飲店。他叫了一些啤酒來喝，結果不小心喝醉了，也忘了登機。就這樣，他還是沒有渡到假。

* 有一個住在雪梨的酒鬼，他跟太太吵了一架。他走到酒吧想要喝酒解悶。第一杯酒怎麼下肚的他根本就忘了，當他清醒後，他已經過了一天了（過了 28 小時）。他發現他自己坐在一般飛往加拿大的飛機上。他根本記不得他爲何坐上這般飛機。他看到他的機票，他他的回程是一個星期之後。他身上只有護照、一點點澳幣以及一些零錢，沒有任何行李。他唯一記得的事是他去了酒吧以及他要買一些換洗衣物。

* 有一個男士他三次酒後駕車被抓。他的駕照已經被吊銷了，並且被警告如果再犯就要關。他的工作狀況是，一天捕魚三天喝酒的狀況。因爲喝酒暫去他大半的生活，而且經濟來源也受影響，所以他鋌而走險去偷公司的錢。因爲他犯罪的狀況越來越嚴重，最後在法官的審判下，確定罪刑。最後，他被押解進監獄服刑。

* 小德是大家公認的敏感又熱情的好好先生。大家從來沒聽他抱怨過誰、或罵過任何人。有一天，他去喝點小酒。在酒後，他買了一張機票去了新加坡。他不知道自己爲何要去新加坡。他就這樣在新加坡到處遊蕩一個多禮拜。當他清醒的時候，他發現他坐載往印度的火車上。他坐在普通艙，很多印度人就站在火車上。他坐在窗邊，看著火車一站過一站。這時車子停下來了。一個印度人想從窗口爬進來。他就把這個印度人推出去，經過幾番拉扯後。印度人的身體離開了窗口，只剩手指抓車窗緣。這時，他突然驚醒：「我在幹嘛？」然後把印度人及時地拉進車廂內，以免掉出去。

範例二：治療師的風格

我在澳洲時，曾經在一個公立醫院處理酒癮跟毒癮患者。當時，我認識了一個專供戒治的心理師 Patricia Gehlhaar（Pat）。我們一同處理了一個破戒的戒酒者。對於這些破戒者的處理有很多書可以參考，當時我直接詢問 Pat 的意見。她說：「先聽聽個案的破戒故事吧！」

我依據她的建議，將他們說的話整理如下：

「我不小心失足了！」

「我離開了匿名戒酒團體了！」

「我感到手足無措！」

「酒瓶在呼喚我！」

「我又被酒蟲控制了！」

「我遇到瓶頸了！」

我發現 Pat 是對的！他們所說的故事正好反應出他們爲何會破戒，也說明了他們爲何這麼脆弱。這些話，反映了他們是酒蟲的受害者，也呈現出他們無助的一面。將他們所說的話整理出來，就是一個共通主題：他們的生活充滿了一些無法掌控的事物。這個核心概念，也讓他們覺得不需要爲自己負責，一切都不是他們的錯。就像「我不小心失足了！」、「我感到手足無措！」、「我又被酒蟲控制了！」「我母親強迫我喝酒！」這些話都反應出很多事物讓他們無法掌控。不是他們自己願意去喝酒、去犯罪等，而是外界一些事物讓他們不得不這樣。

我再繼續聽他們所說的故事，這時可以發現他們不只是覺得自己不需要爲破戒負責，而且也認爲自己不需要爲自己的生活負責：

「我發現我會被解雇！」——有個個案他最近被他的上司指責。

「我發現我可能會離婚！」——一個有婚姻問題的個案。

「火車跑了！」——一個趕不上火車的個案。

「我發現我被關了！」——一個沒繳稅的個案。

「因爲我帶我媽去度假，所以我一定會破戒喝酒。」

這些態度都反應出他們的核心問題。當他們覺得生活是由外界控制時，他們就不需要爲自己的行爲（喝酒或服藥）或者生活來負責。他們會說：「這不是我的錯！有個心魔引導我去這樣做。不要責怪我，也不用期待我會改變！一切就是這樣！」來逃避問題。

這樣的態度會讓他們陷入物質依賴的循環中。這個態度可以改變嗎？我們該如何改變呢？

過去幾年來，Pat 試過各種不同的治療取向來治療成千上百個癮君子，她從中發展出認知面質法（cognitive confrontation technique）。這個方法可以有效地處理那些長期的酒癮或毒癮患者（他們可能經出勒戒所好多次了）。她的技巧就是利用矛盾意向法讓個案陷入認知失調的狀態中。在這種狀態下，有些個案就會堅持自己的藉口，或者否認自己的問題，但是經過一個禮拜的衝擊下，他們也就會慢慢地正確面對自己的問題了。

以下，列出一個範例來看看怎麼進行這個方法：

治療師：你為什麼又開始喝酒了呢？

個案：我開始對酒精匿名團體感到失望了。

治療師：恩恩！天呀！這是一個多麼可怕的經驗。一天，你走在街頭，準備去參加酒精匿名團體。這時，你走進了團體室，發現大家都沒來了，這個團體取消了！這種墜入深淵的感覺，是多麼可怕的經驗。

個案：當然不是這樣啦！呵呵！這不全然是這樣。呵……事實上是，當我開始喝酒之前，這個團體開始……呵，我想你知道我的意思啦！

治療師：我不太清楚耶！你的意思是他們取消了團體嗎？或者是大家都沒來，還是換地方沒跟你說。這個團體到底發生什麼事呢？

個案：呵呵，當然都不是啦！是我自己不參加這個團體。

治療師：又！是這樣！現在我們來看看這件事。你為何覺得你不用參加這個團體呢？

Pat 她對其他的個案也適用相似的方式。她挑戰個案的藉口，強迫他們

去面對真正的內在想法。

　　個案：我昨天又不小心破戒了。

　　治療師：你不是不小心的。想想看，那些踩到香蕉皮滑倒的人，他們也是不小心嗎？這不是個意外，而是你自己要去做的。

　　個案：我不知該怎麼辦！

　　治療師：不是你不知該怎麼辦，是你自己不想要做什麼。

　　就這樣，這些個案不再用藉口過日子了：「是酒蟲作祟，讓我喝酒破戒了。我是被迫的。」而是真實面對自己：「是我自己要去喝酒的！我不需要參加戒酒班！因為我不認真，所以我被開除了！」而且，很神奇地是，他們不在逃避了。他們開始瞭解自己真實的想法，以及行為的動機了。他們也瞭解，自己要為破戒的行為負責，也要為自己的生活負責，同時，他們也可以為自己做些事了。

說明

　　這一節沒有特別討論這兩種認知治療的差異性。我們認為情緒也是觸發喝酒用藥的一大因素。，而另一派認為內在信念才是觸發喝酒用藥的主要因素（Liese & Franz,1996）。

　　這兩個模式主要的差異在於我們的模式（後者）將焦點著重在，當個案慾望產生之後，他們對自己說的些什麼。對於成癮者，他們慾望的產生不只是因為時間效應，還包括了體內相關物質的濃度以及造成渴望的閾值。對於酒精依賴者，情緒（如焦慮、憤怒、悲傷等）並不是主要誘發成癮行為的因子，而是身體對於這些物質的需求。

　　從一些人的回應中我可以感受到，有些讀者對於我們的認知治療策略有些想法。這些想法跟我過去一樣，在我還沒有遇到 Pat 之前，我也很懷疑認知治療是否可以處理嚴重的藥物依賴者。

　　這幾年來，我已經用認知治療處理過不少藥物濫用者，而且有相當不錯的效果。在早期，我自己無法體會到濫用與依賴在治療上的差異，認知治療

對於大多數的個案都有幫助。

當我去戒治所工作時，發現那些原先不看好的治療技巧，在這裡都奏效了。這些病患都是相當嚴重的成癮患者（嚴重度比平均數大於兩個標準差）。他們失去了家庭、工作、經濟、健康，其中還有一些人甚至流落街頭。當我試著去消除他們的負向情緒時，他們就會把這個當作成癮的藉口。例如：「我會喝酒都是因為自己心情不好。只有消除這些情緒困擾，我才可能戒酒。」Pat 讓他們改換想法：「我陷入情緒問題中了。主要是因為我這幾年都泡在酒精裡，我也因此被情緒淹沒。首先，我必須離開酒精。然後再來看看下一步該怎麼辦。」

大部分討論戒癮的文章，很少會討論到如何處理這些棘手的個案，也不會看到任何討論認知面質技巧的文章。我想，很多寫教科書的人本身可能對這些個案的經驗不多，我也一樣，在去澳洲戒治所知前，也很少遇到這些難以處理的個案。你在學生輔導中心不可能會遇到這些個案，因為他們根本不會到學校去。因為他們經常缺錢、經常流連在街頭，所以也不可能到心靈工作室去尋求協助。你也不會在醫院看到他們，因為他們根本不覺得自己有問題。只有在這些勒戒所，一來可能是因為流落街頭被帶進來，而來可能是因為違法被抓，所以他們都不情願地進來這邊。

這種挑戰性的諮商型態，需要資深的心理師才能熟練地使用。就像 Pat 他從是戒治工作已經超過 20 年了。在前兩年，我看到不少諮商師想要用 Pat 的方式，結果大多都失敗了。當你深入去瞭解 Pat 的治療時，你可以發現她對挑戰的拿捏相當合宜，她會再不讓個案感到窘困地狀況下挑戰個案固著的認知。她的矛盾意向法挑戰的是個案的想法，而不是個案本身，許多初學者並無法體會到這兩點的不同，自然而然無法抓到其精髓。

許多個案不喜歡他的認知系統被打亂，當你要去挑戰他的認知系統時，他會相當地憤怒與不滿：「我的想法就是這樣，你平時什麼要我相信他說的話！」這個個案也不會想要尋求任何人協助。過了幾週以後，他過來找 Pat。我剛好幫他做初步晤談，同時也問他：「你怎麼會想再回來呢？」他們大致

都會這樣說：

　　對，我當時很生氣。因為他講的都是對的，也顯現出我的無知。我當時
唯一的想法是想要趕快離開那邊。但是，我很清楚的知道她是唯一可以幫助
我的人，我也可以體會到在她眼中我沒這麼糟糕。當我為自己做一些事情後，
當我能夠痛定思痛地戒酒，我才感來這邊。

　　幾年前，Pat 從戒治所退休了。當她退休的時候，一千多名戒治成功的個
案，從各地過來幫他慶祝退休。

建議讀物

　　在這一節有一些特殊的認知戒治技巧是作者獨創的。你可以從 McMullin
與 Gehlhaar（1990a）與 McMullin, Gehlhaar & James（1990）這兩本書看到
更多的細節。主要的資料是來自 Mc Mullin&Gehlhaar（1990b）。在幾個酒
精與藥物依賴治療的研討會中，也有深入探討相關理論與應用（Adamson &
Gehlhaae,1989；Mc Mullin,1990；McMullin & Gehlhaar,1990c）。你也可以在
Blum（1990）,Blim&Trachtenberg（1998），Bohman, Sigvardsson, & Cloninger
（1981）Cloninger, Bohman & Sigvardsson(1981）Deitrich(1988），Goodwin,
Schulsinger, Hermansen, Guse & Winokur(1973），Goodwin Schulsinger, Moller,
Hermansen, Winokur,& Guse(1974），Lumeng, Murphy, McBride, & Li(1988），
& Schuckit& Vidamantas（1979）等文章看到相關的資料。

　　有幾本書很深入地談論基本的認知治療。例如，Albert Ellis 所發展的理
情治療，特別強調要友善地對待成癮患者（Ellis,1989；Ellis & Velten,1992；
Ellis et al,1988）.Miller 與 Rollnick（1991）特別發展出動機式晤談法，裡面
更加強調要對個案的接納與包容，這種介入取向與 Gehlhaar 特別相近
（Millet,1989）。Bruce Liese 針對認知治療提出完整的架構說明，其中也包
括了認知挑戰技巧（Lies & Franz,1996）。Baer，Marlat 與 McMahon（1993），
Beck（1993）以及 Clarke & Saunder（1988）都提供出一些成癮行為的認知
治療原則。

認知焦點法

基本概念

在第一版，我們認為這個方法是一個重要的方法，但並不是必須的技巧。但是，隨著臨床督導經驗的增加，發現這個方法似乎是必要的策略之一。如果要讓認知治療更有效的話，那這個技巧是必然要學習的。

聚焦法的基本特性就是治療師在治療的過程中，可以一直追尋著個案的內在認知歷程。這個認知歷程包含：個案的感覺、自動化思考、心像、情緒、態度與價值觀、體感覺、內在意義以及其它在治療中產生的經驗。如果治療師可以貼近個案正在進行的認知經驗，認知介入技巧的效益就會提升。如果治療師無法貼近個案，那效果就會大打折扣，因為似乎這些技巧只是一番大道理，與個案的經驗脫節。基本上，聚焦法是必要的基本條件，但治療有效與否則需要其它重要的認知介入技巧。

事實上，認知聚焦法是相當困難的。這個方法需要治療師擺脫自己的想法，而能深入個案當下的心理歷程。一切的學習必須要靠經驗的累積，當你經驗越多，自然成效也就越好了。

方法一：認知治療中的一般聚焦法

1. 將聚焦放在個案當下的思考歷程中。有經驗的治療師，他在治療所採用的素材會跟新手不同；新手使用的是自己先前準備的素材，而有經驗的治療師則是選取當天個案的反應當作素材。

2. 聚焦的內容不只是個案所表達出來的內容，還包括他怎麼表達。注意他的聲調、表情、情緒、姿態等其它非語言素材。

3. 當你做一個介入行為時（如詢問、解釋、澄清情緒、澄清想法、對抗信念），請注意個案當下的反應（包含語言與非語言訊息）。

4. 追隨個案的反應，而不是你自己的說詞。當你隨著個案的反應進行回

應時，你會從個案的反應中發現潛在的信念模式（這個模式經常是問題的核心）。

5. 持續跟著個案走。澄清整理個案所表達出來的認知內容（包含自我概念、歸因、自我暗示語言、解釋與概念化聚焦）。

6. 幫助個案注意到他當下的經驗（例如：治療師：「我發現你現在在笑！」）。然後幫助個案進入他的認知中（個案說：「我笑是因為我發現他這麼強壯的人，原來也會有心情低落的時刻。」）

7. 當個案對於自己的認知感到混淆時，幫助他做澄清，將焦點放在他的情緒上，直到他們可以發現到他的內在認知。

8. 繼續幫助個案探索與自己有關的認知，個案會有：「對，就是這樣！」

範例

世界上最著名的認知治療師為 Albert Ellis。他有個 50 年的個別與團體治療的經驗，他累積了成天上百小時的治療經驗（DiMattia & Lega, 1990）。

如果你有聽過他的治療錄音帶或錄影帶時（Albert Ellis 理情治療協會有相關資料），你會發現一些特色：

＊他將所有的精神放在個案身上。雖然他在數百個專業人員面前進行治療，但是他還是專注在個案的語言、感覺、以及行為反應。（在這個治療中，他們都被提醒說：「如果你們不能安靜地觀察的話，那就來當個案吧！」所以，每個人都屏氣凝神地觀察）。

＊他專心地追隨個案的當下經驗。他也採用認知架構分析個案，但這個架構的資訊接來自個案本身的資訊。

＊他是一個指導式的治療師，直接教導個案相關知識，但是當個案再說話時，他卻當一個好聽眾。

＊雖然他很強硬地擊破個案的內在信念，但卻不會攻擊個案。他完全接受與尊重個案。

＊在治療中，他跟隨著個案進行治療，在個案尚未準備好之前，他不會

強迫個案前進。

＊他依據個案的反應來決定方向。

＊他是一個誠實且情感豐富的長者。他不會把自己藏在專家的面具之下，變成一個情緒平淡木偶。如果個案問他任何問題，他都會誠實回答。當個案問：「在這種狀況下，你會怎麼辦？」他會將這句話重問一遍：「你想要知道我的想法嗎？」或者是「要自己做決定會讓你感到不舒服！」或者是「現在要討論的重點是你不是我！」他就是這樣誠實地回應。

方法二：一個特定的認知聚焦法歷程

1. 請你的個案放鬆，將每一條緊繃的肌肉放鬆。在這個時候，可以隨他們的意思張開眼睛或者是閉上眼睛。（3分鐘）

2. 請他們排除雜念，將焦點放在你等下進行的活動中。如果個案一開始並沒有特別的問題，可以用一個想像的方式，幫助個案找出核心問題。例如：

   想像你坐在一個商店裡，四周堆滿了箱子。在每個箱子中，都包裝著你的一個問題。每個問題的大小不同，自然所包裝的箱子也有大有小。現在請你搬動著些箱子，一次幫一個，好騰出空間讓你可以坐下來。……現在你已經坐在房間裡面了，看看你四周的箱子，打開一個你最想打開的箱子。

   打開箱子了。現在看看裡面所包裝的問題是什麼？小心地拿出來，好好地去體會這個問題。

3. 一旦個案選好了箱子（問題）後，詢問他對這個問題的感覺。例如有個個案表示當她看到先生的前妻時，內心著實地不舒服。我們要他將注意力放在這個感覺上，她是著重新經驗這個感覺，而不是單單地回憶這段往事。

4. 請個案將所有地注意力放在當時最強烈的情緒感受上。對於有些個

案，這個動作會有點困難。因為，以我們的社會文化，不太期許個人
太過表達與清楚自己的情緒。這種壓抑情緒的文化，讓個案無法自在
地表達自己的感受。你會發現，當個案無法清楚地體驗與表達自己的
情緒時，他們也很難將自己內在的思考歷程清楚地表達出來。以我們
的例子來看，這位遇到自己先生前妻的太太，經過澄清與體會後，她
終於瞭解那種不舒服的情緒是焦慮。

5. 一旦個案可以清楚地體會與表達當時的情緒時，我們在請他深入去體
會這種情緒的不同成分。有些情緒經常是包含著不同的基本情緒，例
如生氣、罪惡感、不好意思、嫉妒，這些也都會伴隨著焦慮而產生。

6. 現在請個案回憶與該情緒相關的其它情境。（當你遇到他的前妻時，
你都會感到害怕不安嗎？你還有遇到其它人也有同樣的情緒嗎？談談
這些情境。你如何體會到這些情緒？）看看個案的情境與感受間的連
結是否合理，並且協助個案正確地找出情境與感受間的配對與關連。

7. 最重要的就是，在相近的情境中的相同情緒，其中有哪些想法呢？幫
助個案找出其中內在信念，並且協助個案找出他賦予情境的意義。小
心地檢測這些信念，並找出核心的錯誤信念。以我們的例子來看，這
位太太當下有一個核心的信念：「我沒有比她好，當他拿我跟他前妻
一比後，他會發現他跟我結婚是錯的。」

8. 現在請個案試圖地轉換心情。第一部份，先請個案將焦點放在這個情
境上，但是不要產生負面的情緒（想想看，哪一次你遇到她，並不會
感到不舒服！談談當時的感受）要注意，這是相當困難的工作。（如
果你的個案無法產生其它情緒時，請他想想別人在同樣的狀況下，會
有何種感受。）

9. 接下來，當個案在同樣的情況下，可以產生其它的情緒時，請個案將
焦點放在當時的感受。（當你不再感到焦慮時，當時你有什麼感覺？）
引導個案分析這些感覺。以這位太太來看，他的核心信念是：「我對
不起她！她跟我一樣是好人！沒有比我好也不會比我差。我先生過去

跟她相處產生一些困境，現在我先生和我在一起了！畢竟一夜夫妻百日恩，我也要學著去接納她與關懷她。

10.最後，請個案反覆地練習在不同情境（步驟 8）中的不同的情緒（步驟 4 與 5）。主要的核心就是讓個案確切地瞭解想法轉移，情緒自然也會改變。你的個案可以體會到他不再焦慮嗎（步驟 9）？以這位太太的例子來看，她感受到前妻真的很不錯，但不會想到她先生會離開她。有些個案的注意力不夠，所以需要反覆地練習。教個案怎樣在家裡練習這個技巧。他們練習越多、練習越熟練，自然也就可以轉換他的情緒與感受了。

範例：萊特的故事

四十多歲的萊特，他在親密關係中有相當大的困擾。他經常陷入混亂的情緒之中。事實上，他是一個心理學相關叢書的作家。我利用前面的策略，讓他進入他的小房間中，挑選出最重要的箱子。以下列出我跟他的對話：

萊特：我看到好幾個大箱子。其中一個箱子裝的是我的嫉妒，也就是當我喜歡的女生跟別的男生走很近時，我會醋勁大發。另一個問題是我內在的衝突，我很想靠近她，但是又怕靠太近。第三個問題就是，我無法去恨那的離開我的女人。第四個箱子是愛—恨—恐懼—愉悅—嫉妒等情緒混雜的箱子，這個箱子就是包裝著我對我心愛的那個人的情緒。第五個箱子就是我為了避免自己受傷，同時腳踏多條船。

治療師：現在從角落搬一個箱子在你面前，打開它，把其中的問題拿出來。靜靜地看著這個問題，感受一下身在其中的感覺。這個問題牽涉的層面可能很廣，你無法拆開來思考，所以就整個問題來體會其中的感受。反關心中的自己，他有什麼樣的感覺？他看到了些什麼？當你問自己的感覺時，腦中浮現出什麼？靜靜地去體會這個感覺，看它怎麼產生與變化。（三分鐘）

萊特：我拿起最大的箱子，就是第四個那個愛—恨—恐懼—愉悅—嫉妒等情緒混雜的箱子。當我打開這個箱子時，我看到這些情緒流竄著。我注意

到不同時間這些情緒輪流著支配著我，有時是恐懼、有時是愛，但大部分的時間是憤怒。

治療師：你有什麼感覺？

萊特：混亂。

治療師：試著幫你這個感覺命名，例如卡住了、緊繃或者是窒息。持續感受這種混亂的感覺，試圖地去描繪它。（四分鐘）

個案：這次一種相當悲傷與孤單的感覺。也是一種空虛的感覺。也是一種糾結在一起的感覺——好像這些情緒都是獨立的個體，然後有一些繩子把他們綁在一起。這種感覺很早已前就會有了，當我剛開始談戀愛時，這種感覺就存在了。我會很不喜歡這些感覺在這裡，他們好像會攪和我的好心情。

治療師：很好。現在我希望你能找出跟這些情緒有關的情境。看看最近有沒有相關的事情與這些情緒有關。持續將焦點放在你的感覺上，讓情境慢慢浮現出來。一次處理一種混亂的感覺，讓每個感覺都能找到他的家。（3分鐘）

萊特：我每一次跟女性在一起的時候，都會感到有點悲傷與孤單。當我在國小的時候，我也會有這種感覺。我跟大家格格不入，並且沒有任何朋友，也沒人喜歡我。在我跟一個女孩子約會之後，那之後了一天或兩天中，我會感到很百感交集。我記得我初戀的時候，這種感覺特別地強烈。我對她的感覺相當不真實，好像太神經質了。

治療師：很好。皆下來將注意力放在你記得的感受上，但是同時將焦點放在與這些情境有關的想法上。一次感受一種感覺就可以了。（五分鐘）

萊特：嗯，這種難過與孤單的感覺，它跟「我與他們不同，我是個異類，跟他們不一樣。」這樣的想法中。

治療師：那種百感交集的感覺呢？哪種想法讓你陷入這種百感交集之中呢？

萊特：恩，沒錯！我覺得有這種感覺是有問題的，我一定比別人差。

治療師：你可以把這兩種想法放在一起嗎？

　　萊特：我試著看看。「因為我有病，所以我跟其它人不同。」當我在國小的時候，我應該是這樣跟自己說的。我覺得自己與他人不同也比他人差。但是，當我第一次談戀愛時，這種感覺就突然繃出來了，我覺得自己有病。事實上，只有當一個女性關懷我的時候，這種感覺特別強烈。

　　治療師：你做得很好。現在試著做一些變化。我希望你將焦點放在其它情境上。想想看，在哪些狀況下，你跟女孩子互動是覺得冷靜、有自信以及健康的。

　　萊特：我想我跟很多女孩子在一起的時候都很舒服，但是我從來都不關心他們。如果我跟那個女孩子戀愛，那種糟糕的感覺就會產生。

　　治療師：沒錯。想想看，有沒有幾次的戀愛中，你不會感到不舒服的。從過去找找看哪幾次你不會感到不適。

　　萊特：有，但都是很短暫的感覺。通常只是短暫的幾天。

　　治療師：現在看看那幾天是怎樣。將焦點放在那些時光上。（3分鐘）

　　萊特：我可以感覺到。很自在。沒有嫉妒，只是很快樂地與她們相愛。

　　治療師：很好。那些狀況下，你看到了些什麼？你當時的想法有沒有什麼不同？注意你當時的想法。（五分鐘）

　　萊特：我想到我不需要她們。我想要跟她們在一起，但不會想要擁有她們。以前，我認為只要跟一個人相愛，我就完全是屬於她的。但是現在，我覺得我還是一個獨立的個體，跟她在一起只是生活中的一部份，而且同時，我不會覺得自己很孤單。當我這樣想的時候，我心愛的人也只是一個人，不再是安慰我孤單心靈的拯救者。

　　治療師：然後呢？

　　萊特：那幾次的經驗，我覺得我可以很清楚地看到我的愛情。但是，這只是少數的時光，大部分的時間我還是陷入在混亂當中。我可以將她當作一個獨立的個體，她有她自己的煩惱、衝突、掙扎。我也不覺得她是我快樂的唯一來源。但是，當我把她當成獨立的個體時，我好像消失了。

　　治療師：停留在這個感覺上。將焦點放在這樣的感覺上。現在試著站在

這個感覺上，然後回顧過去的感覺。看看那種覺得自己有病、怪怪的心情。（2分鐘）

萊特：天呀！哪種感覺不是真的。這也是為何我會覺得很混亂。我覺得自己會跟她們分離的想法造成我的神經質。兩個人是獨立的個體是一件很自然的事。我一個人也是可以維持自己的重要性。我是獨一無二的個體。我相當的自私，會期帶對方放棄自我來補足我的孤單。我們兩個都是孤單的個體，我們只世事著互動變成「情侶」，而不在只是單一的個體。我會害怕自己與眾不同只是無謂的擔心，我本來就跟別人不一樣。

治療師：注意這樣的觀點。讓它留在你心中。以後，當你開始處理其它情緒，或者是面對愛人有一些負面情緒（如憤怒、孤單、受傷）時，拿出來重新思考一番。

在這段的治療中，我一直使用認知聚焦法。這樣一來，萊特就可以持續地注意他所處的情境、想法跟感覺。當他跟喜歡的人在一起時，他就可以試著改變自己的觀點從過去認為自己很奇怪轉變成：「我覺得自己是人類的一份子，而且不再覺得孤單」。

說明

聚焦（Fucising）這一個詞彙來自羅傑斯（Rogerian）學派的大師 Eugene Gendlin（1992a,1992b,1996a,1996b）。有些學者認為聚焦是羅傑斯治療的核心技巧，這可以增加個案的自我經驗層次（McMullin,1972）。在這一節，我們只是簡單地交代這個技巧，Gendlin 本身就以這個概念發展出聚焦取向治療（Focusing-oriented psychotherapy）（Gendlin,1996a），在他的治療中，認知只是聚焦的成分之一（Gendlin,1996a,pp.238-246）並且認為認知技巧只是偶一為之的工作（Ggendlin,1996a,p.246）。我們的目的並不是特別討論聚焦取向的心理治療，重點在於不論是我們的治療或者是他的治療取向，認知聚焦都是一個重要的策略。

為了讓你更清楚認知聚焦法的重要性，皆下來就將這個技巧放在認知重

建治療的架構上來說明。

　　認知治療的核心就是改變聯繫著情境（A）與感覺（Ce）及行為（Cb）的中間人──信念（B）。所以我們的焦點就要放在信念本身，而不是其它成分。羅傑斯學派會將焦點放在情緒，因為他們認為當個案可以接近他的個人經驗時，他也就會成長與改變了。行為主義則是將焦點放在情境與後果間的連結，重點在於打破不當的連結，建立起良好的新連結。精神分析學派則是將焦點放在情境與情緒連接背後的起源。當個案可以發現這個連結的源起後，他也就可以打破這個關係了。

　　其它學派也會批評我們，認為信念太過表面（行為取向）或者是太過理智化（羅傑斯學派），或者是這只是一個防衛機轉（精神動力學派）。但是這些批評有失公正，因為他們所認知到的信念是非常狹隘的。如果信念只是簡單的一句話，那認知治療就只是一種理智化、理性的語言轉換，但是，讀過此書會知道，認知治療中的信念，不單單只是一句話或者是一個語言。

　　在這本書的核心，我們認為認知是：預期、選著性記憶、歸因、評估、生命主題、內在人生哲學、自我效能以及認知地圖等其它認知歷程成分。信念群就是一組：大腦組之外在訊息成為內在資料的方法。所以，信念群不只是一句話。語言、語句只是溝通這些內容的素材，它並不是內在認知本身。如果個案無法用語言表達他的信念，並不代表他沒信念，信念事實上還是存在他腦中，只是尚未表達罷了。認知治療的目的不是改變外在的語言，而是內在的認知組態。

　　如果沒有以上的完整概念，你貿然地使用認知聚焦法則會很容易失敗。將個案的焦點聚焦在情緒，重點是幫助他們能夠找出引發情緒的認知組態。如果個案可以自己體會到這個組態的存在，那要修正組態則是輕鬆多了。以認知治療的角度，我們是藉由聚焦的方法，讓個案可以抓取到自己背後的信念，重點並不是聚焦的主題本身。

建議讀物

對於聚焦法有興趣者，可以參閱 Gendlin 的著作（1962,1964,1967,1969, 1981,1991,1992a,1992b,1996a,1996b ；Gendlin, Beebe, Cassues, Klein & Oberlander,1968）

認知再建構治療的核心成分：檢核表

基本概念

認知治療是一種藝術也是一種科學。我們可以經由一些課程與書籍去瞭解背後的科學精神，也可以經由反覆地學習來熟練各種不同的技術，但是還是要注意心理治療的藝術。我進行督導已經超過了 25 年了，以我個人經驗，必需要經過兩年的臨床訓練以及一段時間的督導（包含聽錄音帶討論以及現場的觀看）後，治療師才可能獨當一面地進行認知治療。

這本書介紹了各種不同的技巧，在這裡我還要再提醒一些基本原則，讓你自己來省思一下，你是否有做到這些呢？

1. 個案可以區分情境（A）、想法（B）、情緒（C）的不同（還是說這三個成分混淆不清）嗎？要記住，情境指的是外在環境的因素，想法是個人內在的歷程，情緒是伴隨著想法產生的反應（回顧第一章，教導 ABC 原則）

2. 你的個案相信認知是導致情緒的主要因素嗎？如果個案無法相信這一點，那皆下來的認知治療就會受阻。（看看第一章，提供信念引發情緒的證據）

3. 你的個案可以找到與情緒串連在一起的核心想法嗎？如果這個想法與情緒無關的話，再找找相關的想法。認知治療的第一步就是讓個案找

到導致問題的核心信念。一開始找到的信念大多都相當表面，治療師必須花很多時間來剝絲抽繭，來找到核心的想法。（第二章，找出信念）

4. 你的個案可以發現這些信念造成他的生活困境嗎？或者是他們還是認為想法與自己的感受與行為無關？（參看第一章，環境的影響力有多大？）

5. 你的個案可以發現想法之間的互動關係嗎？他們發現他們對於進入雜貨店產生的恐懼是跟進去餐廳或電梯一樣嗎？他們可以畫出想法間的認知地圖嗎？（第三章，信念群組）

6. 你的個案可以瞭解他們信念與感受間的關連性是否合理嗎？（第六章，找出良好的推論。）

7. 他們可以自己分析自己的信念是否良好嗎？（第六章，邏輯分析）

8. 他們是否相信當信念推論有問題時最好的方法是改變它？（參照第六章，有效的對抗法）

9. 你的個案願意去對抗他的信念嗎？他們願意試著用不同的方法來改變他的信念（如轉移注意、重新組織），或者只是嘴巴說說罷了？（參照第四章，對抗攻擊與強迫選擇）

10. 他們的技巧學的熟練嗎（有些技巧需要花一年的時間學習）？不幸的是，許多個案認為只要花一個下午的練習就可以對抗這些長期的陋習。個案必須長期的反覆練習這些技巧，而不只次當作一個救命丹。（第十一章，練習技巧）

11. 他們可以自動化地使用這個歷程嗎？他們可以深刻體會其中的精神嗎？（第八章，心像跳變與第九章搭橋）

12. 他們可以主動修正在治療中所學的技巧嗎？你可以鼓勵個案採用適合自己的修正方案，但是要確定這樣的改變不會脫離原意。

13. 個案可以瞭解改變信念的力量來自自己而不是治療師嗎？他們能夠瞭解治療關係是一種類似師生的關係，而不是讓他解脫的神奇力量。

14. 個案可以瞭解，當他對治療期待低時，治療效果自然就低嗎？如果個案預期無效的話，治療就自然無效了！（參照第二章，自我效能感。）

15. 他們認為其它的取向或者是其它的治療師對他更有幫助嗎？如果他們覺得你的治療是備案的話，那他們對於治療的投注自然就會減少了。如果他們有這個想法的話，可以建議他們先去他們優先的考慮，然後再回來。

16. 個案可以完成回家作業嗎？還是每次只會在治療室中寫？跟個案說明作業的重要性，並且每週只有一小時的努力無法對抗其它失敗的時光。（參照第一章，學習基本架構）

17. 當個案陷入困境時，你是否感到無力呢？（參照第十二章，個案的阻礙）

18. 你可以發現個案有些難以改變的信念是來自她的文化與環境嗎？單純改變這些想法會造成她的罪惡感，所以試著去鬆動根深蒂固的價值枷鎖。（第十章，歷史性重整與第十三章跨文化的認知治療法）

19. 是否有太多非認知的因素干擾著你的治療呢？雖然個案的問題核心是認知，但是當下的危機狀況會干擾的治療進行。如果個案有緊急的婚姻問題、健康問題、藥物濫用等緊急狀況，先處理這些警急狀況。在這些緊急狀況的處理，你可以選擇一些危機處理的策略（參照十二章，危機認知治療、處理嚴重心理疾患者、成癮患者的認知再建構治療。）

範例

　　心理治療跟其他治療一樣（如藥物、手術）也會有失敗的時刻，但是大部分心理治療的書所撰寫的都是成功的個案。在報章雜誌上、在演講中，這些專家所提到的都是他成功的案例。這會讓我們產生一個錯覺，好像心理治療一定會成功，但是現實中，每個治療師都遭遇到相當多次的失敗經驗。這就好像我們拿自己的照片給別人看時，一定會把照壞的抽走，留下那些照起

來不錯的照片給別人看。有時候,讓讀者看到一些失敗的案例以及失敗的可能原因,讓他們有個借鏡會是不錯的方式。

接下來會整理出一些我的失敗經驗,有些是因為我能力不夠,而有些卻是心理治療的限制。幾年前,有一位女士她住在另一個鄉村。她讀過我寫的一些書並且很喜歡我的作品,所以她風塵僕僕地過來,希望我可以幫助她。我後來發現她是一個百萬富翁,並且捐款資助一些心理學叢書的出版。當她讀到自己喜歡的書時,她就會跑來跟作者碰面。在跟我碰面之前,她已經見過幾個知名的心理學家。

在跟她談過幾分鐘之後,我知道她是慢性精神疾病患者,而對於這類的病患不是我能力所及的個案。事實上,目前有一些不錯的治療方法可以幫助她,可是她不只是要緩減,而是要完全治癒。不幸的是,在目前精神分裂症的治療中,並沒有可以完全治癒的方式,大部分的藥物或心理治療只是幫助她的症狀緩減以及恢復部分功能。而她,為了找到更好的方法,只好坐著飛機到處去找專業人員,希望能有一線希望。

這是相當棘手的問題。大家都知道,有些疾病是不可以治癒的,例如癌症或者是舞蹈症,但是對於一些人而言,她們卻認為心理疾病只要心藥醫就可治好。不管大眾的想法如何,我們要知道有些個案的問題是無法解決的!當我們遇到這些個案時,就要協助她去接受她的困境,並且教導她一些技巧與病共存。(可以參照本章「處理嚴重精神疾病患者」)

有時候,個案一直不跟著治療走,所以你用盡的方法她還是我行我素。事實上,不需要責怪他們,給他們一點時間去接受她的問題吧。

有一個個案他是監獄中強制治療的殺人犯。他們可能會強迫行為,如反覆洗手、數階梯等強迫性行為。有很多認知行為治療的技巧可以處理這些問題,但是最大的問題卻是他根本不理你。他只是反覆地抱怨監獄中的問題,抱怨這個世界以及治療師。

有一個笑話可以說明我們可能遭遇到的問題!

「有多少治療師會去換燈泡?」

「事實上，只有一個，就是那個換掉的燈泡。」

我跟我的同事都感覺到心有戚戚焉。人有自己決定行動的能力。再有能力的治療師，面對決定不改變的個案，你也是束手無策。我們可以規劃很好的計劃讓他去改變，但是他一口回絕的話，一切都枉然。

當然有時候我們對於個案太嚴格或者是太放任，都會造成失敗的結局。當我們對個案期待太高，給予太多壓力以及進行速度太快，這樣都會讓他們感到太嚴厲了。諮商是一種鼓勵成長的過程，而治療師就向一個園丁一般。所有的改變根成長都在讓個案能夠過的更安適，在這個過程中，治療師不是外科醫師直接處理病患的傷痛。我們是心理學家在個案的心靈的園地中耕耘，讓他成長茁壯，能夠面對未來。

在我的經驗中，大部分的治療師都太善良了。對於新手很容易犯這樣的錯誤，都以為自己是一個充滿愛心的助人者。治療師也是人，很容易就會同情到個案的痛苦。新手經常只能體會到個案的痛苦，卻沒有辦法看到痛苦後面的意義，他們很快地同情個案，然後馬上解決個案的痛苦，就像外科醫生一樣馬上解決病患的傷口。這時，個案會覺得相當棒，因為傷口不痛了，並且會很感謝治療師，而治療師也會感到相當的有成就感。

通常這樣做反而會有反效果。情緒上的痛苦只是一種警訊，告訴我們心靈受傷了。這就跟身體疾病一樣，會有一些身體疼痛的徵兆，來告訴我們身體狀況出問題了，但是光處理疼痛卻是一種治標不治本的方法。而這些不適反應主要是讓我們有一些方向去找出問題的根源。當我們直接止痛後（消除情緒），往往就很難找到問題的根源了。

我們從治療酒癮的問題上，就可以看到這個問題了。一開始，我們治療酒癮是用厭惡法，大家嫌棄討厭他們，因為大家都討厭酒鬼，認為這都是他們自己的個性問題。但是，這些方法都沒用，這些酒鬼還是繼續喝酒。後來，大家認為酒癮是一個心理困擾，需要同情與關懷，來增加他們的自信心以便用是當的方法來克服生活困境，並且認為酒癮問題來自於幼年的創傷經驗，所以就更加關懷個案。目前，認為酒癮是一個醫療上的問題，將這些酒鬼當

作是病患來處理。在治療中,幫助個案消除喝酒的慾望,然後可以不靠酒精來生活。

現在,我們知道這些取向都有他的問題存在。在我的想法,治療酒癮不只是減少他的喝酒量,還要處理他心靈深層的困境。整個治療就是一個銜接過程,幫助酒癮個案從酒精中走向現實生活中。所以,在治療的過程中,首先要讓個案了解酒精對他的生活、健康、家庭的影響,能夠快樂生活的最佳方法就是遠離酒精。一但個案能夠深刻地體會到這一點後,他們就自然開始學習如何面對新生活了。

治療師都有犯錯的可能,而這些失敗都可能讓你沮喪;但是別忘了,你也有很多成功的個案,記取教訓讓自己更成長。

建議讀物

現在有相當多的研究來探討治療效果的評估,而且在健保的要求下,治療效果的呈現是相當重要的資料(Giles,1993a,1993b)。有關認知治療的效果評估上,你可以參閱相關的文獻(Beck,1995;Dobson,1989;Elkin et al,1989;Rachman, Rachman& Eysenck,1997;Shea et al,1992)。

第 *13* 章

跨文化的認知治療法

　　個案的想法不是憑空而生的，個案的想法其實是融合自身的生活體驗與更多周遭的人的想法所構成的。當我們觀察一群具有某些關聯的個案時，我們常發現他們都相信許多自己文化中的信念。

　　因此，心理治療師對文化的認知是認知療法的核心課題；意即，心理治療師若想讓諮商更有效，他就必須要了解每個個案的文化背景。

　　文化背景決定許多個案的認知，例如：他們堅持或排斥哪些想法；他們會察覺或忽略哪些事物；他們是否能與陌生人分享心事；他們對關心他們的人抱持著怎樣的態度；他們認爲哪些事情重要；他們會接受或拒絕怎樣的療法；他們會如何解釋自己的情緒問題；他們願意爲自己的療程付出多少努力。

參照團體

基本概念

　　個案的想法與態度可依照以下幾種不同的群體做分類：文化、種族、次文化、區域、語族、國籍、宗教、與政治傾向。因爲分類的依據太多了，所以很難解釋爲何個案選擇接受這個群體的信念，而非另一個群體的信念，對此，社會學家提出「參照團體」來解釋。此處所謂的「團體」不是指人出生與成長時所屬的團體，也不是自己外在所屬的群體；此處所謂的「團體」是

指人內心所認同的團體。因此，個案可能是住在美東，而且是中上階層的愛爾蘭籍天主教徒，即使他有可能在一個自由民主的家庭中成長，但他心裏卻有可能是認同東方古老的禪學思想與功夫。因此，「參照團體」算是個案心理上的歸宿。

方法

1. 將個案心裏所認同的團體列出一張表。
2. 你的個案具有多少該群體所共有的想法。
3. 將該群體的主要信念列一張表，意即，列出該群體有別於其它群體的想法。
4. 畫張圖表，可以顯示該群體的主要信念與你的個案的信念之間有多大的相似度。

範例一：恐外症

「參照團體」的負面影響是會激起對於其他群體的恐懼，這種恐懼與「恐外症」（xenophobia）有關；（xenon 是希臘文「陌生人」之意；phobia 是希臘文「恐懼」之意）。因此，恐外症就表示對於外國人或陌生人的恐懼或反感，此恐懼與反感是誇張且持久的，雖然這種恐懼在程度上算是輕微的，但卻不容忽視。恐外症是所有文化恐懼症中最常見的，但它也是最危險的。

有許多個案都承認自己認同他人的「恐外症」。例如：美國東岸的大學生被教導相信：「在西部的學校是學不到東西，那裡的教育是蠻荒，在阿利根尼山脈以西的地方是沒有文化」。

來自西部的個案則被教導相信：「來自東岸的人都是勢利的知識份子、自以為是、沒志氣又不老實。」

南方人對北方人的感覺是：「臭北方佬，一群滑頭的投機客，最好滾回北方去吧！」；然而北方人對於南方人的感覺是：「南方人是一群盲從的鄉巴佬，即使是白人，也只是沒教養的工人」。

　　德州的個案則是不喜歡其它 49 州的人，德州人甚至自認爲這是「德州人與聯邦政府的對抗」。在科羅拉多州，就有很多人不喜歡德州人或平地人（科羅拉多州人對非山區的人的稱呼）。在華盛頓州與奧勒岡州，許多人在自己車子的保險桿上寫：「滾回家去，外地人。」。而到加州旅行的人也被警告別開掛有加州車牌的汽車。

　　類似的恐外症的例子可與國籍、宗教與政治團體有關，因此它是隨處可見的。我們身爲心理治療師，會將個案的恐外症歸因於自傲心理，這是很自然且非病理地依附在自己所處的群體。但這種自傲心理背後卻潛藏著極大的危機，例如：「異己」、「陌生人」、「外國人」、「他們」這些字眼都暗示著邪惡、陰險或不懷好意，個案心裡也會排斥行爲或外貌與自己不同的人。對別人的輕視衍生出偏見與歧視，而造成世界上最不幸的事。因此，幫助個案認識恐外症（無論是自己的或別人的），便能幫助個案創造出一套更公正且穩定的信念。

範例二：文化所認定的（心理疾病）診斷

　　文化上的參照團體也教導個案哪些情緒問題是可接受的，一個文化可以接受對成年的生活適應不良的問題，但若是有性生活不協調或嚴重的精神異常的問題，卻是令人難以接受的。何謂「失調」是由文化來做認定，何謂「失調」（disorder）的判斷標準也是隨著時代而改變的。

　　許多年紀七十歲左右的個案，對自己的存在感到不安。個案們抱怨生命沒有意義，他們渴望知道「我爲什麼會在這裡？生命的意義爲何？」個案對政府、家庭以及宗教等等，諸如此類的傳統機制失去信心，轉而求助於心理治療師，以解除心中的迷惘。個案們形容自己像是「漂浮在荒謬的宇宙之中」，最後，他們常會轉而探索神秘的宗教或投身異教團體，希望藉此發現生命的意義。

　　七十歲中後期的個案則抱怨自己的人際關係有問題，若不是人際關係不好，就是連一個親密的朋友也沒有，個案抱怨總是孤單一個人或沒朋友，因

為，最根本的改變乃是在於男女的角色扮演，個案不知何謂男子氣慨與女性
氣質，他們的人際關係也因此遇到問題。

八十歲前期與中期的個案所面臨的問題又不同了，他們比較不關心生命
的意義與人際關係，他們反而較在乎一生的成敗。他們會自問：「若是一輩
子都不成功，這不是很慘嗎？」，他們擔心自己的車不夠好，所接受的管理
學訓練是否夠好。對於這些個案而言，成功意謂著有錢有勢，還有物質上的
享受。

九十幾歲的個案則擔心得不到別人的認同，他們擔心別人會不喜歡他
們，也擔心自己的外表不夠好，別人會看穿他們面具下真實的自我，一些個
案說：「我不夠起眼，我自己都覺得丟臉。沒人認同我、尊重我，這真是糟
透了。」

當你問個案他們在意以下哪些東西：真正擁有知識或外表像有知識的樣
子；真正擁有勇氣或外表像有勇氣的樣子；真正擁有成功或外表像很成功的
樣子；真正擁有很多朋友或外表像有很多朋友的樣子。令人驚訝的是，絕大
多數的個案都選擇外表。他們都覺得重外表是件丟臉的事，但又辯稱「就算
你真有這些東西，但別人卻不這麼認為，那又有何用？你還不是得不到任何
好處。」

生命是不斷循環的，接下來個案可能會再度因為對存在的不安而尋求援
助。個案們又會抱怨生命沒有意義，他們再度想要知道：「我為什麼會在這
裡？生命的意義為何？」對傳統機制失去信心，必須再度求助於心理治療師，
以解除心中的迷惘，再度覺得自己像是「漂浮在荒謬的宇宙中」。最後同樣
可能會探索神祕的宗教或投身異教團體，希望藉此發現生命的意義。

說明

許多患有恐外症的個案會轉而排斥同一群體的人，他們自責身處於「錯
誤的」群體（例如：人種、種族、階級、文化、年齡層），此種對自己所屬
群體的排斥會導致嚴重的內鬥。

　　對於恐外症（無論是對群體外的人或同一群體的人）的治療，是讓個案知道恐外症是因為這種以偏概全的錯誤想法所導致的。不同的文化族群會具有某些相同的特質，有時即使是同一文化族群的人，彼此的差異竟然跟不同文化之間的人之差異一樣大，因此，我之前所謂的同一文化族群的人都具有相同的特質，乃是指他們在情緒狀況上的相似，並非事實上會完全相同。

　　不只個案所面臨的問題會不斷循環，就連治療的方法也會不斷循環。在治療個案的過程中，我見到許多治療方式的使用與廢棄，其中有：超越現實的冥想（transcedental meditation）、催眠情緒宣洩法（primal scream）、對自身存在意義做分析的方法（existential analysis）、溝通分析療法（transactional analysis）、神經語言學課程（neurolingistic programming）、藉調整身體以改善精神狀態的羅夫治療法（Rolfing）、眼動心身重建法（EMDR）、辯證法（dialectics）和許多其它的療法。

建議讀物

　　對於恐外症，最原始與更完整的論述都記錄於我曾刊登於報紙上的文章（McMullin,1995）。

　　民族優越感是社會學理論中一個主要的理論，原由社會學之父 Graham Summer 於 1906 年提出，此概念呈現出以下兩點特色：首先，在眾多群體中，人們會傾向選擇他們所屬的群體做為參考的群體。第二，人們會相信自己的參照團體是比別人更好的。（Summer, 1906；Summer, Keller & Davie, 1927）Marsella 大體上在特殊的或跨文化的諮商過程中，對於民族優越感有更多的探討（Marsella,1984,1997,1998a,1998b；Marsella, Friedman, Gerrity, & Scurfield,1996）。

文化上的分類

基本概念

　　文化不只指示個案如何對待其它群體的人，它也指示個案如何看待自己所屬的文化群體。

　　個案會自我欺騙，否認文化對他們的影響性，他們很難察覺出他們的文化正在教導自己如何看待這個世界，他們也很難察覺，文化正在教導他們將其它文化中的人視為異己，而且將他們視為劣等的人。個案們相信他們所屬的文化的確揭示這個世界的本質，而且也只有他們所屬的文化對於生命的觀點是正確的。

範例一：Dyirbal 族人所採用的分類

　　由 Lakoff 於 1985 年所寫的《女人、火與危險的事物》(*"Women, Fire and Dangerous Things"*) 顯示個案對於世界的看法與其所屬的文化密切相關。本書收集許多不同社會的語言故事，而且還解釋了語言是如何幫助人們去面對與感受不同的事物。書中的一個故事是關於一支名為 Dyirbal 的澳州部落這亦是本書命名的由來。

　　在 Dyirbal 族的語言中，因為族人相信這世上所有東西基本上都可分成四類，因此，每個名詞前面都得冠上四種分類的字之中的一個。四種種類分別為 Bayi，Balan，Balam 或 Bala。每當 Dyirbal 族人為某項東西命名時，他們會將該樣東西所隸屬的種類名稱放在該樣東西之前，這些種類的分法不僅是語言學上的分類而已，它更揭示說話者對該樣東西的感受，因此不同族群的人會對同一事物有不同的感覺、反應以及判斷。例如：請看圖 13.1 中，Dyirbal 族人對這些東西的分類。

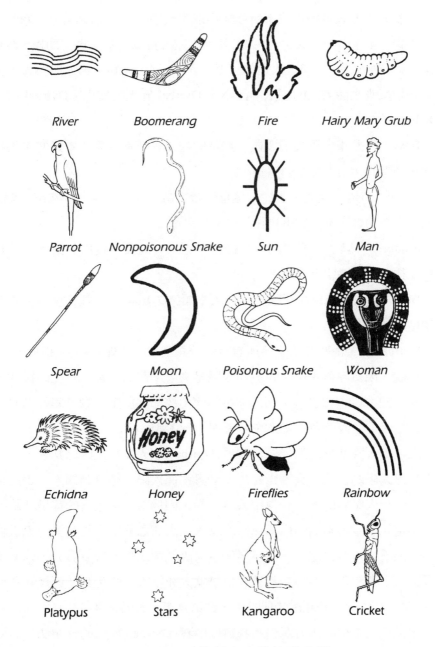

River　　Boomerang　　Fire　　Hairy Mary Grub

Parrot　　Nonpoisonous Snake　　Sun　　Man

Spear　　Moon　　Poisonous Snake　　Woman

Echidna　　Honey　　Fireflies　　Rainbow

Platypus　　Stars　　Kangaroo　　Cricket

圖 13.1　Dyirbal 族語言中的物體分類

　　許多的西方人會將這些東西分類爲以下幾類：（1）自然現象：彩虹、河流、太陽、星星、月亮與火；（2）動物：蛇、鸚鵡、螢火蟲、幼蟲、蟋蟀、蜂蜜、針鼴與袋鼠；（3）人造的東西：矛；（4）人類：男人與女人。但是這種分類反應出西方人的想法，而不是 Dyirbal 族人的文化。Dyirbal 族人的分類是：

　　Bayi：回力棒、男人、袋鼠、無毒的蛇、彩虹與月亮。本類的事物往往會激起聽者的活力與興奮的感覺。

　　Balan：河流、女人、毒蛇、星星、螢火蟲、火、太陽、鴨嘴獸、鸚鵡、針鼴、矛與幼蟲。本類的事物往往會令人畏懼。

　　Balam：可以買到的東西，如蜂蜜與水果，以及可食用的葉子。本類的事物往往是人所渴望得到的。

　　Bala：無法歸類爲前三種的就納入本類。Dyirbal 族人往往會覺得本類的事物是中性的。

　　Dyirbal 族人依照其文化將所有事物分類爲以上四類。其中，根據 Dyirbal 族的傳說，因爲在傳說中，月亮與太陽是夫妻，而男人都是月亮的後代，而男人都用回力棒來獵袋鼠，因此袋鼠與回力棒都屬於第一類。彩虹屬於這一類，這是因爲在傳說中，英雄的靈魂在死後會變成彩虹。

　　女人與太陽都屬於第二類，因爲 Dyirbal 族人認爲太陽是女性，所有的女人都是太陽的後代。火、毒蛇以及幼蟲都像太陽一樣會刺傷人，因此納入第二類。令人驚訝的是，矛也歸入這一類，因爲這一類包含的都是危險的東西。（這也是本書書名的由來——《女人、火與危險的事物》）河流被納入此類，因爲河水可以滅火。而星星與螢火蟲就像太陽一樣會發光，因此這些都被納入。鸚鵡與許多鳥類都被認爲是女人死後靈魂的化身。而蟋蟀爲何屬於本類？因爲在 Dyirbal 族的傳說中，蟋蟀是老處女的化身。

　　用現代工業化的西方邏輯觀將難以解釋 Dyirbal 族人的分類法，若要瞭解這種分類法，我們必須先將自己所熟悉的文化拋到一邊才行。即使有辦法做到這樣，大多數的西方人仍會覺得這樣的分類是很愚蠢的、是原始與未開

化的人所想的。許多人甚至會相信這樣的分類只是原始的迷信思想，唯有他們自己對事物的分類才是正確的。

　　事實上，根本沒有所謂必然或正確的分類，Dyirbal 族對事物的分類就與我們的分類一樣好。我們會認為自己的分類法是正確的，是因為我們在自己的文化中成長，便理所當然地認為我們對這個世界的看法是對的。對於 Dyirbal 族人而言，道理也是相同的。

　　由此可見 Lakoff 這本書的遠見以及這本書為何會對治療師是如此的重要。事實上，沒有所謂必然或正確的世界觀，個案學會用某種方法來面對這個世界，那是他們的文化教導他們的；然而，不同的文化會教導出不同的世界觀，因此，對於事物，沒有一套事先預定好的分類法，看待事物也沒有必然的方式，每個文化所顯示的世界觀都是不同的。個案所處的文化，個案所處的社會，以及他們的語言，都教導著他們如何面對事物。

　　個案所使用的語言基本上都是具有象徵意涵，換言之，個案藉由與已有的經驗相比較來體會新的經驗。而個案所使用的象徵語言是具有文化意義的，語言呈現出他們所處的社會最根本的價值觀。個案的象徵語言傳達出他們所見的一切，如何面對這個世界，以及他們如何與別人互動。個案常會因為盲目地誤解一些概念，而覺得緊張，例如像是兩極性情緒失調（bipolar）、緊張型精神病（manic with catatonic features）、心因性暴食症（bulimia features）或妄想型精神分裂症（paranoid schizophrenic）等，這些字眼就足以讓個案一輩子蒙上陰影。

　　因此，我們身為治療師，必須協助個案檢視自己對事物的分類法，並幫助個案用許多其它方式來看待這個世界以及對待自己。

方法

1.讓個案從自己的個人特質中，選出最令他們感到焦慮不安的特質。
2.查詞典，同時選出與這個特質有關的象徵法，要特別注意諺語中的象徵法。

3.看一看這些象徵法是否準確地描述個案的問題，或者只是過時的象徵
　用法。

範例二：一位個案的分類

　　我有位個案，他選出「自卑」（inferior）來代表他的主要特質，他查一
查詞典，發覺與「自卑」這個詞相關，而且明確地描述他的感受的詞彙有：

不夠理想（came up short）　　　　　無足輕重（Lightweight）

比……還矮（Lower than）　　　　　很矮（Lowly）

在……之下（Under）　　　　　　　比……還少（Less than）

小人物（Small potatoes）　　　　　發育不良（Puny）

廉價品（Bargain basement）　　　　微不足道（Two-bit）

毫不起眼（Small time）　　　　　　米老鼠（Mickey mouse）

　　個案將「自卑」與關於矮小的比喻聯想在一起，因爲他發覺男人體型的
大小會影響自己保護女人的能力。這位個案所處的文化教導他矮小的男人無
法保護女人。但是，只要我們幫助個案認識弓、箭、彈弓、槍、彈、自動化
武器和原子彈的發明，使他瞭解到男人的體型不會影響保護女人的能力，這
些與自卑相關的象徵法是可以刪除的。

範例三：另一位個案的分類

　　一位住在澳洲墨爾本的個案罹患恐慌症，她經常覺得焦慮，因此她把自
己鎖在家中，不敢出門旅行。她名叫瑪莎，在過去十年中，她未曾離家超過
十哩，她的孫子們都住在其它的州，她只有在少數的節日才能見到家人。

　　在幾次會面後，我們發現瑪莎焦慮的原因。她相信忿怒與緊張的情緒是
危險的，爲了讓自己不產生這些感覺，她爲自己畫出一個狹窄的情緒安全範
圍。每當情緒超過這個安全範圍，她就會覺得焦慮，因此她把自己關在家裏，
並避免參加可能造成這些情緒反應的場合。

　　令人不解的是，爲何她會有這些想法？爲何她會將忿怒與緊張的情緒視

爲是危險的？從她的病史中，我們找不到任何有關於她所經歷過的事件會造成恐懼感；但 Lakoff 的書提供我們一個線索。如書中所述，她只不過是因爲文化背景的緣故，才將忿怒與緊張的情緒與危險畫分在同一類了。換言之，她所處的文化可能將忿怒與緊張分類爲危險的情緒，因此她會將這些情緒與危險聯想在一起。

爲了瞭解她的想法，她仔細地陳述她如何被教導面對忿怒、恐懼、緊張、憂傷等情緒。

她出生於一個上流的英國家庭，所讀的私立學校是歐陸的模式，在她所處的文化中，任何強烈的情緒反應是沒水準的，情緒的反應被視爲是中產階級與沒教養的人所做的事。她列出所學過的焦慮、忿怒的同義詞。

焦慮（Anxiety）：失去控制（losing control），掛在不堅固的鉤子上（on tender-hooks），失去理智（out of one's head），歇斯底里（hysterical），如葉子般翻動（shaking like a leaf），不知所措（overwhelmed），爆炸（explode），摔成碎片（falling to pieces）。

忿怒（Anger）：大動肝火（blowing your top），失去控制（losing it），爆炸（exploding），大甩腦袋（flipping your wig），浮躁不安（freaking out），衝動（having a fit），氣炸天花板（hitting the ceiling），氣得出血（having a hemorrhage），爆出填充物（blowing a gasket）。

這些不僅是形容詞而已，它們不只表示了她是如何看待這些情緒的，也表示了每當她有這些情緒時所做出的反應。與 Dyirbal 族人相同的是，她的分類法顯示她看待外在世界的方法。瑪莎從小就學到如何面對這些情緒，她不相信自己能用其它的方式來面對這些情緒。

她對這些情緒的定義顯示出她對情緒的分類。她將焦慮與忿怒視爲容器內的能量，而他的身體就是一個容器，當情緒壓力太強烈時，容器就會爆炸，「摔成碎片、爆炸、爆出填充物與氣炸天花板」，這些詞語都顯示出她的觀念。她很怕情緒爆發，因此每當她感覺到些許的焦慮與忿怒，她便很害怕這些情緒會升高到不可收拾的地步，或許會瘋掉，甚至會崩潰。她認爲唯有讓

自己的情緒處於狹窄的安全範圍內，並完全控制自己所處的環境，如此才能避免情緒升高。

為了幫助瑪莎，我們必須幫她改變對於情緒的分類，倘若我們能讓她不將這些情緒與這些比喻聯想在一起，便能改善她的焦慮了。

我告訴瑪莎，人體沒有填充物，所以不會自己爆炸；沒有人會氣得撞上天花板，而且當我們生氣時，頭也不會爆炸。這些陳述只不過是在了解人體構造之前，用來表示情緒或心理的比喻。

面對這些情緒較好的方法是將它們視為一個電路系統，無論開關是打開或關閉，她體內屯積的能量不會多於關閉狀態中的電視。她不需要害怕這些情緒，她只需要感受這些情緒就好。

要瑪莎改變她的用字是件難事，因為這樣的分類法已成為她面對這個世界的基本模式，所以她非常依賴這種分類法。其他人卻常常在無形中不斷強化了她的想法，像是建議她「你在情緒『爆炸』以前，最好讓怒氣消一消」，或者說「別把忌妒悶在心裏，否則妳會『崩潰』的。」

過一陣子，她能夠改變自己的用字，改變以往對這些情緒的比喻方式，也用不同的方式來面對情緒，當她能做到這一點時，她的焦慮也消失了。她認為緊張與忿怒只是普通的人生歷程，它雖然有時令人難過，卻不危險。她開始擴大她的情緒安全範圍，這使她能接受不同的情緒。這樣的治療過程的確很耗時，但在幾個月後，她改變她對事物的分類法，越來越能感受到緊張與忿怒的情緒。她開始跨出離家一哩的領域，最後，我聽說她會定期到別的省份去探望她的孫子。

說明

倘若我們接受 Lakoff 的概念，相信所有對事物的分類法中，沒有任何一套是絕對正確的，我們自然能了解各個文化的觀點也沒有優劣之別。身為治療師，我們應當了解這個道理，不能單純因為個案的看法與我們不同就否定他。然而，我們卻有義務告訴個案，雖然對事物的分類法無對錯之分，但是

彼此卻有效用之別。最後，個案將自行決定哪種觀點是對自己最有用的。

建議讀物

Lakoff 寫過很多書來深入探討他的概念（Lakoff, 1983,1985,1990；Lakoff, Taylor, Arakawa, & Lyotard,1997）。

Semin 與 Firdler 則探討語言分類對於人類行為的影響（Semin&Firdler, 1988,1989,1991）。

關於文化對事物評價如何影響人類的情緒，目前也有許多相關的研究（請參照 Kitayama & Markus,1994；Marsella,1984；Marsella, Friedman, Gerrity, & Scurfield,1996；Russell, Manstead, Wallenkamp, & Fernandez-Dolls,1995；Scherer,1997）。

文化促成的信念

基本概念

許多個案的問題背後所隱藏的是幾個主要的信念與態度，大多數危險的事也正是這些信念與態度所造成的。這幾年來，跨文化的研究者將這些主要的信念列出來，並發現其中有許多信念源自個案所處的文化，若治療師想了解這些信念如此危險的原因，我們首先要了解個案所處的文化。

世界各地的人都具有某些錯誤的想法，而且在每個國家與文化中，這些想法不完全相同，但治療師在他們旅行時，都聽到一些扭曲的想法。沒有一個群體的想法比其它群體的想法更理性、健康或開化。所有的文化都具有某些錯誤的想法，其中的差別是，不同的文化有不同類型的錯誤想法。

文化上的錯誤觀念主要來自於「歸因原理」。「歸因原理」是文化對於

人的行為所提出的解釋，而不同的文化會對人的行為提出不同的解釋。當個案試著為自己與別人的行為提出解釋時，他們通常會選擇自己文化所提供的解釋。例如，美國文化對於人們為何會有以下的行為，提出以下解釋，：

行為	原因
無家可歸	懶惰
犯罪行為	缺乏自尊
覺得冷	缺乏維它命 C
發瘋	缺乏教養
得到 AIDS	神的懲罰

方法一

1. 讓個案做以下的調查，並用李克特尺度（Likert Scale）作測量方法，亦即從「非常同意」、「同意」、「普通」、「不同意」與「非常不同意」中擇一。

    ＊我一定要讓每個人都喜歡我。

    ＊犯錯是件很慘的事。

    ＊我無法控制自己的情緒。

    ＊我對有危險的情況感到相當的著急。

    ＊我很難做到自律。

    ＊我「必需」依賴其他人。

    ＊我童年的經驗影響現在的我。

    ＊我受不了別人的所作所為。

    ＊每個問題都會有好的解決方法。

    ＊我一定要比別人好。

    ＊倘若有人指責我，那一定是我做錯事了。

    ＊我無法改變自己的想法。

    ＊我應該做好每件事。

＊我一定要幫助有需要的人。

＊我不能表現出軟弱的樣子。

＊健康的人不會覺得煩躁。

＊真愛一定存在。

＊即使是無心的，我也不可以傷害任何人。

＊我的問題常常能奇蹟般地得到解答。

＊強人決不會有求於人。。

＊我只做我覺得有興趣的事。

＊我常是眾人的焦點。

＊別人必須負責解決我的問題。

＊別人的所作所為一定要如我所願。

＊放棄是最好的方法。

＊我一定得下個確切的決定。

＊改變是反常的。

＊現在所面對的問題，都根源自幼年，我現在得找出這個根源，才能
　解決這些問題。

＊每個人都得相信我。

＊我應該時時都感到快樂的。

＊我體內有個不好的東西控制著我，但我卻不知道它是什麼。

＊試圖解決我的問題將對我造成傷害。

＊世界應該要公平。

＊我不需要為我的行為負責。

＊坦白往往不是最好的方法。

＊感受各種情感是件危險的事。

＊人們的所作所為都是錯的。

2.檢查個案的答案，並問他們是從哪裏學到這樣的回答。無論是個案所
　認同或強烈認同的信念，都要試著找到每個信念背後確切的文化根源。

範例

　　文化中，嚮往「唯一真愛」的虛構故事便是造成許多個案問題的根源。人際之間的相處本非易事，當個案所渴望擁有的人際關係是個神化故事時就更加困難了。最古老的愛情神話來自於東方，許多個案所描述的愛情神話都是改編自這個神話。

　　這個故事描述在太古時期，男人與女人不是分開的個體，他們是融合在一個身體裏的，有一天，魔鬼不服神的作爲，便施法將人的靈魂一分爲二，成了男人與女人。魔鬼將分離的男人與女人丟進北風裏，讓他們散落到世上不同的地方。從此以後，人們必須用一輩子的時間來尋找自己失落的另一半，而且世界上只有一位完美的人可做爲自己的另一半。倘若人們找到自己失落的另一半，那他們便能永遠在一起並受到祝福。若是找不到，不只心中會感到孤獨又絕望，還必須用一輩子的時間來尋找。

　　這個神話灌輸人們一個錯誤的道德觀念，並造成世界上的男女問題。許多男女放棄好的對象，就因爲對方有小缺點，在這些人的眼光中，真愛是沒有缺陷的，他們可以放棄許多好機會，或因爲小缺點便放棄好的結婚對象，就只爲了找到一個完美的配偶。當他們意識到這樣的追尋將一無所獲時，才發覺自己已經過了適婚年齡。

　　這個神話故事還造成一些婚姻問題。在大多數的文化中，有半數以上的婚姻最後是以離婚收場，這些婚姻一開始都很美好，一對年輕的男女墜入情網，一切都很浪漫和刺激，但在幾年後，婚姻失去當初的新鮮感，各自都覺得自己的配偶無趣，也對婚姻幻滅。

　　雖然造成婚姻破裂的原因還有很多，像是失去新鮮感、性生活無趣、雙方親屬的問題、經濟不穩定、失去大家庭的約束力、不重視婚姻、不忠實等問題，這些婚姻失敗的原因都是由這個神話故事所造成的。

　　這個信念之所以危險，主要是因爲它教導了年青人婚姻應該是完美的組合、只有唯一真愛、一切都是完美的，但是這樣的期待是太高了。

　　每個文化都有同樣的神話，唯一不同的是對「完美」的定義。美國人對「完美」的婚姻的定義是富有，而且有很高的社會地位，然而對於澳洲人而言，「完美」的婚姻是擁有配偶的陪伴。對太平洋島嶼上的居民而言，「完美」的婚姻指的是寧靜的生活與擁有眾多的小孩，然而在許多其它的文化中，永遠的浪漫才是「完美」的婚姻。

　　期待遠高於實際情況。現實的婚姻生活都因爲這個「唯一真愛」的神話而破碎：美國的夫婦遇上了經濟大蕭條；澳洲的妻子則有配偶的問題；太平洋島嶼上的夫婦則發現有眾多兒女，就很難保有寧靜。這個神話衍生出許多其它的錯誤觀念，例如：

＊你的配偶必須永遠愛你，你才會覺得快樂。

＊當你的配偶犯錯時，妳得糾正他們。

＊你不能與你的配偶之外的人有性行爲，這才是良好的婚姻關係。

＊當你的婚姻不再完美時，那你必須覺得緊張。

＊是配偶造成婚姻問題的。

＊能解決或減輕你婚前所有的情緒問題，這才是成功的婚姻。

＊深愛對方，才有美好的婚姻。

＊好的配偶能忍受另一半所有的問題，例如：酗酒、壞脾氣，等等。

＊同時達到性高潮，才有好的性生活。

＊當你的配偶對你不好時，那就是你的錯，因爲你不是一位好配偶。

＊夫妻兩人在情感上彼此依賴是件好事。

＊美好的婚姻是不會出現任何大問題的。

＊不用問，你的配偶便知道你的需要。

＊如果你們兩人真的彼此相愛，你便不需費心經營兩人的關係。

＊配偶必須達到另一半對他的期望，這樣才能有美好的婚姻。

＊愛是種神秘的東西，沒人了解它。

＊小孩能讓婚姻生活更快樂。

＊如果你與配偶沒有爭執，這代表你有美好的婚姻。

＊愛情與婚姻是同時並進的。

＊當浪漫的感覺消失時，表示婚姻出了問題。

＊在美好的婚姻中，夫妻無論做什麼事都是在一起的。

因此，個案該如何增進自己與配偶間的親密關係呢？我常告訴個案，維持自己的婚姻，最好記得 James Cagney 在他結婚 50 週年的紀念會上說的話，媒體都注意到要維持長達 50 年的婚姻是不容易的，特別是在好萊塢。當記者問 James Cagney 為何他的婚姻會如此成功，James Cagney 簡單地回答說：「我們對彼此的期望都不高。」

方法二

1.特別注意個案所面臨的三種狀況。

2.針對個案認為這些狀況發生的原因，再進行探討。

3.幫助你的個案尋求此種歸因的來源，究竟此種歸因是來自於個案所處的文化或個案的個人經驗？

4.告訴個案別的文化對於相同的情況會有怎樣不同的解釋。

範例

歸究事情發生的原因都與文化有關，例如，有事發生時，該歸罪於誰？不同的文化可能有不同的歸因。

「自己與他人」

「是我，還是別人得負責任呢？」這個問題的答案會決定個案是否會一輩子感到內疚。在某些文化裏，父母離婚的小孩常將父母離婚的原因歸咎到自己身上。從成人的角度來看小孩子的歸因，會覺得很驚訝；但是從小孩子的角度來看，這樣的歸因卻是很合理的。一位個案覺得自己是父母離婚的原因，因為他沒把房間整理乾淨。另一位個案記得她的母親離開她，是因為她不斷將自己的裙子弄髒。

雖然在這些例子中，文化的影響雖然不大，但仍是具有影響力的，因為小孩子從小便學到把問題的原因歸因於自己，直到長大也不改變。一旦在童年形成這樣的結論，它便成為個案最基本的信念，不易再改變。縱使那些成熟與聰明的成年人已經能夠經營公司與扶養小孩時，他們心中仍有個陰影，他們還是認為自己是壞小孩，而且因為自己沒將房間整理好，才導致父母親離婚。

「人與環境」

其它國家的人常覺得好奇，為何美國有如此多的訴訟案件。他們想問，為什麼我們美國人常打官司。

這問題的答案很複雜。其中有許多經濟與社會的因素，但是另一個原因可歸因於美國文化的因素。

當傳出惡耗時，美國文化時常歸因於人為過失，彷彿有種想法要將錯誤歸罪於某個人，要受譴責的是人，不是事物。許多美國人不認為意外、運氣不好、神的旨意或個人的錯誤判斷是災害發生的原因，而且不相信所謂的自然災害，因此，倘若有災害發生，一定是由一些人或一群人造成的，或有人沒盡到防範的責任。很多人會提出告訴，大多是依循這種想法。一些最近的訴訟案件即符合此種觀念。

＊在夏威夷的歐胡島上，大雨造成的洪水沖毀民房，並淹死一名老人，他的妻子控告州議會毀損罪。

＊一位籃球迷控告地方職業籃球隊的教練，因為那支職業籃球隊輸球了。

＊一位佛羅里達州的婦女因為看日偏蝕而傷了自己的視網膜，她控告天文學會，因為當地的報紙應該要警告她的。

＊許多父母則控告唱片公司，因為他們的孩子在聽了搖滾樂之後心理受到傷害，其中一人甚至自殺了。

＊許多人控告香煙公司，因為他們抽了 40 幾年的煙之後，最後得到癌症。

＊每當手術失敗或有治療不成功時，醫生總免不了醫療疏失的指控。

＊一個人在酒吧喝太多酒，結果發生交通事故，於是他控告提供他酒類的酒保。

＊加州的居民控告州議會，因為居民遭到老虎的攻擊。

＊在科羅拉多州，許多滑雪者滑出邊界，因此他們控告滑雪中心製造雪崩，使得標示不清楚。

認為總有人要受到責備，這是最近才形成的觀念。在上一個世紀，許多美國人都接受災害是意外發生的，很難想像墾荒時期的農夫會因為收成不好而提出訴訟，或者因為女兒感染天花，醫生束手無策，而去控告醫生。縱使在當時，處理訴訟的機關與現在一樣多，農夫還是會覺得指責別人或拿別人的錢，造成別人的不幸是不道德的。

但是世界變了，許多美國人不再相信有個瞬息萬變且強而有力的大自然環繞著他們，他們將大自然的力量與人的力量互換，現在，他們認為所有的災難或不幸的事都是人為的，不是自然的。不再有所謂的神的作為，一旦有災害發生，就得有人負責，因為此種文化上的歸因，導致人不再怪罪於天，反而怪罪於人。因此，他們找出一個方法來反擊——提供控訴。

說明

治療師很難直接駁倒個案的文化信念，因此，治療師必須幫助個案辨別信念的文化來源，並讓個案自己決定該信念是否有用。

最重要的文化信念之一就是宗教。治療師本身必須熟悉個案的宗教觀點，並將此納入諮商之中（參閱 Cox,1973；Nielsen, & Ellis,1994）。同樣重要的是，牧師或神職人員也必須熟悉精神治療的過程，在這領域中，最好的例子請參閱 Andrew Weaver 博士的著作（Koenig & Weaver,1997；Weaver, Koenig, & Roe,1998；Weaver, Preston, & Jerome,1999）。

建議讀物

我原先將對個案態度的調查刊登於 McMullin & Casey（1975）。

治療來自不同文化的個案，治療師都有一個最主要的資源，那就是知識份子印刷公司（Intellectual Press）它的地址是：美國緬因州亞瑪斯市郵政信箱 700 號（P.O. Box 700, Yarmouth, ME 04096）。它提供教導跨文化意識、跨文化學習、文化適應與多元文化主義的教科用書、手冊、書籍以及文章，較特別的是對文化觀點與不同社會的歸因的敘述。這些書皆爲西方人所寫，書的作者若不是意識到自己所處的文化的態度、價值觀與信念，就是在書中所陳述的文化中住過一段時間，例如：《了解阿拉伯人——給西方人的導覽》（*"Understanding Arabs：A Guide for Westerners"*）；《芳鄰——與墨西哥人溝通》（*"Good Neighbors：Communicating with the Mexicans"*）；《探討菲律賓人》（*"Considering Filipinos"*）；《另類的西班牙》（*"Spain is Different"*）；《探索希臘鑲嵌畫》（*"Exploring the Greek Mosaic"*）；《大跨越——美國人與以色列人的互動》（*"Border Crossings：American Interactions with Israelis"*）；《公平對待——澳洲人與美國人的互動》（*"A Fair Go for All：Australian and American Interactions"*）；《從 Da 到 Yes：了解東歐人》（*"From Da to Yes：Understanding East Europeans"*）；《遇上中國人》（*"Encountering the Chinese"*）；《從 Nyet 到 Da：了解俄國人》（*"From Nyet to Da：Understanding the Russians"*）。這些書之外，你還能在該印刷公司買到更多其他的書。

不同文化間的諮商

基本概念

教導治療師如何與個案進行諮商的教科書總是顯得令人讚賞，因爲這些書都以簡潔且有條理的方式來介紹這些諮商的技巧，但是個案遠比書中所介紹的理論還要複雜。因此在實際的諮商過程中，原先書中看似完美的技巧，

並不適合運用在個案身上。

許多理論與實際上的差距，特別容易出現在不同文化的個案之中。治療師們儘管認爲諮商技巧在世界每個地方都管用，但他們也同時發現並非每一種技巧在各地都有效。令治療師們驚訝的是，當他們與不同國家的人進行諮商時，他們必須改變自己的技巧，甚至連與來自美國不同地區的人進行諮商時，他們也得改變自己的技巧。

方法

1. 認知療法的根基是幫助個案改變自己的信念，其中個案的信念又是受到其所處文化的影響。爲了幫助個案，治療師必須相當熟悉個案的文化。
2. 熟悉該文化中的藝術、音樂與文學。
3. 特別熟悉該文化中的故事、神話與故事書中的詩句（請見下一節）。
4. 與曾經治療過該文化的個案的治療師談一談。
5. 改變你的治療方式，以符合該文化的需要。

範例

我在澳洲的第一份工作是在雪梨附近的公立藥物與酒精醫院擔任心理醫師。來自澳洲各地的個案都到這裏接受治療，有些來自外地的個案是簡樸的鄉下人，爲人真誠又直率，但卻沒人教他們如何認識自己的心理層面；又有些來自雪梨、墨爾本或布里斯本的個案，他們擅於言詞且受更多教育，他們越了解自己的問題，就越難接受醫生的幫助。

所有醫院裏的心理醫師都利用團體治療法,通常是由 12 個或更多個個案聚集在一個狹小的房間，房間只有幾個窗子，因此，通風不良，在夏季時便相當悶熱。我們全坐在椅子上並圍成一圈，每天會有好幾次歷時一個半小時的諮商時間，望著彼此，每週治療六天。

一開始，集會常是這樣的情況：

雪梨人：我想發表一些意見。

美籍諮商師：Colin，請說。

（來自鄉下的個案開始竊竊私語）

雪梨人：我要求我們全部的人將自己丟的垃圾撿起來，因為我負責的工作是打掃，大家不斷地亂丟垃圾，讓我花很多額外的時間在打掃而無法準時來團體。

（其他人突然發出吵鬧聲。你可以聽到「他又在抱怨了。」爭論隨之而來，個案們也開始彼此叫罵。）

美籍諮商師：Colin 有說話的機會，請讓他說完。

（其他人的抱怨聲又開始，他們認為不需要再聽我的話了。）

雪梨人：他們的鼾聲太大，而且還不常洗澡……

澳洲北方的人：（打岔說）該死！這太誇張了！我想你還想說我們擦香水，跟娘們一樣穿粉紅褲子呢！

雪梨人：（告訴美籍諮商師）醫生，你要讓他們那樣批評我嗎？我想我們只不過是想從這裡規範出一些規則罷了。

（其他人發出吵鬧聲。有人罵：「臭同性戀」，一時間，每個人都在講話。）

美籍諮商師：Colin 現在可以說話，其他人等一下也有機會。

（我用最小聲與最鎮定的口氣說話，但是吵鬧聲失去控制。）

墨爾本人：一些粗魯人不常洗澡，他們來這裡已經兩個星期了，我從沒看過他們洗過澡。

鄉下人：嘿，老兄，你又偷看別人洗澡了，對吧？

（鄉下人都發出很大的笑聲，但是都市人卻相當不滿，全部的人都以高分貝喊話。）

布里斯本人：你們鄉下人是怎麼說想「做愛」？……是行房嗎！

（所有的都市人都笑得歇斯底里，但鄉下人都威脅他們別再說了，還舉起拳頭。）

　　　山地人：糟透了！這裡的人都是一樣的臭。

　　（口角再度被掀起，都市人贊同的聲音與鄉下人的不滿都有，鄉下人說：
「我們就讓你瞧瞧誰臭，誰不臭！」）

　　有人說：「我們爲什麼要和養羊的土包子窩在這個房間裏呢？」也有人
說：「爲什麼我一開始就被關進這該死的醫院呢？喝杯酒又沒錯！」

　　整個房間又開始充滿怪叫聲與笑聲，這時一位來自班地哥市（Bendigo）
的個案說他打從十歲起，沒喝超過兩杯啤酒，絕不停下來。我則用我最平靜
的語氣說：「我們別同時一窩蜂地說話。」

　　每個人都不聽我的要求，還是繼續叫囂，這時我聽到叫囂聲中，有個坐
在房間後頭的個案說：「我們爲什麼要讓一個該死的美國人來當我們的藥物
諮詢師？」

　　之後，又有人開始批評伙食很差，這又引發個案更多的抱怨與互罵。

　　這堂課原本是安排從生化的角度來探討吸毒者與酗酒者的一場演講，我
一直想在許多場合中做此種演講，但卻一直未能如願。

　　此時，房間內充斥著吵鬧聲，這與我在美國所見過接受藥物諮商的團體
形成強烈的對比。在美國，諮商的過程相當順利，每個人都很民主，會讓想
要說話的人表達意見，因此，不會有吵鬧的問題，而且每個人的談論都不會
離題。治療師的工作是使諮商過程進行順利，並讓個案認識治療的方法，每
個人也不能將自己的想法強加在別人身上。多數時候，治療師只是對一群個
案的想法做些回應，或是輕聲地問些問題，好讓個案思考，整個諮商的過程
都是順利、柔和且輕聲細語的。但是在澳洲，這又是怎麼一回事？

　　一群接著一群的個案，團體諮商的時間永遠是吵吵鬧鬧的。每次諮商時，
都不斷有吵鬧聲，其中包含對所有人與所有事的抱怨或毀謗。儘管如此，我
還是保持冷靜，我還是很體貼地想用我所學到的技巧來面對個案，而這些技
巧是我在與美國人諮商的過程中學到的。才一下子，吵鬧聲便越來越大聲，
終於，在某個夏日的諮商時段，而那天又特別地吵，我突然站起來對個案們
大喊：

「閉上你們的嘴！閉嘴！誰臭，誰打呼，或食物多難吃都不要緊。你們的抱怨都是毫無用處的，你們只不過是一群酒蟲和毒蟲。你們會被送到這個醫院，全因為你們把自己的生活搞砸了，才被別人丟到這裡來。這裡不是希爾頓飯店，也不是鄉村俱樂部，你們不是到這裡休息、享受或吃香喝辣的，你們到這裡是為了變清醒的。你們只有幾個星期可以接受治療，所以你們不能浪費時間整天抱怨。我不會因為你是來自雪梨、布魯克（Bourke）或其它地方的人，就給你特權，這裡沒有高級的酒蟲和毒蟲，你們都是一樣的。你快沒時間自救了，所以你們最好在我生氣之前好好聽我說。」

倘若我在美國的團體諮商時間時說這些話，個案的心理一定大受損傷，要不然，他們也會離開，因為他們不允許別人這樣對他們說話。個案們還有可能全部一起下樓去找院長，抱怨我的表現不夠專業，報告我是如何罵他們的，而院長也可能會把我叫進他的辦公室，不是開除我，暫停我的職務，就是要我向每一位個案道歉。可能有人會向州立藥品酒類牌照局控訴我的言行不當。但在這個澳洲人的諮商群中，發生一件神奇的事。個案們全轉過頭來看我並安靜下來，他們沒有回罵我或有任何被激怒的表情、臉上也沒有顯示「沒人能這樣跟我說話」的生氣表情。他們繼續坐著，並期待我接下來會說什麼。我知道機會來了，便開始說：

「嗯！……很好……！……現在好多了！……嗯！你們……嗯！……會吸毒或酗酒的原因，主要是因為你們的體質容易受毒品與酒類的感染，嗯！……這表示你們的身體不像其他人，能承受這些化學物質，這些化學物質在你的體內的作用是這樣的……」

我接著走到黑板，並畫出腦部、腦部內啡與神經系統的簡圖，坐在台下的個案都很仔細地聽著，有些人甚至拿出筆記本，將黑板上的圖畫進筆記本中，真的很神奇！

我大發雷霆的確有效，這是因為澳洲的文化與美國全然不同。雖然美國人較常發生肢體衝突，在受到誤解或侮辱時，也會很快地用行動反擊，但是卻很少言語上的挑釁。但是，在澳洲，你會聽到許多美國人想不到的話，足

以使美國人產生肢體衝突的話，對於澳州人而言卻無傷大雅，因爲澳洲人對於言語挑釁的容忍度比美國大，但是澳洲人對肢體暴力的容忍度卻比美國人小，就像澳洲人自己所說的：「老兄！只是說說而已，別擔心！」。

在美國，同情與積極的關懷對個案是有用的，但在澳洲卻行不通。在澳洲，治療師代表權威，也應該表現得有模有樣。接受治療的群體會希望權威是能掌握全場，而且是強而有力的重要角色，做不到的就會被認爲是窩囊廢而得不到尊重。因爲我是個美國人，這些澳洲個案特別寬待我，但是我在美國的一些諮商技巧卻行不通。直到我開始對這些澳州個案大聲說話，形同向他們挑戰，他們才肯聽我說話，如果我在美國也這樣做，那我一定會被揍，要不就是被告。但是在澳洲，我的行爲是適當的，而且是應該這樣做的。藉著大發雷霆，我得到個案的尊重，他們也開始聽我的。

這個故事的重點也是這個章節的重點之一。專業的治療師不只是用抽象的理論來分析個案的問題，專業的治療師應該幫助土生土長於某個文化之中的個案。文化不只影響個案的語言、美學與習俗產生影響，文化也提供個案如何解讀周遭事物的方法。爲了有效地爲個案進行諮商，你必須投入個案所處的文化背景中，這樣你才能知道他對外界的看法。

說明

我並不是要推薦大發雷霆的方法，說這個故事的用意是說明在不同的文化中，個案與心理醫生間的關係是不同的，文化決定了個案與醫生所應扮演的角色，不同的文化對於同一角色也有不同的期許。治療師是無法將在紐約所遇到的個案與醫生間的關係原封不動地搬到德州、夏威夷或澳州的雪梨，若想成爲一位有效率的治療師，就必須學習不同文化中的方言。

在跨文化諮商過程中，每位治療師一定得學的是其它方言的表達方式。就我所知，不了解個案所說的話，也會成爲一個大問題。

許多年前，我在德州東部遇見一位年輕個案，他在鄉下土生土長，和家人一同住在偏僻的德州東部，從未到過城裏。他的牧師把他送來接受治療，

因為他自從與女朋友分手後便一直相當沮喪。諮商室位於兩層樓高的大學行政大樓的二樓，他拒絕上去二樓，因為他不了解為何有人可以到樓上，卻不會掉到一樓，所以，我與他的諮商便在學校的草地上進行。

他的第一句話就很奇怪，說的盡是一些我聽不懂的東西。我記得我當時呆住半晌，雖然學校用好幾年的時間，教育我成為一位心理治療師，但我當時卻完全聽不懂個案所說的。在經過練習之後，我學會德州東部的居民的說話方式，所以我可以將他所說的話理解為：「我覺得很沮喪，因為我的女朋友離開我了，我不擅於表達我內心的感受，但牧師相信你能幫我。」

在熟悉某地的方言之後，我開始與說話口音完全不同的個案進行諮商，這些口音是從喬治亞州以南到佛羅里達州以北的方言。在與這些個案諮商過一段時間之後，我發覺來自維吉尼亞州西部的個案，說話時都帶有輕快的鼻音；來自遠方洛磯山脈的個案，說話不只有連音，還帶有喉音。我花了好幾年的時間才完全聽懂這些方言。

最後，我在全美各地都為個案進行過諮商，我想我大概也學會美國大部份的方言了；但是當我到澳洲為個案進行諮商時，我卻再度感到迷惘與困惑。我原先認為澳洲也是使用英語的國家，也相信治療師與個案說的是相同的語言，這對治療將大有幫助，但我卻發現澳洲人所說的英語與美國人所說的大不相同。

之後，我到夏威夷群島旅行，當地融合許多不同的有趣方言，其中的大島並不像檀香山所在的歐胡島一樣，它反倒像是個太平洋盆地中的第三世界國家。當地人都是溫和有禮的，他們所說的語言是融合夏威夷語與不純正的英語，這是外人很難聽懂的。有位吸食古柯鹼的個案被感化院的主任送過來，在我們的第一次諮商時，我實在聽不懂他所說的話。

經過多年對融合不純正英語的方言的學習，我終於能解讀他所說的話是：「你好嗎？……真是不幸。我一定得定期來這裡接受諮商嗎？我說得對不對？對吧！」

我相信很多治療師所犯的錯誤並不是因為誤診或不專業，而是因為不懂

個案所使用的特殊方言，或無法用個案聽得懂的話來進行溝通。

建議讀物

有許多著作都在探討不同文化對於認知行為療法的運用（請參閱 Ivey, Ivey, & Simek-Morgan,1993；Hays,1995；Pedersen,1991；and Wehrly,1995）。

治療師與個案的關係受到文化的極大的影響（Okpaku,1998），例如：一直到最近，日本的醫生還是不會告訴個案診斷的結果，也不需要先徵求個案的同意再進行治療，醫生在日本文化中，彷彿享有一種不受質疑的信任，而且醫生也認為沒必要與個案進行討論。（Kimura,1998；Reich,1998）在中國文化中，阻止別人自殺是不適當的，因為有很多例子顯示，自殺是種義務。（Qui,1998）在很多文化中，若治療師沒有得到個案或家屬的同意或信任，便無法進行治療（Koenig & Gates,1998）。

前述的 Intellectual Press 所提供的資源，也是在不同文化中工作的治療師的好幫手。

文化中的故事或神話

基本概念

想要找出一個文化中的主要想法，最好的方法之一是熟悉該文化中最令人喜愛的故事，藝術與音樂。文化的價值觀、洞察力、準則與必須避免的人性誘惑，都藉由傳說、神話故事、搖籃曲，民俗音樂和原住民藝術這些有記載的歷史，一代一代地傳遞下去。我們都記得小時後聽過的故事與歌曲，其中所傳遞的道德思想，無論對錯與智愚，都已成為我們價值觀的一部分。在這幾個相同的故事中，治療師可以找出文化的主要想法，其關於文化中的英

雄、該文化中的強敵、故事中所稱讚的中心價值與故事中所譴責的態度。特別注意故事是如何藉由懲罰惡者來強調好的價值。（通常當英雄或女英雄不服從該文化的價值觀時，例如表現怯懦、違反社群的行為或想法太自由，這時不好的事就會接踵而來。當英雄或女英雄順從該文化的價值觀時，便會發生好事。）

認知重建療法認知到這些故事可以幫助個案有個更適合的人生視野。文化的故事、傳說、神話故事、童話故事、藝術中的類比與象徵手法、文學與音樂，這些都是和在生活中具有某些複雜微妙的問題的個案進行溝通的好方法。

談到說故事的技巧，治療師可以運用自己的生活經驗虛構一個故事，也可以借用現存於詩人的作品與作家所寫的雜誌書刊中的故事來虛構一個故事，因此，所採用的故事可以是或長或短，有的輕鬆有趣，有的嚴肅。但需謹守兩項說故事的技巧：（1）故事一定要和個案所面對的狀況相關；（2）故事內容必須至少包括一種主題，即聯繫個案過去的危險觀念與現今較好的想法。

方法

1. 將個案的核心想法組成一個故事，每個故事都得包含許多個案會遇到的情況與會有的情緒反應，最重要的是注意個案主要的想法或態度，特別是偏差的或負面的想法。
2. 治療師接下來應該編個故事，這個故事足以解釋偏差行為的形成，以及它們是如何對個案的生活造成負面的影響。
3. 故事進行到一半，治療師應將重心轉移到一個更理性與更有用的概念。將這個新概念置於原先的偏差概念之上，讓個案知道故事中的人物會有好的轉變，正因為他們接受了這個新觀念。

故事可以是神話、童話故事或象徵的延伸，只要能對個案產生最大的說服力的方法即可。治療師可以預先將故事準備好，個案也可以將故事錄下來，

以便需要時能夠參考。

範例

　　當我在夏威夷的大島上工作時，在做心理治療時，必須做一些根本上的改變，以適應島上的文化。

　　大島是個特別的社會，文化相當平易近人，社會上充滿著歡迎的熱情，特別是在夏威夷土生土長的當地人更為熱情。在其它地方能發揮作用的訓誨對夏威夷人而言則是太嚴厲了，而且會傷害該文化的精神。這時，最有用的方法是「說故事」，這也是當地文化中的一部分。許多大島的當地人會圍坐成一圈，透過編故事的方式來傳達想法，他們用聊天的輕鬆方式來說故事。他們所編的故事充分地描繪當地的景觀與許多人文的細節，但是每個故事的背後都隱藏一些原則與格言。

　　對於來自西方社會的外國人而言，這些故事看似毫無重點，只不過是沒有目的與方向的漫談，故事的意義被層層不必要的細節描述所掩蓋。西方人希望故事的重點能直接地表達出來，他們希望說故事的人能到黑板上把故事所要表達的概念用圖示表示。

　　但對於大島上的原住民而言，單純討論故事的概念，而不理會故事的內容，這才是真正的模糊焦點，他們很睿智地說：所有的理想與抽象概念都是來自於人，這些人都居住於同一個地方，而且是從他們的祖先開始，便居住於同一個地方，因此，所有的理想、概念、格言與原則都是來自這塊土地上的祖先。

　　對於夏威夷的原住民而言，在黑板上用圖示表示抽象的觀念是褻瀆了故事，因為概念從故事中被分割出來。夏威夷人反對此種分割，正如在處理沮喪的情緒時，將沮喪的情緒與沮喪的人分割開來。他們喜歡完整的方法，並認為此種分割法忽視了以下的事實：沮喪的人來自某個家庭，家庭是奠基於社會的，社會又是處於整個自然環境中的。

　　為了與大島上的居民進行諮商，我必須學著與他們圍坐在一起，一同討

論故事，我不像在美國內陸時那樣，到黑板上用圖示表示我的想法，在大島上，反倒是將許多不同的概念與原則編進傳說或故事中，我發覺夏威夷的傳說中有很多是可以利用的。

　　這裏就有一個例子，它教導人挑戰他們的迷信與恐懼。

黑珍珠的洞穴

　　很久很久以前，早在庫克船長到達之前，在 Humuhumu 角附近有個小洞穴，Mauna Loa 活火山很久以前便已掩蓋這個洞穴，但這個洞穴確實曾經存在過。那是個懸崖邊的隱密洞穴，與外面的大海隔絕，它一面是小小的深綠色沙灘，有椰子樹圍繞著，另一邊是由火山熔岩所形成的萬丈峭壁。

　　洞穴中的水是很特別的，與別處的水完全不同，洞穴中的水的色澤是鮮綠色的，就連 30 呎深的水底也有如水晶一般的澄澈，在洞穴的最底部有著別處所沒有的牡蠣，有些牡蠣所產出的珍珠是最獨特的種類，不只圓潤，還具有深綠的色澤，正因為有如此豐繁的顏色，使這些珍珠自內部散發出深綠色、淺綠色與紫色的彩色光芒。沒人見過這樣的珍珠。

　　在這個火山熔岩的峭壁上，有一群 kamahama 人住在洞穴附近的小村莊，他們會爬進洞穴，跳進水中去找珍珠，因為這些珍珠相當的美麗與獨特，當地人便將珍珠賣給其它島嶼或村莊的居民，他們因此變得富裕，這一切都拜珍珠之賜。

　　但是有一天，天神 Pele 生氣了，便用 Mauna Loa 活火山的火山熔岩覆蓋整個洞穴，她將西南方峽谷地帶中的流竄的火傾倒在火山的斜坡上，覆蓋了整個峭壁，淹沒整個洞穴。之後，海水冷卻火燒過的河道，整個洞穴也被火山的岩漿包覆起來，堅硬的火山岩下藏著一個洞穴。

　　失去珍珠，村民立刻失去致富之道，很快就變得貧窮與荒涼，但在族人之間，一直都流傳著關於珍珠洞的故事，就這樣，黑珍珠洞穴的故事就一直留在每個人的記憶之中。

好幾百年後，人們依舊說著珍珠洞的故事，但是大伙兒都忘記洞穴的位置了。

有一天，有個小男孩到岸邊這個神聖的遺址遊玩，他決定走另一條路，於是他跨過火山岩所堆成的山丘，他注意到一條裂縫，原來，數百年的海風與海水已經將火山岩侵蝕出一個洞了。他覺得很好奇，便將火把放入洞中，並探頭進去看看。洞的背後有一個很大的洞穴，底部還有海水湍急地流著。雖然這只是個小洞穴，但他仍努力地想要爬進去。在洞的最下面，他發現深綠色的沙灘。在這古老的地方，洞穴的牆上不斷地噴出火來，其中一邊，他發現燒焦的椰子樹林，火山熔岩中的坑洞是椰子樹幹，火山熔岩上還留有當初岩漿灑到樹皮上所印出的痕跡，樹的每根枝幹與每一片葉子都清楚地印在凝固的火山熔岩上，但最令小男孩吃驚的是天花板上的亮光，洞穴的牆上也反射出青綠色的光芒，還有紫色與深綠色混合的亮點。

他拿火把照一照腳底下的深綠色沙灘，想知道究竟是什麼東西能反射出此種光亮。在他眼前的沙灘上，四處都灑滿了黑珍珠，黑珍珠在牆上反射出青綠色、深綠色與紫色的光芒。剎那間，他知道這些是什麼了，他了解在洞穴消失幾百年後，終於找到了這個失落的洞穴，他很高興地努力拾起地上的黑珍珠，將它們藏在衣服裡，並趕緊衝回到城裏，他跑過高達 20 呎寬的大石門，衝進古老的神殿的橢圓型廣場，他進入 Lono 祭司的祭壇中，並將衣袋中的黑珍珠灑在祭司眼前。

一開始，祭司覺得欣喜若狂，他覺得黑珍珠又將為島上的居民帶來繁榮，大家又將恢復富有了。但祭司害怕一旦所有的人都知道黑珍珠的消息，便會一窩蜂地衝到那個洞穴，搶走黑珍珠，那祭司無法佔便宜了，但是祭司們又不能永遠隱藏這個秘密，因為他們想將黑珍珠賣到別的島上，祭司們便為此大傷腦筋。

他們思索了好幾天，最後祭司長想出一個法子，所有的祭司也都覺得那是個好方法，他們決定使村民忌諱進入那個洞穴。

祭司們告訴那個小男孩，他現在不可以再進入那個洞穴了，因為他污染

了洞穴中的黑珍珠，Pele 神已經派遣邪惡的守護神來保護這個洞穴，他們還說如果有人想進入洞穴之中，那人的身體會被邪惡的守護神占領，還會爆炸。祭司們還告訴那個小男孩，只有 Lono 的祭司可以進入洞穴之中，因為只有他們是最神聖的。

從此以後，小男孩和其他村民一樣，都不能進入洞穴之中，於是，祭司們變得越來越富有，村民卻越來越貧窮。

過了一年多的時間，這個小男孩越來越好奇。他並不在意洞穴中的黑珍珠，反而想看看邪惡的守護神，他從未見過邪惡的守護神，因此想知道他們究竟長得怎樣，如何能讓東西爆炸。因此，有一天，他決定去問祭司，他問祭司長邪惡的守護神究竟長得如何，祭司長回答他邪惡的守護神是無形的，因此沒人見過它。

小男孩又問：「那你是怎麼知道他在洞穴裏呢？」祭司長一聽便生氣了，叫小男孩快點滾開，祭司們都告訴小男孩如果他敢進入洞穴之中，邪惡的守護神會佔據他的身體，並讓他的身體爆炸，到時候，他就知道洞穴裏有邪惡的守護神了，還會知道邪惡的守護神有多厲害。

但小男孩還不死心，他一直想著邪惡的守護神、爆炸、以及洞穴中的黑珍珠。有一天的夜裏，他在好奇心的驅使下，帶著一條捕捉來的小乳豬，爬進洞穴裏，他慢慢地將小乳豬放到洞穴中的沙灘上，並等著牠爆炸，但小乳豬卻沒有爆炸，牠一直尖叫，還在深綠色的沙灘上來回走著，他一直等著小乳豬爆炸，但卻都沒發生，最後，他決定自己爬下去試一試，等著自己爆炸，但同樣沒發生任何事。於是他抓起一些黑珍珠和小乳豬，趕緊跑回家去，把黑珍珠拿給村民看，告訴村民他在洞穴中的遭遇與祭司們的所作所為。

村民們終於知道沒有所謂的忌諱，這一切只是祭司們的謊言，他們發現祭司們所說的話都是迷信，只不過是讓村民永遠貧困罷了，祭司們擁有島上最大的房子，不只有錢有勢，甚至比酋長更有勢力，但現在事實證明他們是一群騙子。

因此人們聚集在一起，反抗 Lono 的祭司們，在一場大廝殺之後，祭司們

都被殺光了，從此島上再也沒有祭司。

這個例子可以幫助許多個案，大島上患有焦慮症的個案可以知道何謂「挑戰迷信」。倘若這個概念是藉由其它的方法加以解釋，便不容易令人接受，因為對於大島人而言，那些方法都與他們格格不入；但是當我用說故事的方式來介紹這個概念，他們不祇能了解，還獲益良多。

說明

較佳的情況是，治療師能在諮商的適當時刻，流暢地說出適合的故事或童話。但是，缺乏編故事創意的治療師也能有效地運用說故事的技巧，他們只需要多花點時間與精力，事先將來自其它地方的故事編進整個治療過程中，這樣也能達成轉變個案想法的效果。

然而，最重要的永遠是治療師必須努力與個案的文化變得貼近。

建議讀物

自從有心理療法，治療師便開始用說故事的方式來表達心理學的概念，希望個案能更加了解這些概念，但卻很少研究顯示這種方法的有效性。僅有的研究為 Lazarus（1971,1989,1995），特別是 Singer（1974,1976,1995），Singer 與 Pope（1978），Sheikh 與 Shaffer（1979），以及 Sheikh（1983a,1983b）等人對於想像與杜撰的故事的研究。Donnelly 和 Dumas（1997），Martin，Cummings 和 Hallberg（1992），McCurry 和 Hayes（1992）以及 Siegelman（1990）的研究則探索心理治療的過程中，類比與象徵的重要。

Milotn Erickson 是以說故事的方式來治療個案的治療師中最有名的一位。請參閱 Bandler 和 Grinder（1996），Erickson（1982），Havens（1985），以及 Lankton（1983）的著作。

其它對於杜撰的故事在治療上的運用的研究請參閱 Duhl（1983），Gordon（1978），Leuner（1969），Shorr（1972,1974），以及 Bandura 與 Barab（1973）兩人對象徵模式的研究。

　　不同社會的神話文學通常都顯示出該文化的態度或價值觀，不同的國家，都有一些很好的傳說選集：新幾內亞島（Gillison,1993），蘇格蘭（Manlove, 1997），居爾特（Yeats,1990），丹麥（Huijing,1994），葡萄牙（De Quieroz, 1995），波蘭（Powaga,1997），英國（Stableford,1993），猶太族（Neugroschel, 1997），匈牙利（Ivaldi Cdtud,1995）。

　　治療師也會發現文化中的神話故事是有助於文化認知的，對於民間傳說與神話進行廣泛的研究的有 Smith（1995）；對於南太平洋中的故事與神話的研究，請參閱 Mana，這是許多冊的語言月刊和海洋文學（Mana,1980）；北歐的神話記錄於用冰島語記下的 Prose Edda（Young,1954）；澳洲的神話則記錄於 Reed 所寫的 Aboriginal Myths： Tales of the dreamtime（1978）；夏威夷的神話、口述文學與歷史故事則由 Fornander（1996）所記錄；對於宇宙與人類的起源的神話則記錄於 Philip Freund（1965）所寫的 Myths of Creation；Bulfinch 對於更多有名的神話的研究著作也是研究每個文化思維的好資源（請參閱 Bulfinch's Mythology：*Age of Fable, The Age of Chivalry, Legends of Charlemagne"*）；此外，別忘了參考 King Arthur and His Knights；The Mabinogeon；Beowulf；Religion and Folklord of Northern India（Crooke, 1926）；以及蘇格蘭的神話（Dalyell, 1935）。

第 *14* 章

哲學的基礎

　　本書的最後一章將解釋本書其他章節中不曾詳細介紹的,即關於臨床認知重建療法的哲學基礎。

　　在接下來的兩節中,我將提出關於兩個哲學原則的簡介,也算是我個人的見解。第一是關於「對於個案而言,何謂理性?」我們用節約法則(parsimony)來教導個案找出最適合的信念;第二是關於「對於個案而言,何謂真實?」我們用實用主義(pragmatism)來教導個案判斷什麼是真實的。

對於個案而言,何謂理性?

基本概念

　　好幾年前,自從認知療法剛被採用時,認知療法便被指控為何「灌輸個案何謂真實」。大眾質疑的問題不外乎:為什麼個案要接受治療師的哲學觀?治療師對於對錯的觀念為何比個案更正確?治療師認為某件事物是對的,這是根據學術權威的意見、專業的共識、個人直覺、神的旨意、科學實驗、理性主義或其它哲學的基礎?

　　認知重建療法對這些問題能提出解答,即治療師判斷病患想法的對錯是基於「節約法則」(the law of parsimony)。

　　我向個案們所解釋的「節約法則」,是最能幫助他們決定哪些概念是正

確的。這個原則基本上認為所有的東西都是平等的，但是越簡單的解釋是越好的，一本由 Quine 與 Ullian 所寫的哲學的小書 *"The Web of Belief"*（1978），對此原則有詳細的解釋，這本書不僅詳細地解釋何謂「節約法則」，還舉了很多生活上的例子來證明它的影響力。我向個案介紹一個書中的例子：

試想著你在某一天下午，開著你的 Subaru 汽車去超級市場買東西，你把車子停在停車場中的一排購物車的旁邊，便進去店裏。一個小時後，你推著一車剛買好的東西回到停車場，你尋找你的車子，這時你在一排購物車的旁邊看到一輛 Subaru 汽車，你的結論是什麼？

這個問題的答案很簡單，但很多個案卻看不到問題的重點。個案會認為這部車是他們的，因為它就在他們剛才停車的位置上，個案會問：「不是我的車，難道還會是別的嗎？」。我告訴個案，其實還有很多種可能，他們的車可能被偷走，然後小偷又用另一輛 Subaru 汽車掉包；那輛車子也有可能只是你的幻覺；或許那輛車子是一隻蟲偽裝的。在看過這個例子之後，個案就知道問題的重點了：個案知道他們的想像力決定這個問題的答案。

這問題最困難的部分是，決定個案想法是否合乎邏輯，以及我們宣稱車子是我們的，是否也合乎邏輯？這是權威的意見嗎？其實並沒有任何權威告訴我們這部車子是我們的。這是所有人的共識嗎？其實停車場裏的人也沒有投票決定那部車是不是我們的。這是神的旨意嗎？大多數的人都不認為神會在意我們把車停在什麼地方。這是科學實驗嗎？沒有人進行實驗證明停車場中的車子是我們的。

有這麼多其它的可能情況，但我們卻主動地認為停車場裏的車子是我們的，我們為何能如此確定自己是對的，而不去考慮其它的可能性？

個案總會告訴我，他們是運用自己的邏輯推理能力來解決問題的，他們認為這部車子是他們的，因為這是最可能的原因。他們之前來過這家店 99 次，每次要離開時，都會在之前停車的地方找到自己的車，因此他們認為這次也和之前一樣，能在停車的地方找到自己的車，這也是最有可能的答案。大多數的個案同意其它情況的可能性，但其可能性不高，因此不需要考慮，

個案的邏輯推理顯示其所採用的答案是最有可能的。

其實這種解釋是錯誤的，從 Hume 到近代的哲學家 Popper 都抱持與個案不同的看法。哲學家認為之前發生過的事不能保證下一次也會發生，你不能因為每天都有日出，便保證明天也會有日出。哲學家認為過去發生過的事與未來會發生的事沒有任何關連，所有的事件都是獨立的。

在所有獨立的事件中，試著找出一些神秘的關連性，這與賭徒的荒謬想法並無不同。很多個案都有這種想法，他們認為所有的事件都會影響接下來的事件，例如，我們都知道投硬幣得到人頭的機率是百分之五十，我們也知道下一次投硬幣得到人頭的機率同樣是百分之五十，不管投多少次的硬幣，一百次或一千次，得到人頭的機率永遠是百分之五十。但是很多個案都認為機率會增加，在得一百次的人頭之後，你對反面的期望便越加升高，但是這是錯誤的想法。

個案的車子不會比硬幣聰明，它不會記得之前 99 次是停在什麼地方。我們也不能確定停車場中的車子是手畫的或只是我們的幻覺，甚至它已經被掉包了。

很多哲學家都認為我們無法證明因果關係、可能性與或然率這些概念。倘若這些哲學家的想法是正確的，我們便很難了解人為何會主動地認為停車場中的車子是他們的，因為即使他們遇過千萬次相同的情況，他們仍舊沒有合理的理由足以解釋車子是他們的。

整個的討論都指向個案想法的荒謬，個案認為其它情況不可能發生，每個人都會認為那是他們的車子。個案的想法其實是對的，但是他們應該要以節約原則為基礎，雖然我們不常提到這個原則，但是這個原則卻深深地影響我們，我們在前述的情況中，我們一定會選擇最簡單且明顯的解釋，而不會有其它的想法。個案會立刻認為那是他們的車，而不會有其他的想法，正是因為他們運用節約原則，他們每天都運用這個原則，卻又不自知。

但是個案時常不會用節約原則來判斷自己的錯誤觀念與想法。我們身為認知治療師最大的任務是幫助個案正確地使用這條原則，並能很快地運用於

現實情況中。

方法

1. 當個案試著解釋自己的行為時，你首先要幫他們找到「最單純」的解釋。「最單純」的解釋代表最熟悉與最普通的解釋。例如：當個案擠牙膏卻發現擠不出牙膏時，他大可歸因於神秘的物理學原理正加諸於這條牙膏上，我們都知道以前擠得出牙膏並不保證以後都擠得出牙膏，因此，節約原則使我們不會想到其它複雜的理由，我們會直接想到牙膏的孔被堵住或已經沒有牙膏了。

2. 幫助個案找出「最簡單」的結論。節約原則教我們用最不費力的方式找出結論，前述汽車的例子便是一個好例子，我們一看停車場中的車子，便會毫不費力地將它認為是我們的車子。將車子移走，再換成一臺畫出來的車子；或者把車子偷走，再換成另一部相同年份、車型與顏色的車子，這些想法都太過複雜，我們的大腦會自行選擇最簡單的解釋。

3. 幫助個案找出最「不複雜」的結論。最不複雜的解釋才是最佳的解釋。例如：一位佛洛依德學派的學者會說：女人怕蛇，因為蛇代表男性性器官，女人對於性的恐懼感會衍生出一種恐懼症，使得她們懼怕所有代表男性性器官的東西。這種解釋相當複雜，若是將女人（或是一般人）怕蛇解釋成怕被毒蛇咬到而身亡，這樣的解釋便較不複雜。對於有人會進一步問：「為什麼有人還是會怕無毒的蛇呢？」我的回答是：「要分辨蛇是否有毒並不容易。」

範例：包柏的故事

如果個案完全無法接受節約原則，那他們會面臨很嚴重的心理問題，其中最嚴重的是妄想症（paranoia）。一位名叫包柏的個案來找我，他有妄想的幻覺，他相信愛爾蘭共和軍的組織正害他發瘋，並想殺了他。包柏的幻覺是

很特殊的，因為包柏不是愛爾蘭人，也與愛爾蘭無關，更不是反愛爾蘭共和軍的成員，但他卻有個念頭，覺得愛爾蘭共和軍將他視為要殲滅的敵人。很明顯地，沒有證據顯示有人討厭他，更別說是想要殺他了。

正如所有患有妄想症的個案，他不像一般人眼中的瘋子。他很開朗，有一份好的工作，有個美滿的家庭。他沒有過度焦慮與緊張的反應，更沒有吸毒，他在各方面都表現正常。在他患有妄想症之前，他與妻子之間有些問題，這使他覺得沮喪，之後，他的沮喪情緒轉變為妄想症。

當我與包柏面談時，他的表現相當正常。他在整個面談過程中，說話有邏輯，且相當理性，但在最後，他問我是不是愛爾蘭人。諮商中心的人事先並未告知我包柏的特殊狀況，我便回答包柏：「是的，我的祖父在 1890 年，從愛爾蘭遷徙到美國來。」這時，包柏立刻站起來，像是發瘋一樣地衝出房間，眼中透露出恐懼，我心想：「這下好了，……又一個這樣的個案。」

我之後了解究竟發生什麼事了，並了解我不能再與包柏進行諮商，我請另一位猶太籍的治療師與包柏進行諮商，這位治療師與愛爾蘭無關，這個治療相當有趣，因為包柏不只完全無法擺脫妄想，還無法運用節約原則。相反地，他會用自己的幻想來解釋所有的事件，如果街上有一位紅髮的年輕人，背著背包，包柏會認為那個人是愛爾蘭共和軍的成員，而袋子裝的是砲彈；他決不進入店名有「Mac」、「Mc」或「O」的店，因為那是愛爾蘭人開的店；如果他看到一輛綠色的車，會冒出一身冷汗，因為他認為那是愛爾蘭共和軍的警車；當廣播正在轉播 Notre Dame 足球賽時，他認為愛爾蘭共和軍正透過播音員向他傳遞末日到了的訊息。

當治療師與包柏討論他複雜的想法時，包柏會反駁說：「你不明白愛爾蘭人的陰謀，如果你知道的話，你就知道我所言不假。」，包柏完全無法用節約原則找出最簡單的解釋，因此他的想法一直無法改變。

與包柏或其他像他的個案諮商的最大困難在於節約原則是憑感覺的，其中沒有邏輯推理，節約原則的基礎是信賴。我們必須信賴自己對事物的直覺，但是當人在情感上受到創傷，或腦部受到傷害，人便無法用最簡單的方式來

解釋事物，這種能力也很難重新拾回。

我希望我能告訴讀者，包柏已經經由更神奇與更高深的方法得到醫治，但事實上，他卻未獲醫治，離開治療中心之後，從相信愛爾蘭人的陰謀轉移為相信猶太人的陰謀，另一位與他進行諮商的治療師正是猶太人，因此，你知道結果的。我想我們可能誤判包柏的病因，他其實是對心理學家產生排斥的幻覺，這是我們不能確定的。

我的同事很成功地運用自相矛盾法來治療像是包柏那樣無法運用節約原則的個案，在這種方法中，治療師的想法比個案更荒謬，比個案更會妄想。針對包柏的案例，我的同事告訴我他可能會告訴包柏：

愛爾蘭共和軍只是猶太人的陰謀的首部曲，緊接著愛爾蘭共和軍之後的是黑人的陰謀，黑人又與中國共產黨結合，中國共產黨又與黑手黨、拉丁美洲的人聯合。女性團體又是這整個運動的掩護，因為女性團體都是接受搶救鯨魚協會的資助。當然，這整個陰謀都是由紐約 10 位財經頭目所策動的，因為他們總有辦法做任何事。

如果你真的想要保護自己，那你就必須遠離這些團體，但我現在想一想，這也是不可行的，因為他們知道你會對他們提高警覺，因此他們可能會以你意想不到的偽裝出現。你要特別小心身旁的老婦人，因為那是很好的偽裝；你也要特別注意來自堪薩斯州、愛荷華州或任何其他中西部地區的人，因為你一般是不會懷疑他們，因此他們是相當可疑的。當然，愛爾蘭人與猶太人都是來自美國東部，因此你也得留意東部人。在西岸則有拉丁人，他們在西部有許多後代。所有的外國人都是可疑的，因為你不知道他們究竟打哪兒來的。

唉，包柏，很糟糕吧！無論你多小心地保護自己，總有來自許多地方的人可能會傷害你，那你為什麼要過度保護自己呢；你在發生不測之前，仍舊可以繼續過你的快樂生活，不是嗎？所以，我們一起試著讓你保有快樂的心情直到你真的遭遇不測。既然你快死掉了，為什麼不好好享受人生呢？

我們現在一起想一想，有什麼方法能讓你現在的生活更快樂？

我們現在一起想想，好嗎？

喔！對了，你的妻子好嗎？

說明

節約原則不代表所有不尋常與複雜的解釋就是錯的，這項原則只代表優先選擇最簡單的解釋，如果最簡單的解釋較不適用時，再選擇不尋常與複雜的解釋。

建議讀物

許多哲學家都討論過節約原則，介紹得最仔細的是 Quine 與 Ullian（1978），同時也可以參閱 Quine（1987）。以前，節約原則被稱為「Occam's razor」，其為 14 世紀英國聖法蘭西斯天主教會的理論家 William of Occam（或 William of Ockham）所提出的，William 直接地說：「可以用最簡單的方式，為什麼要用複雜的方式。」（Bertrand Russell 於 1945 年所引用）

對於個案而言，何謂真實？

基本概念

認知重建療法的哲學基礎與一般的心理學與精神病治療的哲學基礎相同，所謂的唯物論的傳統與唯心論的傳統總是壁壘分明的。現實層面中，有人認為人的身體、腦部與神經系統都是身體器官的一部分，它們與其它器官的運作機制是相同的，它們都有大小與重量，因此能由旁觀的角度來觀察，它們也能接受測量，最重要的是，它們的運作是有因果關係的。激進的行為理論（radical behaviorism）、醫學心理學（medical psychology）、以及神經

心理學（neuropsychology）都追隨 Thomas Hobbes 所提出的哲學物質主義
（philosophical materialism）與 John Locke 所提出的現實主義（realism）。

　　行為治療師，例如：Cautela，接受消弱（extinction）、強化（reinforcement）、
以及訓練（conditioning）等行為理論，但卻只偷偷地採用這些技巧，因此，
在早期的認知治療中，我們採用像是矯枉過正療法（covert conditioning）、
隱式減敏法（covert desensitization）、以及隱式逃避法（covert avoidance）。
儘管這些治療法是偷偷進行的，這些技巧仍舊是依循物質世界中的法則進行
的，並受制於命定論（determinism）與因果關係（cause-and-effect
relationships）。

　　唯心論這個第二項傳統同樣也有悠久的歷史，其採用「心靈」（mind），
而不採用「腦子」（brain）這種說法，其重視像是意志力、選擇、責任、意
圖、知識與信念這些概念，服膺唯心論的人討論看不見的東西，以及無法用
自然法則衡量的事。其源自於唯心哲學與 Plato、George Berkeley 與 Emanual
Kant 的現實主義，早期的認知治療師也來自人道主義學派（humanistic）、
羅傑斯學派（Rogerian）與存在學派（existential sxhool）。對這些治療師而
言，心理學的主要原則在於選擇的自主性、決定的合理性與對自身行為的責
任感。

　　認知療法就像一般的心理學，在發展的過程中，一直限於唯物論與唯心
論的論戰中。如何調和這兩大傳統始終是個問題，問題的關鍵就在於「心靈
是如何影響身體？」「心理方面的概念，像是：「選擇」與「意圖」，如何
用生理的名詞，像是「神經突觸」（neurosynapses）、化學物質傳導（chemical
transmitters）或內分泌（endocrine secretions）來解釋？」「人如何用物理的
概念，例如因果關係來解釋心理層次的概念，例如：『選擇』、『決定』與
『意圖』？」

　　這些不只是抽象的哲學討論，實際上，它更牽涉到治療師出庭作證，證
明個案是否蓄意犯罪，犯罪時是否意識到自己的行為，以及他們是否應當接
受制裁，或者他們因為精神異常、發瘋、有情緒創傷或服用藥物而不適合接

受制裁。

　　對於心理與生理如何互相影響這個問題的解釋，現代哲學家 Gilbert Ryle 有精要的介紹，Ryle 以他著名的一句話來形容這個問題，即「機器中的幽靈」（the dogma of the Ghost in the Machine）（Ryle, 1949, pp.15-16）。Ryle 機器中的幽靈就如同人體內的意志力，兩者都是非物質的個體，沒有大小尺寸與重量，它能輕易地穿透門牆，還能飛，因爲它不受制於像是地心引力之類的物理法則。但機器就如同人體一樣，是物質的，並受制於所有物理的法則與力量。但問題在於幽靈是如何控制機器呢？我們的意志力又是如何影響我們的行爲呢？倘若幽靈想丟根槓桿或按個機器中的按鈕，它的手會穿透機器，無法丟槓桿，也按不著按鈕。

　　在認知療法中，我們遇到類似的問題，我們想知道的是：「個案爲什麼要改變想法？個案爲何會接受某個想法，而非另一個想法？「相信」的意義是什麼？單靠機械化地重複與強化方式，便能改變信念嗎？或者在選擇與立志之後，便能改變一個人的認知狀態？」

　　前述幽靈如何影響機器的問題，同樣也是認知療法所面臨的問題。縱使你將問題中的幽靈改爲心靈、將機器改爲人體、或將心靈改爲選擇、相信與意圖、或將人體改爲神經傳導、大腦皮質與大腦的下皮質，問題依舊如此。

　　既然幽靈無法操縱機器，這就代表個案無法改變他們的想法嗎？但事實上，個案可以隨時改變自己的想法，因此，這個理論一定錯了，的確！

　　Ryle 建議勿將心靈與物質全然二分，因此，唯心論與唯物論的衝突問題便不復存在。人並非活在物質與心靈分立的兩個世界，其中，物質的世界是受制於機械的力量與非意志所能掌握的因果關係，心靈的世界是受制於人的意志、抉擇、意圖與責任感的。它們提供解釋人類的兩種途徑，但兩者並無孰對孰錯之分，也沒有誰較有用的差別，彼此各有優點。當我們爲患有嚴重的精神疾病的個案開處方時，我們應該從生理的角度著手，即著重生化的交互作用與整個化學的因果關係。但是當我們與個案諮商未來的人生規劃時，最好能由心理的角度著手，例如如何做決定，生活的意義與抉擇。Ryle 的論

點爲唯心論與唯物論之衝突下一個結論：「人類不是機器，更不是受幽靈控制的機器，人類是人類，這是必須永遠記住的。」

案例

在這本書的結尾，我打算舉一個我最切身的例子，這個例子足以解釋我爲何相信以上所說的哲學概念。

We dance round in a ring and suppose,

But the Secret sits in the middle and knows.

——Robert Frost（Lathem, 1975, p.362）

儘管多年來一直研究心理學、哲學與科學，但我對人性複雜度的了解不是從任何書籍、研究或老師的教導所學來的，而是向我的父親學來的，一切是這樣開始的：

雖然我的父親去逝多年，但我仍時常想起他。他是一位建築師，他喜歡藝術遠勝於技術，因爲對藝術情有獨鍾，使得我們全家必須在每個星期天一同驅車前往博物館欣賞展覽，我們小孩子都恨透了這個活動，我的父親告訴我的母親這樣的活動對我們有益，能讓我們變得更有教養，但我們都覺得只有他一個人想去，但又希望有人陪他，所以才帶我們一起去。

十幾歲的孩子，對於沉悶的美術博物館是沒有興趣的，所以我們盡可能地破壞父親的假日計畫，改做些別的事，但是每當有美術展覽時，我們總是逃不過。有一次，梵谷的畫作在全國各地巡迴展出，還來到費城博物館展出，理所當然地，接下來的星期天一到，我的父親便帶著全家一同前往。

當我一到博物館，便開始找好玩的東西，摸一摸中古時期的盔甲與石弓，當我知道再也逃不掉時，我只好進入展覽的會場。

當我四處看著梵谷的畫作，便立刻討厭那些畫，對年僅十歲的我而言，這些畫真是愚蠢，花不像花，農田不像農田，這些畫都不真實，這些畫所展現的世界與一般人眼中的世界不同，因此，我立刻認爲梵谷不會畫圖。

在展覽的最後，掛著一幅最爲人所稱道的畫，一群大人站在畫作前面，

我的父親也在其中，我對大人爲何覺得這幅很特別的理由感到好奇，我也站在大人後面欣賞那幅畫。畫作畫的是夜景，一大片夜空籠罩著小村莊，天空是深深的藍色，下方的村莊也只有個大概的輪廓，但最令人驚訝的是畫中的星星，它們不是小小的亮點，它們是大圈的金黃色旋轉螺線，它們占據整幅畫。

我注視那幅畫許久，對它的感覺與對其它的畫作的感覺一樣，我覺得這些畫作不真實，真的星星才不是這樣呢！星星是亮點，不是旋轉的螺線，天空的顏色也不是深藍色的，整幅畫的紋理太多，感覺像是用鐵鏟畫的，而不是用畫筆畫的。

我想到別的地方，做些有趣的事，但我看到我的父親正與其他的大人討論與稱讚那幅畫，我當時就想著：「也許是我錯了，因爲如果每個人的感覺都與我相同，就不會有那麼多人來看展覽了。但是事實上卻有如此多的觀衆，也許他們看到我所看不到的東西，畢竟我只是個小孩子，什麼也不懂，如果要說誰不會欣賞，那一定是我了。」

因此我待在原地，模仿我的父親看畫的樣子，希望能看到他所看到的一切，當他將全身的重量集中於一隻腳，一邊撫摸著下巴，還一邊發出讚嘆聲時，我也照做，但卻一點效果也沒有，我還是覺得那幅畫很差勁，是不精確又不真實的爛畫。也許其他十歲的小孩會覺得這些畫很漂亮，他們也許更敏感，更有藝術修養，但我卻不是這樣的小孩，只不過是個普通的十歲小孩而已，我什麼也不懂。

之後我的父親問我喜不喜歡那幅畫，真的不知如何回答，如果我將真實的感受說出，告訴父親「我覺得那幅畫很蠢」，那我就大難臨頭了，因爲父親與其他的大人會認爲我是一個愚笨的臭小鬼，根本不配來參觀展覽，更重要的是，我的父親可能會因我而蒙羞，他一定會很生氣的大罵「該死」，並把我拖出博物館，我的母親也會因爲我破壞全家人的出遊而覺得難過，我的兄弟姐妹們也會罵我，因爲我把出遊搞砸了，他們會要求父母親在下次出遊時，把我丟在家裏，雖然不喜歡博物館，但我更不喜歡獨自被丟在家裏。這

些念頭一時間全冒出我的腦海之中，突然我回答我的父親：「我喜歡那幅畫……令人印象深刻……顏色很棒。」，雖然不是很好的評語，但卻是我所想到最好的評語，我的父親也對我的回答感到滿意，一天終於平安地渡過。

好幾年過去，我已經忘了那幅畫，直到我住到科羅拉多州時才又想起那幅畫，為了躲避城市生活的喧囂，我常獨自在深夜裡開車上山，躺在山上的草地上欣賞夜空，因為沒有光害，因此天上的星星特別明亮，天空高掛成千上萬顆星星，彷彿要覆蓋大地，從山上望著星空，我常體會宇宙之遼闊與人類之渺小。

有一晚，我躺在草地上望著星空時，梵谷的畫突然冒出腦海，刹那間，在二十年後，我終於了解梵谷的畫了，了解到為何我的父親如此喜愛那幅畫，我也了解那幅畫為何如此有名，梵谷的「星夜」充份表達我當時的心情，我十歲時無法體會的心情，如今卻湧上心頭，原來梵谷的畫所要表達的是人們想像時的心情與對於夜空的讚嘆。

為何我在山上的草地上才體會出梵谷的畫的意義，以前卻無法體會？因為這二十年來，經歷許多事，我喜歡天文學，黑洞、氣體星雲、以及深深吸引我的遼闊的宇宙。我也學習哲學，並時時思考人性以及我們在宇宙中所扮演的角色，也思索著我們為何身在此處以及我們所處的地球之渺小。因此當我坐在山上的草地上，望著天上的星星時，我以全新的眼光來看著這些星星，這時我所見到的絕非十歲時的我所見。雖然星星依舊是老樣子，但它帶給我的感受卻大不相同了，我在科羅拉多州的山上所見的星星較像梵谷眼中所見的星星，而非我十歲時所見的星星。星星是巨大且旋轉的銀河，其中包含百萬顆星星與星球，其中可能存在其他的生物，總之，星星不只是天空中的亮點而已。

人類的真實是什麼呢？怎樣的天空才是真實的呢？是十歲的小孩眼中的星空，或是梵谷「星夜」中所描繪的夜空呢？我們與個案的真實面又是什麼呢？是機械化與命定的一面，或是自由化與責任感的一面？當我年輕時，我一定會說「星星是亮點，人類是人類，你所見的就是真實。」但當我稍有年

紀後，我學得更多，想得更多，也感受更多，我體會到「星星就代表宇宙，人是由星星所構成的，你所見的世界受限於你的理解力是否允許。」

　　人的本質並不單純，它分爲許多層次，而這些層次是不斷改變的，也是不斷成長的。最表層爲最單純的表相，即我們眼睛所見的一切，也就是我十歲時所見的一切。最底層爲事物最深層的意涵與認知，即梵谷所畫的，也就是我在山上的草地上所體會的一切與我們所意識到的人性本質，我們的生活經驗形成事物最深層的意涵與認知。對於天空，天文學家看見旋轉的銀河系、類星體、脈衝波動星、黑洞與恆星天文學；占星家則看到星座與宇宙中早已存在的，影響人類性格的決定力量；船長則看見經緯度線；牧師則看見神創造萬物的力量，在所有事物的最深層，我們所得到的東西，並非眼睛所能見。

　　因此，怎樣的天空才是最真實的，怎樣才是我們的本質？

　　其實所有我們所見的都是真實的一部分，一切單憑我們如何看待這些事物。

　　在與許多人進行多年的諮商後，我試著不斷提醒自己人的本質是有很多層次的，而我也試著了解個案所經歷的是怎樣的人性本質。我了解有許多個案受限於事物的表相，他們必須看得更深遠，才能使自己更快樂。觀察所有事物的角度並無對錯之分，但卻有功效的差別。當我與只將星星視爲夜空中的亮點的個案諮商時，我試著告訴個案隱藏在亮點背後的是旋渦般且絢爛的銀河在星夜中跳舞。

說明

　　讀者在依循本書所介紹的認知療法進行諮商時，並不需要接受我個人的哲學思想。認知重建療法的範圍其實大到足以容納許多不同的觀點。

建議讀物

　　讀者們都有自己最喜愛的哲學書籍，我最喜愛的哲學書籍則有：Bertrand Russell(1961) 的 A History of Western Philosophy(1945)與 The Basic Writing

of Bertrand Russell（1961）；John Stuart Mill 的 Philosophy of Scientific Method
（Mill, 1950）；Quine 與 Ullian 的 The Web of Belief（1978）；Gorden Ryle
的 The Concept of Mind（1949）；Wilson 的 Language and the Pursuit of Truth
（1967）；以及 Wilson 的 Thinking with concepts。

參考書目

Ackerman, R. (1965). *Theories of knowledge: A critical introduction.* New York: McGraw-Hill.

Adamson, B., & Gehlhaar, P. (1989). Cognitive structures in recovery from alcohol dependence: An examination of sex differences. Assisi, Italy: *Eighth International Congress on Personal Construct Psychology.*

Adler, A. (1964). The individual psychology of Alfred Adler: A systematic presentation in selections from his writings. New York: Harper & Row.

Alberti, R. (1987). *The professional edition of your perfect right: A manual for assertive trainers.* San Luis Obispo, CA: Impact Publishing.

Alberti, R. (1990). *A manual for assertiveness trainers: With 1995 supplement.* San Luis Obispo, CA: Impact Publishing.

Alberti, R., & Emmons, M. (1995). *Your perfect right: A guide to assertive living.* San Luis Obispo, CA: Impact Books.

Alexander, P. (1988). The therapeutic implications of family cognitions and constructs. *Journal of Cognitive Psychotherapy, 2,* 219–236.

Alford, B., & Beck, A. (1997). *The integrative power of cognitive therapy.* New York: Guilford.

Alford, B., Beck, A., Freeman, A., & Wright, F. (1990). Brief focused cognitive therapy of panic disorder. *Psychotherapy, 27*(2), 230–234.

Anderson, J. (1980). *Cognitive psychology and its implications.* San Francisco: Freeman.

Anderson, J. (1994). *Eye illusions.* New York: Modern Publishing.

Arnold, M. (1960). *Emotion and personality.* (Vols. 1–2). New York: Columbia University Press.

Aronson, E. (1980). *The social animal.* San Francisco: Freeman.

Ascher, L., & Cautela, J. (1972). Covert negative reinforcement: An experimental test. *Journal of Behavior Therapy and Experimental Psychiatry, 3,* 1–5.

Ascher, L., & Cautela, J. (1974). An experimental study of covert extinction. *Journal of Behavior Therapy and Experimental Psychiatry, 5,* 233–238.

Attneave, F. (1968). Triangles as ambiguous figures. *The American Journal of Psychology, 81.*

Aubut, L., & Ladouceur, R. (1978). Modification of self-esteem by covert positive reinforcement. *Psychological Reports, 42*, 1305–1306.

Avison, W., & Speechley, K. (1987). The discharged psychiatric patient: A review of social, social–psychological, and psychiatric correlates of outcome. *American Journal of Psychiatry. 144*(1), 10–18.

Ayer, A. (1952). *Language, truth and logic.* New York: Dover.

Ayer, A. (1984). *Philosophy in the twentieth century.* New York: Vintage.

Ayer, A., (1988). *The problem of knowledge.* New York: Penguin.

Azrin, N., Huchinson, R., & Hake, D. (1967). Attack, avoidance, and escape reactions to aversive shock. *Journal of the Experimental Analysis of Behavior, 10*, 131–148.

Baer, J., Marlatt, G., & Mc Mahon (Eds.) (1993). *Addictive behaviors across the life span.* Newbury Park, CA: Sage.

Bajtelsmit, J., & Gershman, L. (1976). Covert positive reinforcement: Efficacy and conceptualization. *Journal of Behavior Therapy and Experimental Psychiatry, 7*, 207–212.

Baker, S., & Kirsch, I. (1991). Expectancy mediators of pain perception and tolerance. *Journal of Personality and Social Psychology, 61*(3), 504–510.

Bakker, T. (1982). *Run to the roar.* Harrison, AR: New Leaf Press.

Banaji, M., & Prentice, D. (1994). The self in social contexts. *Annual Review of Psychology, 45*, 297–332.

Bandler, R. (1992). *Magic in action.* Cupertino, CA: Meta Publications.

Bandler, R. (1996). *Persuasion engineering.* Cupertino, CA: Meta Publications.

Bandler, R., & Grinder, J. (1979). *Frogs into princes.* Moab, UT: Real People Press.

Bandler, R., & Grinder, J. (1996). *Patterns of the hypnotic techniques of Milton H. Erickson, M.D.* Cupertino, CA: Metamorphous Press.

Bandura, A. (1977a). *Social learning theory.* Englewood Cliffs, NJ: Prentice–Hall.

Bandura, A. (1977b). Self-efficacy: Toward a unifying theory of behavior change. *Psychological Review, 84*, 191–215.

Bandura, A. (1978). Reflections on self efficacy. In S. Rachman (Ed.), *Advances in behaviour research and therapy (Vol. 1).* Oxford: Pergamon Press.

Bandura, A. (1982). Self-efficacy mechanism in human agency. *American Psychologist, 37*, 122–147.

Bandura, A. (1984). Recycling misconceptions of perceived self–efficacy. *Cognitive Therapy and Research, 8*, 231–255.

Bandura, A. (Ed.) (1995). *Self-efficacy in changing societies.* New York: Cambridge University Press.

Bandura, A. (1996). Ontological and epistemological terrains revisited. *Journal of Behavior Therapy and Experimental Psychiatry, 27* (4), 323–345.

Bandura, A. (1997). *Self-efficacy: The exercise of control.* New York: Freeman.

Bandura, A., Adams, N., Hardy, A., & Howells, G. (1980). Tests of the generality of self-efficacy theory. *Cognitive Therapy and Research, 4*, 39–66.

Bandura, A., & Barab, P. (1973). Process governing disinhibitory effects through symbolic modeling. *Journal of Abnormal Psychology, 82*, 1–9.

Bandura, A., Reese, L., & Adams, N. (1982). Microanalysis of actions and fear arousal as a function of differential levels of perceived self-efficacy. *Journal of Personality and Social Psychology, 43*, 5-21.

Bandura, A., & Schunk, D. H. (1981). Cultivating competence, self-efficacy, and intrinsic interest through proximal self-motivation. *Journal of Personality and Social Psychology, 41*, 586-598.

Barlow, D., Agras, W., Leitenberg, H., Callahan, E., & Moore, R. (1972). The contribution of therapeutic instructions to covert sensitization. *Behavior Research and Therapy, 10*, 411-415.

Barlow, D., Leitenberg, H., & Agras, W. (1969). Experimental control of sexual deviation through manipulation of the noxious scene in covert sensitization. *Journal of Abnormal Psychology, 74*, 596-601.

Barlow, D., Reynolds, E., & Agras, W. (1973). Gender identity change in a transsexual. *Archives of General Psychiatry, 28*, 569-576.

Barry, D. (1994). *The world according to Dave Barry.* New York: Random House.

Barry, D. (1996). *Dave Barry in cyberspace.* New York: Crown Publishers.

Barry, D. (1997). *Dave Barry is from Mars and Venus.* New York: Crown.

Baumbacher, G. (1989). Signal anxiety and panic attacks. *Psychotherapy. 26*, 75-80.

Beatty, J., & Legewie, H. (Eds.) (1977). *Biofeedback and behavior.* New York: Plenum.

Beck, A. (1967). *Depression: Clinical, experimental, and theoretical aspects.* New York: Hoeber.

Beck, A. (1975). *Depression: Causes and treatment.* Philadelphia, PA: University of Pennsylvania.

Beck, A. (1993). *Cognitive therapy and the emotional disorders.* New York:American Library Trade.

Beck, A. (1996). Beyond belief: A theory of modes, personality, and psychopathology. In P. Salkovskis (Ed.), *Frontiers of cognitive therapy* (pp. 1-25). New York: Guilford.

Beck, A., Emery, G., & Greenberg, R. (1985). *Anxiety disorders and phobias: A cognitive perspective.* New York: Basic Books.

Beck, A., Freeman, A., & Associates (1990). *Cognitive therapy of personality disorders.* New York: Guilford.

Beck, A., Rush, A, Shaw, B., & Emery, G. (1979). *Cognitive therapy of depression.* New York: Guilford.

Beck, A., Wright, F., Newman, C., & Liese, B. (1993). *Cognitive therapy of substance abuse.* New York: Guilford.

Beck, J. (1995). *Cognitive therapy: Basics and beyond.* New York: Guilford.

Beck, J. (1996). Cognitive therapy of personality disorders. In P. Salkovskis (Ed.), *Frontiers of cognitive therapy* (pp. 165-181). New York: Guilford.

Beck, J. (1998). Changing core beliefs: Use of the core belief worksheet. In H. Rosenthal (Ed.), *Favorite counseling and therapy techniques.* Washington DC: Accelerated Development.

Beck, J. G., & Zebb, B. J. (1994). Behavioral assessment and treatment of panic disorder: Current status, future directions. *Behavior Therapy, 25*, 581-611.

Bedrosian, R., & Bozicas, G. (1993). *Treating family of origins problems: A cognitive approach.* New York: Guilford.

Bellezza, F., & Hoyt, S. (1992). The self-reference effect and mental cueing. *Social Cognition, 10,* 51–78.

Benedict, R. (1989). The effectiveness of cognitive remediation strategies for victims of traumatic head–injury: A review of the literature. *Clinical Psychology Review, 9,* 605–626.

Berger, J. (1977). *Ways of seeing.* New York: Penguin.

Berne, E. (1961). *Transactional analysis in psychotherapy: A systematic individual and social psychiatry.* New York: Grove Press.

Berne, E. (1964). *Games people play; The psychology of human relationships.* New York: Grove Press.

Bernstein, M., & Barker, W. (1989). *The search for Bridey Murphy.* New York: Doubleday.

Beyerstein, B. (1985). The myth of alpha consciousness. *The Skeptical Inquirer, 10,* Fall.

Binder, J., & Smokler, I. (1980). Early memories: A technical aid to focusing in time–limited dynamic psychotherapy. *Psychotherapy: Theory, Research and Practice, 17,* 52–62.

Birchwood, M., & Tarrier, N. (1994). *The psychological management of schizophrenia.* Chichester: Wiley.

Bistline, J., Jaremko, M., & Sobleman, S. (1980). The relative contributions of covert reinforcement and cognitive restructuring to test anxiety reduction. *Journal of Clinical Psychology, 36,* 723–728.

Block, J., & Yuker, H. (1989). *Can you believe your eyes?* New York: Gardner Press.

Blum, K. (1990). The "alcoholic" gene: DNA research may prove major breakthrough in search for genetic link (pamphlet). Houston, Texas: Neuro Genesis. Also published in *Professional Counselor,* Sept.–Oct., 1990.

Blum, K., & Trachtenberg, M. (1988). Alcoholism: Scientific basis of a neuropsychogenetic disease. *International Journal of the Addictions, 23(8),* 781–796.

Bobbitt, Linda. (1989). *A test of attributional equivalence classes.* Dissertation, University of Kansas.

Bohman, M., Sigvardsson, S., & Cloninger, R. (1981). Maternal inheritance of alcohol abuse: Cross–fostering analysis of adopted women. *Archives of General Psychiatry, 38,* 965–969.

Botwinick, J. (1961). Husband and father–in–law: A reversible figure. *American Journal of Psychology, 74,* 312–313.

Boudewyns, P., & Shipley, R. (1983). *Flooding and implosive therapy: Direct therapeutic exposure in clinical practice.* New York: Plenum.

Bowler, P. (1986). *The true believers.* North Ryde, Australia: Methuen Australia Pty.

Bradley, D., & Petry, H. (1977). Organizational determinants of subjective contour. *American Journal of Psychology, 90,* 253–262.

Brehm, J. (1966). *A theory of psychological reactance.* New York: Academic Press.

Brehm, J., Snres, L., Sensenig, J., & Shaban, J. (1966). The attractiveness of an eliminated choice alternative. *Journal of Experimental Social Psychology, 2,* 301–313.

Brenner, H. (1989). The treatment of basic psychological dysfunctions from a systemic point of view. *British Journal of Psychiatry, 155* (Suppl. 5), 74–83.

Breuer, J., & Freud, S. (translated by A. Brill). (1937). *Studies in hysteria: Miss Katharina.* New York: Nervous & Mental Disease Publishing Company.

Bricker, D., Young, J., & Flanagan, C. (1993). Schema-focused cognitive therapy: A comprehensive framework for characterological problems. In K. Kuehlwein & H. Rosen (Eds.), *Cognitive therapies in action* (pp. 88–125). San Francisco: Jossey–Bass.

Bromley, D. (1977). Natural language and the development of the self. In H. Howe, Jr. (Ed.) *Nebraska Symposium on Motivation, 25,* Lincoln, NB: University of Nebraska Press.

Brown, B. (1974). *New mind, new body.* New York: Harper & Row.

Brown, C. W., & Ghiselli, E. (1955). *Scientific method in psychology.* New York: McGraw–Hill.

Brownell, K., Hayes, S., & Barlow, D. (1977). Patterns of appropriate and deviant sexual arousal: The behavioral treatment of multiple sexual deviation. *Journal of Consulting and Clinical Psychology, 45,* 1144–1155.

Bruhn, A. (1990a). Cognitive–perceptual theory and the projective use of autobiographical memory. *Journal of Personality Assessment, 55,* 95–114.

Bruhn, A. (1990b). *Earliest childhood memories: Theory and application to clinical practice.* (Vol. 1). New York: Praeger.

Bruner, J., Goodnow, J., & Austin, G. (1956). *A study of thinking.* New York: Wiley.

Brunn, A., & Hedberg, A. (1974). Covert positive reinforcement as a treatment procedure for obesity. *Journal of Community Psychology, 2,* 117–119.

Buchanan, G., & Seligman, M. (1995). *Explanatory style.* Hillsdale, NJ: Erlbaum.

Bugelski, B. (1970). Words and things and images. *American Psychologist, 25,* 1002–1012.

Buglione, S., DeVito, A., & Mulloy, J. (1990). Traditional group therapy and computer-administered treatment for test anxiety. *Anxiety Research, 3,* 33–39.

Bulfinch, T. *Bulfinch's mythology: The age of fable; the age of chivalry; legends of Charlemagne.* New York: Thomas Y. Crowell.

Burns, D. (1980). *Feeling good: The new mood therapy.* New York: Morrow.

Burns, D. (1989). *The feeling good handbook.* New York: Penguin.

Butler, P. (1992). *Self-assertion for women.* Revised edition. San Francisco: Harper.

Cameron, N. (1963). *Personality development and psychopathology: A dynamic approach.* Boston: Houghton Mifflin.

Cannon, W. (1998). Hypnotically enhanced interactive cognitive rehearsal. In H. Rosenthal (Ed.), *Favorite counseling and therapy techniques*. Washington, DC: Accelerated Development.

Carlson, J., & Seifert, R. (1994). *Clinical applied psychophysiology*. New York: Plenum.

Carson, R., & Sanislow III, C. (1993). The Schizophrenias. In P. Sutker & H. Adams, *Comprehensive handbook of psychopathology*. New York: Plenum.

Casey, B., & Mc Mullin, R. (1976). *Cognitive restructuring therapy package*. Lakewood, Colorado: Counseling Research Institute.

Casey, B., & Mc Mullin, R. (1985). *Cognitive restructuring therapy package. 2nd Ed.* Lakewood, Colorado: Counseling Research Institute.

Cassidy, J., Easton, M., Capelli, C., Singer, A., & Bilodeau, A. (1996). Cognitive remediation of persons with severe and persistent mental illness. *Psychiatric Quarterly. 67*, 4, 313–321.

Cautela, J. (1966). Treatment of compulsive behavior by covert sensitization. *Psychological Record, 16*, 33–41.

Cautela, J. (1967). Covert sensitization. *Psychological Record, 20*, 459–468.

Cautela, J. (1970). Covert reinforcement. *Behavior Therapy, 1*, 33–50.

Cautela, J. (1971a). Covert extinction. *Behavior Therapy, 2*, 192–200.

Cautela, J. (1971b). Covert conditioning. In A. Jacobs, & L. Sachs (Eds.). *The psychology of private events: Perspectives on covert response systems*. New York: Academic Press.

Chadwick, P., Birchwood, M., & Trower, P. (1996). *Cognitive therapy for delusions, voices and paranoia*. Chichester: Wiley.

Chandler, G., Burck, H., Sampson, J., & Wray, R. (1988). The effectiveness of a generic computer program for systematic desensitization. *Computers in Human Behavior, 4*, 339–346.

Chemtob, C., Hamada, R., Novaco, R., & Gross, D. (1997). Cognitive- behavioral treatment for severe anger in post traumatic stress disorder. *Journal of Counseling and Clinical Psychology, 65* (1), 184–189.

Cheng, P., & Novick, L. (1990). A probabilistic contrast model of causal induction. *Journal of Personality and Social Psychology, 58*, 545–567.

Cipher, D., & Fernandez, E. (1997). Expectancy variables predicting tolerance and avoidance of pain in chronic pain patients. *Behaviour Research and Therapy, 35* (5), 437–444.

Clark, J., & Jackson, J. (1983). *Hypnosis and behavior therapy*. New York: Springe.

Clarke, J., & Saunders, J. (1988). *Alcoholism and problem drinking: Theories and treatment*. Sydney, Australia: Pergamon.

Cloitre, M., Shear, K., Cancienne, J., & Zeitlin, S. (1994). Implicit and explicit memory for catastrophic associations to bodily sensation words in panic disorder. *Cognitive Therapy and Research, 18*, 225–240.

Cloninger, R., Bohman, M., & Sigvardsson, S. (1981). Inheritance of alcohol abuse: Cross-fostering analysis of adopted men. *Archives of General Psychiatry, 38*, 861–868.

Coleman, V. (1998). Lifeline. In H. Rosenthal (Ed.), *Favorite counseling and therapy techniques*. Washington, DC: Accelerated Development.

Corrigan, R. (1992). The relationship between causal attributions and judgments of the typicality of events described by sentences. *British Journal of Social Psychology, 31*, 351–368.

Corsini, R. (1957). *Methods of group psychotherapy.* New York: McGraw-HIll.

Corsini, R. (Ed.) (1981). *Handbook of innovative psychotherapies.* New York: Wiley.

Corsini, R. (1994). *Current psychotherapies.* (5th edition). Itaska, IL: F.E. Peacock Publishing.

Corsini, R. (1998). Turning the tables on the client: Making the client the counselor. In H. Rosenthal (Ed.), *Favorite counseling and therapy techniques.* Washington, DC: Accelerated Development.

Corsini, R., & Ozaki, B. (Eds.) (1984). *Encyclopedia of psychology* (Vol. 1–4). New York: Wiley.

Corsini, R., & Wedding, D. (1987). *Encyclopedia of psychology.* Canada: John Wiley and Sons.

Coursey, R. (1989). Psychotherapy with persons suffering from schizophrenia: The need for a new agenda. *Schizophrenia Bulletin, 15* (3), 349–353.

Cox, R. (Ed.). (1973). *Religious systems and psychotherapy.* Springfield, IL: Charles Thomas.

Cox, R. (1998). The use of symbols and rituals in psychotherapy. In H. Rosenthal (Ed.), *Favorite counseling and therapy techniques.* Washington, DC: Accelerated Development.

Crooke, W. (1926). *Religion and folklore of Northern India.* Oxford: Oxford University.

Csikszentmihalyi, M., & Beattie, O. (1979). Life themes: A theoretical and empirical exploration of their origins and effects. *Journal of Humanistic Psychology, 19*, 45–63.

Dallenbach, K. (1951). A puzzle–picture with a new principle of concealment. *American Journal of Psychology, 64*, 431–433.

Dalyell, J. (1835). *The darker superstitions of Scotland.* Glasgow.

Damasio, A. (1994). *Descartes' error: Emotion, reason, and the human brain.* New York: G.P. Putnam's Sons.

Dattilio, F. (1998). The SAEB system (symptoms, automatic thoughts, emotions, and behavior) in the treatment and conceptualization of panic attacks. In H. Rosenthal (Ed.), *Favorite counseling and therapy techniques.* Washington DC: Accelerated Development.

Dattilio, F. & Freeman, A. (1994). *Cognitive-behavioral strategies in crisis intervention.* New York: Guilford.

David, A. (1990). Insight and psychosis. *British Journal of Psychiatry, 156*, 798–808.

Davidson, P. (1997). *Adagio: Music for relaxation.* New York: Healing Arts Video.

Davis, K., & Moore, W. (1945). Some principles of stratification. *American Sociological, 10*, 242–249.

Deitrich, R. (1988). Genetics of alcoholism: An overview. *Australia Drug and Alcohol Review, 7*, 5–7.

De Quieroz, E. (1995). *Dedalus book of Portuguese fantasy.* New York: Hippocrene Books.

de Villiers, P. (1974). The law of effect and avoidance: A quantitative relation between response rate and shock frequency reduction. *Journal of the Experimental Analysis of Behavior, 21,* 223–235.

Dewey, J. (1886). *Psychology.* New York: Harper.

Dewey, J. (1920). *Reconstruction in philosophy.* New York: Henry Holt.

Dilts, R., Grinder, J., Bandler, R., DeLozier, J., & Cameron-Bandler, L. (1979). *Neuro-linguistic programming 1.* Cupertino, CA: Metal.

DiMattia, D., & Lega, L. (1990). *Will the real Albert Ellis please stand up?* New York: Institute for Rational-Emotive Therapy.

Dobson, K. (1989). A meta-analysis of the efficacy of cognitive therapy for depression. *Journal of Consulting and Clinical Psychology, 57,* 414–419.

Dobson, K., & Kendall, P. (Eds.) (1993). *Psychopathology and cognition.* San Diego: Academic Press.

Donnelly, C., & Dumas, J. (1997). Use of analogies in therapeutic situations: An analog study. *Psychotherapy, 34*(2), Summer, 124–132.

Drury, V., Birchwood, M., Cochrane, R., & Macmillan, F. (1996). Cognitive therapy and recovery from acute psychosis: A controlled trial. *British Journal of Psychiatry, 169,* 593–601.

Duhl, B. (1983). *From the inside out and other metaphors.* New York: Brunner/Mazel.

Dunlap, K. (1932). *Habits: Their making and unmaking.* New York: Liveright.

Dyer, W. (1993). *Your erroneous zones.* Reprint edition. New York: Harper Mass Market Paperbacks.

Edwards, D. (1990). Cognitive therapy and the restructuring of early memories through guided imagery. *Journal of Cognitive Psychotherapy, 4,* 33–50.

Elkin, I., Shea, T., Watkins, J., Imber, S., Sotsky, S., Collins, J., Glass, D., Pilkonis, P., Leber, W., Docherty, J., Fiester, S., & Parloff, M. (1989). NIMH Treatment of Depression Collaborative Research Program. *Archives of General Psychiatry, 46,* 971–982.

Ellis, A. (1962). *Reason and emotion in psychotherapy.* New York: Lyle Stuart.

Ellis, A. (1971). *Growth through reason: Verbatim cases in rational-emotive therapy.* Hollywood, CA: Wilshire Books.

Ellis, A. (1973). *Humanistic psychotherapy: The rational-emotive approach.* New York: Julian Press.

Ellis, A. (1974) *Techniques for disputing irrational beliefs (DIB'S).* New York: Institute for Rational Living, Inc.

Ellis, A. 1975). The rational-emotive approach to sex therapy. *Counseling Psychologist, 5,* 14–22.

Ellis, A. (1985). *Overcoming resistance: Rational-emotive therapy with difficult clients.* New York: Springer.

Ellis, A. (1988a). *How to stubbornly refuse to make yourself miserable about anything—yes, anything!* Melbourne, Australia: The Macmillan Company of Australia.

Ellis, A. (1988b). Are there "rationalist" and "constructivist" camps of the cognitive therapies? A response to Michael Mahoney. *Cognitive Behaviorist, 10*(2), 13–17.

Ellis, A. (1991). Rational–emotive family therapy. In A. Horne & M. Ohlsen (Eds.), *Family counseling and therapy* (pp. 302–328). Itasca, IL: Peacock.

Ellis, A. (1995). *Better, deeper, and more enduring brief therapy : The rational emotive behavior therapy approach.* New York: Brunner/Mazel.

Ellis, A. (1996). *Reason and emotion in psychotherapy: A comprehensive method of treating human disturbance.* (Revised). New York: Citadel.

Ellis, A. (1998). Vigorous disputing of irrational beliefs in rational–emotive behavior therapy (REBT). In H. Rosenthal (Ed.), *Favorite counseling and therapy techniques.* Washington, DC: Accelerated Development.

Ellis, A., & Abrahms, E. (1978). *Brief psychotherapy in medical and health practice.* New York: Springer.

Ellis, A., & Dryden, W. (1996). *The practice of rational emotive behavior therapy.* New York: Springer.

Ellis, A., Gordon, J., Neenan, M., & Palmer, S. (1996). *Stress counseling: A rational emotive behavioral approach.* New York: Cassell.

Ellis, A., & Grieger, R. (Eds.) (1977). *Handbook of rational-emotive therapy.* New York: Springer.

Ellis, A., & Harper, R. (1961). *A guide to rational living.* Hollywood, CA: Wilshire Books.

Ellis, A., & Harper, R. (1971). *A guide to successful marriage.* Hollywood, CA: Wilshire Books.

Ellis, A., & Harper, R. (1975). *A new guide to rational living (2nd ed.).* Hollywood, CA: Wilshire Books.

Ellis, A., & Harper, R. (1998). *A guide to rational living. (3rd ed.).* Hollywood, CA: Wilshire Books.

Ellis, A., & Lange, A. (1995). *How to keep people from pushing your buttons.* New York: Birch Lane.

Ellis, A., McInerney, J., DiGiuseppe, R., & Yeager, R. (1988). *Rational-emotive therapy with alcoholics and substance abusers.* New York: Pergamon.

Ellis, A., Sichel, J., Yeager, R., DiMattia, D., & DiGiuseppe, R. (1989). *Rational-emotive couples therapy.* Boston: Allyn & Bacon.

Ellis, A., & Tafrate, R. (1997). *How to control your anger before it controls you.* New York: Birch Lane Press.

Ellis, A., & Velten, E. (1992). *Rational steps to quitting alcohol.* Fort Lee, NJ: Barricade Books.

Ellis, A., & Whiteley, J. (Eds.) (1979). *Theoretical and empirical foundations of rational-emotive therapy.* Monterey, CA: Brooks/Cole.

Ellis, A., Wolfe, J., & Moseley, S. (1966) *How to raise an emotionally healthy, happy child.* Hollywood, CA: Wilshire Books.

Ellis, A., & Yeager, R. (1989). *Why some therapies don't work: The dangers of transpersonal psychology.* New York: Prometheus.

Ellis, W. (1939). *A source book of gestalt psychology.* New York: Harcourt, Brace and Co.

Engum, E., Miller, F., & Meredith, R. (1980). An analysis of three parameters of covert positive reinforcement. *Journal of Clinical Psychology, 36,* 301–309.

Erickson, M. (1982). *My voice will go with you: The teaching tales of Milton H. Erickson M.D.* (S. Rosen, ed.). New York: Norton.

Erickson, M., & Rossi, E. (1981). *Experiencing hypnosis: Therapeutic approaches to altered states.* New York: Irvington.

Escher, M. (1971). *The graphic work of M.C. Escher.* New York: Ballantine.

Fagan, M., & Shepherd, I. (1970). *Gestalt therapy now.* Palo Alto, CA: Science & Behavior Books.

Farber, I. (1963). The things people say to themselves. *American Psychologist, 18,* 187–197.

Fearnside, W., & Holther, W. (1959). *Fallacy: The counterfeit of argument.* Englewood Cliffs, NJ: Prentice-Hall.

Feder, B., & Ronall, R. (Eds.) (1980). *Beyond the hot seat: Gestalt approaches to group.* New York: Brunner/Mazel.

Fernberger, S. (1950). An early example of a "hidden-figure" picture. *American Journal Psychology, 63,* 448–449.

Festinger, L. (1957). *A theory of cognitive dissonance.* Stanford, CA: Stanford University Press.

Festinger, L. (1964). *Conflict, decision, and dissonance.* Stanford, CA: Stanford University Press.

Fishbein, M., & Ajzen, 1. (1975). *Belief, attitude, intention, and behavior.* Reading, MA: Addison-Wesley.

Fisher, G. (1967). Measuring ambiguity. *American Journal of Psychology, 80,* 541–557.

Fisher, G. (1968). Ambiguity of form: Old and new. *Perception and Psychophysics, 3,189.*

Flannery, R. (1972). A laboratory analogue of two covert reinforcement procedures. *Journal of Behavior Therapy and Experimental Psychiatry, 3,* 171–177.

Flemming, D. (1967). Attitude: The history of a concept. *Perspectives in American History, 1,* 287–365.

Foree, D., & Lo Lordo, V. (1975). Stimulus-reinforcer interactions in the pigeon: The role of electric shock and the avoidance contingency. *Journal of Experimental Psychology: Animal Behavior Processes, 104,* 39–46.

Fornander, A. (1996). *Ancient history of the Hawaiian people.* Honolulu, HI: Mutual Publishing.

Fowles, D. (1993). Biological variables in psychopathology: A psychobiological perspective. In P. Sutker & H. Adams, *Comprehensive handbook of psychopathology.* New York: Plenum Press.

Foy, D. (Ed.) (1992). *Treating PTSD: Cognitive-behavioral strategies.* New York: Guilford.

Frankl, V. (1959). *From deathcamp to existentialism.* Boston: Beacon Press.

Frankl, V. (1972). The feeling of meaninglessness: A challenge to psychotherapy. *American Journal of Psychoanalysis, 32,* 85–89.

Frankl, V. (1977). *The doctor and the soul: From psychotherapy to logotherapy.* New York: Knopf.

Frankl, V. (1978). *Psychotherapy and existentialism.* New York: Simon & Schuster.

Frankl, V. (1980). *Man's search for meaning: An introduction to logotherapy.* New York: Simon & Schuster.

Franklin, R. (1994). *Overcoming the myth of self-worth: Reason and fallacy in what you say to yourself.* Appleton, WI: R. L. Franklin.

Free, M. (1999). Cognitive therapy in groups: Guidelines & resources for practice. Brisbane, Australia: John Wiley & Sons.

Freeman, A. (1993). A psychosocial approach for conceptualizing schematic development for cognitive therapy. In K. Kuhlwein & H. Rosen (Eds.), *Cognitive therapies in action: Evolving innovative practice.* San Francisco: Jossey–Bass.

Freeman, A. (1994). *Depression: A cognitive therapy approach—a viewer's manual.* (Video). New York: New Bridge Communications.

Freeman, A., & Dattilio, F. (Eds.) (1992) *Comprehensive casebook of cognitive therapy.* New York: Plenum Press.

Freeman, A., & Dewolf, R. (1993). *The 10 dumbest mistakes smart people make and how to avoid them: Simple and sure techniques for gaining greater control of your life.* New York: Harper Perennial.

Freeman, A., Dewolf, R., & Beck, A. (1992). *Woulda, coulda, shoulda: Overcoming regrets, mistakes, and missed opportunities.* New York: Harper Perennial Library.

Freeman, A., & Eimer, B. (1998). *Pain management psychotherapy: A practical guide.* New York: John Wiley & Sons.

Freeman, A., Pretzer, J., Fleming, B., & Simon, K. (1990). *Clinical application of cognitive therapy.* New York: Plenum Press.

Freeman, A., & Reinecke, M. (1993). *Cognitive therapy of suicidal behavior.* New York: Springer.

Freeman, A., Simon, K., Beutler, L., & Arkowitz, H. (Eds.) (1989). *Comprehensive handbook of cognitive therapy.* New York: Plenum Press.

Freud, S. (1933). New introductory lectures on psychoanalysis. *The Standard Edition of the Complete Psychological Works (Vol. xxii),* J. Strachey (Trans. and Ed.). New York: Norton.

Freund, P. (1965). *Myths of creation.* New York: Washington Square Press.

Frijda, N., Markam, S., Sato, K., & Wiers, R. (1995). Emotions and emotion words. In J. Russell, Jose–Miguel Fernandez-Dols, & Manstead, A. (Eds.) *Everyday conceptions of emotions: An introduction to the psychology, anthropology and linguistics of emotion.* Dordrecht, the Netherlands: Kluwer Academic.

Fujita, C. (1986). *Morita therapy: A psychotherapeutic system for neurosis.* Tokyo: Igaku–Shoin Medical Publishing.

Gallant, D. (1987). *Alcoholism: A guide to diagnosis, intervention, and treatment.* New York: Norton.

Garcia, J., & Koelling, R. (1966). The relation of cue to consequence in avoidance learning. *Psychonomic Science, 4,* 123–124.

Gardner, M. (1957). *Fads and fallacies.* New York: Dover.

Gardner, M. (1981). *Science: Good, bad and bogus.* Buffalo, NY: Prometheus Books.

Gardner, M. (1991). *The new age: Notes of a fringe watcher*. Buffalo, NY: Prometheus.

Gendlin, E. (1962). *Experiencing and the creation of meaning: A philosophical and psychological approach to the subjective*. New York: The Free Press of Glencoe.

Gendlin, E. (1964). A theory of personality change. In P. Worchel & D. Byrne (Eds.), *Personality change*. New York: Wiley.

Gendlin, E. (1967). Focusing ability in psychotherapy, personality and creativity. In J. Shlien (Ed.), *Research in psychotherapy* (Vol.3). Washington, DC: American Psychological Association.

Gendlin, E. (1969). *Focusing. Psychotherapy: Theory, Research, and Practice, 6*, 4-15.

Gendlin, E. (1981). *Focusing*. New York: Everest House.

Gendlin, E. (1991). On emotion in therapy. In J. Safran & L. Greenberg (Eds.) *Emotion, psychotherapy, and change* (pp. 255-279). New York: Guilford.

Gendlin, E. (1992a). The primacy of the body, not the primacy of perception. *Man and World, 25*, 341-353.

Gendlin, E. (1992b). The wider role of bodily sense in thought and language. In M. Sheets-Johnstone (Ed.), *Giving the body its due* (pp. 192-207). Albany: State University of New York Press.

Gendlin, E. (1996a). *Focusing-oriented psychotherapy : A manual of the experiential method*. New York: Guilford.

Gendlin, E. (1996b). The use of focusing in therapy. In J. Zeig (Ed.), *The evolution of psychotherapy*. New York: Brunner/Mazel.

Gendlin, E., Beebe, J., Cassues, J., Klein, M., & Oberlander, M. (1968). Focusing ability in psychotherapy, personality and creativity. *Research in Psychotherapy, 3*, 217-241.

Gholson, B. (1980). *The cognitive-developmental basis of human learning: Studies in hypothesis testing*. New York: Academic Press.

Giles, T. (1979). Some principles of intervention in the absence of therapeutic alliance. *Transactional Analysis Journal, 9*, 294-296.

Giles, T. (Ed). (1993a). *Handbook of effective psychotherapy*. New York: Plenum.

Giles, T. (1993b). *Managed mental health care: A guide for practitioners, employers, and hospital administrators*. Boston: Allyn & Bacon.

Gillison, G. (1993). *Between culture and fantasy: A New Guinea highlands mythology*. Chicago: University of Chicago Press.

Glasser, W. (1989). *Control theory in the practice of reality therapy*. New York: HarperCollins.

Glasser, W. (1998). Reality therapy and choice theory. In H. Rosenthal (Ed.). *Favorite counseling and therapy techniques*. Washington, DC: Accelerated Development.

Goffman, E. (1961). *Encounters*. Indianapolis: Bobbs Merrill.

Goffman, E. (1971). *The presentation of self in everyday life*. New York: Basic Books.

Goffman, E. (1980). *Forms of talk*. Philadelphia: University of Pennsylvania Press.

Goffman E. (1987). *Asylums: Essays on the social situation of mental patients and other inmates.* New York: Penguin.

Goldfried, M. (1971). Systematic desensitization as training in self-control. *Journal of Consulting and Clinical Psychology, 37,* 228–234.

Goleman, D. (1977). *The varieties of the meditative experience.* New York: Dutton.

Goodwin, D., Schulsinger, F., Hermansen, L., Guse, S., & Winokur, G. (1973). Alcohol problems in adoptees raised apart from alcoholic biological parents. *Archives of General Psychiatry, 28,* 238–45.

Goodwin, D., Schulsinger, F., Moller, N., Hermansen, L., Winokur, G., & Guse, S. (1974). Drinking problems in adopted and non-adopted sons of alcoholics. *Archives of General Psychiatry, 31,* 164–69.

Gordon, D. (1978). *Therapeutic metaphors.* Cupertino, CA: Metal.

Gotestam, K., & Melin, L. (1974). Covert extinction of amphetamine addiction. *Behavior Therapy, 5,* 90–92.

Gould, R., Clum, G., & Shapiro, D. (1993). The use of bibliotherapy in the treatment of panic: A preliminary investigation. *Behavior Therapy, 24,* 241–252.

Graham, S., & Folkes, V. (1990). *Attribution theory: Application to achievement, mental health and interpersonal conflict.* Hillsdale, NJ: Erlbaum.

Greenberg, L. (Ed.) (1974). *Psychodrama: Theory and therapy.* New York: Behavioral Publications.

Greenfeld, D., Strauss, J., Bowers. M., & Mandelkern, M. (1989). Insight and interpretation of illness in recovery from psychosis. *Schizophrenia Bulletin, 15*(2), 245–252.

Greenstone, J., & Leviton, S. (1979). *The crisis intervention: A handbook for interveners* (Vol. 1) Dallas: Crisis Management Workshops.

Greenstone, J., & Leviton, S. (1980). *The crisis intervener's handbook* (Vol. 2). Dallas: Rothschild.

Greenstone, J., & Leviton, S. (1983). *Crisis intervention: A handbook for interveners.* Dubuque, IA: Kendall–Hunt.

Gregory, R. (1977). *Eye and brain: The psychology of seeing.* New York: World University Library.

Gregory, R. (1987). *The Oxford companion to the mind.* Oxford: Oxford University Press.

Grinder, J., & Bandler, R. (1975). *The structure of magic, 1.* Palo Alto: Science and Behavior Books.

Grinder, J., & Bandler, R. (1982). *Reframing: Neuro-linguisuc programming and the transformation of meaning.* Moab, UT: Real People Press.

Grof, S. (1975). *Realms of the human unconscious: Observations from LSD research.* New York: Viking Press.

Grof, S. (1980). Realms of the human unconscious: Observations from LSD research. In R. Walsh & F. Vaughan (Eds.), *Beyond ego: Transpersonal dimensions in psychology.* Los Angeles: Tarcher.

Guidano, V. (1987). *Complexity of the self: A developmental approach to psychopathology and therapy.* New York: Guilford.

Guidano, V. (1991). *The self in process: Toward a post-rationalist cognitive therapy.* New York: Guilford.

Guidano, V., & Liotti, G. (1983). *Cognitive processes and emotional disorders: A structural approach to psychotherapy*. New York: Guilford.

Haaga, D., Dyck, M., & Ernst, D. (1991). Empirical status of cognitive theory of depression. *Psychological Bulletin, 110*, 215–236.

Hatcher, C., & Himelstein, P. (Ed.) (1996). *The handbook of gestalt therapy*. New York: Jason Aronson.

Hauck, P. (1967). *The rational management of children*. New York: Libra Publishers.

Hauck, P. (1980) *Brief counseling with RET*. Philadelphia, PA: Westminster Press.

Hauck, P. (1991). *How to get the most out of life*. Louisville, KY: Westminster John Knox Press.

Hauck, P. (1992). *Overcoming the rating game: Beyond self-love, beyond self-esteem*. Louisville, KY: Westminster John Knox Press.

Hauck, P. (1994). *Overcoming the rating game: Beyond self-love, beyond self-esteem*. Louisville, KY: Westminster John Knox Press.

Hauck, P. (1998). Assertion strategies. In H. Rosenthal (Ed.), *Favorite counseling and therapy techniques*. Washington, DC: Accelerated Development.

Havens, R. (Ed.) (1985). *The wisdom of Milton H. Erickson*. New York: Irvington.

Hawkins, R. (1992). Self-efficacy: A predictor but not a cause of behavior. *Journal of Behavior Therapy and Experimental Psychiatry, 23*, 251–256.

Hayes, S. (1995). Why cognitions are not causes. *The Behavior Therapist, 18*, 59–60.

Hayes, S., Brownell, K., & Barlow, D. (1978). The use of self-administered covert sensitization in the treatment of exhibitionism and sadism. *Behavior Therapy, 9*, 283–289.

Hayes, S., Strosahl, K., & Wilson, K. (1996). *Acceptance and commitment therapy: Understanding and treating human suffering*. New York: Guilford.

Hayes, S., & Wilson, K. (1994). Acceptance and commitment therapy: Altering the verbal support for experiential avoidance. *The Behavior Analyst, 17*, 289–303.

Hayes, S., Wilson, K., Gifford, E., Follette, V., & Strosahl, K. (1996). Experimental avoidance and behavioral disorders: A functional dimensional approach to diagnosis and treatment. *Journal of Consulting and Clinical Psychology*.

Haygood, R., & Bourne, L. (1965). Attribute and rule learning aspects of conceptual behavior. *Psychological Review, 72*, 175–195.

Hays, P. (1995). Multicultural applications of cognitive–behavior therapy. *Professional Psychology: Research and Practice, 26*(3), 309–315.

Heimberg, R., & Juster, H. (1995). Cognitive–behavioral treatments: Literature review. In R. Heimberg, M. Liebowitz, D. Hope, & F. Schneier, *Social phobia: Diagnosis, assessment, and treatment* (pp. 261–309). New York: Guilford.

Herrnstein, R. (1969). Method and theory in the study of avoidance. *Psychological Review, 76*, 49–69.

Hineline, P., & Rachlin, H. (1969). Escape and avoidance of shock by pigeons pecking a key. *Journal of the Experimental Analysis of Behavior, 12,* 533–538.

Hobson, A., & McCarley, R. (1977). The brain as a dream state generator: An activation synthesis hypothesis of the dream process. *American Journal of Psychiatry, 134*(12), 1335–1348.

Holton, G. (1993). *Science and anti-science.* Cambridge: Harvard University Press.

Homme, L. (1965). Perspectives in psychology: XXIV control of coverants, the operants mind. *The Psychological Record, 15,* 501–511.

Hoogduin, K., de Haan, E., Schaap, C., & Arts, W. (1987). Exposure and response prevention in patients with obsessions. *Acta Psychiatrica Belgica, 87,* 640–653.

Horibuchi, S. (Ed.) (1994a). *Stereogram.* San Francisco, CA: Cadence Books.

Horibuchi, S. (Ed.) (1994b). *Super Stereogram.* San Francisco, CA: Cadence Books.

Hovland, C., & Janis, I. (1959). *Personality and persuasibility.* New Haven: Yale University Press.

Huijing, R. (1994). *The Dedalus book of Dutch fantasy.* New York: Hippocrene Books.

Hull, C. (1943). *Principles of behavior.* New York: Appleton–Century–Crofts.

Ivaldi Cdtud, A. (1995). *Hungarian fantasy.* (CD Audio). New York: Tudor Records.

Ivey, A., Ivey, M., & Simek–Morgan, L. (1993). *Counseling and psychotherapy: A multicultural perspective.* Boston: Allyn & Bacon.

Jacobs, H. (1993). *Behavior analysis guidelines and brain injury rehabilitation: People, principles, and programs.* Gaithersburg, Maryland: Aspen Publishers.

Jacobson, E. (1974). *Progressive relaxation.* Chicago: University of Chicago Press.

Jaeger, J., Berns, S., Tigner, A., & Douglas, E. (1992). Remediation of neuropsychological deficits in psychiatric populations: Rationale and methodological considerations. *Psychopharmacological Bulletin, 28,* 367–390.

Jamison, C., & Scogin, F. (1995). Outcome of cognitive bibliotherapy with depressed adults. *Journal of Consulting and Clinical Psychology, 63,* 644–650.

Jellinek, E. (1960). *The disease concept of alcoholism.* New Haven: Hillhouse Press.

Johnson, D. (1972). *A systematic introduction to the psychology of thinking.* New York: Harper and Row.

Joyce, K. (1994). *Astounding optical illusions.* New York: Sterling.

Kamin, L. (1956). Effects of termination of the CS and avoidance of the US on avoidance learning. *Journal of Comparative and Physiological Psychology, 49,* 420–424.

Kamin, L., Brimer, C., & Black, A. (1963). Conditioned suppression as a monitor of fear of the CS in the course of avoidance training. *Journal of Comparative and Physiological Psychology, 56,* 497–501.

Kazdin, A., & Smith, G. (1979). Covert conditioning: A review and evaluation. *Advances in Behavior Research and Therapy, 2*, 57–98.

Keenan, J., Golding, J., & Brown, P. (1992). Factors controlling the advantage of self-reference over other-reference. *Social Cognition, 10*, 79–94.

Kelleher, R. (1966). Conditioned reinforcement in second order schedules. *Journal of the Experimental Analysis of Behavior, 9*, 475–485.

Kelley, H. (1972). *Causal schemata and the attribution process.* Morristown, NJ: General Learning Press.

Kelly, G. (1955). *The psychology of personal constructs.* New York: Norton, 1955.

Kelly, G. (1980). A psychology of the optimal man. In A. Landfield & L. Leitner (Eds.), *Personal construct psychology: Psychotherapy and personality.* New York: Wiley.

Kendall, P. (Ed.) (1991). *Child and adolescent therapy: Cognitive-behavioral procedures.* New York: Guilford.

Kimura, R. (1998). Death and dying in Japan. In *Bioethics in the coming millennium.* Honolulu, HI: 1998 Bioethics Conference, St. Francis Medical Center.

Kingdon, D., & Turkington, D. (1991a). Preliminary report: The use of cognitive behavior and a normalizing rationale in schizophrenia. *Journal of Nervous and Mental Disease, 179*, 207–211.

Kingdon, D., & Turkington, D. (1991b). A role for cognitive therapy in schizophrenia? (Editorial). *Social Psychiatry & Psychiatric Epidemiology, 26*, 101–103.

Kingdon, D., & Turkington, D. (1994). *Cognitive-behavioral therapy of schizophrenia.* New York: Guilford.

Kitayama, S., & Markus, H. (1994). *Emotion and culture: Empirical studies of mutual influence.* Washington, DC: American Psychological Association.

Klemke, E. (Ed.) (1983). *Contemporary analytic and linguistic philosophies.* Buffalo, New York: Prometheus Books.

Klinger, E. (1980). Therapy and the flow of thought. In J. Shorr, G. Sobel, P. Robin, & J. Connella (Eds.), *Imagery: Its many dimensions and applications.* New York: Plenum.

Koenig, H., & Gates, W. (1998). Understanding cultural differences in caring for dying patients. In *Bioethics in the coming millennium* (pp. 71–81), Honolulu, HI: 1998 Bioethics Conference, St. Francis Medical Center.

Koenig, H., & Weaver, A., (Eds.) (1997). *Counseling troubled older adults: A handbook for pastors and religious caregivers.* Nashville, TN: Abingdon Press.

Koenig, H., & Weaver, A., (1998). *Pastoral care of older adults (creative pastoral care and counseling series).* Minneapolis, MN: Fortress Press.

Korchin, S. (1976). *Modern clinical psychology.* New York: Basic Books.

Kosslyn, S. (1980). *Image and mind.* Cambridge, MA: Harvard University Press.

Kosslyn, S., & Pomerantz, J. (1977). Imagery, propositions, and the form of internal representations. *Cognitive Psychology, 9*, 52–76.

Kroger, W., & Fezler, W. (1976). *Hypnosis and behavior modification: Imagery con-*

ditioning. Philadelphia: Lippincott.

Krop, H., Calhoon, B., & Verrier, R. (1971). Modification of the "self-concept" of emotionally disturbed children by covert reinforcement. *Behavior Therapy, 2,* 201–204.

Kurtz, P. (1992). *The new skepticism: Inquiry and reliable knowledge.* Buffalo, NY: Prometheus Books.

Ladouceur, R. (1974). An experimental test of the learning paradigm of covert positive reinforcement in deconditioning anxiety. *Journal of Behavior Therapy and Experimental Psychiatry, 5,* 3–6.

Ladouceur, R. (1977). Rationale of covert reinforcement: Additional evidence. *Psychological Reports, 41,* 547–550.

Lakoff, G. (1983). *Metaphors we live by.* Chicago: University of Chicago Press.

Lakoff, G. (1985). *Women, fire and dangerous things.* Chicago: University of Chicago Press.

Lakoff, G. (1990). *Women, fire and dangerous things.* (Reprint Ed.) Chicago: University of Chicago Press.

Lakoff, G., Taylor, M., Arakawa, & Lyotard, J., (1997). *Reversible destiny.* Chicago: University of Chicago Press.

Langacker, R. (1972). *Fundamentals of linguistic analysis.* New York: Harcourt Brace Jovanovich.

Lankton, S. (1990). *The broader implications of Ericksonian therapy.* New York: Ericksonian Monographs.

Lankton, S., & Lankton, C. (1983). *The answer within: A clinical framework of Ericksonian hypnotherapy.* New York: Brunner/Mazel.

Last, J. (1997). The clinical utilization of early childhood memories. *American Journal of Psychotherapy, 51*(3), Summer.

Lathem, E. (Ed.). (1975). *The Poetry of Robert Frost: The collected poems, complete and unabridged.* New York: Henry Holt and Company.

Lavigna, G. (1986). *Alternatives to punishment: Solving behavior problems with nonaversive strategies.* New York: Irvington Publications.

Lazarus, A. (1971). *Behavior therapy and beyond.* New York: McGraw-Hill.

Lazarus, A. (1977). *In the minds eye: The power of imagery for personal enrichment.* New York: Rawson.

Lazarus, A. (1981). *The practice of multimodal therapy.* New York: McGraw-Hill.

Lazarus, A. (1982). *Personal enrichment through imagery* (cassette recordings). New York: BMA Audio Cassettes/Guilford Publications.

Lazarus, A. (1989). *The practice of multimodal therapy.* Baltimore, MD: John Hopkins University Press.

Lazarus, A. (1995). *Casebook of multimodal therapy.* New York: Guilford.

Lazarus, A. (1997). *Brief but comprehensive psychotherapy: The multimodal way.* New York: Springer Publications.

Lazarus, A. (1998). Time tripping. In H. Rosenthal (Ed.), *Favorite counseling and therapy techniques.* Washington, DC: Accelerated Development.

Lazarus, A., Kanner, A., & Folkman, S. (1980). Emotions: A cognitive phenomenological analysis. In R. Plutchik & H. Kellerman (Eds.), *Theory of emotions.* New York: Academic Press.

Lazarus, A., & Lazarus, N. (1997). *The 60-second shrink: 101 strategies for staying sane in a crazy world*. San Luis Obispo, CA: Impact Publications.

Leuner, H. (1969). Guided affective imagery (GAI): A method of intensive psychotherapy. *American Journal of Psychotherapy, 23,* 4–22.

Liese, B., & Franz, R. (1996). Treating substance use disorders with cognitive therapy: Lessons learned and implications for the future. In P. Salkovskis (Ed.), *Frontiers of cognitive therapy* (pp. 470–508). New York: Guilford.

Litt, M. (1988). Self-efficacy and perceived control: Cognitive mediators of pain tolerance. *Journal of Personality and Social Psychology, 54*(1), 149–160.

Lohr, J., Kleinknecht, R., Tolin, D., & Barrett, R. (1995). The empirical status of the clinical application of eye movement desensitization and reprocessing. *Journal of Behavior Therapy and Experimental Psychiatry, 26,* 4.

Low, A. (1952). *Mental health through will-training*. Boston: Christopher.

Lukoff, D., Snyder, K., Ventura, J., & Nuechterlein, K., (1984). Life events, familial stress, and coping in the developmental course of schizophrenia. *Schizophrenia Bulletin, 10,* 258–292.

Lumeng et al., (1988). Behavioural and biochemical correlates of alcohol drinking preference: Studies on the selectively bred P and NP rats. *Australian Drug and Alcohol Review, 7,* 17–20.

Lundh, L., & Ost, L. (1997). Explicit and implicit memory bias in social phobia: The role of subdiagnostic type. *Behaviour Research and Therapy, 35*(4), 305–317.

Lungwitz, H., & Becker, R. (1993). *Psychobiology and cognitive therapy of the neuroses*. Boston: Birkhauser.

Lynn, S., & Kirsch, K. (1996). *Casebook of clinical hypnosis*. Washington, DC: American Psychological Association.

Mach, E. (1959). *The analysis of sensations and the relation of the physical to the psychical*. Mineola, NY: Dover.

Mac Kewn, J. (1996). *Developing gestalt counseling*. New York: Saga Publishing.

MacLeod, C., & McLaughlin, K. (1995). Implicit and explicit memory bias in anxiety: A conceptual replication. *Behaviour Research and Therapy, 33,* 1–14.

Magic Eye (1994a). *Magic eye: A new way of looking at the world*. Kansas City, MO: Andrews and Mc Meel.

Magic Eye (1994b). *Magic eye II: Now you see it*. Kansas City, MO: Andrews and Mc Meel.

Maher, B. (1988). Anomalous experience and delusional thinking: The logic of explanations. In T. Oltmanns & B. Maher (Eds.), *Delusional Beliefs*. New York: Wiley–Interscience.

Mahoney, M. (1971). The self-management of covert behavior: A case study. *Behavior Therapy, 2,* 575–578.

Mahoney, M. (1979). Cognitive skills and athletic performance. In P. Kendall & S. Hollon, *Cognitive-behavioral interventions: Theory, research, and procedures*. New York: Academic Press.

Mahoney, M. (1988). Constructive metatheory: II. Implications for psychotherapy. *International Journal of Personal Construct Psychology, 1*, 299–315.

Mahoney, M. (1991). *Human change processes: The scientific foundations of psychotherapy.* New York: Basic Books.

Mahoney, M. (1993a). *The bodily self: A guide to integrating the head and body in psychotherapy.* New York: Guilford.

Mahoney, M. (1993b). Theoretical developments in the cognitive psychotherapies. *Journal of Consulting and Clinical Psychology, 61*, 187–193.

Mahoney, M. (Ed.) (1994). *Cognitive and constructive psychotherapies: Theory, research, and practice.* New York: Springer.

Mahoney, M., & Arnkoff, D. (1978). Cognitive and self-control therapies. In S. Garfield & A. Bergin (Eds.), *Handbook of psychotherapy and behavior change.* New York: Wiley.

Mahoney, M., & Thoresen, C. (1974). *Self-control: Power to the person.* Monterey, CA: Brooks Cole.

Mahoney, M., Thoresen, C., & Danaher, B. (1972). Covert behavior modification: An experimental analogue. *Journal of Behavior Therapy and Experimental Psychiatry, 3*, 7–14.

Mana: A South Pacific journal of language and literature. (1980 to present). Suva, Fiji: South Pacific Creative Arts Society, Mana Publications.

Manlove, C. (1997). *An anthology of Scottish fantasy literature.* New York: Polygon.

Marsella, A. (1984). *Cultural conceptions of mental health and therapy.* Boston: Kluwer Academic Publishers.

Marsella, A. (1997). Challenges to cultural diversity in Hawaii. *Peace and Policy, 2*, 24–30.

Marsella, A. (1998a). Urbanization, mental health, and social development. *American Psychologist, 53*, 624–634.

Marsella, A., (1998b). Toward a "Global-community psychology." *American Psychologist, 53*(12), 1282–1292.

Marsella, A., Friedman, M., Gerrity, E. Scurfield, R. (Eds.) (1996). *Ethnocultural aspects of post traumatic stress disorder: Issues, research and clinical applications.* Washington, DC: American Psychological Association.

Marshall, W., Gauthier, J., & Gordon, A. (1979). The current status of flooding therapy. In M. Hersen, R. Eisler, & P. Miller (Eds.), *Progress in behavior modification* (p. 7). New York: Academic Press.

Martin, J., Cummings, A., & Hallberg, E., (1992). Therapists' intentional use of metaphor: Memorability, clinical impact, and possible epistemic/motivational functions. *Journal of Consulting and Clinical Psychology, 60*, 143–145.

Martin, L. (1914). Ueber die Abhangigkeit vi-queller Vorstellungsbilder vom Denken, *Zsch. f. Psychol., 70*, 214.

Maultsby, M. (1971). Rational emotive imagery. *Rational Living, 6*, 22–26.

Maultsby, M. (1976). *Help yourself to happiness through rational self-counseling.* Boston: Esplanade Institute for Rational Living.

Maultsby, M. (1984). *Rational behavior therapy*. Englewood Cliffs, NJ: Prentice-Hall.

Maultsby, M. (1990). *Rational behavior therapy: The self-help psychotherapy*. New York: Tangram Books.

Maultsby, M., & Ellis, A. (1974). *Techniques for using rational-emotive imagery (REI)*. New York: Institute for Rational Living.

May, R. (1953). *Man's search for meaning*. New York: Norton.

May, R. (Ed.) (1981). *Existential psychology*. New York: Random House.

McCurry, S., & Hayes, S. (1992). Clinical and experimental perspectives on metaphorical talk. *Clinical Psychology Review, 12,* 763–785.

McEvoy, J., Apperson, L., Appelbaum, P., Ortlip, P., Brecosky, J., Hammill, K., Geller, J., & Roth, L. (1989). Insight in schizophrenia: Its relationship to acute psychopathology. *Journal of Nervous and Mental Disease, 177*(1), 43–47.

McEvoy, J., Freter, S., Everett, G., Geller, J., Appelbaum, P., Apperson, L., & Roth, L., (1989). Insight and the clinical outcome of schizophrenic patients. *The Journal of Nervous and Mental Disease, 177*(1), 48–51.

McGinn, L. (1997). Interview: Albert Ellis on rational emotive behavior therapy. *American Journal of Psychotherapy, 51*(3), Summer, 309–316.

McGinn, L., & Young, J. (1996). Schema-focused therapy. In P. Salkovskis (Ed.), *Frontiers of cognitive therapy* (pp. 182–207). New York: Guilford.

McGlashan, T. (1994). What has become of the psychotherapy of schizophrenia? *Acta Psychiatr. Scand. 90* (suppl 384), 147–152.

McGlashan T., & Levy, S. (1977). Sealing-over in a therapeutic community. *Psychiatry, 40,* 55–65.

Mc Mullin, R. (1972). Effects of counselor focusing on client self-experiencing under low attitudinal conditions. *Journal of Counseling Psychology, 19*(4), 282–285.

Mc Mullin, R. (1986). *Handbook of cognitive therapy techniques*. New York: Norton.

Mc Mullin, R. (1990, June). Massed cognitive flooding with alcohol and drug dependency. Keystone, Colorado: *World Congress on Mental Health Counseling*.

Mc Mullin, R. (1995, July 4). Racism is our fear of strangers: Xenophobia and racism. *Honolulu Advertiser*.

Mc Mullin, R. (1998). *Make sense: A guide to cognitive restructuring therapy for inpatients*. Kaneohe, Hawaii: Hawaii State Hospital.

Mc Mullin, R. (1999). Unpublished survey of third and fourth grade students. Honolulu, HI.

Mc Mullin, R., Assafi, I., & Chapman, S. (1978). *Straight talk to parents: Cognitive restructuring for families*. Brookvale, Australia: F. S. Symes (dis.), and Kaneohe, HI: Counseling Research Institute.

Mc Mullin, R., & Casey, B. (1975). *Talk sense to yourself: A guide to cognitive restructuring therapy*. New York: Institute for Rational Emotive Therapy (dis.), and Kaneohe, HI: Counseling Research Institute.

Mc Mullin, R., Casey, B., & Navas, J. (trans.) (1979). *Hablese con sentido a si*

mismo. Juan, Puerto Rico: Centro Caribeno de Estudios Postgradua-
dos.

Mc Mullin, R., & Gehlhaar, P. (1990a) *Thinking & drinking: An expose of drinkers'
distorted beliefs. A cognitive approach to alcohol dependency.* Wheelers Hill,
Victoria, Australia: Marlin Pub. Ltd.

Mc Mullin, R., & Gehlhaar, P. (1990b) (unpublished). Research on omega
alcoholism. Surry Hills, Australia: The Langton Centre.

Mc Mullin, R., & Gehlhaar, P. (1990c, February). Two forms of cognitive
therapy with severe chronic alcohol dependent clients. Sydney, Aus-
tralia: Fifth International Conference on Treatment of Addictive Behav-
iors.

Mc Mullin, R., Gehlhaar, P., & James, C. (1990). *The lizard: Our craving for alco-
hol.* 22 Sandstone Crescent, Tascott, NSW 2250 Australia: Sauria Pub-
lications Ltd.

Mc Mullin, R., & Giles, T. (1981). *Cognitive-behavior therapy: A restructuring
approach.* New York: Grune & Stratton.

Mc Mullin, R., Samford, J., & Kline, A. (1996). Patients' unedited film tran-
script. From J. Samford (Producer), R. Mc Mullin (Director), & L.
Jerome (Executive Producer). *Myths of Madness.* (Film). Available from
Hawaii Psychological Research Consortium, Department of Psychol-
ogy, Hawaii State Hospital, Kaneohe, Hawaii.

McNally, R., Foa, E., & Donnell, C. (1989). Memory bias for anxiety infor-
mation in patients with panic disorders. *Cognition and Emotion, 3,* 27-
44.

Meichenbaum, D. (1975). A self-instructional approach to stress manage-
ment: A propose stress inoculation training. In I. Sarason & C. Spiel-
berger (Eds.), *Stress and anxiety* (Vol. 2). New York: Wiley.

Meichenbaum, D. (1977). *Cognitive-behavior modification: An integrative approach.*
New York: Plenum.

Meichenbaum, D. (1985). *Stress inoculation training: A clinical guidebook.* Old
Tappan, NJ: Allyn & Bacon.

Meichenbaum, D. (1993). Changing conceptions of cognitive behavior
modification: Retrospect and prospect. *Journal of Consulting and Clinical
Psychology, 61,* 292-204.

Meichenbaum, D. (1994). *A clinical handbook/practical therapist manual for assess-
ing and treating adults with post-traumatic stress disorder (PTSD).* Waterloo,
ON: Institute Press.

Meichenbaum, D., & Deffenbacher, J. (1988). Stress inoculation training. *The
Counseling Psychologist, 16,* 69-90.

Meichenbaum, D., & Genest, M. (1983). *Pain and behavioral medicine.* New
York: Guilford.

Meichenbaum, D., & Turk, D. (1987). *Facilitating treatment adherence: A practi-
tioner's guidebook.* New York: Plenum Press.

Mill, J. S. (1950). *Philosophy of scientific method.* New York: Hafner Publishing.

Mill, J. S. (1988). *Utilitarianism.* Indianapolis, Indiana: Hackett.

Miller, N., & Campbell, D. (1959). Recency and primacy in persuasion as a function of the timing of speeches and measurement. *Journal of Abnormal and Social Psychology, 59,* 1–9.

Miller, W., & Rollnick, S. (1991). *Motivational interviewing: Preparing people to change addictive behavior.* New York: Guilford.

Milliner, C., & Grinder, J. (1990). *Framework for excellence: A resource manual for NLP.* Santa Crux, CA: Grinder Delozier & Associates.

Milton, F., Patwa, V., & Hafner, J. (1978). Confrontation vs. belief modification in persistently deluded patients. *British Journal of Medical Psychology, 51,* 127–130.

Monat, A., & Lazarus, R. (Eds.) (1991). *Stress and coping: An anthology (3rd ed.).* New York: Columbia University Press.

Montangero, J., & Maurice-Naville, D., (1997). *Piaget or the advance of knowledge.* Hillsdale, NJ: Erlbaum.

Moreno, J., & Zeleny, L. (1958). Role theory and sociodrama. In J. Roucek (Ed.), *Contemporary sociology.* New York: Philosophical Library.

Morita, M., & Kondo, A. (1998). Morita therapy and the true nature of anxiety-based disorders (shinkeishitsu). New York: State University of New York Press.

Morowitz, H., & Singer, J. (1995). *The mind, the brain, and complex adaptive systems: Proceedings.* New York: Addison-Wesley.

Mosak, H. (1958). Early recollections as a projective technique. *Journal of Projective Techniques, 22,* 302–311.

Mosak, H. (1969). Early recollections: Evaluation of some recent research. *Journal of Individual Psychology, 25,* 56–63.

Mowrer, O., & Lamoreaux, R. (1946). Fear as an intervening variable in avoidance conditioning. *Journal of Comparative Psychology, 369,* 29–50.

Munitz, M. (1981). *Contemporary analytic philosophy.* New York: Macmillan.

Munson, C. (1993). Cognitive family therapy. In D. Granvold (Ed.), *Cognitive and behavioral treatment: Methods and applications* (pp. 202–221). Pacific Grove, CA: Brooks/Cole.

Nagel, E. (Ed.) (1950). *John Stuart Mill's philosophy of scientific method.* New York: Hafner.

Neimeyer, R. (1993). An appraisal of constructivist psychotherapies. *Journal of Consulting and Clinical Psychology, 61,* 221–234.

Neimeyer, R., & Feixas, G. (1990). The role of homework and skill acquisition in the outcome of cognitive therapy for depression. *Behavior Therapy, 21*(3), 281–292.

Neimeyer, R. Mahoney, M., & Murphy, L. (Eds.) (1996). *Constructivism in psychotherapy.* Washington, DC: American Psychological Association.

Neugroschel, J. (1997). *Great tales of Jewish fantasy and the occult.* New York: Penguin.

Neukrug, E. (1998). Support and challenge: Use of metaphor as a higher level empathic response. In H. Rosenthal (Ed.), *Favorite counseling and therapy techniques.* Washington, DC: Accelerated Development.

Nevis, E. (Ed.) (1993). *Gestalt therapy: Perspectives and applications.* Cleveland. OH: Gestalt Institute of Cleveland Press.

Newhall, S. (1952). Hidden cow puzzle-picture. *American Journal of Psychology, 65,* 110.

Newman, M., Kenardy, J., Herman, S., & Taylor, C. (1997). Comparison of palmtop-computer-assisted brief cognitive-behavioral treatment to cognitive-behavioral treatment for panic disorder. *Journal of Consulting and Clinical Psychology, 65*(1), 178-183.

Nielsen, S., & Ellis, A. (1994). A discussion with Albert Ellis: Reason, emotion and religion. *Journal of Psychology and Christianity, 13*(4), 327-341.

Nisbett, R., & Ross, L. (1980). *Human inference: Strategies and shortcomings of social judgment.* Englewood Cliffs, NJ: Prentice-Hall.

Nuechterlein, K., & Dawson, M. E. (1984). Informational processing and attentional functioning in the developmental course of schizophrenic disorders. *Schizophrenia Bulletin, 10,* 160-203.

Nuechterlein, K., Goldstein, M., & Ventura, J. (1989). Patient environment relationships in schizophrenia: Informational processing, communication deviance, autonomic arousal, and stressful life events. *British Journal of Psychiatry, 155* (Suppl. 5), 84-89.

O'Donohue, W. (1997). *Learning and behavior therapy.* Boston: Allyn & Bacon.

Okpaku, S. (Ed.) (1998) *Clinical methods in transcultural psychiatry.* Washington, DC: American Psychiatric Press.

Olevitch, B., & Ellis, A. (1995). *Using cognitive approaches with the seriously mentally ill: Dialogue across the barrier.* Westport, CT: Praeger.

Olson, H. (1979). *Early recollections: Their use in diagnosis and psychotherapy.* Springfield, IL: Thomas.

Orne, M., & Paskewitz, D. (1973). Visual effects on alpha feedback training. *Science, 181,* 361-363.

Ost, L., & Westling, B. (1995). Applied relaxation vs. cognitive therapy in the treatment of panic disorder. *Behaviour Research and Therapy, 33,* 145-158.

Paris, C., & Casey, B. (1983). *Project you: A manual of rational assertiveness training.* Hollywood, CA: Wilshire Book.

Pavlov, I. (1928). *Lectures on conditioned reflexes.* New York: International Publishers.

Pavlov, 1. (1960). *Conditioned reflexes.* New York: Dover.

Pedersen, P. (1991). Multiculturalism as a generic approach to counseling. *Journal of Counseling and Development, 70,* 6-12.

Perls, F. (1969a) *Gestalt therapy verbatim.* Lafayette, CA: Real People Press.

Perls, F. (1969b). *In and out the garbage pail.* Lafayette, CA: Real People Press.

Perls, F. (1973) *The Gestalt approach.* Palo Alto, CA: Science & Behavior Books.

Perris, C. (1988). Intensive cognitive-behavioural psychotherapy with patients suffering from schizophrenic, psychotic or post-psychotic syndrome: Theoretical and practical aspects. In C. Perris, I. Blackburn, & H. Perris (Eds.), *Cognitive psychotherapy: Theory and practice* (pp. 324-375). Berlin: Springer-Verlag.

Perris, C. (1989). *Cognitive therapy with schizophrenic patients.* New York: Guilford.

Perris, C. (1992). Integrating psychotherapeutic strategies in the treatment of young, severely disturbed patients. *Journal of Cognitive Psychotherapy, 6*, 205–220.

Perris, C., Nordstrom, G. & Troeng, L. (1992). Schizophrenic disorders. In A. Freeman & F. M. Dattilio (Eds.), *Comprehensive casebook of cognitive therapy* (pp. 313–330). New York: Plenum Press.

Perris, C., & Skagerlind, L. (1994). Schizophrenia. In F. Dattilio & A. Freeman (Eds.), *Cognitive-behavioral strategies in crisis intervention* (pp. 104–118). New York: Guilford.

Petersen, C., Maier, S., & Seligman, M. (1995). *Learned helplessness: A theory for the age of personal control.* Oxford: Oxford University Press.

Petty, R., & Cacioppo, J. (1981). *Attitudes and persuasion: Classic and contemporary approaches.* Dubuque, IA: Brown.

Piaget, J. (1954). *The construction of reality in the child.* New York: Basic Books.

Piaget, J. (1963). *The origins of intelligence in children.* New York: Norton.

Piaget, J. (1970). *Structuralism.* New York: Harper & Row.

Piaget, J. (1973). *The child and reality: Problems of genetic psychology.* New York: Grossman.

Piaget, J. (1995). *The essential Piaget.* New York: Jason Aronson.

Plotkin, W. (1979). The alpha experience revisited: Biofeedback in the transformation of psychological state. *Psychological Bulletin, 86*, 1132–1148.

Plutchik, R. (1980). *Emotions: A psychoevolutionary synthesis.* New York: Harper & Row.

Popper, K. (1959). *The logic of scientific discovery.* New York: Basic Books.

Porter, P. (1954). Another puzzle-picture. *American Journal of Psychology, 67*, 550–551.

Powaga, W. (1997). *The Dedalus book of Polish fantasy.* New York: Hippocrene Books.

Premack, D. (1965). Reinforcement theory. In D. Levine (Ed.), *Nebraska Symposium on Motivation.* Lincoln, NB: University of Nebraska Press.

Progoff, I. (1977). *At a journal workshop.* New York: Dialogue House Library.

Progoff, I. (1992). *At a journal workshop: Writing to access the power of the unconscious and evoke creative ability.* (Revised edition). New York: J. P. Tarcher.

Qiu, R. (1998). Dying in China. In *Bioethics in the coming millennium.* Honolulu, HI: 1998 *Bioethics Conference, St. Francis Medical Center.*

Quine, W. (1987). *Quiddities: An intermittently philosophical dictionary.* Cambridge, Massachusetts: Harvard University Press.

Quine, W., & Ullian J. (1978). *The web of belief* (2nd ed.). New York: Random House.

Rabhn, J. (1974). Public attitudes toward mental illness: A review of the literature. *Schizophrenia Bulletin, 10*, 9–33.

Rachman, S. (1997). A cognitive theory of obsessions. *Behavior Research and Therapy, 35*, 793–802.

Rachman, S., Rachman, J., & Eysenck, H. (1997). *The best of behaviour research and therapy.* New York: Pergamon Press.

Randi, J. (1982). *Flim-flam: Psychics, ESP, unicorns and other delusions.* Buffalo, NY: Prometheus Books.

Randi, J. (1989). *The faith healers.* Buffalo, NY: Prometheus Books.

Randi, J. (1995). *An encyclopedia of claims, frauds, and hoaxes of the occult and supernatural.* New York: St. Martin's Press.

Ray, W., & Ravizza, R. (1981). *Methods toward a science of behavior and experience.* Belmont, CA: Wadsworth.

Reed, A. (1978). *Aboriginal myths: Tales of the dreamtime.* Frenchs Forest, NSW, Australia: A. H. Reed.

Rees, S., & Graham, R. (1991). *Assertion training: How to be who you really are.* London: Routledge.

Reich, W. (Ed.) (1998). *The ethics of sex and genetics: Selections from the five-volume MacMillan encyclopedia of bioethics, Rev. Ed.* New York: Simon & Schuster Macmillan.

Reinecke, M., Dattilio, F., & Freeman, A. (Eds.) (1996). *Casebook of cognitive-behavior therapy with children and adolescents.* New York: Guilford.

Relaxation Company. (1996). *Art of relaxation: 10 year collection.* (CDs). New York: Relaxation Co.

Rescorla, R. (1967). Pavlovian conditioning and its proper control procedures. *Psychological Review, 74,* 71–80.

Rescorla, R. (1969). Pavlovian conditioned inhibition. *Psychological Bulletin, 72,* 77–92.

Reynolds, D. (1976). *Morita psychotherapy.* Berkeley, CA: University of California Press.

Reynolds, D. (1981). Morita therapy. In R. Corsini (Ed.), *Handbook of innovative psychotherapies.* New York: Wiley.

Rhue, J. (1993). *Handbook of clinical hypnosis.* Washington, DC: American Psychological Association.

Richardson, A. (1967). Mental practice: A review and discussion (Part 1 & 2). *Research Quarterly, 38,* 95–107, 263–273.

Richardson, A. (1969). *Mental imagery.* New York: Springer.

Richie, B. (1951). Can reinforcement theory account for avoidance? *Psychological Review, 58,* 382–386.

Rizley, R., & Rescorla, R. (1972). Associations in higher order conditioning and sensory preconditioning. *Journal of Comparative and Physiological Psychology, 81,* 1–11.

Rogers, C. R. (1951). *Client-centered therapy: Its current practice, implications, and therapy.* Boston: Houghton Mifflin.

Rogers, C. R. (1959). A theory of therapy, personality, and interpersonal relationships developed in the client-centered framework. In S. Koch (Ed.), *Psychology: A study of science: Vol. 3. Formulations of the person and the social context.* New York: McGraw-Hill.

Rogers, T., Kuiper, N., & Kirker, W. (1977). Self-reference and the encoding of personal information. *Journal of Personality and Social Psychology, 35,* 677–688.

Rokeach, M. (1964). *The three Christs of Ypsilanti: A psychological study.* New York: Knopf.

Rokeach, M. (1968). *Beliefs, attitudes, and values.* San Francisco: Jossey–Bass.

Rokeach, M. (1973). *The nature of human values.* New York: Free Press/Macmillan.

Rokeach, M. (Ed.) (1979). *Understanding human values: Individual and societal.* New York: Free Press/Macmillan.

Rosenbluh, E. (1974). *Techniques of crisis intervention.* New York: Behavioral Science Service.

Rossi, E. (Ed.) (1980). *The collected papers of Milton H. Erickson on hypnosis* (Vols. 1–4). New York: Irvington.

Rossi, E., & Ryan, M. (Eds.) (1985). *Life reframing in hypnosis: The seminars, works and lectures of Milton H. Erickson.* New York: Irvington.

Rudolph, U., & Forsterling, F. (1997). The psychological causality implicit in verbs: A review. *Psychological Bulletin, 121*(2), 192–218.

Rumor, V. (Exec. Producer) (1994). *Magic eye: The video.* Nashville, TN: Cascom International Inc.

Russell, B. (1945). *A history of western philosophy.* New York: Simon and Schuster.

Russell, B. (1957). *Why I am not a Christian and other essays on religion and related subjects.* New York: Simon and Schuster.

Russell, B. (1961). *The basic writings of Bertrand Russell.* New York: Simon and Schuster.

Russell, J., Manstead, A., Wallenkamp, J., & Fernandez-Dolls, J. (Eds.), (1995). *Everyday conceptions of emotions: An introduction to the psychology, anthropology and linguistics of emotion.* Dordrecht, the Netherlands: Kluwer Academic.

Ryle, G. (1949). *The concept of mind.* Chicago: University of Chicago Press.

Ryle, G. (1957). *The revolution in philosophy.* London: Macmillan.

Ryle, G. (1960). *Dilemmas.* London: Cambridge University Press.

Safren, A., Juster, H., & Heimberg, R. (1997). Clients' expectancies and their relationship to pretreatment symptomatology and outcome of cognitive–behavioral group treatment for social phobia. *Journal of Counseling and Clinical Psychology, 65,* 694–698.

Sagan, C. (1979). *Broca's brain: Reflections on the romance of science.* New York: Ballantine Books.

Sagan, C. (1995). *The demon-haunted world: Science as a candle in the dark.* New York: Random House.

Salkovskis, P. (Ed.) (1996). *Frontiers of cognitive therapy.* New York: Guilford.

Salkovskis, P., Richards, C., & Forrester, G. (1995). The relationship between obsessional problems and intrusive thoughts. *Behavioral and Cognitive Psychotherapy, 23,* 281–299.

Sandry, M. (1992). *Ideas that make you feel.* (Computer Software). New York: Albert Ellis Institute.

Santrock, J., Minnett, A., & Campbell, B. (1994). *The authoritative guide to self-help books.* New York: Guilford.

Sargant, W. (1996). *Battle for the mind: A physiology of conversion and brain-washing.* (Reprint edition) New York: Harper and Row.

Schachter, S. (1966). The interaction of cognitive and physiological determinants in emotional state. In C. D. Spielberger (Ed.), *Anxiety and behavior.* New York: Academic Press.

Schachter, S., & Gazzaniga, M. (Eds.) (1989). *Extending psychological frontiers: Selected works of Leon Festinger.* New York: Russell Sage Foundation.

Schachter, S., & Singer, J. (1962). Cognitive, social and physiological determinants of emotional state. *Psychological Review, 69,* 379-399.

Schauss, S., Chase, P., & Hawkins, R. (1997). Environment-behavior relations, behavior therapy and the process of persuasion and attitude change. *Journal of Behavior Therapy and Experimental Psychiatry, 28*(1), 31-40.

Scherer, K. (1997). The role of culture in emotion-antecedent appraisal. *Journal of Personality and Social Psychology, 73*(5), 902-922.

Schuckit, M. (1984). Prospective markers for alcoholism. In D. Goodwin, K. Van Dusen, & S. Mednick (Eds.), *Longitudinal research in alcoholism* (pp. 147-163). Boston: Kluwer-Nijhoff.

Schuckit, M., & Vidamantas, R. (1979). Ethanol injection: Differences in blood acetaldehyde concentrations in relatives of alcoholics and controls. *Science, 203,* 54-55.

Schwartz, B. (1978). *Psychology of learning and behavior.* New York: Norton.

Schwartz, G. (1973). Biofeedback as therapy: Some theoretical and practical issues. *American Psychologist, 28,* 666-673.

Schwartz, M. (1995). *Biofeedback: A practitioner's guide* (2nd ed). New York: Guilford.

Schwarzer, R. (Ed.) (1992). *Self-efficacy: Thought control of action.* Washington, DC: Hemisphere.

Schwebel, A., & Fine, M. (1994). *Understanding and helping families: A cognitive-behavioral approach.* Hillsdale, NJ: Erlbaum.

Scogin, F., Jamison, C., & Davis, N. (1990). A two-year follow-up of the effects of bibliotherapy for depressed older adults. *Journal of Consulting and Clinical Psychology, 58,* 665-667.

Scott, D., & Leonard, C. (1978). Modification of pain threshold by the covert reinforcer procedure and a cognitive strategy. *The Psychological Record, 28,* 49-57.

Scott, D., & Rosenstiel, A. (1975). Covert positive reinforcement studies: Review, critique guidelines. *Psychotherapy: Theory, Research and Practice, 12,* 374-384.

Seligman, M. (1975). *Helplessness: On depression, development, and death.* San Francisco: Freeman.

Seligman, M. (1994). *What you can change & what you can't: The ultimate guide to self-improvement.* New York: Knopf.

Seligman, M. (1996). *The optimistic child: A proven program to safeguard children against depression & build lifelong resilience.* New York: HarperCollins.

Seligman, M. (1998). *Learned optimism.* New York: Pocket Books.

Seligman, M., & Johnson, J. (1973). A cognitive theory of avoidance learning. In F. Mc Guigan & D. Lumsden (Eds.), *Contemporary approaches to conditioning and learning.* Washington, DC: Winston-Wiley.

Seligman, M., Reivich, K., Jaycox, L., & Gillham, J. (1995). *The optimistic child: A revolutionary program that safeguards children against depression & builds lifelong resilience.* New York: Houghton Mifflin Company.

Selmi, P., Klein, M., Greist, J., Sorrell, S., & Erdman, H. (1990). Computer-administered cognitive-behavioral therapy for depression. *American Journal of Psychiatry, 147,* 51–56.

Semin, G., & Fiedler, K. (1988). The cognitive functions of linguistic categories in describing persons: Social cognition and language. *Journal of Personality and Social Psychology, 54,* 558–568.

Semin, G., & Fiedler, K. (1989). Relocating attributional phenomena within a language–cognition interface: The case of actors' and observers' perspectives. *European Journal of Social Psychology, 19,* 491–508.

Semin, G., & Fiedler, K. (1991). The linguistic category model, its bases, applications and range. In W. Stroebe & M. Hewstone (Eds.), *European review of social psychology* (Vol. 2, pp. 1–30). Chichester, England: Wiley.

Shapiro, F. (1995). *Eye movement desensitization and reprocessing: Basic principles, protocols, and procedures.* New York: Guilford.

Shapiro, F. (1998). *EMDR: The breakthrough therapy for overcoming anxiety, stress, and trauma.* New York: Basic Books.

Shea, T., Elkin, I., Imber, S., Sotsky, S., Watkins, J., Collins, J., Pilkonis, P., Beckham, E., Glass, D., Dolan, R., & Parloff, M. (1992). Course of depressive symptoms over follow-up: Findings from the National Institute of Mental Health Treatment of Depression Collaborative Research Program. *Archives of General Psychiatry, 49,* 782–787.

Sheikh, A. (Ed.) (1983a). *Imagery: Current theory, research and application.* New York: Wiley.

Sheikh, A. (Ed.) (1983b). *Imagination and healing.* New York: Baywood.

Sheikh, A., & Shaffer, J. (Eds.) (1979). *The potential of fantasy and imagination.* New York: Brandon House.

Shorr, J. (1972). *Psycho-imagination therapy: The integration of phenomenology and imagination.* New York: Intercontinental.

Shorr, J. (1974). *Psychotherapy through imagery.* New York: Intercontinental

Sidman, M. (1953). Two temporal parameters of the maintenance of avoidance behavior in the white rat. *Journal of Comparative and Physiological Psychology, 46,* 253–261.

Sidman, M. (1966). Avoidance behavior. In W. Honig (Ed.), *Operant behavior: Areas of research and application.* New York: Appleton-Century-Crofts.

Siegelman, E. (1990). *Metaphor and meaning in psychotherapy.* New York: Guilford.

Simkins, L. (1982). Biofeedback: Clinically valid or oversold. *Psychological Record, 32,* 3–17.

Simon, J. (1978). *Basic research methods in social science.* New York: Random House.

Singer, J. (1974). *Imagery and daydream methods in psychotherapy and behavior modification.* New York: Academic Press.

Singer, J. (1976). *Daydreaming and fantasy.* London: Allen & Unwin.

Singer, J. (Ed.) (1995). *Repression and dissociation: Implications for personality theory, psychopathology and health.* Chicago: University of Chicago Press.

Singer, J., & Pope, K. (Eds.) (1978). *The power of human imagination.* New York: Plenum.

Skinner, B. F. (1953). *Science and human behavior.* New York: Free Press.

Skinner, B. F. (1974). *About behaviorism.* New York: Knopf.

Skinner, B. F. (1991). *Beyond freedom and dignity.* (Reissue edition). New York: Bantam Books.

Smith, J. C. (1990). *Cognitive-behavioral relaxation training: A new system of strategies for treatment and assessment.* New York: Springer.

Smith, M., Bruner, J., & White, R. (1956). *Opinions and personality.* New York: Wiley.

Smith, N., Floyd, M., Scogin, F., & Jamison, C. (1997). Three-year follow-up of bibliotherapy for depression. *Journal of Consulting and Clinical Psychology. 65,* 324-327.

Smith, R. (1995). *Folklore fable & fantasy.* Lakeville, MN: Galde Press.

Sober-Ain, L., & Kidd, R. (1984). Fostering changes in self-blame: Belief about causality. *Cognitive Theory and Research, 8,* 121-138.

Sokolov, E. (1963). *Perception and the conditioned reflex.* New York: Macmillan.

Solomon, R. (1964). Punishment. *American Psychologist, 19,* 239-253.

Solomon, R., & Wynne, L. (1954). Traumatic avoidance learning: The principles of anxiety conservation and partial irreversibility. *Psychological Review, 61,* 353-385.

Solomon, R., & Wynne, L. (1956). Traumatic avoidance learning: Acquisition in normal dogs. *Psychological Monographs, 67,* Whole No. 354.

Spangler, D., Simons, A., Monroe, S., & Thase, M. (1997). Response to cognitive-behavioral therapy in depression: Effects of pretreatment cognitive dysfunction and life stress. *Journal of Consulting and Clinical Psychology, 65*(4), 568-575.

Spaulding, W., Sullivan, M., Weiler, M., Reed, D., Richardson, C., & Storzbach, D. (1994). Changing cognitive functioning in rehabilitation of schizophrenia. *Acta Psychiatrica Scandinavica.* 116-124.

Spielberger, C., & DeNike, L. (1966). Descriptive behaviorism versus cognitive theory in verbal operant conditions. *Psychological Review, 73,* 306-326.

Sprague de Camp, L. (1983). *The fringe of the unknown.* Buffalo, NY: Prometheus Books.

Stableford, B. (1993). *The Dedalus book of British fantasy.* New York: Hippocrene Books.

Stampfl, T., & Levis, D. (1967). Essentials of implosive therapy: A learning theory-based psychodynamic behavioral therapy. *Journal of Abnormal Psychology, 72,* 496-503.

Steam, J. (1976). *The power of alpha thinking: Miracle of the mind.* New York: Signet.

Stein, M. (Ed.) (1995). *Social phobia: Clinical and research perspectives.* Washington, DC: American Psychiatric Press.

Steiner, S., & Dince, W. (1981). Biofeedback efficacy studies: A critique of critiques. *Biofeedback and Self-Regulation, 6,* 275–287.

Sternbach, R. (1987). *Mastering pain: A twelve step program for coping with chronic pain.* New York: Putnam.

Stubbs, D., & Cohen, S. (1972). Second order schedules: Comparison of different procedures for scheduling paired and non-paired brief stimuli. *Journal of the Experimental Analysis of Behavior, 18,* 403–413.

Stuve, P., Erickson, R., & Spaulding, W. (1991). Cognitive rehabilitation: The next step in psychiatric rehabilitation. *Psychosocial Rehabilitation Journal, 15*(1), 9–26.

Suinn, R., & Richardson, F. (1971). Anxiety management training: A nonspecific behavior therapy program for anxiety control. *Behavior Therapy, 2,* 498–510.

Summer, W. G. (1906). *Folkways.* New York: Ginn.

Summer, W. G., Keller, A., & Davie, M. (1927). *The science of society.* New Haven: Yale University Press.

Sutcliffe, J. (1994). *The complete book of relaxation techniques.* New York: People's Medical Society.

Symons, C., & Johnson, B. (1997). The self-reference effect in memory: A meta-analysis. *Psychological Bulletin, 121*(3), 371–394.

Szasz, T. (1960). The myth of mental illness. *American Psychologist, 15,* 113–118.

Szasz, T. (1970a). *Ideology and insanity: Essays on the psychiatric dehumanization of man.* Garden City, NY: Anchor Books.

Szasz, T. (1970b). *The manufacture of madness.* New York: Harper & Row.

Szasz, T. (1978). *The myth of psychotherapy.* Garden City, NY: Doubleday.

Taibbi, R. (1998). Life–play fantasy exercise. In H. Rosenthal (Ed.), *Favorite counseling and therapy techniques.* Washington, DC: Accelerated Development.

Taylor, F. S. (1963). *A short history of science & scientific thought.* New York: Norton.

Taylor, S., & Fiske, S. (1975). Point of view: Perception of causality. *Journal of Personality and Social Psychology, 32,* 439–445.

Teasdale, J. (1978). Self-efficacy: Toward a unifying theory of behavior change? *Advances in Behaviour Research and Therapy, 1,* 211–215.

Teasdale, J. (1993). Emotion and two kinds of meaning: Cognitive therapy and applied cognitive science. *Behaviour Research and Therapy, 31,* 339–354.

Teasdale, J. (1996). Clinically relevant theory: Integrating clinical insight with cognitive science. In P. Salkovskis (Ed.), *Frontiers of cognitive therapy* (pp. 26–47). New York: Guilford.

Teasdale, J., & Barnard, P. (1993). *Affect, cognition and change: Re-modeling depressive thought.* Hove, UK: Erlbaum.

Thorpe, G., & Olson, S. (1997). *Behavior therapy: Concepts, procedures, and applications.* Boston: Allyn & Bacon.

Torrey, E. (1972). *The mind game: Witch doctors and psychiatrists.* New York: Bantam.

Trabasso, T., & Bower, G. (1968). *Attention in learning: Theory and research*. New York: Wiley.

Turkat, I., & Adams, H. (1982). Covert positive reinforcement and pain modification of efficacy and theory. *Journal of Psychosomatic Research, 26*, 191–201.

Turner, L., & Solomon, R. (1962). Human traumatic avoidance learning: Theory and experiments on the operant–respondent distinction and failure to learn. *Psychological Monographs, 76*, Whole No. 559.

Twain, Mark (1906). *The stolen white elephant*. London: Chatto & Windus.

Twain, Mark (1916). *The mysterious stranger and other stories*. New York: Harper & Brothers.

Twain, Mark (1962). De Voto, B. (Ed.). *Letters from the earth*. New York: Harper & Roe.

Twain, Mark (1963). Neider, C. (Ed.). *The complete essays of Mark Twain*. Garden City, NY: Doubleday.

Twain, Mark (1972a). Anderson, F. (Ed.). *A pen warmed-up in hell*. New York: Harper & Roe.

Twain, Mark (1972b). Smith, J. (Ed.). *Mark Twain: On man and beast*. Westport, CT: Lawrence Hill & Co.

Twain, Mark (1980). Tuckey, J. (Ed.). *The devil's race-track: Mark Twain's great dark writings*. Berkeley, CA: University of California Press.

Udolf, R. (1992). *Handbook of hypnosis for professionals*. New York: Jason Aronson.

Ullmann, L., & Krasner, L. (1965). *Case studies in behavior modification*. New York: Holt, Rinehart and Winston.

Ullmann, L., & Krasner, L. (1969). *A psychological approach to abnormal behavior*. Englewood Cliffs, NJ: Prentice-Hall.

Urmson, J. (1950). *Philosophical analysis*. Oxford: Clarendon Press.

Van Der Dennen, J., & Falger, V. (1990). *Sociobiology and conflict: Evolutionary perspectives on competition, cooperation, violence and warfare*. New York: Chapman & Hall.

Warner, W., & Lunt, P. (1973). *The Status System of a Modern Community* Westport, CT: Greenwood Publishing Group.

Watkins, J. (1976). Ego states and the problem of responsibility: A psychological analysis of the Patty Hearst case. *Journal of Psychiatry and Law*. Winter, 471–489.

Watkins, J. (1978). Ego states and the problem of responsibility II. The case of Patrima W. *Journal of Psychiatry and Law*, Winter, 519–535.

Watkins, J., & Watkins, H. (1980). Ego states and hidden observers. *Journal of Altered States of Consciousness, 5*, 3–18.

Watkins, J., & Watkins, H. (1981). Ego–state therapy. In R. Corsini (Ed.), *Handbook of innovated psychotherapies*. New York: Wiley.

Watson, P., & Johnson–Laird, P. (1972). *Psychology of reasoning: Structure and content*, Cambridge, MA: Harvard University Press.

Weaver, A., Koenig, H., & Roe, P. (Eds.) (1998). *Reflections on aging and spiritual growth*. Nashville, TN: Abingdon Press.

Weaver, A., Preston, J., & Jerome, L. (1999). *Counseling troubled teens and their families: A handbook for clergy and youth workers.* Nashville, TN: Abingdon Press.

Wehrly, B. (1995). *Pathways to multicultural counseling competence: A developmental journey.* Pacific Grove, CA: Brooks/Cole.

Wehrly, B. (1998). Bibliotherapy. In H. Rosenthal (Ed.), *Favorite counseling and therapy techniques.* Washington, DC: Accelerated Development.

Weimer, W., & Palermo, D. (1974). *Cognition and the symbolic processes.* Hilldale, NJ: Erlbaum.

Weiss, J., Glazer, H., Pohorecky, L., Brick, J., & Miller, N. (1975). Effects of chronic exposure to stressors on avoidance-escape behavior and on brain norepinephrine. *Psychosomatic Medicine, 37,* 522-534.

Wever, E. (1927). Figure and ground in the visual perception of form. *American Journal Psychology, 38,* 196.

Whitehead, A. (1967). *Science and the modern world.* New York: The Free Press.

Whittal, M., & Goetsch, V. (1997). The impact of panic expectancy and social demand on agoraphobic avoidance. *Behavior Research and Therapy, 35*(9), 813-821.

Wicklund, R., & Brehm, J. (1976). *Perspectives on cognitive dissonance.* Hillsdale, NJ: Erlbaum.

Wilde, J. (1998). Rational-emotive imagery (REI). In H. Rosenthal (Ed.), *Favorite counseling and therapy techniques.* Washington, DC: Accelerated Development.

Williams, J. (1996a). Depression and the specificity of autobiographical memory. In D. Rubin (Ed.), *Remembering our past: Studies in autobiographical memory* (pp. 244-270). Cambridge, UK: Cambridge University Press.

Williams, J. (1996b). Memory processes in psychotherapy. In P. Salkovskis (Ed.), *Frontiers of cognitive therapy* (pp. 97-113). New York: Guilford.

Wilson, E. (1998). *Consilience: The unity of knowledge.* New York: Alfred A. Knopf.

Wilson, J. (1963). *Thinking with concepts.* London: Cambridge University Press.

Wilson, J. (1967). *Language and the pursuit of truth.* London: Cambridge University.

Wilson, K., Hayes, S., & Gifford, E. (1997). Cognition in behavior therapy: Agreements and differences. *Journal of Behavioral Therapy and Experimental Psychiatry, 28*(1), 53-63.

Wolpe, J. (1958). *Psychotherapy by reciprocal inhibition.* Stanford, CA: Stanford University.

Wolpe, J. (1969). *The practice of behavior therapy.* New York: Pergamon Press.

Wolpe, J. (1973). *The practice of behavior therapy* (2nd ed.). New York: Pergamon.

Wolpe, J. (1978). Cognition and causation in human behavior and its therapy. *American Psychologist, 33,* 437-446.

Wolpe, J. (1981a). The dichotomy between classical conditioned and cognitively learned anxiety. *Journal of Behavioral Therapy and Experimental Psychiatry, 12,* 35-42.

Wolpe, J. (1981b). Perception as a function of conditioning. *The Pavlovian Journal of Biological Science, 16,* 70–76.

Wolpe, J., Lande, S., McNally, R., & Schotte, D. (1985). Differentiation between classically conditioned and cognitively based neurotic fears: Two pilot studies. *Journal of Behavioral Therapy and Experimental Psychiatry, 16,* 287–293.

Wolpe, J., & Lazarus, A. (1967). *Behavior therapy techniques.* London: Pergamon Press.

Wolpe, J., Salter, A., & Reyna, L. (Eds.) (1964). *The conditioning therapies: The challenge in psychotherapy.* New York: Holt, Rinehart & Winston.

Worsick, D. (1994). *Henry's gift: The magic eye.* Kansas City, MO: Andrews and McMeel.

Wright, J. (1996). Inpatient Cognitive Therapy. In P. Salkovskis (Ed.), *Frontiers of cognitive therapy.* New York: Guilford.

Wright, J., Thase, M., Beck, A., & Ludgate, J. (Eds.) (1993). *Cognitive therapy with inpatients: Developing a cognitive milieu.* New York: Guilford.

Yeats, W. (1990). *The Celtic twilight: Myth, fantasy and folklore.* New York: Prism Press Ltd.

Young, J. (1954). *The prose edda of Snorri Sturlusion: Tales from Norse mythology.* Berkeley, CA: University of California Press.

Young, J., (1992). *Schema conceptualization form.* New York: Cognitive Therapy Center of New York.

Young, J. (1994). *Cognitive therapy for personality disorders: A schema-focused approach.* Sarasota, FL: Professional Resource Press.

Young, J., Beck, A., & Weinberger, A. (1993). Depression. In D. Barlow (Ed.), *Clinical handbook of psychological disorders* (pp. 240–277). New York: Guilford.

Young, J., & Rygh, J. (1994). *Reinventing your life.* New York: Plume.

Zaffuto, A. (1974). *Alpha-genics: How to use your brain waves to improve your life.* New York: Warner Paperback.

Zimmer-Hart, C., & Rescorla, R. (1974). Extinction of Pavlovian conditioned inhibition. *Journal of Comparative and Physiological Psychology, 86,* 837–845.

Zubin, J., & Spring, B. (1977). Vulnerability—A new view of schizophrenia. *Journal of Abnormal Psychology, 86,* 103–126.

弘智文化價目表

書名	定價		書名	定價
			生涯規劃：掙脫人生的三大桎梏	250
社會心理學（第三版）	700			
教學心理學	600		心靈塑身	200
生涯諮商理論與實務	658		享受退休	150
健康心理學	500		婚姻的轉捩點	150
金錢心理學	500		協助過動兒	150
平衡演出	500		經營第二春	120
追求未來與過去	550		積極人生十撇步	120
夢想的殿堂	400		賭徒的救生圈	150
心理學：適應環境心靈	700			
兒童發展	出版中		生產與作業管理（精簡版）	600
如何應用兒童發展的知識	出版中		生產與作業管理（上）	500
認知心理學	出版中		生產與作業管理（下）	600
醫護心理學	出版中		管理概論：全面品質管理取向	650
老化與心理健康	390		組織行為管理學	出版中
身體意象	250		國際財務管理	650
人際關係	250		新金融工具	出版中
照護年老的雙親	200		新白領階級	350
諮商概論	600		如何創造影響力	350
兒童遊戲治療法	出版中		財務管理	出版中
認知治療法	出版中		財務資產評價的數量方法一百問	290
家族治療法	出版中		策略管理	390
伴侶治療法	出版中		策略管理個案集	390
教師的諮商技巧	200		服務管理	400
醫師的諮商技巧	出版中		全球化與企業實務	出版中
社工實務的諮商技巧	200		國際管理	700
安寧照護的諮商技巧	200		策略性人力資源管理	出版中
			人力資源策略	出版中

書名	定價		書名	定價
管理品質與人力資源	290		全球化	300
行動學習法	350		五種身體	250
全球的金融市場	500		認識迪士尼	320
公司治理	出版中		社會的麥當勞化	350
人因工程的應用	出版中		網際網路與社會	320
策略性行銷（行銷策略）	400		立法者與詮釋者	290
行銷管理全球觀	600		國際企業與社會	250
服務業的行銷與管理	650		恐怖主義文化	300
餐旅服務業與觀光行銷	690		文化人類學	650
餐飲服務	590		文化基因論	出版中
旅遊與觀光概論	出版中		社會人類學	出版中
休閒與遊憩概論	出版中		購物經驗	出版中
不確定情況下的決策	390		消費文化與現代性	出版中
資料分析、迴歸、與預測	350		全球化與反全球化	出版中
確定情況下的下決策	390		社會資本	出版中
風險管理	400			
專案管理的心法	出版中		陳宇嘉博士主編 14 本社會工作相關著作	出版中
顧客調查的方法與技術	出版中			
品質的最新思潮	出版中		教育哲學	400
全球化物流管理	出版中		特殊兒童教學法	300
製造策略	出版中		如何拿博士學位	220
國際通用的行銷量表	出版中		如何寫評論文章	250
			實務社群	出版中
許長田著「驚爆行銷超限戰」	出版中			
許長田著「開啟企業新聖戰」	出版中		現實主義與國際關係	300
許長田著「不做總統，就做廣告企劃」	出版中		人權與國際關係	300
			國家與國際關係	出版中
社會學：全球性的觀點	650			
紀登斯的社會學	出版中		統計學	400

書名	定價		書名	定價
類別與受限依變項的迴歸統計模式	400		政策研究方法論	200
機率的樂趣	300		焦點團體	250
			個案研究	300
策略的賽局	550		醫療保健研究法	250
計量經濟學	出版中		解釋性互動論	250
經濟學的伊索寓言	出版中		事件史分析	250
			次級資料研究法	220
電路學（上）	400		企業研究法	出版中
新興的資訊科技	450		抽樣實務	出版中
電路學（下）	350		審核與後設評估之聯結	出版中
電腦網路與網際網路	290			
應用性社會研究的倫理與價值	220		**書僮文化價目表**	
社會研究的後設分析程序	250			
量表的發展	200		台灣五十年來的五十本好書	220
改進調查問題：設計與評估	300		２００２年好書推薦	250
標準化的調查訪問	220		書海拾貝	220
研究文獻之回顧與整合	250		替你讀經典：社會人文篇	250
參與觀察法	200		替你讀經典:讀書心得與寫作範例篇	230
調查研究方法	250			
電話調查方法	320		生命魔法書	220
郵寄問卷調查	250		賽加的魔幻世界	250
生產力之衡量	200			
民族誌學	250			

認知治療法概論

作　　者／Rian E. McMullin

譯　　者／黎士鳴等人

校　　閱／張景然博士

編　　輯／張慧茵

出 版 者／弘智文化事業有限公司

地　　址／新北市深坑區北深路三段 260 號 8 樓

電　　話／（02）8662-6826 · 8662-6810

傳　　真／（02）2664-7633

總 經 銷／揚智文化事業股份有限公司

地　　址／新北市深坑區北深路三段 260 號 8 樓

電　　話／（02）8662-6826 · 8662-6810

傳　　真／（02）2664-7633

製　　版／信利印製有限公司

版　　次／2006 年 10 月初版二刷

定　　價／500 元

弘智文化出版品進一步資訊歡迎至網站瀏覽：
http://www.ycrc.com.tw

ISBN 957-0453-85-0

國家圖書館出版品預行編目資料

認知治療法概論 / Rian E. McMullin 著 ; 黎士鳴譯.
-- 初版. -- 臺北市 : 弘智文化, 2003[民 92]
面 ; 公分
譯自：The new handbook of cognitive therapy techniques, Rev. ed.
ISBN 957-0453-85-0(平裝)

1. 心理治療

178.8   92010141